U0534870

唐代佛教官寺制度研究

Study on the Buddhist State Monasteries of Tang Dynasty

聂顺新 著

中国社会科学出版社

图书在版编目（CIP）数据

唐代佛教官寺制度研究／聂顺新著．—北京：中国社会科学出版社，2020.9（2020.11重印）
ISBN 978-7-5203-6040-1

Ⅰ.①唐…　Ⅱ.①聂…　Ⅲ.①佛教—官寺—研究—中国—唐代　Ⅳ.①B949.2②D691.42

中国版本图书馆 CIP 数据核字（2020）第 033240 号

出 版 人	赵剑英	
责任编辑	宋燕鹏	
责任校对	沈丁晨	
责任印制	王　超	

出　　版	中国社会科学出版社	
社　　址	北京鼓楼西大街甲 158 号	
邮　　编	100720	
网　　址	http://www.csspw.cn	
发 行 部	010-84083685	
门 市 部	010-84029450	
经　　销	新华书店及其他书店	

印　　刷	北京君升印刷有限公司	
装　　订	廊坊市广阳区广增装订厂	
版　　次	2020 年 9 月第 1 版	
印　　次	2020 年 11 月第 2 次印刷	

开　　本	710×1000　1/16	
印　　张	19	
字　　数	332 千字	
定　　价	89.00 元	

凡购买中国社会科学出版社图书，如有质量问题请与本社营销中心联系调换
电话：010-84083683
版权所有　侵权必究

国家社科基金后期资助项目

出 版 说 明

后期资助项目是国家社科基金设立的一类重要项目，旨在鼓励广大社科研究者潜心治学，支持基础研究多出优秀成果。它是经过严格评审，从接近完成的科研成果中遴选立项的。为扩大后期资助项目的影响，更好地推动学术发展，促进成果转化，全国哲学社会科学工作办公室按照"统一设计、统一标识、统一版式、形成系列"的总体要求，组织出版国家社科基金后期资助项目成果。

全国哲学社会科学工作办公室

序

张伟然

本书的原型是顺新的博士学位论文，现在即将付梓，我感到很欣慰。

我一直认为，博士论文，是一个学者走上学术道路的敲门砖。博士论文的水准，大致可以衡量其求学生涯的成败。有些人甚至做学问做一辈子，一直超不过其博士学位论文所达到的水准。

一个好的博士论文选题，我个人认为，大体要够一个人吃十年。在这过程中，先是完成一个从学生到学者的转变。然后，踏上学术生涯，再不断地开拓，成就一片基业。

正因为博士论文的重要性有如此，所以我个人认为，一般来说，一个好的博士论文选题，博士生本人基本上是没有能力想得到的。以我本人而论，我硕士期间找了个选题《南北朝的佛教地理》，硕士毕业时，也有老师评价不错，觉得可以继续做成博士论文。然而谭其骧先生跟我说，这个题目当然也可以做，却还不够第一等重要——我理解，这个重要性当然是随时代而有所变化的，谭先生对我讲这句话是在1990年。因此，他建议我改做区域历史文化地理，也就是两湖（湖南、湖北）。后来这个题目，让我持续用功了十年。现在我有这样一碗饭吃，应该说是拜老师之赐。

顺新来跟我读研的时候，我正集中精力做中古的佛教地理。顺新自然也就朝这个方向努力。硕士期间，他做了一篇隋代佛教地理的论文练手。很长的一篇文章，做得很结实。因为成绩各方面表现突出，他没有做硕士论文，就直接硕博连读了。读博士后不久，我正考虑给他找一个合适的博士论文选题，他自己就发现，唐代的官寺制度，非常有意思，而且前人研究不多，很有进一步挖掘的必要。在试做一个单篇，先后通过北大史学论坛和本所历史地理青年学者论坛的匿名评审后，他信心大增，跟我商量，是否以此作为博士学位论文选题。

实话说我开始有点犹豫。众所周知，我们做佛教地理的做法，一般是对寺院作一些统计分析，从来不跑到寺院里面去做什么探究的。2006年我参加在日本学习院大学召开的一个由中日韩三国学者参与的"隋唐时期东亚佛教的宗派意识"学术讨论会，报告之后的讨论中，多位年长的日本学者提议要注意研究中国的专宗寺院，我也没有给予足够的关注。顺新的这个视角，很显然相对于以往的佛教地理，算是一个比较大的突破。做这样的选题，当然有风险。但他一幅无所畏惧的样子，我也就同意了。

顺新本科毕业于云南大学历史系，基础很扎实。毕业那年保送到本所来读研，面试时他的表现让所有在场老师眼前一亮。在读研期间，关于读书，他基本上没有要我指点。看看我、看看所里的老师们怎么做，他差不多就会了。每周我召集研究生到办公室来讨论一次，他的发言总是让人充满惊喜。毫不夸张地说，当这种人的老师，真是一种享受。

我经常对学生说，要成为一个好学生，其实很简单，做到两点就够：肯读书、能读书。一般人对于后一点可能还未免要故作谦虚一番，对于前一点往往当仁不让。其实，要让人觉得真正肯读书，谈何容易。从本质上，这句话不是用来表白，而是要做的。顺新就用他的实际行动证明了此点。他好学深思，早早就定下以学术为志业，从而下了大量从表面看不见的功夫。例如，史地所的培养比较偏重于专业，相对而言对于历史学的一些高阶功夫就要靠自己去潜心磨练。他为了培养做中古史的感觉，主动跟中古史的一些同行接触、学习。读研期间曾主动修选、旁听一些相关课程，还参加了一个北朝墓志的读书班。与此同时，他一直保持着对文、史、地相关领域前沿理论的强烈兴趣。以我的标准，这就是肯读书、能读书的满分表现。

他博三那一年，我去了哈佛燕京学社访问。他不仅把自己管理得非常好，还把学弟学妹组织起来，延续我在国内时的习惯，每周讨论一次。在这过程中，他竟然把博论就做完了。结果我还没有回国，他就顺利通过答辩，并获得2012年复旦研究生院评选的"学术之星"。稍后又蒙陕西师大同人青眼，让他到了陕西师大西北研究院工作。

在他博论的评审意见中，我写下了这样几句话：佛教对于中古时期的重要性久已引人关注。不少学者认为，佛教堪称中古时期社会文化的重心。然而到目前为止，关于中国佛教史的研究，历史学领域的成果还相当缺乏，其中关于制度史的探讨尤为稀少。而这些制度，对当时及后世的影响都极为深远。顺新选取唐代官寺制度展开研究，时当中国佛教发展如日中天的历史阶段，这一工作不仅具有很高的学术意义，即便对于当今的社会文化建设，也具有积极的现实意义。

顺新是一个对自己要求很高的人。在读研期间，我就觉得他有时过于谨慎。明明一些想法已经比较成熟，仍顾虑较多。毕业以后，他对博士学位论文持续不断地进行修改。尽管手不算快，也已经发表了一系列单篇文章。经常有一些学界朋友，向我赞许他的研究，并向我表示祝贺。每次我都由衷地感到高兴。现在这些工作通过国家社科基金的资助，马上成书出版。我想这是一个非常好的向同行求教的机会，所以非常欣慰，乐观其成。

少年求学时，很多人感到，好学生常有，而好老师不常有。现在马齿渐长，常常滋生另一种感慨：好老师不常有，好学生更不常有。因为一个老师怎么样，多少已有一些风评；而学生未出茅庐，品性如何，通过笔试、短短的面试其实是很难看出来的。只好靠运气。我非常庆幸，能够碰到顺新这样的学生。我非常享受、非常感谢他为我带来的光荣。

2020/5/23

目　录

第一章　绪论 ………………………………………………………（1）
　一　研究缘起 ……………………………………………………（1）
　二　唐代佛教官寺的概念及其特征 ……………………………（2）
　三　研究史回顾（上） …………………………………………（5）
　四　研究史回顾（下） …………………………………………（8）
　五　既有研究的反思与展望 ……………………………………（13）
　六　篇章安排 ……………………………………………………（16）

第二章　唐代佛教官寺制度渊源辨析 ……………………………（20）
　一　隋文帝"州县各立僧尼二寺"说辨析 ………………………（21）
　二　隋文帝"龙潜四十五州大兴国寺"说辨析 …………………（29）
　三　隋文帝"仁寿舍利塔寺"说辨析 ……………………………（35）
　四　小结 …………………………………………………………（42）

第三章　唐高宗乾封元年的佛教官寺制度 ………………………（45）
　一　《沙州都督府图经》与《景星寺碑铭》的史源学考察 …………（46）
　二　唐高宗乾封元年所立官寺的寺额 …………………………（49）
　三　唐高宗的诸州官寺制度及其执行 …………………………（55）
　四　小结 …………………………………………………………（58）

第四章　武周大云官寺及其制度研究 …………………… （60）
　一　大云官寺的辑考、编年与定位 ………………………… （62）
　二　小结 ……………………………………………………… （81）

第五章　唐中宗龙兴官寺及其制度研究 …………………… （88）
　一　龙兴官寺的辑考、编年与定位 ………………………… （90）
　二　小结 ……………………………………………………… （119）

第六章　唐玄宗开元官寺及其制度研究 …………………… （127）
　一　开元官寺的辑考、编年与定位 ………………………… （128）
　二　小结 ……………………………………………………… （158）

第七章　唐代佛教官寺的特殊功能 ………………………… （171）
　一　政治象征与政治宣传 …………………………………… （172）
　二　接待外国来华僧众与国内往返官客 …………………… （175）
　三　举行国忌行香的国家礼仪 ……………………………… （178）
　四　掌管地方僧政 …………………………………………… （182）
　五　小结 ……………………………………………………… （185）

第八章　佛教官寺与中晚唐半独立藩镇的政治合法性构建
　　　　——以田氏魏博和张氏归义军为中心的考察 ……… （187）
　一　唐前期的佛教官寺与政治 ……………………………… （189）
　二　田氏魏博与魏州开元寺 ………………………………… （190）
　三　张氏归义军与敦煌龙兴寺、开元寺 …………………… （195）
　四　作为国家礼仪空间的佛教官寺与藩镇的政治合法性 … （199）
　五　小结 ……………………………………………………… （202）

第九章　唐代官寺官观制度在东亚的传播和影响…………………（204）
　一　唐代官寺官观制度与北宋的年号寺观…………………（205）
　二　唐代官寺官观制度与北宋天庆观………………………（207）
　三　唐代佛教官寺制度与日本奈良朝国分寺制度…………（213）
　四　唐代佛教官寺制度与高丽裨补寺和资福寺系统………（215）
　五　小结………………………………………………………（217）

附录一　隋至唐初长安光明寺非摩尼教寺院辨………………（218）

附录二　唐玄宗御容铜像广布天下寺观考辨…………………（229）

附录三　开元寺兴致传说演变研究……………………………（248）

附录四　敦煌写经题记中的唐长安佛教影像…………………（262）

参考文献…………………………………………………………（277）

后　　记…………………………………………………………（291）

第一章 绪论

一 研究缘起

佛教自两汉之际传入中国，经过魏晋南北朝的发展，至隋唐两代进入黄金时期。这种黄金时期不仅表现在佛教各宗派的集体兴盛，佛教学术的空前繁荣，也表现在相关制度的不断发展和完善。这些制度包括僧官制度、僧尼公度制度、寺院（寺额）制度等，实际上是佛教入华以后与中国社会不断接触、融合的产物，也是佛教逐步被纳入国家管理之下的结果。佛教官寺制度正是中古时期佛教制度发展史中非常重要而独特的一环。

笔者关注唐代佛教官寺制度，则是源于读书中的一次"偶遇"。第一次读到"官寺"一词，是在白居易的一首诗中，当时正在翻检《全唐诗》。读到"官寺行香少，僧房寄宿多"[1]两句，并不了解"官寺"一词为何意，迟疑了一阵，并未留意。第二次读到"官寺"，是在圆仁的《入唐求法巡礼行记》中。开成三年（838）七月二十三日，圆仁一行抵达扬州海陵县。他记述道："辰时，前途见塔，即问土人。答云：'此是西池寺。'其塔是土塔，有九级，七所官寺中，是其一也。"[2]读到这段话时，距离第一次看到"官寺"一词不久，印象仍在，联系白居易诗中的描述，笔者隐约意识到"官寺"可能是唐代的一种寺院制度。但当时唐代的大宗

---

[1] 白居易：《白居易集》，中华书局1979年版，第634页。全诗作"留司老宾客，春尽兴如何？官寺行香少，僧房寄宿多。闲倾一盏酒，醉听两声歌。忆得陶潜语，羲皇无以过"。白居易著，朱金城笺校《白居易集笺校》，上海古籍出版社1988年版，第1944—1945页，将此诗系于大和四年（830），时白居易任太子宾客分司于洛阳。其说可从。

[2] 圆仁撰，顾承甫、何泉达点校：《入唐求法巡礼行记》，上海古籍出版社1986年版，第7页。

文献如两《唐书》《全唐文》《全唐诗》与《唐代墓志汇编》等笔者均已翻检一通，印象中似乎并无相关记载。同时，国内主要学者的隋唐佛教史论著皆已读过，亦未见有人专门论及。于是疑窦再生。随即检索古籍中官寺一词的含义，发现在唐代绝大多数语境中，官寺都是官府衙署之意①，作为特殊寺院的"官寺"似乎仅见于白居易的诗和圆仁的行记。

随后，为了解"官寺"一词作为寺院制度的含义，笔者又开始检索并梳理国内外相关研究成果，才逐渐了解官寺是隋唐时期由朝廷在天下诸州统一敕立的一种寺院制度。同时，又发现国内外学者对于这一制度的研究虽可谓不少，但大多为区域性或个案研究，缺少将官寺作为国家宗教制度的整体性关照（详见下节学术史回顾）。留给笔者可发掘和突破的空间仍然不小。于是逐步展开对官寺相关问题的讨论。

二 唐代佛教官寺的概念及其特征

唐代佛教官寺，即唐代通过皇帝诏敕在两京天下诸州同时设立的制度整齐划一、承担若干特殊功能的佛教寺院。唐代曾先后四次设立佛教官寺，分别是：唐高宗乾封元年（666）诏令天下诸州各立官寺一所；武周天授元年（690）制令两京天下诸州各立大云寺一所；唐中宗神龙元年（705）制令两京天下诸州设立大唐中兴寺，神龙三年（707）统一改为龙兴寺；唐玄宗开元二十六年（738）敕令天下诸州设立开元寺。②

本书将唐代上述四次通过皇帝诏敕在两京天下诸州统一设立的佛教寺院称为"官寺"，实际上是沿用了日本学者的概念。"官寺"是日本学者通过近一个世纪以来的研究建立起来的学术概念。

---

① "寺"字在佛教传入之前的西汉，均为官府衙署之意，随着两汉之际佛教传入中国，"寺"字开始具有佛寺之意，但官府之意一直保留，两晋南北朝之后，"寺"字作为佛寺之意开始频繁出现。参见陈宝勤《从"寺"自"官寺"义向"佛寺"义的演化看佛教在中国的传播与发展》，《新国学》第5辑，巴蜀书社2005年版；陈宝勤《试论"寺"自"官寺"义到"佛寺"义的演化》，《南开语言学刊》2005年第1期，南开大学出版社2005年5月。

② 由于李唐皇室以老子后人自居，故自高宗乾封元年首次设立佛教官寺，即表现为观、寺并置。此后的三次官寺设立过程中，除武曌只设大云寺而未设道观外，中宗龙兴寺和玄宗开元寺均为官寺、官观并置。据吴羽教授的最新研究成果，李氏尊老子为始祖并非始于唐代，至晚在南北朝初年，包括陇西李氏、赵郡李氏等在内的多个李氏家族已认老子为先祖，并认为"这是李唐皇室认老子是始祖的历史前提和沿袭的旧传统"。详参吴羽《李唐皇室尊老子为始祖探源》，《敦煌学辑刊》2019年第1期。

佛教官寺是敕立寺院中非常特殊的一类。官寺区别于普通敕建寺院的特征在于其承担着特殊功能，这些功能主要包括：政治宣传与政治象征；接待外国来华僧众和国内往返官客；承担国忌行香的国家礼仪；作为地方僧官驻寺而握有掌管地方僧政之权。① 这些特殊功能，说明官寺肩负着为国家祈福和为国家服务的重任，体现了官寺"公"的性质。普通敕建寺院则只是为了皇帝本人或皇室成员祈福而设立。②

富安敦（Antonino Forte）先生曾专门撰文讨论唐代的国家大寺，他通过归纳认为：唐代国家大寺均分布于两京及附近地区，主要是皇室成员建立并为其服务的寺院。虽然也对公众开放，但建寺初衷是为某个人或某些人祈福消灾，而非为整个国家和全体民众。③ 佛教官寺与国家大寺的区别不仅在于区位不同，即官寺广泛设立于天下诸州，更重要的乃是立寺初衷、功能和性质的差别。

富安敦先生将日本学者界定的"官寺"（government monastery）描述为"国寺"（state monastery），意在突出这些寺院全民共有、为国服务的性质和特征，以此与日本学者习惯使用的"官寺"相区别。④ 本书在认同并采用富安敦先生的界定和区别的同时，考虑到"官寺"一词既在唐代文献中有渊源可循，亦在日本学界被作为专有名词长期使用，故仍将唐代先后四次在全国诸州统一敕立的佛教寺院称为"官寺"。

需要说明的是，唐代传世文献中仅见的两处"官寺"虽确指佛教寺院无疑，但似乎并不能直接与本书界定的"官寺"，即唐代先后四次在天下诸州统一敕立的寺院（高宗官寺、大云寺、龙兴寺和开元寺）相对应。

首先，是白居易《闲吟二首》诗中的"官寺行香少，僧房寄宿多"⑤两句。此诗作于白居易以太子宾客分司东都时期的大和三年至四年（829—830）。因相关信息缺乏，无从判断诗中的"官寺"是否属于本书所界定的官寺范围。其次，是圆仁在《入唐求法巡礼行记》中提到，西池

---

① 参见本书第七章"唐代佛教官寺的特殊功能"。
② 具体区别见 Antonino Forte, *Chinese State Monasteries in the Seventh and Eighth Centuries*，桑山正进编《〈慧超往五天竺国传〉研究》附论 2，京都大学人文科学研究所，1992 年，第 213—258 页。
③ "Daiji 大寺（Chine）"（Great Monastories in China），《法宝义林》（中日文佛教文献百科全书），第 6 卷，1983 年，第 682—704 页。
④ 详参 Antonino Forte, *Chinese State Monasteries in the Seventh and Eighth Centuries*，桑山正进编《〈慧超往五天竺国传〉研究》附论 2，京都大学人文科学研究所，1992 年，第 213—258 页。
⑤ 白居易：《白居易集》，中华书局 1979 年版，第 634 页。

寺是"七所官寺"之一。① 由于行文简略，亦无从判断此"七所官寺"究为扬州抑或海陵县之"七所官寺"，无论属于何种情形，均可知圆仁笔下的"官寺"并不在本书界定的官寺范围之内。

新出石刻文献《孙尚客墓志》中记载，时任长安县令的孙尚客于长安二年（703）七月二十二日"寝疾卒于京师胜业官寺"。② 由于长安县廨位于长寿坊，可以排除墓志中"官寺"一词系指官署的可能。此"胜业官寺"应即位于胜业坊的胜业寺。③ 胜业寺何以在武周时期被称为"胜业官寺"，尚待进一步讨论。可知，至少在武周时期，"官寺"一词并不专指唐代先后通过诏敕在两京天下诸州同时统一设立的佛教寺院。

若将中国本土传世文献（白居易诗）、域外传世文献（圆仁《行记》）和新出石刻史料（《孙尚客墓志》）三类史料中的"官寺"合观，似可知作为佛教寺院的"官寺"一词，在唐代并不是一个高频使用的词，且并无统一明确的含义可寻。

本书之所以继续沿用日本学者所创造的"官寺"一词，除日本学界曾长期使用且久已成为专有名词外，主要是由于"官寺"一词的含义可以基本概括本书研究对象的性质和特点。按照唐代法律，所有寺院若欲得到朝廷的官方承认，被认定为合法寺院，均须获得朝廷颁赐的寺额。唐代朝廷正是通过寺额制度来实现对全国范围内寺院总数的控制。故当时所有合法寺院皆须有朝廷颁赐的寺额作为护身符。相较于普通有额寺院，官寺的特殊之处在于，官寺是在全国各州通过诏敕统一设立的一批特殊寺院，这批寺院往往享有统一的寺额（高宗官寺除外），以显示在全国范围内制度的整齐划一，并承担若干特殊功能。

此外，日本学者界定的"官寺"往往还包括隋文帝开皇年间在其龙潜四十五州统一设立的大兴国寺，仁寿年间向全国110余州分送舍利并造塔供养的舍利塔寺④，有时还包括隋文帝开皇初年为恢复佛教而"诏令"天

---

① 圆仁撰，顾承甫、何泉达点校：《入唐求法巡礼行记》，上海古籍出版社1986年版，第7页。
② 毛阳光、余扶危主编：《洛阳流散唐代墓志汇编》（全二册），国家图书馆出版社2013年版，第116—117页。
③ 据《长安志》记载，胜业寺原系武德初年唐高祖为其龙潜时期言事多中、凤启先觉的沙门景晖所立，后因该坊由宜仁坊改名为胜业坊，遂将该寺亦改额为胜业寺。宋敏求、李好文撰，辛德勇、郎洁点校：《长安志·长安志图》，三秦出版社2013年版，第290页。
④ 塚本善隆：《国分寺と隋唐の仏教政策並びに官寺》，《塚本善隆著作集》第6卷《日中仏教交涉史研究》，大东出版社1974年版，第3—50页。

下州县各立之僧尼二寺。① 隋文帝时期三次统一敕立的寺院，尤其是大兴国寺，是否确系唐代官寺制度的渊源所在，是否属于"官寺"，均尚待进一步研究。本书所讨论的"唐代佛教官寺"，并不包括上述隋文帝敕立诸寺，仅专指唐代先后四次在天下诸州统一敕立的具有官方性质的特殊佛教寺院。

三　研究史回顾（上）

现代学者直接涉及唐代佛教官寺制度的研究始于20世纪早期的日本。当时的日本学者，是在追寻本国奈良朝国分寺制度的渊源时论及中国唐代的官寺制度的。1919年，辻善之助提出日本的国分寺制度系对武周大云寺的模仿。② 同年，矢吹庆辉也注意到国分寺制度与武周大云寺之间的关系，认为武周大云寺乃日本奈良朝国分寺制度的蓝本，只是并未使用"官寺"一词。③ 1926年，木宫泰彦在细致梳理日本国分寺和国分尼寺设立过程的基础上，通过分析日本遣唐留学僧道慈的在唐和归国时间，将武周新译《金光明最胜王经》带回日本及该经在奈良朝的巨大影响，并结合唐代文物制度传入日本往往需要数十年的时间差等因素，综合判断日本国分寺应以唐中宗制立的龙兴官寺为蓝本。④

1938年，塚本善隆发表的《国分寺与隋唐的佛教政策及官寺》一文，是日本学者官寺研究的经典之作。⑤ 塚本先生否定了此前日本学者多以武周大云寺和中宗龙兴寺作为日本国分寺制度渊源的观点。通过全面梳理隋唐两代的佛教政策，并与设立国分寺的日本奈良朝进行比较，认为隋文帝时代的佛教中心主义政策与日本奈良朝的佛教政策最为相似，但炀帝以后开始改变；唐初抑制佛教的政策十分明显；唐高宗朝因封禅泰山而设立官

---

① 道端良秀：《唐代仏教史の研究》，《中国仏教史全集》第6卷，书苑出版社1985年版，第25页（该书初版由京都法藏馆出版于1957年）；道端良秀：《日中佛教友好二千年史》，徐明、何燕生译，商务印书馆1994年版，第53—57页（该书日文版由东京大学出版会出版于1987年）。
② 辻善之助：《国分寺考》，《日本仏教史研究》，岩波书店1983年版，第8—9页。该书最早以《日本仏教史之研究》为书名，由东京金港堂书籍株式会社出版于1919年。
③ 矢吹庆辉：《大云经寺と国分寺》，《宗教研究》新第4卷第2期，宗教研究会，1919年。
④ 木宫泰彦：《中日交通史》，陈捷译，山西人民出版社2015年版，第227—228页。该书日文版由东京金刺芳流堂出版于1926年。
⑤ 塚本善隆：《国分寺と隋唐の仏教政策並びに官寺》，《塚本善隆著作集》第2卷，第3—50页。

寺乃是欲向天下宣示皇帝威德，武曌设立大云寺乃是借助疑伪经宣扬其篡权成功，唐中宗龙兴寺是为了庆祝李唐王朝的成功复辟，唐玄宗开元寺则是向天下夸示太平盛世并宣扬皇帝威德。日本国分寺的设立则是为了利用佛教来实现国家统一，对民众进行教化。则天、中宗朝的日本遣唐留学僧虽在回国时间上与日本国分寺的设立十分契合，但国分寺的创建初衷与大云寺、龙兴寺完全不同。日本国分寺是在各地同时设立僧、尼二寺，且分别尊奉和宣讲《金光明最胜王经》和《法华经》，而唐代官寺只设僧寺并无尼寺。日本奈良朝的国分寺制度，是随着圣德太子的佛教治国政策、隋唐佛教的影响、日本中央集权的完成、佛教自身的发达、朝廷显贵信仰的高涨、国力的充实自然发展的结果。

1957年，道端良秀在其《唐代佛教史研究》一书中辟有专节来讨论中国隋唐时期的佛教官寺制度。① 他通过分析隋文帝诏令天下州县各立僧尼二寺与日本国分寺同时设立僧尼二寺之间的关联性，认为隋代的影响要远大于唐代，日本国分寺制度的渊源可能要追溯到隋文帝时代。这一观点又在其《日中佛教友好二千年史》一书中得到进一步阐发。②

1987年，释东初依据武曌制立的大云寺与日本国分寺均分别尊奉某一经典，遣唐留学僧道慈的返日时间及其重要影响，日本国分寺的创建时间等问题，认为日本的国分寺制度应是以武周大云寺为蓝本。③ 但这基本上应是祖述日本学者的相关观点。

在日本学者的中国佛教史著作中，也多将官寺作为隋唐时期中国佛教的重要制度加以论述。他们往往将佛教官寺与在俗僧官的设置、内道场的设立、沙门致敬王者问题、公度僧尼制度的确立、用俗律惩处犯罪僧尼等事件或制度一起，作为分析唐代政教关系和佛道关系的重要参照，通过官寺制度来分析唐代佛教的基本特点，一般认为唐代佛教具有国家性格，或径称为御用佛教。④

尽管日本学者已在唐代政教关系的视野下讨论官寺制度，但总体而言，日本学者的研究基本上仍是从中日佛教交流史的路径中去探讨和认识中国唐代的佛教官寺制度。这种研究路径的结果，即日本学者将本国的国

---

① 道端良秀：《唐代仏教史の研究》，《中国仏教史全集》第2卷，第25页。
② 道端良秀：《日中佛教友好二千年史》，徐明、何燕生译，第53—57页。
③ 释东初：《中日佛教交通史》，东初出版社1987年版，第243—248页。
④ 野上俊敬等：《中国佛教通史》，郑钦仁译，牧童出版社1978年版，第58—60页；中村元等：《中国佛教发展史》上册，天华出版社1984年版，第210—214页；镰田茂雄：《中国佛教通史》，关世谦译，佛光出版社1980年版，第156—162页。

分寺制度作为研究主体，而仅将中国唐代的官寺制度作为其渊源看待；在国分寺相关研究成果汗牛充栋的同时，对中国唐代佛教官寺的专门研究却十分匮乏。中日交流史的研究路径也弱化了唐代佛教官寺制度的主体地位。

1992 年，长期在日本进行合作研究的意大利汉学家富安敦（Antonino Forte）先生发表《中国七至八世纪的国寺》一文，某种程度上可视为对日本学者上述研究路径的反思。该文也是迄今所见唯一专门研究唐代官寺制度的论文，但其关注的核心问题是"西域地区的佛教官寺与中国在国际关系中所接受的意识形态"之间的关系。该文将日本学者界定的官寺描述为"国寺"（state monasteries），并严格区分了国寺和私寺（private monasteries）的不同，认为国寺系由国家营建并为国家服务的寺院，强调其全民共有的性质，私寺（含皇家寺院）则相反；隋代的大兴国寺和舍利塔寺均只代表这些寺院具有部分官方特征，但并非国寺。国寺只存在于唐代高宗、武曌、中宗和玄宗通过诏敕先后统一设立的寺观。唐高宗诏令诸州设立的国寺并未留下任何痕迹；武周时期洛阳的中大云寺乃是全国大云寺的中央机构，而中宗设立于长安的龙兴寺并不具有类似的中央化功能；高宗和玄宗时期的都城长安并未设立国寺，可能是朝廷为避免都城出现中央化的宗教组织而有意为之；玄宗的开元寺诏令可能并非有意创造一个新的国寺体系，而是意在清除武周时期遗留下来的大云寺网络。安西四镇只存在大云寺和龙兴寺而无官观的现象，则可能与佛教的国际主义与和平主义有利于中国的外交政策和普世国家的意识形态有关。① 这些结论和观点对此后的唐代佛教官寺研究影响巨大。

国内学者中，荣新江先生较早论及唐代佛教官寺。1996 年，荣先生较早以"官寺"来界定海州大云寺的性质，并探讨该寺在唐与新罗文化交流中的重要作用。② 2003 年，他又系统考察了盛唐在西域地区的官寺设立情况，指出："从武周至开元这一段唐朝盛期，西域地区曾经建立了以奉唐朝敕令而建立的官寺为主体的汉化佛寺系统，此系统与当地胡人的佛教系统有别，它们统属于住在龟兹的四镇都统，而此四镇都统，与其他官寺的

---

① Antonino Forte, *Chinese State Monasteries in the Seventh and Eighth Centuries*, 桑山正进编《〈慧超往五天竺国传〉研究》附论 2, 京都大学人文科学研究所, 1992 年, 第 213—258 页。
② 荣新江:《唐与新罗文化交往史证——以〈海州大云寺禅院碑〉为中心》,《韩国研究》第 3 辑, 杭州出版社 1996 年版, 第 14—34 页。后收入氏著《丝绸之路与东西文化交流》, 北京大学出版社 2015 年版。

重要僧官一样，很可能是从京师直接派至安西地区来的。"① 2007 年，他又在《盛唐长安与敦煌》一文中论及唐代佛教官寺地位的转移问题，认为沙州大云寺在开元寺设立之后虽不再具有官寺的地位，但仍与龙兴寺、开元寺并列为沙州最重要的寺院。② 荣先生的系列成果，为本书相关问题的讨论奠定了坚实的基础。

由于唐代文化对朝鲜半岛的深刻影响，韩国和日本学者也注意到唐代佛教官寺制度对新罗和高丽的影响。李泳镐较早指出，新罗中期王室寺院（成典寺）所承担的礼仪功能类似于唐代官佛教寺。③ 尹善泰也认为这批成典寺负责大祀、中祀、小祀三类国家礼仪应是受唐礼的影响。④ 韩基汶则讨论了高丽时期的资福寺系统，认为高丽时期资福寺作为举行国家典礼的场所，地方官员和贵族均参与其中，应是模仿唐代佛教官寺的结果。⑤ 安田纯也则研究了高丽时期资福寺与地方佛事活动的关系⑥。这些成果，为考察唐代佛教官寺制度对朝鲜半岛的影响，提供了可靠的基础。

四 研究史回顾（下）

国内其他学者关于唐代佛教官寺的研究成果，大多以个案研究为主。其中尤以史料保存较好、相关记载较多的长安、敦煌等地为突出。

长安作为唐帝国的都城，由于城内皇家寺院林立，遂使官寺在都城寺院体系中的地位并不如在地方诸州突出。尽管如此，关于长安佛教官寺的

---

① 荣新江：《慧超所记唐代西域的汉化佛寺》，载《冉云华先生八秩华诞寿庆论文集》，法光出版社 2003 年版，第 399—407 页。后以"唐代西域的汉化佛寺系统"为题，收入氏著《丝绸之路与东西文化交流》，北京大学出版社 2015 年版。
② 荣新江：《盛唐长安与敦煌——从俄藏〈开元廿九年（741）授戒牒谈起〉》，《浙江大学学报》，第 37 卷第 3 期，2007 年 5 月，第 15—25 页。后收入氏著《隋唐长安：性别、记忆及其他》，复旦大学出版社 2010 年版，第 89—106 页。
③ 李泳镐：《新罗中期王室寺院的官寺功能》，《韩国史研究》第 3 号，1983 年 12 月，第 81—114 页。
④ 尹善泰：《新羅中代의成典寺院과國家儀禮 - 大·中·小祀의祭場과 관련하여》，《신라문화제학술발표논문집》（《新羅文化財學術發表會論文集》）第 23 号，2002 年，第 83—120 页。
⑤ 韩基汶：《高麗時代 神補寺社의成立과運用》，《한국중세사연구》，2006 年，第 255—292 页；韩基汶：《高丽时期资福寺的成立与存在状况》，《民族文化论丛》，岭南大学民族文化研究所，第 49 卷，2011 年。
⑥ 安田纯也：《高麗時代の在地寺院と仏事——資福寺を中心として》，《アジア文化交流研究》第 2 号，2007 年 3 月，第 235—253 页。

研究依然较为丰富。如前所述，富安敦先生曾认为，长安大云寺并未被改额为开元寺，长安并未设立开元官寺。在此基础上，笔者研究发现，长安兴唐寺无论是在改额时间、改额背景，还是在特殊功能与地位方面，均与地方诸州的开元官寺十分类似，所以兴唐寺很可能在长安城内具有"影子官寺"的地位和功能。①

景亚鹏女史较早利用西安碑林博物馆所藏《开元寺重修行廊功德碑》等石刻史料探讨唐长安开元寺的历史沿革，认为唐长安开元寺系由怀远坊大云寺改额而来，且一直位于怀远坊，直至唐末朱温挟持唐昭宗东迁洛阳时被毁，并在韩建以皇城为基础缩建长安城时迁建于城内，成为五代至清代西安开元寺（今钟楼开元商城附近）。②她又以杜甫《大云寺赞公房四首》诗为线索，梳理了唐代长安大云寺的历史沿革。③

2015年，田卫卫女史利用《开元寺重修行廊功德碑》和吕大防《长安城图》拓本等新资料，细致梳理了唐长安开元寺的历史，认为唐长安确实存在开元寺，该寺系由怀远坊大云寺改额而来，且在唐末被毁之前一直位于怀远坊，直至唐末昭宗迁洛之后、韩建缩建长安城时，才将开元寺由城外（怀远坊）迁入城内，形成五代以后的西安开元寺（今钟楼开元商城附近）。文章还认为，唐长安虽设有开元寺，但开元寺在长安城内的地位并不突出。④

莫高窟藏经洞大量写本遗书的出土，为我们了解和研究敦煌的佛教寺院提供了难得的丰富资料。李正宇先生较早利用敦煌遗书和莫高窟题记等资料对沙州寺观祠庙的发展和沿革进行了细致梳理⑤，其中就包括本书界定的唐代佛教官寺灵图寺、大云寺、龙兴寺和开元寺。这些成果构成了此后学者了解敦煌佛教官寺的基础。

陈大为先生的《唐后期五代宋初敦煌僧寺研究》一书，对敦煌僧寺（含唐代沙州的四所佛教官寺）进行了更加细致的研究。⑥尤其重要的，是

---

① 参见拙文《影子官寺：长安兴唐寺与唐玄宗开元官寺制度中的都城运作》，《史林》2011年第4期。
② 景亚鹏：《西安碑林藏石与长安开元寺》，《碑林集刊》第8辑，陕西人民美术出版社2002年版，第207—213页。
③ 景亚鹏、姚斯可：《唐代长安大云寺历史文化稽考——读杜甫〈大云寺赞公房四首〉》，《碑林集刊》第18辑，三秦出版社2012年版，第195—201页。
④ 田卫卫：《唐长安开元寺考》，荣新江主编《唐研究》第21卷，北京大学出版社2016年版。
⑤ 李正宇：《敦煌地区古代寺观祠庙简志》，《敦煌学辑刊》1988年第1—2期合辑。后收入氏著《敦煌史地新论》，新文丰出版公司1996年版。
⑥ 陈大为：《唐后期五代宋初敦煌僧寺研究》，上海古籍出版社2014年版。

通过龙兴寺作为敦煌地区都僧统司的驻寺和都司下属机构经司所在地，以及龙兴寺的僧人寺户数量三个指标，论证了龙兴寺实为沙州首寺，并在敦煌诸寺中占据主导地位。① 这为我们了解归义军时期敦煌的寺院体系提供了有益的启发。

陈大为先生又指导研究生对唐后期五代宋初敦煌的佛教寺院进行了更为精细的个案研究，其中亦包括唐代沙州的佛教官寺，如灵图寺、大云寺和开元寺。② 敦煌开元寺是其中较为成熟的个案。陈先生等梳理认为，敦煌开元寺系唐玄宗开元二十六年（738）敕建，内有玄宗圣容像，僧人及寺户人数较多。归义军政权通过对开元寺有效的利用与管理，使之成为与唐王朝之间妥善处理关系的纽带和桥梁以及稳定社会秩序的重要力量。③ 充分利用敦煌遗书中的丰富资料，对敦煌官寺进行细致的个案研究，有助于深化我们对敦煌佛教官寺及当地寺院体系的认识。

郑怡楠、郑炳林先生通过将 S. 8659 定名为《曹议金重修开元寺功德记》，并结合 P. 3875 号背面的《丙子年修造及诸处伐木油面粟等破历》，认为曹议金对敦煌开元寺的重修工程始于 916 年，竣工于后唐长兴年间（930—933），重修开元寺的目的是为归义军节度使与中原王朝特别是后唐建立隶属关系。④ 这揭示出即使在唐亡以后的五代时期，敦煌开元寺仍然发挥着归义军政权与中原王朝关系纽带的重要作用，是归义军政权构建自身政治合法性的重要资源。⑤

青州龙兴寺遗址因出土了大量精美的佛教造像，引起了学界的普遍关注，青州龙兴寺的历史沿革同样如此。其中以宿白先生对青州龙兴寺历史沿革及其与青州城关系的详细梳理最为重要。宿先生指出，唐代龙兴寺原为北齐青州大寺南阳寺，隋代开皇元年改为长乐寺（又称道藏寺），武则天天授元年（690）改额大云寺，至唐中宗神龙年间改为龙兴寺。⑥ 文中揭

---

① 陈大为：《敦煌龙兴寺与其他寺院的关系》，《敦煌学辑刊》2009 年第 1 期。
② 陈菡旖：《唐五代宋初敦煌开元寺研究》，硕士学位论文，上海师范大学，2015 年；高雪：《唐五代宋初敦煌灵图寺研究》，硕士学位论文，上海师范大学，2015 年；卢雅凝：《唐五代宋初敦煌大云寺研究》，硕士学位论文，上海师范大学，2017 年。
③ 陈大为、陈菡旖：《敦煌开元寺史事辑考》，《史林》2016 年第 4 期。
④ 郑怡楠、郑炳林：《敦煌写本〈曹议金重修开元寺功德记〉考释》，《敦煌学辑刊》2017 年第 2 期。
⑤ 详参本书第八章"佛教官寺与中晚唐半独立藩镇的政治合法性构建"。
⑥ 宿白：《青州龙兴寺沿革——城与龙兴寺之二》，原刊《文物》1999 年第 9 期，第 37—42 页。后收入作者文集《魏晋南北朝唐宋考古文稿辑丛》，文物出版社 2011 年版，第 327—332 页。

示了青州龙兴寺曾在武周时期充当本州大云官寺,又在中宗即位以后继续充当龙兴官寺的重要史实,从而奠定了此后学者讨论青州龙兴寺历史的基础。① 在此基础上,李森又利用传世文献和新出石刻等资料,梳理了唐代青州的龙兴寺、观和开元寺、观(四所官寺、官观)的设立背景和历史沿革。② 这应是唐代一个普通州府设立官寺、官观的标准配置。

山西猗氏县大云寺因《大云寺弥勒重阁碑》的存世而受到佛教史和美术史学者的关注。1983年,孙宗文先生较早从时代背景与大云寺的建制、碑像与画面题材探源、涅槃变的经典依据三方面,对此碑的历史和图像进行了考释。尤为可贵的是,孙先生在论及武周大云寺的设立时,已指出猗氏县大云寺"是当时朝廷下令两京(东、西两京——长安和洛阳)及各州所建造的'官寺'。寺的命名是由当时所颁的《大云经》而来"。这应是大陆学界较早使用"官寺"一词来界定武周大云寺的例证。文中又据长安、洛阳、怀州、宣州、凉州等地大云寺的沿革史实,指出:"各地所建的大云寺虽然是一种官寺,但这些官寺并不都是新建的,有的仅是将旧寺易名,或扩建而已。"③ 这些观点对于理解武周大云官寺的设立方式及其意义有较大帮助。崔亚男则从美术史的角度展开讨论,在介绍该碑图像与铭文的基础上,结合猗氏大云寺建立时间及时代背景,认为该寺的建立不仅顺应了佛教支持武周初建的时代潮流,更与当地涅槃学派的宗教诉求密切相关。④

泾州大云寺因武周舍利石函的发现而闻名于世⑤。杜斗城先生较早对泾州大云寺舍利石函的铭文进行考证,指出两《唐书》所载的孟诜,与铭文作者及敦煌本《食疗本草》作者为同一人;又从武周时期的崇佛、孟诜之孙孟简的佞佛等方面论证了孟诜与佛教的密切关系。⑥ 赵超、邱亮两位先生则在杜先生考证的基础上,对石函铭文进行重新释文和标点,解释了铭文反映的原舍利出土与再次瘗埋情况,并重新考证了铭文之末所列参与此次舍利瘗埋活动的官员。⑦

---

① 李森:《青州龙兴寺历史与窖藏佛像研究》,山东大学出版社2012年版。
② 李森:《唐代青州的"龙兴"、"开元"四寺观》,《世界宗教文化》2009年第4期。
③ 孙宗文:《千年石刻传法音——山西猗氏县〈大云寺涅槃变碑像〉考释》,《法音》1983年第2期。
④ 崔亚男:《〈大云寺弥勒重阁碑〉考释》,《美术学报》2018年第1期。
⑤ 甘肃省文物工作队:《甘肃省泾川县出土的唐代舍利石函》,《文物》1966年第3期。
⑥ 杜斗城:《〈泾州大云寺舍利石函铭并序〉跋》,《敦煌学辑刊》2005年第4期。
⑦ 赵超、邱亮:《甘肃泾川大云寺舍利石函铭与佛教塔基考古研究》,《考古》2016年第6期。

郯州开元寺因1981年发现开元寺残碑而引起学者的关注，杨忠敏先生较早介绍了此碑内容并进行了初步考证。① 李之勤先生进一步考证指出，郯州开元寺是为了适应中宗复位，大唐中兴的政治形势而于神龙元年（705）"肇建"，并以中兴寺为名，神龙三年（707）为适应"内外不得言中兴"的政治气候而被改为龙兴寺。开元二十六年（738），为适应第三种政治形势的需要又被改为开元寺。②

定州开元寺因有众多存世的石刻史料和若干与该寺相关的敦煌遗书而研究较多。孙继民先生对与定州开元寺相关的几件敦煌遗书的介绍③，为进一步探讨晚唐五代时期定州开元寺与敦煌之间的关系，定州开元寺僧人的动向提供了可能。贾敏峰等对定州开元寺沿革、历代维修情况的梳理④，樊瑞平等对正定开元寺唐代三门楼石柱铭文的整理和分析⑤，不仅为进一步梳理两所开元寺的历史沿革，也为讨论官寺与地域社会之间的关系提供了有价值的资料。

梁勇通过梳理认为，恒州龙兴寺创于唐中宗神龙元年（705），而非玄宗开元二十六年（738），进而否定了传世文献中恒州龙兴寺"创于隋，初名龙藏寺，宋代改龙兴寺"的传统说法。⑥ 高继习依据济南县西巷遗址出土的武周万岁登封元年（696）大云寺律师功德造弥勒像发愿文，并结合《唐会要》相关记载，认为唐代齐州开元寺很可能系由当州大云寺改额而来。⑦

在具体的寺院历史沿革之外，还有一些研究触及了唐代佛教官寺的某些具体特征或重要问题。郑荐平先生等主要利用日本入唐求法僧元珍《行历抄》的相关记载，破解了会昌灭佛之前在天台山与日本文化交流史上著名的台州龙兴寺何以消失千年的谜团。⑧ 该文所论虽仅涉及台州一地，实

---

① 杨忠敏：《唐开元寺残碑辨析》，《文博》1990年第3期。
② 李之勤：《唐郯州开元寺的始建年代及其名称演变》，《文博》1990年第6期。
③ 孙继民：《介绍几件有关定州开元寺的敦煌文书》，《文物春秋》1998年第1期。
④ 贾敏峰、贾宝峰：《定州开元寺历史沿革考》，《文物春秋》2006年第3期；贾敏峰、王丽华：《定州开元寺塔历代维修情况介绍》，《文物春秋》2009年第2期。
⑤ 樊瑞平、刘友恒：《正定开元寺唐三门楼石柱初步整理与探析（上）》，《文物春秋》2014年第6期；樊瑞平、刘友恒：《正定开元寺唐三门楼石柱初步整理与探析（下）》，《文物春秋》2015年第1期。
⑥ 梁勇：《再考正定龙兴寺始建年代》，《文物春秋》1992年第2期。
⑦ 高继习：《济南市县西巷地宫及相关问题研究》，《东方考古》第3辑，科学出版社2006年版，第392—395页。
⑧ 郑荐平、周琦：《揭开台州龙兴寺的"千古之迷"》，《东南文化》1990年第6期。

已触及会昌灭佛前后地方诸州佛教官寺如何留存的重要问题。① 上田雄先生对登州开元寺在隋唐中国与日本、朝鲜半岛国际交流中地位的讨论②，实已涉及唐代佛教官寺的特殊功能之一——接待外国来华僧众。黄夏年先生对淄州开元寺历史沿革的考察，揭示出该寺在隋代设立之后，由正等寺到武周大云寺、唐中宗神龙寺再到唐玄宗开元寺的寺额变化，及其所反映的中国古代的政教关系。③ 实际上亦已触及唐代佛教官寺是否存在连续改额的问题。

张宝玺先生关于凉州洪元谷大云寺的讨论，提出在凉州城内存在一所大云寺的同时，在唐宋时期的相当一段时间内，凉州天梯山石窟是另一座以石窟为依托营建的大云寺，即《宋史》《宋会要辑稿》等文献所载之洪元谷大云寺。④ 若所论成立，则凉州境内同时存在两所大云寺。这也提醒我们思考唐代地方诸州官寺的寺额是否专属某一特定寺院的问题。

上述讨论为深化我们对唐代佛教官寺的认识，提供了不少有益的资料、线索、视角和研究基础。

五　既有研究的反思与展望

通过对上述唐代佛教官寺研究成果的梳理，我们至少可以发现以下特点。这些特点，既是对既有相关成果的总结和反思，也是本书尝试深化唐代佛教官寺研究的出发点和努力方向。

其一，缺少对于唐代佛教官寺制度系统、综合的专门研究成果。既有的唐代佛教官寺成果中，绝大多数均属于单个官寺的个案研究，或是以州府为单位的小区域官寺研究。只有极少数学者（如塚本善隆和富安敦等）将唐代佛教官寺作为整体性的宗教制度展开讨论。然这些研究大多并未将唐代佛教官寺作为研究主体，而仅作为其核心论题的背景或论据。因此，目前缺少以唐代佛教官寺作为一个整体进行综合研究的专门成果。只有将

---

① 详参拙文《会昌毁佛前后唐代地方州府佛教官寺的分布与变迁》，《中国历史地理论丛》2018年第4辑。
② 上田雄：《登州曾是隋唐的一个门户——开元寺所连接的历史的一环》，耿昇、刘凤鸣等主编《登州与海上丝绸之路国际学术研讨会论文集》，人民出版社2009年版。
③ 黄夏年：《〈唐淄州开元寺碑〉之研究》，觉醒主编《觉群佛学（2014）》，宗教文化出版社2015年版，第223—233页。
④ 张宝玺：《凉州洪元谷大云寺考》，《敦煌研究》2015年第1期。

唐代佛教官寺作为一个整体进行综合研究，才有可能发现个案研究无法涉及的重要问题，进而拓展唐代佛教官寺研究的问题领域和研究深度。

其二，对唐代佛教官寺之制度渊源和后续影响的研究较为有限。既有的相关成果集中于唐代先后四次设立的佛教官寺，除少数日本学者将注意力上移至隋代，提出唐代佛教官寺制度可能源于隋文帝开皇元年（581）"诏州县各立僧尼二寺"，开皇初年在其龙潜四十五州设立的大兴国寺，以及仁寿年间在全国110余州奉安舍利的舍利塔寺三种观点，其余研究对于唐代佛教官寺的制度渊源问题均鲜有涉及。然而，唐代佛教官寺制度是否确实源出隋文帝时期的上述三批佛寺之一，仍需进一步讨论。关于唐代佛教官寺制度对后世的影响，日、韩两国学者的研究均已表明，唐代佛教官寺制度不仅是日本奈良朝国分寺制度的蓝本，也是朝鲜半岛高丽时期裨补寺和资福寺系统的直接渊源。相较而言，关于唐代佛教官寺制度对后世中国的影响，却讨论极少。汪圣铎先生曾提出北宋的年号寺观实际上源于唐代的开元寺观。① 然以年号赐额的开元寺观仅是唐代官寺（观）设立中的一次特殊情况，并非唐代官寺（观）赐额命名的主流。唐代佛教官寺制度的渊源及其对后世的影响仍是值得继续深掘的课题。

其三，缺少对唐代佛教官寺和道教官观的比较研究。众所周知，在唐代先后四次设立佛教官寺的过程中，除武周天授元年仅设立大云寺而未设立相应官观外，其余唐高宗乾封元年（666）、唐中宗神龙年间（705—707）、唐玄宗开元二十六年（738）的官寺设立诏敕中，均是观寺并置，即每州同时设立佛教官寺和相应的道教官观各一所。盖因既有的学术史中，尤其是早期的官寺研究成果大多是由日本的佛教学者完成，他们很自然地将注意力集中于佛教官寺，而并未对意义同等重要的道教官观予以充分的关注和研究。在这样的学术史脉络下，此后的研究也大多集中于唐代佛教官寺，对于与之同等重要的道教官观则缺少关注。目前对于唐代官观的讨论，主要散见于道教史著作中，重视程度同样较为有限。② 对于唐代朝廷而言，官寺与官观本是同等重要的国家宗教制度，二者缺一不可。目前所见，仅雷闻先生利用新出石刻史料对唐代两京龙兴观的讨论较为深

---

① 汪圣铎、马元元：《北宋的年号寺观》，姜锡东、李华瑞主编《宋史研究论丛》第8辑，河北大学出版社2007年版。
② 卿希泰主编：《中国道教史（修订本）》第2卷，四川人民出版社1996年版，第61—81页；巴雷特：《唐代道教——中国历史上黄金时期的宗教与帝国》，曾维加译，齐鲁书社2012年版。

入①，但限于资料较为丰富两京地区。类似的个案研究还十分欠缺，尚无法形成与官寺的系统比较。只有通过对唐代官寺和官观各方面的细致比较研究，才有可能发现佛教官寺制度独有的特点和意义。

其四，缺少将唐代佛教官寺作为一套特殊制度的研究。既有的研究大多停留在官寺的历史沿革梳理、政教关系分析、对日韩等国的影响等方面，缺少将官寺作为一套特殊宗教制度的研究成果。部分成果虽偶有涉及，但仍较为欠缺且系统性不足。本书在前辈学者的基础上，归纳了唐代佛教官寺所承担的四种特殊功能，即政治宣传与政治象征，接待外国来华僧众和国内官客，承担国忌行香的国家礼仪，作为地方僧官驻寺而掌管地方僧政。② 但这尚不足以说明唐代佛教官寺系作为一整套特殊寺院制度和体系而存在。此外，官寺在度僧、三纲选任、寺院经济等方面与普通有额寺院存在何种异同，仍是有待继续研究的课题。

其五，对于官寺在地方寺院体系中的地位讨论不足。相关问题包括官寺与其他寺院的关系、官寺的地位是否存在转移以及如何转移等。从逻辑上来讲，各州官寺设立之后，均会因奉敕设立且拥有特殊寺额而迅速占据当州寺院体系的中心位置。但这种以官寺为中心的区域寺院体系并非不证自明。首先需要讨论的是官寺与当州其他寺院之间的关系。陈大为先生关于归义军时期敦煌龙兴寺与其他寺院之间关系的讨论显示，龙兴寺作为沙州首寺，在敦煌诸寺中占据主导地位。③ 这实际上揭示了龙兴寺作为敦煌寺院体系中心的史实。需要注意的是，由于吐蕃统治时期等因素的影响，沙州的寺院体系与内地诸州普遍以开元寺为中心的寺院体系并不相同。龙兴寺在沙州寺院体系中的特殊地位，可能早在吐蕃统治时期即已存在④，归义军时期不过是继承未变而已。故唐代先后四次设立的佛教官寺，即使在开元寺设立之后同时并存，也不可能同时拥有官寺地位，每所官寺拥有官寺地位的时间，应为该官寺设立之后至新官寺设立之前。⑤ 较为明显的官寺地位转移的表征，是国忌行香功能由龙兴寺（观）向开元寺（观）的转移。关于官寺与地方寺院体系的讨论，还需要其他方面更多资料和内容

---

① 雷闻：《唐两京龙兴观略考》，《隋唐辽宋金元史论丛》，上海古籍出版社2016年版。
② 参见本书第七章"唐代佛教官寺的特殊功能"。
③ 陈大为：《敦煌龙兴寺与其他寺院的关系》，《敦煌学辑刊》2009年第1期。
④ 王尧：《蕃占期间的敦煌佛教事业探微——P.T.999、1001号藏文卷译释》，原载《世界宗教研究》1988年第2期。此据《王尧藏学文集》卷4《敦煌吐蕃文书译释》，中国藏学出版社2012年版，第248页。
⑤ 参见拙文《〈佛祖统纪〉所载唐代龙兴官寺设立年代考辨——兼论唐代龙兴官寺与同额非官寺的异同》，《石河子大学学报》（哲学社会科学版）2017年第6期。

的支撑。

其六，考古资料的运用是深化官寺研究的重要途径之一。既有的官寺研究大多以传世文献为主，对于考古资料的利用程度较为有限。少数传世碑刻资料或新出考古资料，均为官寺研究的深入提供了新的资料和研究视角。如青州龙兴寺大批窖藏佛像的出土，直接推动了对青州龙兴寺历史及其与青州城关系的讨论。泾州大云寺舍利石函铭和邠州开元寺残碑的出土，有力推进了泾州大云寺和邠州开元寺的研究。传世的蒲州猗氏县《大云寺弥勒重阁碑》，不仅为梳理研究蒲州大云寺与武周政权的关系提供了图像资料，碑文所载猗氏县大云寺天授三年（692）被改回原额仁寿寺之事，同样有助于理解武周大云官寺设立的标准和原则。四川邛崃龙兴寺遗址①和山东东阿大秦村宗教遗址②，不仅揭示了唐代邛州和济州均曾奉制设立龙兴官寺的史实，还为研究唐代地方诸州龙兴官寺的区位、寺院规模和建筑布局等问题提供了新的资料。河北正定开元寺遗址的发掘收获，同样有助于认识唐代恒州开元寺的若干历史细节。③一般而言，这些细节大多是传世文献中缺载的。充分利用考古资料，应是今后唐代佛教官寺研究的一个重要突破口。

六 篇章安排

本书共分为九章。第一章"绪论"，主要交代研究缘起和学术意义，界定研究对象的概念，梳理国内外相关研究的学术史，对既有研究的反思与展望，交代本书的篇章安排。

第二章"唐代佛教官寺制度渊源辨析"。通过对学界关于唐代佛教官寺制度渊源的三种主要观点（隋文帝"州县各立僧尼二寺"说、大兴国寺说和仁寿舍利塔寺说）的系统梳理和辨析，认为这三种观点或缺少史实依据，或逻辑前提不存，均无法成立。更重要的是，这一研究思路，实际上忽略了唐代官寺制度本身也是一个不断发展完善的过程，并非生而整齐划

---

① 成都文物考古研究所、邛崃市文物管理局编：《四川邛崃龙兴寺 2005—2006 年考古发掘报告》，文物出版社 2011 年版。
② 李宝军等：《山东东阿大秦村发现北朝至五代寺庙和行宫遗址》，《中国文物报》2017 年 9 月 22 日第 8 版。
③ 陈伟等：《河北正定开元寺南广场遗址发掘取得重要收获》，《中国文物报》2017 年 11 月 17 日第 8 版。

一、特征鲜明的史实。进而认为唐代佛教官寺制度的真正渊源可能并非某道诏敕或由此而生的某批寺院，而是一个典型特征不断积累的过程。

第三章"唐高宗乾封元年的佛教官寺制度"，专门讨论唐高宗乾封元年的官寺制度问题。由于文献记载的匮乏，既有的研究对于高宗乾封元年的官寺设立情况所知甚少。本章主要利用《全唐文》卷238卢藏用《景星寺碑铭》、敦煌遗书P.2005《沙州都督府图经》和释道世《法苑珠林》中的相关记载，并结合其他资料，对高宗官寺的寺额、相关制度及其后世影响等问题进行考察。

第四章"武周大云官寺及其制度研究"，是对武周大云官寺及相关制度的总体性研究。本章的基础工作，是对散见于各种资料中的武周大云寺进行搜辑和考证，并在此基础上对可考大云寺进行系年和空间定位。通过大云寺空间分布的广度来讨论武曌大云寺制令的执行力度；通过大云寺的时间分布来讨论大云寺的沿革和演变大势，并探讨地方诸州大云寺的设立时间和设立方式，设立时是否有区位要求，大云寺与高宗官寺的关系等问题。

第五章"唐中宗龙兴官寺及其制度研究"，系对唐中宗龙兴官寺及相关制度的综合研究。本章的基础工作，是对各种资料中所见唐代龙兴官寺进行搜辑和考证，在此基础上对可考龙兴官寺进行系年和空间定位。通过龙兴官寺在空间和时间两个维度上的分布实态和特征，讨论唐中宗龙兴官寺制令的执行力度和龙兴官寺的沿革和演变大势，重点对所谓唐代龙兴官寺设立于"开元中"（含开元二十六年）的说法进行辨析，并论及唐代龙兴官寺的设立方式、制令依据、龙兴官寺与武周大云寺和高宗官寺的关系等。

第六章"唐玄宗开元官寺及其制度研究"，是对唐代开元官寺及相关制度的系统研究。本章的基础工作，同样是对各种资料中所见唐代开元官寺进行搜辑和考证，并以此为基础对可考开元官寺进行系年和空间定位。通过开元官寺在空间和时间两个维度上的分布实态和特征，来讨论开元官寺敕令的执行力度及开元官寺的沿革和演变大势，重点辨析《唐会要》卷48和卷50两种关于开元官寺设立缘由的不同记载之间的关系，以及唐代全国诸州设立开元官寺的敕令依据及其执行情况，并论及诸州府先后设立的佛教官寺是同时并存抑或相互取代，诸州府先后设立的官寺在唐武宗灭佛之后留存情况的异同，并尝试以官寺地位的转移对此加以解释。

第七章"唐代佛教官寺的特殊功能"，主要是在现有研究基础上对唐代官寺的特殊功能进行系统讨论。在此前的相关研究中，日本学者已注意到了唐代官寺负责某些特殊事务的现象,但并未提升到官寺特殊功能的层面来进行讨论。本章即主要通过归纳各种文献中唐代佛教官寺的特殊功能,系统讨论唐代佛教官寺政治宣传与政治象征、接待国外来华僧众和国内官客、承担国忌行香的国家礼仪、掌管地方僧政四项特殊功能,并梳理这些特殊功能的产生和发展、演变过程。

第八章"佛教官寺与中晚唐半独立藩镇的政治合法性构建"。本章注意到田承嗣与张议潮分别在节度魏博和归义军时期重修辖区内官寺的现象,通过相关碑文考证,并结合两人重修官寺的政治背景的分析,讨论中晚唐半独立藩镇何以将佛教官寺作为构建自身政治合法性的重要资源,并分析其如何利用的实例。

第九章"唐代官寺官观制度在东亚的传播和影响",尝试梳理唐代官寺官观制度对北宋中国的影响,认为唐代官寺官观制度不仅是北宋时期所谓"年号寺观"的制度渊源,也是宋真宗天庆观系统的蓝本。同时,主要利用日韩两国学者的研究成果,认为日本奈良朝的国分寺(含国分尼寺)制度,以及朝鲜半岛高丽时期的裨补寺系统和资福寺系统,均是模仿唐代佛教官寺制度的产物。

正文之后是四篇附录。

第一篇《隋至唐初长安光明寺非摩尼教寺院辨》。在学界既有研究的基础上,通过对此前学者据以判断长安光明寺为摩尼寺的依据及其史源进行系统梳理,建立了隋至唐初长安光明寺为佛寺的连续完整的证据链,进一步确证隋至唐初长安光明寺为一所佛教寺院无疑,且该寺还呈现出涅槃学派(很可能是昙延系)、三阶教与净土宗等多个佛教宗派(学派)同时共存、互融互摄的状态。

第二篇《唐玄宗御容铜像广布天下寺观考辨》,系对传世文献中所谓"玄宗御容铜像"的考辨。天宝三载(744)三月,唐玄宗敕令两京天下诸郡于开元观、开元寺分别以金铜铸造自己的等身天尊像和等身佛像。传世文献中却存在不少将这批玄宗等身像讹传为"玄宗御容铜像"的记载。通过对这些所谓"玄宗御容铜像"的资料来源、分布地点、铸造时间、造像形制等进行考证和还原,可知这些铜像应即天宝三载唐玄宗敕令天下开元观、寺以金铜所铸自己的等身天尊像和等身佛像,而非所谓"玄宗御容铜像"。

第三篇《开元寺兴致传说演变研究》,主要考察依傍开元二十六年(738)开元官寺的设立而生的一则传说,通过考证该传说在晚唐五代、南宋和元代三个时期文本内容的演变,探究文本演变背后所反映的制度和史实。

  第四篇《敦煌写经题记中的唐长安佛教影像》，讨论了三种敦煌经题记所反映的唐长安佛教界的某些动态、传统和细节。S.2551《慧观题记》反映了永淳元年（682）关中大饥荒期间旅京求法的各地学问僧纷纷仗锡返回故里的动态，永淳饥馁留给佛教界的历史记忆，直到近百年后仍在蜀地禅僧中广为流传。S.4000《常会题记》则反映了唐长安佛寺改额后民间往往继续称其旧额的传统或惯例。台北"中央"图书馆藏《净明经关中集解疏》明真题记，则反映出唐中宗末年至宪宗初年长安城内还存在一所此前不为人知的福寿寺的史实。

第二章　唐代佛教官寺制度渊源辨析

如前章所述，在现有的关于唐代佛教官寺的研究成果中，唐代佛教官寺制度的渊源何在，一直是一个重要但又讨论有限的问题。前辈学者一般倾向于认为唐代佛教官寺制度源于隋代，尤其是隋文帝时期。

既有研究表明，隋文帝受禅建隋之后的首个年号"开皇"与道教"劫运"思想密切相关①，且隋文帝也曾在新都大兴城中为几个著名道士立观并不时召见②，以显示其对道教的重视。更具象征意义的是，在营建新都大兴城之初，宇文恺在朱雀大街东西两侧对称地修建了大兴善寺和玄都观。③ 这似乎也象征着对佛教和道教的一视同仁。

但在实际的宗教政策中，隋文帝崇佛的力度无疑更大。表现之一，即在新都大兴城建成之初，隋文帝就立寺额120枚于朝堂，并下令"有能修造，便任取之"。④ 对于道教，似乎并无类似的优崇。因此，至隋炀帝大业初年，大兴城内佛寺和道观之比为12∶1，即使经过大业中后期的寺院融并和唐代前期高涨的崇道运动，直至开元初年，长安城内佛寺和道观的数量对比依然悬殊（约6∶1）。⑤

缘此之故，前辈学者一般倾向于认为唐代佛教官寺制度源于隋文帝时期，并形成了隋文帝"州县各立僧尼二寺"说、"龙潜四十五州大兴国寺"说和"仁寿舍利塔寺"说三种主要观点。

---

① 刘屹：《"开皇"年号与道教"劫运"思想》，余欣主编《中古中国研究》（第一卷）"重绘中古中国的时代格：知识、信仰与社会的交互视角专号"，中西书局2017年版，第27—50页。
② 如五通观、清虚观和清都观。五通观和清虚观，分别见韦述撰，杜宝撰，辛德勇辑校《两京新记辑校·大业杂记辑校》，三秦出版社2006年版，第43、66页。清都观，见宋敏求、李好文撰，辛德勇、郎洁点校《长安志·长安志图》卷7"永乐坊"条，三秦出版社2013年版，第264页。
③ 李吉甫撰，贺次君点校：《元和郡县图志》卷1，中华书局1983年版，第1—2页。
④ 韦述撰，杜宝撰，辛德勇辑校：《两京新记辑校·大业杂记辑校》，第31页。
⑤ 同上书，第12—13页。

塚本善隆先生曾将隋代的"诸州官立寺"、地方州县奉敕所立僧尼二寺、大兴国寺均称为官寺，但他提出隋文帝为纪念帝国兴起在其龙潜四十五州所设之大兴国寺，才是拥有同一寺额之官寺的创设。① 由于当时学界普遍认为唐代四次佛教官寺均系统一赐额，故塚本先生此说可称为隋文帝"龙潜四十五州大兴国寺"说。郭绍林先生亦持此观点，其依据也是隋文帝大兴国寺是统一赐额官寺之始。②

道端良秀先生则据开皇十一年（591）《诏立僧尼二寺记》和《南宫令宋景构尼寺铭并阴侧》，指出隋文帝时期在全国州县已经建立了州寺和县寺。③ 这一观点被肥田路美先生发展为"一州一寺制"，并认为此制实为唐代佛教官寺制度的渊源所在。④ 由于此说的依据系隋文帝"州县各立僧尼二寺"敕，故可称为"州县各立僧尼二寺"说。

隋文帝仁寿年间先后三次向全国110余州分送舍利并造塔供养之事，在整个中国佛教史上盛况空前且影响深远。加之舍利分送之州遍布全国，相关制度和仪式整齐划一，很容易让人联想到唐代诸州普设的佛教官寺。由此形成关于唐代佛教官寺制度渊源的第三种观点，即隋文帝"仁寿舍利塔寺"说。⑤

本章拟在前人研究的基础上，对上述三种主要观点进行辨析，尤其是重新审视三种观点的史实依据及其逻辑基础，希望将问题的讨论引向深入。

一 隋文帝"州县各立僧尼二寺"说辨析

道端良秀先生曾据《金石萃编》卷38《诏立僧尼二寺记》和《八琼室金石补正》卷25《南宫令宋景构尼寺铭并阴侧》，指出隋文帝时期已在全国州县建立了僧寺和尼寺，并认为隋文帝此诏才是日本奈良朝国分寺和

---

① 塚本善隆：《日中仏教交涉史研究》，《塚本善隆著作集》第6卷，大东出版社1974年版，第12页。
② 郭绍林：《日本学者研究隋唐佛教的两则错误说法》，樊英峰主编《乾陵文化研究》第8辑，三秦出版社2014年版，第327—330页。
③ 道端良秀：《日中佛教友好二千年史》，徐明、何燕生译，商务印书馆1992年版，第43—47页（该书日文版由东京大东出版社出版于1987年）。
④ 肥田路美：《隋·唐前期の一州一寺制と造像》，早稻田大学大学院文学研究科编《早稻田大学大学院文学研究科纪要》第3分册，2009年，第65—80页。此据作者专著《初唐仏教美術の研究》（中央公论美术出版2011年版）颜娟英等中译本，《云翔瑞像：初唐佛教美术研究》，台大出版中心2018年版，第176—177页。
⑤ 木宫泰彦：《中日交通史》，陈捷译，山西人民出版社2015年版，第220、224页。

国分尼寺制度的渊源所在，此诏对日本的影响远大于唐代四次设立佛教官寺。①

按，隋文帝"诏州县各立僧尼二寺"一事，是否确系日本奈良朝国分寺和国分尼寺制度的渊源，并非本章关注的重点。然道端先生的这一判断，实际上暗含着隋文帝此举实为唐代佛教官寺制度渊源的观点，因为绝大多数日本学者均将唐代佛教官寺（高宗官寺、大云寺、龙兴寺和开元寺）作为日本奈良朝国分寺制度的渊源。缘此之故，本章须对此进行梳理和回应。

需要注意的是，道端先生所举上述两种石刻文献实为一种。王昶《金石萃编》只对此碑正面的文字进行了录文，未及碑阴和碑侧，定名为《诏立僧尼二寺记》。② 孙星衍《寰宇访碑录》和洪颐煊《平津读碑记》均著录为《建安公构尼寺铭》。③ 陆增祥《八琼室金石补正》不仅补录了碑阴和碑侧的文字，还找到了此碑原额《大隋南宫令宋君象碑》，并考证了上述三种定名之误，最终将此碑定名为《南宫令宋景构尼寺铭并阴侧》④（以下简称《宋景构尼寺铭》）。兹据《金石萃编》及罗尔纲先生的校补，将碑文主体部分移录如下：

> ……我大隋膺千龄之会，处五运之□，□□□道，先天协命。皇帝统历乘元，钦明御宇，秉金轮以治世，悬玉镜而照临，声逸万古，泽被遐外。好生恶煞，泣辜解纳。轻兹小道，慕彼大乘。欲归一谛，会由三宝。乃诏州县各立僧尼二寺，袭圣轨之将颓，继金言之暂缺。使君建安公衣冠水镜，搢绅模楷，入朝见美，出牧称贤。含柔履慎，率由成则；德流异部，声播殊方。念法界以归依，弘慈善以训物，申命勤至，不舍斯须。县令西河宋景，辅国将军、内散、复州别驾治长史、宜昌·竟陵二郡□□□都督，允文允武，所在称奇；制锦一周，弦歌千室。志怀清慎，恒若履冰；能官之美，今古独绝。深悟非常，

---

① 道端良秀：《日中佛教友好二千年史》，徐明、何燕生译，第43—47页。
② 王昶：《金石萃编》卷38《诏立僧尼二寺记》，《石刻史料新编》第1辑第1册，新文丰出版公司1982年版，第658—660页。
③ 洪颐煊：《平津读碑记》卷3，《石刻史料新编》第1辑第26册，第19382页；孙星衍：《寰宇访碑录》卷2，《石刻史料新编》第1辑第26册，第19875页；严可均辑录《全隋文》时亦定名为《建安公构尼寺铭》，参见严可均辑《全隋文》卷30，商务印书馆1999年版，第352—354页。
④ 陆增祥：《八琼室金石补正》卷25《南宫令宋景构尼寺铭并阴侧》，《石刻史料新编》第1辑第6册，第4386页。

情存释典；听讼之暇，无忘福田。丞大梁齐相、尉博陵张服、河间张标，并以明哲，来赞专城，清勤自处，誉宣邻邑。俱申回向之心，共忻真净之路。心意精实，不行自远。遂仰依明敕，俯厉宿诚，乃于形胜之所，崇构尼寺。县宦七职，爰及乡正之徒，感斯福德，忻然营助。寺主道辩，等觉法紬，上坐智最、缓称等，咸以戒操端严，音仪匪忒，烦恼已弃，业行聿修，相与经始，不日而就。尔其势极弘丽，地惟爽垲，房庑深重，长廊交映。连甍云合，比屋霞舒；宝铎迎风，雕梁照日。至于庄严□殿，饰尽丹青，相好非常，光明特绝。旧尼宿德，深睹律藏，莫不负锡来游，有怀乐土。……大隋开皇十一年岁次辛亥六月辛□□①

此碑详述了隋文帝"诏州县各立僧尼二寺"之后，在"使君建安公"的"申命勤至"之下，南宫县令宋景与县丞、县尉等四人，以及"县宦七职"、乡正、寺主、上座等人奉敕在形胜之地修建尼寺之事。立碑时间为开皇十一年（591）六月。

碑文中的"建安公"历来无考。按，隋代州刺史一级的公爵一般均指郡公。岑仲勉先生曾据此推测，碑文中的"建安公"或即曾任安州总管、封爵建安公的韦世恭。②今据《隋书·柳机传》，可知此"建安公"应即时任冀州刺史柳机。③因为柳机不仅在隋文帝受禅即位后"进爵建安郡公，邑二千四百户"，还在此后出任冀州刺史。只是《隋书》柳机本传并未明载其封爵建安郡公和出任冀州刺史的时间。新出《柳机墓志》可进一步明确，柳机进爵建安郡公时为开皇二年（582），开皇四年至六年（584—586）入京任纳言，"（开皇）九年，除使持节冀州诸军事冀州刺史，十三年在州遘疾，十四年还京"④，完全符合碑文中"建安公"曾"入朝见美"（任京官纳言）、"进爵建安郡公""出牧称贤"（开皇十一年官居冀州刺史）三项描述。可知碑文中"建安公"应即柳机，殆无可疑。

此碑立于开皇十一年（591）六月，但似乎不能直接将隋文帝"诏州

---

① 王昶：《金石萃编》卷38《诏立僧尼二寺记》，《石刻史料新编》第1辑第1册，第658—660页；罗尔纲：《罗尔纲全集》第16卷《〈金石萃编〉校补》，社会科学文献出版社2011年版，第47—50页。
② 岑仲勉：《隋书求是》，中华书局2004年版，第153—154页。
③ 魏征等：《隋书》卷47《柳机传》，中华书局1973年版，第1272页。
④ 关于该墓志的详细考证，详参王其祎、周晓薇《新见隋仁寿元年〈柳机墓志〉考释——兼为梳理西眷柳氏主支世系及其初入关中跻身"郡姓"之情形》，《唐史论丛》第19辑，三秦出版社2014年版，第221—242页。

县各立僧尼二寺"一事系于此年。① 柳机于开皇九年（589）出任冀州刺史后"申命勤至"，可知隋文帝此令应颁于开皇九年（589）之前。柳机之所以需要"申命勤至，不舍斯须"，很可能是由于前任刺史督导不力，南宫县在开皇九年（589）之前并未奉敕构建尼寺（僧寺应已设立）。苟此解不误，则此敕应颁于开皇九年（589）之前。

王昶较早注意到，碑文中隋文帝"诏州县各立僧尼二寺"一事，"《隋书》本纪不载，而诏立僧尼二寺亦史无明文"。洪颐煊则认为，法琳《辩正论·奉佛篇》所载开皇三年（583）隋文帝所颁"朕钦崇圣教，念切神宇。其周朝所废之寺，咸可修复"的诏令，"颇与此碑相同"。② 然这两种记载不仅时间上相去八年之久，内容亦差别甚远。碑文要求"州县各立僧尼二寺"，而《辩正论》所载诏令则系修复北周武帝灭佛时期所废佛寺。两者应非一事可知。

隋文帝"诏州县各立僧尼二寺"一事，虽缺少传世文献的支撑，幸运的是，另一种石刻文献可为此提供印证。立碑于开皇五年（585）的《重修七帝寺记》记载：

> 大隋开皇五年岁次乙巳八月乙酉朔十五日己亥，前定州沙门都、故魏七帝旧寺主惠郁、像主玄凝等，以先师僧晕去太和十六年敬造三丈八弥勒金像，至后周建德六年岁次丁酉，破灭大像，僧尼还俗。至七年六月，周帝宇文邕因灭三宝，见受迦摩罗之患罹。扶天元承帝，改为宣政。至二年，以父坏法破僧，愿造大像，即改为大象元年。但周将灭□，即禅位大隋国帝主杨坚，建元开皇。自圣君驭宇，俗易风移，国太民宁，八方调顺。护持三宝，率遣兴修。前诏后敕，佛法为首。惠郁共弟子玄凝等，愿欲修理本寺，愿复前像。旧处属他，悲号无及，黍离之咏，泣诵心□。赖摩诃檀越前定州赞治、并州总管府户曹参军博陵人崔子石，前萨甫下司录商人何永康二人，同赎得七帝寺院，价等布金，贵余祇树。一发檀那，双心具施，并为俗寺主。从开皇元年造像头手，并铸大钟，至五年素起身跗，兼修宝殿。计七匣挂像，用布一万七千五百斤，用漆十二斛，黄金八万七千。薄料、像及殿，合用钱五千七百贯。忽蒙敕旨：大县别听立僧、尼两寺。安喜令裴世元，王、刘二尉等，以

---

① 汤用彤先生将隋文帝"诏州县各立僧尼二寺"一事系于开皇十一年。汤用彤《隋唐佛教史稿》，中华书局1982年版，第5、237页。
② 洪颐煊：《平津读碑记》卷3《建安公构尼寺铭》，《石刻史料新编》第1辑第26册，第19382页。

七帝旧所，像殿俱兴，遂申州表省，置为县寺。兼导引群僚，劝率二长，详崇结邑，并尊事伽蓝。（下略）①

此碑记述了定州安喜县七帝寺北魏太和十六年（492）铸造三丈八尺弥勒金像，在北周武帝灭佛期间弥勒像被毁，僧尼还俗，寺院被废弃之后，至隋文帝开皇元年至五年（581—585）重新恢复寺院、造弥勒像，并最终立为"县寺"的全过程。安喜县七帝寺为僧寺，南宫县所构为尼寺，适可证隋文帝确曾敕令某些县设立僧尼二寺。

从《重修七帝寺记》的行文顺序，尤其是七帝寺的修复顺序看，"忽蒙敕旨，大县别听立僧尼两寺"，此"敕旨"的颁布时间应在开皇五年（585）八月立碑之前不久。

定州七帝寺始建于北魏太和十六年（492），系因僧晕为北魏先朝七帝祈福而得名。② 关于此碑已有不少重要研究③，本章重点关注此碑与前引《宋景构尼寺铭》之间的关联。威斯坦因认为塚本善隆先生将"州县各立僧尼二寺"颁布时间定为开皇五年（585），或系误解。④ 塚本先生确实很早就注意到了《宋景构尼寺铭》与《重修七帝寺记》关于"州县各立僧尼二寺"与"大县别听立僧尼两寺"的记载，并结合《辩正论》所载"诸州官立寺"（引文见下文），认为隋文帝在"重兴佛教"的背景下已在全国州、县设立官寺。⑤

上述两道诏敕存在明显的共性，即要求每个政区单位均设立僧尼二寺（僧寺、尼寺各一所），且均涉及县级政区。此外，两种记载的文字差异亦不应被直接忽略。仔细比勘可以发现，两道诏敕的内容至少存在以下差异：（1）前者称"诏"，后者则称"敕旨"。（2）前者的执行范围为"州

---

① 拓本见北京图书馆金石组编：《北京图书馆藏中国历代石刻拓本汇编》，中州古籍出版社1989年版，第9册，第25页。录文参考韩理洲辑校《全隋文补遗》，三秦出版社2004年版，第391—392页。
② 史睿：《金石学与粟特研究》，荣新江、张志清主编《从撒马尔干到长安：粟特人在中国的文化遗迹》，北京图书馆出版社2004年版，第37—38页。
③ 施安昌：《隋刻〈重修定州七帝寺记〉》，《故宫博物院院刊》1985年第2期；冯贺军：《〈重修七帝寺记〉释解》，《故宫博物院院刊》2005年第2期；齐藤达也：《隋重修七帝寺記（惠鬱造像記）について——訳註と考察》，《國際佛教学大学院大学研究紀要》第6号，2003年，第87—125页。
④ 斯坦利·威斯坦因：《唐代佛教》，张煜译，上海古籍出版社2015年版，第5页，注释10。但塚本先生的结论是：这道"州县各立僧尼二寺之诏"何时颁布，并不清楚。
⑤ 塚本善隆：《日中仏教交渉史研究》，《塚本善隆著作集》第6卷，大东出版社1974年版，第8—9页。

县"，即当时隋国境内存在的所有州级和县级政区；后者则仅为隋国境内的所有"大县"，所有的州级政区和其他级别的县级政区均不在此列。（3）前者要求"州县各立"，即全国州、县两级政区均须设立，但并未明确设立方式是新建、重修抑或将旧寺改额。后者要求"大县别听立"，即在每个大县现有的佛寺之外，再增设僧寺、尼寺各一所。

面对这些差异，我们首先需要判断是否存在隋文帝先后颁出上述两道诏敕的可能性。首先，从隋文帝即位后复兴佛教的历程来看，其在开皇五年（585）八月之后再次"诏州县各立僧尼二寺"的可能性几乎为零。蓝吉富先生曾系统梳理隋文帝即位之后渐次复兴佛教的详细过程①，尤其是在开皇三年（583）诏"其周朝所废之寺，咸可修复"②，以及"开皇伊始，广树仁祠。有僧行处，皆许立寺"③ 之后。开皇五年（585）所颁"大县别听立僧尼两寺"的敕旨，显然已是在认可全国佛教复兴成果的基础上，对"大县"提出的鼓励性要求。在这种情况下，自然不可能再要求全国州县分别设立僧尼二寺。

此外，《宋景构尼寺铭》明载隋文帝"诏州县各立僧尼二寺"的目的是"袭圣轨之将颓，继金言之暂缺"，即继北周武帝灭佛之后复兴佛教。如前所述，隋文帝即位之后大力复兴佛教，尤其是在开皇三年（583）诏修复北周所废佛寺和开皇五年（585）"大县别听立僧尼两寺"之后，所谓"圣轨之将颓""金言之暂缺"的情况，应已不复存在，自然既不可能、亦无必要再"诏州县各立僧尼二寺"了。所谓"袭圣轨之将颓，继金言之暂缺"的立寺初衷，若置于开皇五年（585），反而更为合适。

综上，笔者认为上述两道诏敕实为一道，所谓"州县各立僧尼二寺"应是"大县别听立僧尼两寺"之讹。既如此，又如何解释上述两种记载之间的差异呢？

首先，《宋景构尼寺铭》虽云隋文帝因"好生恶煞，泣辜解纲。轻兹小道，慕彼大乘。欲归一谛，会由三宝，乃诏州县各立僧尼二寺"，但碑文亦明载南宫令宋景等"遂仰依明敕，俯厉宿诚，乃于形胜之所，崇构尼

---

① 蓝吉富：《隋代佛教史述论》附录《文炀二帝弘法大事表》，台湾"商务印书馆"1993年版，第293—298页。
② 释法琳：《辩正论》卷3《十代奉佛上篇第三》，《大正藏》第52册，第508页。
③ 释道宣：《续高僧传》卷15《论曰》，《大正藏》第50册，第549页；释法琳：《辩正论》卷3《十代奉佛上篇第三》，《大正藏》第52册，第508页，将"有僧行处，皆许立寺"一句，系于"京兆太守苏威奉敕于京城之内，选形胜之地，安置伽蓝"之后，作"于是合京城内，无论宽狭，有僧行处，皆许立寺"，似乎此句仅是针对新都大兴城而言。未知孰是，存此俟考。

寺"云云。这表明"诏""敕"二字在碑文原可混用，且可确定铭文中之"诏"字系因行文用韵而使用①，故可判断碑文中隋文帝"州县各立僧尼二寺"的命令很可能是"敕"，而非"诏"。如此，便与《重修七帝寺记》所载"敕旨"相合。②

其次，"大县"何以演为"州县"？"州县"二字连用的背景，是开皇三年（583）隋文帝"废郡存州"后隋代地方行政制度由州郡县三级制骤变为州县二级制。隋文帝"大县别听立僧尼两寺"敕旨颁于开皇五年（585）八月之前不久，而所谓"州县各立僧尼二寺"敕，则见于开皇十一年（591）六月所立《宋景构尼寺铭》。两者之间六年的时间差，应是导致出现这一讹误的主要原因。"大县"应是隋代县级政区的一个等级，一般均指户口繁盛、财赋充裕的县。按，隋代官方的县等自上上至下下共分为九等。据《唐六典》和《隋书·百官志》，则隋代的"大县"可能对应上县（含上上、上中和上下三等），或上上县。③作为敕旨内容颁行全国，"大县"应系隋代官方的另一套县等标准之一，且肯定是当时户口繁盛、财赋充裕的县。这也应是隋文帝"别听立僧尼两寺"敕旨何以只颁给"大县"，而未波及其他"中县""小县"的主要原因。

此外，在开皇三年（583）"废郡存州"和"省并州县"之后，大部分州的治所县应已成为"大县"，且州级政区和治所县同治一城（治所县），若治所县（大县）已设立僧尼二寺，则州级政区已无再立的必要。大县之外其他更小的县，因户口寡少、财赋有限，若能完成开皇三年（583）修复北周所废佛寺的诏令，已属不易，自然无须亦无力再新建僧尼二寺。本节所涉冀州南宫县和定州安喜县皆为大县，或可辅证。

再次，"大县别听立"已是隋文帝基于开皇五年（585）之前佛教复兴的既有成果，只针对户口、财赋状况较好的"大县"颁下的鼓励性敕旨，"州县各立"既不符合开皇五年（585）以后隋代的佛教复兴形势，亦无此必要。

最后，既是一道敕旨，何以南宫、安喜两县的执行时间相去六年？此

---

① 铭文中有"爰有明诏，诰彼四方。玄风更阐，遗教重昌。同□□德，上下纪纲。伽蓝仍建，迥刹高骧"四句，可判断其中"诏"字系因用韵而使用。
② 关于隋代的敕旨，详参中村裕一《隋唐王言の研究》，汲古书院2006年版，第121—123页。
③ 《宋景构尼寺铭》记载冀州南宫县"尉博陵张服、河间张标"，《重修七帝寺记》称定州安喜县有"刘、王二尉"。表明两县均设有两个县尉。据李林甫等撰，陈仲夫点校《唐六典》卷30，中华书局1992年版，第751页，"隋氏九等县，（县尉）则上县二人，中、下县一人"。这表明南宫、安喜两县皆为隋代上县。又据《隋书》卷28《百官下》，第792页，隋代县令的俸禄，"大县百四十石，其下每以十石为差，至于下下则六十石"，可知隋代的"大县"对应九等县中的"上上县"。

点可由两县的政区沿革来解释。南宫县作为冀州的普通属县之一（非州治所在），系开皇六年（586）恢复设立的新县。① 亦即开皇五年（585）敕旨颁下时，该县尚未设立，自无从执行。开皇九年（589）出任冀州刺史的柳机尽管"申命勤至，不舍斯须"，但建立一所新的寺院无疑需要一个过程。南宫县令宋景等构建尼寺一事，实际上亦反映了开皇五年（585）以后重新恢复（或新置）诸县执行隋文帝此敕旨时的一般情形。南宫县晚至六年后才建立尼寺，除了前任刺史督导不力外，还可能与南宫县在设立之初尚未达到"大县"标准有关。与此不同，安喜县作为自北齐延续至隋代的旧县，且是隋初定州的治所县。在接到隋文帝"大县别听立僧尼两寺"的"敕旨"后，迅速利用七帝寺自隋初以来恢复寺院、造弥勒像的先期成果，通过"申州表省"的法定程序，于开皇五年（585）将七帝寺"置为县寺"，使该寺获得朝廷认可的合法地位。②

道端良秀先生曾据前引《宋景构尼寺铭》，认为隋初文帝已通过"州县各立僧尼二寺"敕，在隋国境内州、县两级政区均设立了所谓"州寺"和"县寺"。肥田路美先生在讨论隋至唐前期佛教造像时，亦曾据前引两碑所载，尤其是隋文帝"州县各立僧尼二寺"敕，认为隋代已形成所谓"一州一寺制"。③ 所谓"一州一寺制"，即每州设立一所佛寺之制，既是唐代佛教官寺制度的基本特征之一，也是前辈学者多将隋文帝此敕视为唐代佛教官寺制度渊源的主要依据。

但是，就目前可见资料而言，所谓"州寺"和"一州一寺制"，并非是以确切史料为据的归纳，而系据《宋景构尼寺铭》"州县各立僧尼二

---

① 开皇六年新设的59县，主要集中于原北齐境内（56县），应系开皇五年之前"大索貌阅"加强户口检括之后，新增入籍人口160余万口的结果。详参施和金《中国行政区划通史·隋代卷》，复旦大学出版社2009年版，第13、59页。以唐代的最高标准衡之，6000户以前皆为上县（相当于隋代大县），大索貌阅所得户口新设56县，县均户数基本均可达到唐代上县的标准。参翁俊雄《唐代的州县等级制度》，《北京师范学院学报》（社会科学版）1991年第1期，第11页。

② "县寺"在隋代文献中亦有出现。《长安志》卷10"居德坊"条记载："汉圜丘余址。东南隅，先天寺。本宝昌寺。隋开皇三年，敕大兴、长安两县各置一寺，因立宝昌、禅林二寺，东西相对，时人谓之'县寺'。其地本汉之圜丘。先天元年改为先天寺。"宋敏求撰，辛德勇、郎洁点校《长安志·长安志图》卷10《京城四》"居德坊"条，第341页。禅林寺位于大兴县之隆庆坊（唐玄宗即位后改为兴庆坊），参见宋敏求撰，辛德勇、郎洁点校《长安志·长安志图》卷9《京城三》，第305页。

③ 肥田路美：《隋·唐前期の一州一寺制と造像》，早稻田大学大学院文学研究科编《早稻田大学大学院文学研究科纪要》第3分册，2009年，第65—80页。此据作者专著《初唐仏教美术の研究》（中央公论美术出版2011年版）颜娟英等中译本，《云翔瑞像：初唐佛教美术研究》，台大出版中心2018年版，第176—177页。

寺"敕进行的演绎。更重要的是，上文的考辨已证明，所谓"州县各立僧尼二寺"敕，实为开皇五年（585）隋文帝"大县别听立僧尼两寺"敕旨之讹。其执行范围仅限于全国"大县"，并不涉及州级政区和其他等级更低的县级政区。因此，所谓"州寺"或"一州一寺制"，在隋文帝时期并不存在。与此相应，在隋至唐初的各种文献中，州、寺二字连用的情况虽不少见，但一般均指某州州城（州治）之佛寺，并无特殊意义可寻。作为某类佛教寺院制度性专有名词的"州寺"在隋代并不存在。这在很大程度上可以佐证本节的考辨结果。

二 隋文帝"龙潜四十五州大兴国寺"说辨析

关于唐代佛教官寺制度渊源的另一种观点，是隋文帝在其龙潜所经四十五州所设之大兴国寺。这也应是多数国内学者默认的观点。然而，关于隋代大兴国寺的设立缘由，却并非仅有众所熟知的隋文帝龙潜四十五州大兴国寺一种，而是存在三种不同的记载。其一，即隋文帝受禅称帝后在其龙潜所经四十五州同时设立大兴国寺。其二，是隋文帝先为其父母在同州设立大兴国寺，继而又为其父在隋州设立大兴国寺，最后才在其龙潜所经四十五州设立大兴国寺。其三，隋代的大兴国寺系隋文帝仁寿年间因分送舍利而在安置舍利诸州普设。

第一种记载见于《续高僧传》和《集古今佛道论衡》，均出自道宣笔下。两者记载的内容也大致相同。《续高僧传·释道密传》在追溯隋文帝与神尼智仙的故事之后，云："帝后果自山东入为天子，重兴佛法，皆如尼言。及登祚后，每顾群臣，追念阿阇梨，以为口实。又云：'我兴由佛法，而好食麻豆，前身似从道人里来。由小时在寺，至今乐闻钟声。'乃命史官王劭为尼作传。其龙潜所经四十五州，皆悉同时为大兴国寺。因改般若（尼寺）为其一焉。"①《集古今佛道论衡》同样是在追溯隋文帝与神尼智仙的故事之后，云："昔帝龙潜所经四十五州，及登极后，皆悉同时起大兴国寺。"② 这一记载流传最广，影响也最大。其关键点在于"皆悉同时为"和"皆悉同时起"，即强调隋文帝龙潜所经四十五州大兴国寺系同

---

① 释道宣：《续高僧传》卷26《释道密传》，《大正藏》第50册，第667页。
② 释道宣：《集古今佛道论衡》卷乙《隋两帝重佛宗法俱受归戒事》，《大正藏》第52册，第379页。

时设立，在制度上具有统一性。

第二种记载见于法琳的《辩正论》，该书卷3记载："开皇三年诏曰：'朕钦崇圣教，念存神宇。其周朝所废之寺，咸可修复。'京兆太守苏威，奉敕于京城之内，选形胜之地，安置伽蓝。……高祖以后魏大统七年六月癸丑，生于同州般若尼寺神尼之房。……及登大位，爰忆旧居。开皇四年，奉为太祖武元皇帝、元明皇后以般若故基造大兴国寺焉。……又以太祖往住隋州，亦造大兴国寺。京师造大兴善寺。……开皇五年，爰请大德经法师受菩萨戒①，因放狱囚。……又于亳州造天居寺，并州造武德寺。前后各一十二院，四周闾舍，一千余间。供养三百许僧。始龙潜之日，所经行处，四十五州，皆造大兴国寺。于仁寿宫造三善寺，为献皇后造东禅定寺。……仁寿元年，文帝、献后及宫人等，咸感舍利，普放光明。……"②

法琳的这段文字中，虽有部分史事并未严格按照时间先后顺序排列③，但有明确系年的几处内容均可得其他史料的印证，如苏威奉敕于京城形胜之所安置伽蓝，其背景正是隋文帝开皇三年（583）迁入新都大兴城。④ 开皇五年（585）隋文帝"放狱囚"之事，与《隋书》所载"降囚徒"可以互证。⑤ 仁寿元年（601）感应舍利一事，更是人所熟知。⑥ 开皇四年（584）于同州设立大兴国寺之事，虽缺少旁证，但同州般若尼寺确系隋文帝出生地无疑⑦，隋州亦确曾是隋文帝之父杨忠生前攻战之地⑧。

---

① 蓝吉富先生认为，隋文帝的菩萨戒师经法师即当时名僧法经，但并未展开论证。参见氏著《隋代佛教史述论》，第11页。其实，关于隋文帝的受戒时间和菩萨戒师，其他文献尚有不同记载。如道宣《集古今佛道论衡》卷乙《隋两帝重佛宗法俱受归戒事》称"于时昙延法师，是称僧杰。升于正殿，而授帝菩萨戒焉"。然《续高僧传》卷8《释昙延传》，《大正藏》第50册，第488—489页，并未记载此事。可知道宣此说并不可靠。
② 释法琳：《辩正论》卷3《十代奉佛上篇第三》，《大正藏》第52册，第508—509页。
③ 据《续高僧传》卷21《释灵藏传》，《大正藏》第50册，第610页，大兴城之大兴善寺建于开皇二年，此系于开皇四年之后；据《续高僧传》卷12《释慧觉传》，《大正藏》第50册，第520页，并州武德寺建于开皇元年，此系于开皇五年之后；据《续高僧传》卷13《释慧壁传》，《大正藏》第50册，第522页，京师东禅定寺建成于仁寿三年，此系于仁寿元年感应式舍利之前。这可能是因为法琳按照某种特殊的分类而排列，并非严格按照时间顺序。
④ 魏征等：《隋书》卷1《高祖上》，第18页。唯苏威时任京兆尹，原文作京兆太守，略有讹误。参《隋书》卷41《苏威传》，第1186页。
⑤ 魏征等：《隋书》卷1《高祖上》，第23页，记载开皇五年"十二月丁未，降囚徒"。
⑥ 释道宣：《续高僧传》卷26《释道密传》，《大正藏》第50册，第667页。
⑦ 释道宣：《续高僧传》卷14《释道宗传》，《大正藏》第50册，第534页；释道宣：《续高僧传》卷26《释道密传》，《大正藏》第50册，第667页；魏征等：《隋书》卷1《高祖上》，第1页。
⑧ 令狐德棻等：《周书》卷19《杨忠传》，中华书局1971年版，第316页。

第二章　唐代佛教官寺制度渊源辨析　31

　　第三种记载，见于《续高僧传·释智勤传》，其中云："释智勤，俗姓朱。隋仁寿因舍利州别置大兴国寺度。"① 此语似乎提示，隋代的大兴国寺均系因隋文帝仁寿年间向全国百余州分送舍利时在各州分别设立。但这显然与史实不符，盖系因隋代诸州舍利塔寺中包括多所大兴国寺的印象而造成的误解。

　　这三种记载中，第一种和第二种存在共同点，即均承认隋文帝曾在其龙潜所经45州设立大兴国寺的史实。所不同者，第一种认为隋文帝的大兴国寺仅设立于其龙潜所经45州，第二种则认为隋文帝在其龙潜所经45州设立大兴国寺之前，已分别为其父母在同州、为其父亲在隋州设立了大兴国寺。换言之，同州和隋州的大兴国寺，不仅设立时间早于隋文帝龙潜所经45州大兴国寺，其纪念追福的对象亦与龙潜45州大兴国寺不同。因为《辩正论》明载，同、隋二州的大兴国寺分别系隋文帝为追思父母和父亲分别建造。尽管从某种意义上来讲，同州和隋州也可以理解为隋文帝的龙潜之地。因为同州般若尼寺确是隋文帝的出生地②，而隋文帝亦曾出任隋州刺史③。

　　与此同时，据《历代三宝纪》，隋文帝开皇元年（581）就曾为其父亲在襄阳、隋郡、江陵、晋阳四地分别造寺追福，并于国忌日行道设斋。④ 隋郡即隋州，亦有先例可循。不唯如此，隋文帝之父杨忠确曾出任隋州总管。⑤ 如此，则《辩正论》所载亦非无据。在以往研究中，对于第一种记载给予了过多的关注，对于《辩正论》中的第二种记载则关注不够，虽然以目前的资料而言，尚无法确证法琳记载的成立，但这种记载确有部分史料为据，至少不应直接无视。同州和隋州的大兴国寺是否确如法琳所记，先于其余龙潜四十五州大兴国寺而设，尚待更多资料证实，然这一记载所揭示的大兴国寺内部存在的多样性和差异性却很值得关注。

　　上述三种记载中，并未明确提示隋文帝在其龙潜所经45州设立大兴国寺的时间。只有法琳《辩正论》中提供了若干事件线索。从《辩正论》

---

① 释道宣：《续高僧传》卷24《释智勤传》，《大正藏》第50册，第643页。
② 魏征等：《隋书》卷1《高祖本纪上》，第1页；释道宣：《续高僧传》卷26《释道密传》，《大正藏》第50册，第667页。
③ 魏征等：《隋书》卷1《高祖本纪上》，第2页。关于隋文帝出任隋州刺史的时间，详参韩昇《隋史考证九则》，《厦门大学学报》1999年第1期，第96—97页。
④ 费长房：《历代三宝纪》卷12，《大正藏》第49册，第107页。关于隋文帝国忌日敕令的意义，参见拙文《唐代国忌行香制度渊源考论》，叶炜主编《唐研究》第24辑，北京大学出版社2019年版，第543—559页。
⑤ 令狐德棻等：《周书》卷19《杨忠传》，第316页。

的行文顺序而言，隋文帝在其龙潜所经45州同时起大兴国寺的诏令，应颁布于开皇五年（或开皇五年之后）。故威斯坦因将此诏颁布时间系于开皇五年（585）似无大误。①

兹将传世文献中至今可考的诸州大兴国寺列表如下：

隋代州名	今地	见载时间	文献出处
同州	陕西省大荔县	开皇四年 仁寿元年	《辩正论》卷3；《法苑珠林》卷53；《续高僧传》卷26《释道密传》
泾州	甘肃省泾川县	仁寿元年	《法苑珠林》卷53
襄州	湖北省襄阳市	仁寿元年	《法苑珠林》卷53
陕州	河南省陕州区	仁寿二年	《广弘明集》卷17；《续高僧传》卷26《释法朗传》
并州	山西省太原市	开皇五年 开皇六年	《续高僧传》卷2《释彦琮传》；《续高僧传》卷11《释志念传》
荆州	湖北省荆州市	仁寿二年	《续高僧传》卷10《释慧最传》
隋州	湖北省随州市	开皇初年	《辩正论》卷3
虢州	河南省卢氏县	乾封二年 仪凤四年	《关中创立戒坛图经》 《宝刻丛编》卷10
邓州	河南省邓州市	仁寿二年	《金石萃编》卷40

据《隋书·高祖本纪》可知，杨坚在受禅之前，还先后在蒲州（河桥之役）、相州（邺城）、冀州（冀州之战）、定州（定州总管）、亳州（亳州总管）等地或征战或为官，至少这5州作为龙潜之地，亦应在开皇五年（585）奉诏设立了大兴国寺。

梳理上述大兴国寺的沿革，可知其设立缘由多样，并非皆因此前普遍认为的隋文帝"龙潜所经"而设。如同州者系隋文帝为其父母于开皇四年（584）先期设立，隋州者亦是隋文帝为其父追福而设。陕州可能确系隋文帝龙潜所经四十五州之一，但陕州之大兴国寺，则更可能是因为隋文帝之父杨忠的出生地而设。②襄州虽一直被认为是杨坚的龙潜之地，但据襄州大兴国寺碑文，该寺则系隋文帝为其父亲"祈福"而建。③荆州大兴国寺

---

① 斯坦利·威斯坦因著，张煜译：《唐代佛教》，第4页。
② 释道宣：《续高僧传》卷26《释法朗传》，《大正藏》第50册，第672页。
③ 据欧阳修的著录："隋兴国寺碑并阴。隋内史李德林撰，襄州祭酒从事丁道护书。隋文帝父忠魏周之际尝将兵南定襄汉，及文帝即位，建此寺以祈福。"这显示襄州大兴国寺并非因隋文帝龙潜所经而立，而是为其父祈福而立。此碑立于开皇六年正月。立碑时间往往晚于立寺时间，亦不足怪。陈思《宝刻丛编》卷3《京西南路·襄州》，《石刻史料新编》第1辑，第24册，第18117页。

之设则系因隋文帝作相时与当州某沙门"深相结纳"。①

上述大兴国寺的设立方式，亦复杂多样。同州大兴国寺系以北周武帝法难中被毁的般若尼寺故基重建。襄州大兴国寺系以上凤林寺改额而来。②荆州大兴国寺则系重新营建之后再赐额为大兴国寺③。

除了设立缘由和设立方式不同之外，上述大兴国寺的所在区位亦多差异。如同州大兴国寺系隋文帝出生地般若尼寺，"背城面水"，应位于城前；并州大兴国寺位于并州城内④，襄州大兴国寺则位于林泉幽静之山区（应在城外）⑤。如此多样的区位，显示在龙潜所经之州各设一所大兴国寺，仅是大的原则，具体何寺被选充为大兴国寺，则应取决于与隋文帝龙潜时期有关的地点。

上表所列大兴国寺的见载原因，亦多种多样。同州、泾州、襄州、陕州、荆州、邓州六州大兴国寺，皆系隋文帝仁寿年间分舍利建塔的舍利塔寺。这显示，大兴国寺是隋文帝或地方官员及敕使大德选择奉安舍利之寺的重要考量。此外，并州、虢州二州系因高僧驻锡而见载，隋州大兴国寺则系因其与隋文帝之父杨忠的特殊机缘而见载。

梳理至此，可知隋文帝大兴国寺内部差异性极大，甚至可能存在三次设立过程。即使在公认的隋文帝龙潜四十五州大兴国寺中，也差异极大。其设立方式既有重建、修缮和改额之别，所在区位又有城内、城外和山区之异。真正的共性，可能只有统一的寺额——大兴国寺。这也是此前多数学者将隋文帝大兴国寺判断为唐代佛教官寺制度渊源的主要依据。⑥ 但这一判断存在一个并未明言的逻辑前提，即唐代四次佛教官寺均是统一赐额。但事实上，唐高宗乾封元年（666）的佛教官寺制度并非统一赐额，而是依据唐高宗封禅泰山后各州出现的不同祥瑞而分别赐额。⑦ 故这一判断的前提已经难以成立。

即使不论这一判断的逻辑前提，若仅以统一寺额作为唐代佛教官寺的渊源，则至少可追溯至北朝后期的定国寺系统。定国寺是北朝后期较为普

---

① 释道宣：《续高僧传》卷10《释慧最传》，《大正藏》第50册，第507页。
② 释道宣：《续高僧传》卷26《释明诞传》，《大正藏》第50册，第668页。
③ 释道宣：《续高僧传》卷10《释慧最传》，《大正藏》第50册，第507页。
④ 释道宣：《续高僧传》卷2《释彦琮传》，《大正藏》第50册，第437页；释道宣：《续高僧传》卷11《释志念传》，《大正藏》第50册，第509页。
⑤ 释道宣：《续高僧传》卷26《释明诞传》，《大正藏》第50册，第668页，其中形容该寺位置"高林跨谷连院，松竹交映，泉石相喧"。
⑥ 郭绍林：《日本学者研究隋唐佛教的两则错误说法》，樊英峰主编《乾陵文化研究》第8辑，第327—330页。冈崎敬等著《丝路与佛教文化》，张桐生译，即认为"官寺各州一寺，在隋文帝时已有大兴国寺"，贵州大学出版社2013年版，第44页。
⑦ 详参本书第三章"唐高宗乾封元年的佛教官寺制度"。

遍使用的寺额之一。目前所见，至少有相州（今临漳县西南）、并州（今太原）、定州（今定州）、洛州（今洛阳）、兖州（今兖州）等多处。

相州（邺城）定国寺，东魏迁邺之初，丞相高欢以南台为定国寺，作砖浮屠极高，并命温子昇撰写碑文。① 北齐高僧释法上和释道慎均曾驻锡此寺②。释法上还曾撰有《增一数》四十卷、《佛性论》二卷、《众经录》一卷等三部著述共四十三卷。③

并州定国寺，建成于东魏天平元年至三年（534—536），由祖珽撰写碑文。④ 定州定国寺，始建年代不详，北齐天保八年（557）《北齐定国寺碑》记述了北齐赵郡王高叡为定州定国寺僧标在距离定州城二百余里的朱山置田并设立新寺之事。⑤

东魏洛州定国寺，不见于《洛阳伽蓝记》。东魏武定三年（545）所立《洛州报德寺造玉像碑》，碑侧题名有"洛州沙门都定国寺主慧珍"，显示当时洛州定国寺犹存。⑥ 可知洛阳定国寺必设于武定三年（545）之前。

北齐兖州定国寺，见于《释氏六帖》，云"高齐朝定国寺，又名普乐寺，开皇年改"。⑦ 据《广弘明集》卷17，此兖州瑕丘县普乐寺，即仁寿二年（602）兖州造塔供养隋文帝分布舍利之寺。⑧ 显示该寺在隋代地位依然重要。

东魏、北齐境内最重要的几座城市，都城邺都（相州）、陪都晋阳（并州），北魏故都所在洛阳（洛州），北齐北部重镇定州和南部重镇兖州，均设有定国寺⑨，且这些定国寺大多与北齐皇室（高欢、高澄、高叡

---

① 乐史撰，王文楚点校：《太平寰宇记》卷55《河北道四·相州》："南台。《后魏书》云：东魏迁邺，高丞相以南台为定国寺，作砖浮屠极高。其文即温子昇撰。"中华书局2007年版，第1136页。

② 释道宣：《续高僧传》卷8《释法上传》，《大正藏》第50册，第485页，"末，敕住相州定国寺"；《续高僧传》卷8《释道慎传》，《大正藏》第50册，第486页，"不日而终于邺城定国寺"。

③ 费长房：《历代三宝纪》卷12，《大正藏》第49册，第104页。

④ 李百药等：《北齐书》卷39《祖珽传》，中华书局1972年版，第515页。

⑤ 李慈铭：《越缦堂文集》卷7《北齐定国寺碑铭跋》，华文书局1971年影印本，第229—231页。

⑥ 端方：《匋斋藏石记》卷9《洛州报德寺造玉像碑》，有东魏"武定三年（545）岁在乙丑□□丁丑朔十五日建"，题名有"洛州沙门都定国寺主慧珍"。《石刻史料新编》第1辑第11册，第8066页。

⑦ 义楚撰：《义楚六帖》卷21《寺舍塔殿部第四十四·寺一》"兖州瑕丘"条，朋友书店1991年版，第466页。

⑧ 释道宣：《广弘明集》卷17，《大正藏》第52册，第217页。

⑨ 另有可能存在的北魏济州定国寺，见于永熙三年（534）东阿大秦村遗址新近出土的北魏碑。详参李宝军等《山东东阿大秦村发现北朝至五代寺庙和行宫遗址》，《中国文物报》2017年9月22日第8版。

等）联系紧密。这似乎显示，"定国寺"在东魏、北齐时期可能已经初步具备了某种寺院网络的性质。"定国"二字作为寺额，无疑具有安定、稳定国家之意。联系到东魏、北齐时期与其邻国，尤其是与西魏、北周之间的相互征伐，以"定国"作为寺额似亦不难理解。①

尽管如此，笔者却很难将东魏北齐时期的定国寺判断为唐代佛教官寺制度的渊源。因为以统一寺额作为判断依据不仅过于单一，而且存在无限向前追溯的可能性，最终会失去探究官寺制度渊源的意义。以统一寺额为核心特征的隋文帝大兴国寺是否确系唐代佛教官寺制度的渊源，尚需斟酌。

三 隋文帝"仁寿舍利塔寺"说辨析

关于唐代佛教官寺制度渊源的第三种观点，即隋文帝"仁寿舍利塔寺"说。对于隋文帝仁寿舍利的研究，相关成果已十分丰富，主要涉及仁寿舍利的时空分布特征及其政治功能，舍利瘗埋过程中的感应现象，舍利石函图像及舍利塔形制，隋文帝广建舍利塔的意义，舍利石函的铭文，越南所出舍利石函及其意义，负责分送舍利的敕使大德与大兴城僧团之间的关系等问题。② 各州舍利石函铭文的考释及相关史实的梳理，更是难以计数。

日本学者则对隋文帝广建舍利塔的背景、"敕使大德"与起塔地点之间的关系、青州胜福寺寺址，及越南出土舍利石函铭文等问题③，同样进行了深入研究。上述成果中存在一个共同特点，即对仁寿舍利塔的所在空

---

① 降至唐代，都城长安亦设有定国寺，且曾在唐肃宗降诞节之际为肃宗举行祈福斋会。李昉等《文苑英华》卷865《湖州法华寺大光天师碑》，中华书局1966年版，第4565页；释赞宁撰，范祥雍点校《宋高僧传》卷24《唐湖州法华寺大光传》，中华书局1987年版，第623页。

② 游自勇：《隋文帝仁寿颁天下舍利考》，《世界宗教研究》2003年第1期；李四龙：《论仁寿舍利的"感应"现象》，《佛学研究》2008年总第17期，第115—125页；杨效俊：《隋代京畿地区仁寿舍利石函的图像与风格——以神德寺舍利石函为中心》，《考古与文物》2015年第5期；杨效俊：《隋仁寿舍利塔形制试探》，《唐史论丛》第15辑，2012年，第23—40页；严耀中：《综说隋文帝广建舍利塔的意义》，《唐研究》第20卷，北京大学出版社2015年版，第107—118页；樊波：《隋仁寿舍利塔下铭及相关问题探讨》，《碑林集刊》第10辑，陕西人民美术出版社2004年版，第263—277页；王承文：《越南新出隋朝〈舍利塔铭〉及相关问题考释》，《学术研究》2014年第6期；聂靖：《隋仁寿年间大兴城的寺院与僧团》，《佛学研究》2017年第2期，第123—145页。

③ 气贺泽保规：《隋仁寿元年（601）の学校削减と舍利供养》，《骏台史学》第111期，2001年2月，第17—35页；今西智久：《隋仁寿舍利塔事业の基础的考察：「勅使大德」と起塔地をめぐって》，《大谷学报》第99卷第2号，2013年，第46—70页；长冈龙作：《隋仁寿舍利塔と青州胜福寺址》，气贺泽保规编《中国中世仏教石刻の研究》，勉诚出版，2013年；河上麻由子：《ベトナムバクニン省出土仁寿舍利塔铭、及びその石函について》，《东方学报》第88期，2013年12月，第462—443页。

间——寺院本身关注不够。

关于隋文帝仁寿年间分送舍利的敕使大德、奉安之州和建塔寺院等内容，游自勇先生已有细致考辨①，兹不赘述。本节仅以资料相对丰富的仁寿元年（601）30 州舍利塔寺为例，梳理这些寺院的共同特征，包括寺院的区位、性质和寺额等。

《广弘明集》卷17《隋国立佛舍利塔诏》记载：

> 朕归依三宝，重兴圣教，思与四海之内，一切人民，俱发菩提，共修福业，使当今现在，爰及来世，永作善因，同登妙果。宜请沙门三十人谙解法相兼堪宣导者，各将侍者二人并散官各一人，熏陆香一百二十斤，马五匹，分道送舍利，往前件诸州起塔。其未注寺者，就有山水寺所起塔依前。山旧无寺者，于当州内清静寺处，建立其塔。②所司造样，送往当州。僧多者三百六十人，其次二百四十人，其次一百二十人。若僧少者，尽现僧。为朕、皇后、太子广、诸王子孙等及内外官人、一切民庶，幽显生灵，各七日行道并忏悔。起行道日打刹，莫问同州异州，任人布施，钱限止十文已下，不得过十文。所施

---

① 虽偶有疏误，但基本可信。如仁寿元年之泰州岱岳寺，"泰州"无误；仁寿四年之浙州法相寺，应作"淅州"。

② "旧无寺者"之"寺"字，据校勘记，宋、元、明三本均作"山"。按，"旧无山者"于文义、逻辑皆不通。（1）若作"旧无山者"，则此句之前的"依前山"三字无所归依。"依前"作为一个词语，无疑应上属前句；如此，则"山"字须下属，遂成"山旧无山者"，显然文义不通。（2）有山与无山，系自然地貌，虽有陵谷之变，但需要长期侵蚀和堆积的积累，很难在短时间内出现，故无须"旧"字修饰。"寺"则不同，作为人工建筑，"旧无寺"处，亦可修建，且不会耗时太久，"旧"字作为修饰副词才有意义。（3）此句紧承上句"其未注寺者，就有山水寺所起塔，依前"，所描述的情形属于"其未注寺者"一类中的特殊情况，重点是"山水寺所"。故此句整句应断为"其未注寺者，就有山水寺所起塔依前。山旧无寺者，于当州内清静寺处，建立其塔"。如此断句，既无须改字（"山"改为"州"），又无须考虑衍文（"寺"），且从文义和逻辑上最为完整和严密。《法苑珠林》卷40所录此诏亦作"山旧无寺者"，似可为旁证。所谓"山旧无寺者，于当州内清静寺处，建立其塔"，则反映了隋文帝对于上句要求"其未注寺者，就有山水寺所起塔"的变通，即不允许地方官员在无寺之山上再兴建佛寺，若山上没有佛寺，则改在州内其他清静之寺。杜斗城先生认为，此句应作"其未注寺者，就有山水寺所起塔，依前山（州）。旧无寺者，于当州内清静寺（寺字疑衍）处，建立其塔"，认为"旧无寺者"系指此前没有寺院之诸州，并据此认为隋文帝分舍利建塔"在很大程度上带有恢复曾被周武帝灭佛而废毁了的寺院与佛塔的目的"。参见杜斗城、孔令梅《隋文帝分舍利建塔有关问题的再探讨》，《兰州大学学报》（社会科学版）2011 年第 3 期，第 23 页。然此说颇与史实不合：首先，"未注寺者"13 州的舍利塔均选址于各州寺院之内，无一例外。其次，北周武帝灭佛主要限于僧尼还俗、毁弃经像和寺院财产充公等方面，对于寺院佛塔主要是功能上的废弃，而非拆毁，这与唐武宗的拆寺灭佛明显不同。详参野村耀昌《周武法难の研究》，東出版，1968 年。再次，经过开皇三年诏复北周所废寺院和开皇五年的"大县别听立僧尼两寺"之后，至仁寿元年，隋国疆域之内所谓"旧无寺"之州应已不存。最后，首批分送舍利的 30 州皆系隋文帝精心挑选，或位置冲要，或区域中心，亦即重要的大州，更不可能出现"旧无寺"的情况。

之钱，以供营塔。若少不充，役正丁及用库物。率土诸州，僧尼普为舍利设斋。限十月十五日午时，同下入石函。总管、刺史已下，县尉已上，息军机、停常务七日，专检校行道及打刹等事，务尽诚敬，副朕意焉。主者施行。仁寿元年六月十三日内史令豫章王臣暕宣。①

所谓"前件诸州"，即诏令之前所列 30 州。② 可分为两大类：（1）隋文帝自注奉安舍利之寺的 17 州；（2）隋文帝未注明在何寺奉安舍利的其余 13 州，要求"就有山水寺所起塔"。第二类中还包括一种特殊情况，即山中若没有佛寺，则要求在本州内清静寺院之处建塔，即所谓"山旧无寺者，于当州内清净寺处，建立其塔"。

第一类寺院，共包括 17 州 17 寺。分别是岐州凤泉寺、雍州仙游寺、嵩州闲居寺③、泰州岱岳寺④、华州思觉寺、衡州衡岳寺、定州恒岳寺、廓州连云岳寺⑤、牟州巨神山寺、吴州会稽山大禹寺、同州大兴国寺、蒲州

---

① 释道宣：《广弘明集》卷17，《大正藏》第52册，第213页。
② 释道世：《法苑珠林》卷40，《大正藏》第53册，第602页，所载共28州，在隋文帝自注17寺之后，另有"右此十七州寺起塔，出打刹物及正库物造"；在其余11州之后，另有"右此十一州随逐山水州县寺等清净之处起塔，出物同前"。向达先生在《摄山佛教石刻补纪》一文中，较早据仁寿元年京兆大兴县《龙池寺舍利塔下铭》（见《八琼室金石补正》卷26）铭文与同年其他各州舍利塔下铭文的相似性，认为仁寿元年所分舍利应为31州，而非传世文献所载之30州。详参向达《唐代长安与西域文明》，商务印书馆2015年版，第485—486页。然此铭疑点甚多。其一，与仁寿元年舍利塔铭的体例和隋代政区制度不符。据考古发掘出土及金石文献著录的仁寿舍利塔下铭的体例，在奉安舍利寺院之前例加其所属地域，共有两种形式：（1）某州某县某寺，如岐州岐山县凤泉寺、雍州盩厔县仙游寺、定州恒阳县恒岳寺、同州武乡县大兴国寺、青州逢山县胜福寺、交州龙编县禅众寺、潞州壶关县梵境寺（二年）、宜州宜君县神德寺（四年）、梓州昌城县牛头山寺（四年）、廉州栢肆县花成寺（四年）等。（2）某州某寺，如信州金轮寺（二年）、邓州大兴国寺（二年）。这是仁寿年间隋代地方行政制度（州县二级制）的反映，故不可能出现郡名。京兆则是雍州的郡名，雍州改称京兆郡始于隋炀帝大业三年（607），开皇二年以后的整个隋文帝时期均称雍州，故"京兆大兴县"于铭文体例和政区制度均明显不合。其二，仁寿元年30州分送舍利，无一州重复获赐。雍州已有盩厔县仙游寺，则不可能再向大兴县龙池寺分送舍利。故此处存疑，仍以传世文献所载30州为是。
③ 据《文苑英华》卷858《嵩岳寺碑》，闲居寺于仁寿一（一作二）年改额嵩岳寺，游自勇先生认为"古未有称元年为一者，故元年当为'闲居寺'"，所论甚是，今从之。
④ 仁寿元年确实存在泰州。参施和金《中国行政区划通史·隋代卷》，第395—396页。
⑤ 释道宣《广弘明集》卷17《隋国立舍利塔诏》部分作"连云岳寺"，引王劭《舍利感应记》部分作"法讲寺"，《大正藏》第52册，第216页；释道世《法苑珠林》卷40《隋文帝立佛舍利塔》部分作"连云岳寺"，所引王劭《舍利感应记》亦作"法讲寺"，《大正藏》第53册，第601、603页；释道宣《集神州三宝感通录》卷上亦作"法讲寺"，《大正藏》第52册，第412页。

栖岩寺、苏州虎丘山寺、泾州大兴国寺、并州无量寿寺、相州大慈寺和襄州大兴国寺。这些都是隋文帝亲自选定的首批造塔奉安舍利之寺。

隋文帝亲自选定的这17州17寺中，有一个显著特征，即绝大部分寺院均位于山区。其中最典型者，莫过于嵩州、泰州、华州、衡州、定州的五所舍利塔寺，分别位于五岳。其次，是廓州①、牟州、吴州、苏州，或寺额中带有山、岳，或寺院位于某山，如吴州会稽山大禹寺。再次，是通过考证可以确定位于山区的寺院，如岐州凤泉寺②、雍州仙游寺③、蒲州栖岩寺④、相州大慈寺⑤、襄州大兴国寺等⑥。此外，还有位于山前平地者，如泾州大兴国寺。⑦ 寺址无考，或可确定位于州治城内或城外近郊者，仅并州无量寿寺⑧和同州大兴国寺⑨两例。

第二寺院类，是隋文帝将舍利塔选址的权力下放到了地方诸州。要求地方官员（主要是州刺史）在本州内选择"有山水寺所"起塔。这13州中，除了寺址无考的秦州静念寺、扬州西寺、郑州定觉寺、亳州开寂寺和汝州兴世寺外，其余8州舍利塔寺中，隋州智门寺⑩、青州逢山县胜

---

① 廓州连云岳寺，在《广弘明集》和《法苑珠林》所引《舍利感应记》中，均作廓州法讲寺。据《大唐慈恩寺三藏法师传》卷6，《大正藏》第50册，第253页，可知法讲寺应为该寺在唐初的寺额。

② 位于今扶风县西观山。罗西章《凤泉寺隋舍利塔下铭》，《考古与文物》1985年第4期。

③ 释道宣《续高僧传》卷12《释童真传》，《大正藏》第50册，第518页，仁寿元年"遂送舍利于终南山仙游寺"。《续高僧传》卷13《释神迥传》，《大正藏》第50册，第526页，释神迥圆寂后，"弟子玄誓收其余柩，以约秦中，与同学玄究等，于终南山仙游寺北而缮塔焉。"可知仙游寺位于终南山。

④ 释道宣《续高僧传》卷8《释昙延传》，《大正藏》第50册，第488、489页，"遂隐于南部太行山百梯寺，即所谓中朝山是也。……又改本住云居，以为栖岩寺。敕大乐令齐树提，造中朝山佛曲，见传供养。"中朝山即今中条山。

⑤ 相州大慈寺位于葛萎山（一作葛履山），参见释道世《法苑珠林》卷67《怨苦篇第七十七》，《大正藏》第53册，第799页。

⑥ 释道宣《续高僧传》卷26《释明诞传》，《大正藏》第50册，第668页，其中形容该寺位置"高林跨谷连院，松竹交映，泉石相喧"。有谷有泉，自是"有山水寺处"。

⑦ 泾州大兴国寺在武周时期为泾州大云寺，据考古发现，其寺址位于山前平地，背山（原）面水（泾河）。

⑧ 并州无量寿寺位于并州（太原）城内，系隋汉王谅所造，入唐后改额开义寺。参见《续高僧传》卷2《释彦琮传》，《大正藏》第50册，第437页。

⑨ 同州大兴国寺具体寺址无考，然据《续高僧传》卷14《释道宗传》，《大正藏》第50册，第534页，可知其大致区位为"背城面水"。

⑩ 位于今湖北随州市白云山（或随城山），当即北宋龙居山智门禅寺，相传为隋文帝任隋州刺史时故居。

福寺①、瓜州崇教寺②、番州灵鹫山寺和蒋州栖霞寺③可确定均位于山区（或山崖之下），交州龙编县禅众寺则位于红河三角洲的一处台地上④，只有益州法聚寺和桂州缘化寺分别位于益州和桂州城内。然桂州缘化寺虽在州城之内⑤，但桂州（今桂林）本身就是一座山水之城，认为缘化寺属于"山水寺所"亦无可厚非。

需要说明的是，亳州、郑州和交州均地处平原，应是限制此3州舍利塔寺无法选址山区的客观原因。"地非山乡"的亳州⑥，因开寂寺寺址无考，舍利塔寺的具体位置亦无从探寻。郑州不仅地处平原，且距该州最近的中岳嵩山，闲居寺已是隋文帝亲自选定的奉安舍利的17寺之一，故郑州最终将舍利塔选在无山但有水的某河"西岸"之某寺。⑦交州位于平均海拔不足3米的今红河三角洲，这应是交州最终将舍利奉安于龙编县禅众寺（某台地之上）的重要原因。

若对照隋文帝对于"未注寺者"的要求，即"其未注寺者，就有山水寺所起塔"，自不难发现，除寺址无考诸州外，其余诸州舍利塔寺大多位于山区；即使地处平原、境内无山诸州，亦尽可能将舍利塔选在临河等有水区域（如郑州）。这表明"未注寺"诸州基本执行了"就有山水寺所起塔"的诏令内容。

如上所论，隋文帝亲自选定建舍利塔的17州中，绝大多数舍利塔亦位于山区，仅并州无量寿寺和同州大兴国寺分别位于并州城内和"背城面水"的同州城外近郊。隋文帝在立舍利塔诏中虽未提及对建塔寺院的区位要求，但可以判断"就有山水寺所起塔"也是对这批17所寺院的要求，因为其中绝大部分位于山区无疑。

《广弘明集》卷17引王劭《舍利感应记》的相关记载，可为这个问题提供另一线索。其中记载："皇帝以仁寿元年六月十三日，御仁寿宫之仁

---

① 青州胜福寺位于今青州市南郊璧山东麓。释道宣《续高僧传》卷26《释智能传》，《大正藏》第50册，第676页，描述该寺地势"处约悬峰，山参天际。风树交结，向瞰千里"，显示胜福寺应在山上。
② 一般认为位于今敦煌莫高窟。详参王惠民《〈董保德功德记〉与隋代敦煌崇教寺舍利塔》，《敦煌研究》1997年第3期；赵建平《敦煌隋代舍利塔始末》，《敦煌学辑刊》2009年第2期。
③ 位于今南京城外栖霞山。
④ 冉万里：《越南北宁省顺成县春关村出土的隋仁寿元年舍利石函及舍利塔铭——交州龙编县禅众寺舍利石函及塔铭调查记》，《西部考古》2016年第1期，第51—66页。
⑤ 桂州缘化寺至唐代被改额为开元寺，寺址位于今安新洲北端濒临桃花江与漓江的区域。
⑥ 释道宣：《续高僧传》卷26《释昙良传》，《大正藏》第50册，第676页。
⑦ 释道宣《广弘明集》卷17《佛德篇第三之三》，《大正藏》第52册，第215页，记载"既而定塔基于西岸，其东岸旧舍利塔有二光西流，入于基所"。

寿殿。本降生之日也。岁岁于此日，深心永念，修营福善，追报父母之恩。故迎诸大德沙门，与论至道，将于海内诸州选高爽清静三十处，各起舍利塔。"① 这段文字所载隋文帝分送舍利的初衷与《隋国立舍利塔诏》所载不同②。更重要的是，提出了关于30州舍利塔寺的选址标准——"高爽清静"。以此衡量上述首批30所舍利塔寺的区位特征，自然更加清晰，所谓大多位于山区，即是"高爽"；所谓"清静寺处"，即"清静"；所谓"山水寺所"即"高爽清静"。

仔细梳理这30州舍利塔寺的区位，还可发现一个重要现象，即其中有相当部分并不位于治所县。目前所知，除五所寺址无考的舍利塔寺之外，明确位于州治（治所县）城内者，仅3例，分别是并州无量寿寺、益州法聚寺和桂州缘化寺。③ 位于州治城外近郊者1例，即同州大兴国寺。其余绝大多数舍利塔寺均位于山区。最典型者，是雍州盩厔县仙游寺、岐州岐山县凤泉寺、青州逄山县胜福寺和交州龙编县禅众寺。此四州的舍利塔寺均不在治所县城及其近郊，而是选择了本州所领属县境内的山（或台地）上。仁寿元年（601）时，雍州、岐州、青州、交州分别治于长安县（大兴城内）、雍县、益都县和宋平县。④ 另有隋州智门寺，很可能也属于这种情况。⑤ 选择在当州属县境内的佛寺建造舍利塔，很大程度上可能仍应是出于"清静"的考虑。⑥ 因为州治一般都是各州的政治、经济、文化

---

① 释道宣：《广弘明集》卷17《佛德篇第三之三》，《大正藏》第52册，第213页。亦见释道世《法苑珠林》卷40《舍利篇第三十一·感福部第五》，《大正藏》第53册，第603页。
② 《隋国立舍利塔诏》中要求各州僧尼"为朕、皇后、太子广、诸王子孙等，及内外官人，一切民庶，幽显生灵，各七日行道并忏悔"。而诸州舍利塔下铭皆作"愿太祖武元皇帝、元明皇后（或作元明皇太后）、皇帝、皇后、皇太子、诸王子孙等，并内外群官，爰及民庶，六道三途，人非人等，生生世世，值闻佛法，永离苦空，同升妙果"。加入了其父母"太祖武元皇帝、元明皇后"，这应是隋文帝"修营福善，追报父母之恩"的体现。
③ 并州无量寿寺和益州法聚寺，分别是汉王杨谅和蜀王杨秀所造，且是二人在并、益两州的弘法基地，故主要是出于政治目的选为舍利塔寺。同州大兴国寺则是隋文帝的出生地，是大隋王朝的渊源所在，更是为追念其父母之恩而立，故必须建舍利塔供养，无论区位如何。桂州缘化寺则位于山水之城桂州城内，自然属于"山水寺所"无疑。
④ 这四州舍利塔寺所在县与州治县之间的关系，详参施和金《中国行政区划通史·隋代卷》，第120、128、380、502—503页。
⑤ 释道宣《广弘明集》卷17《佛德篇第三之三》，《大正藏》第52册，第215页，载隋州智门寺祥瑞"八日旦，大雾。舍利将至寺，天便开朗。历光化县，忽见门内木连理。过杨树之下，甘露五道悬流，沾洒舆上"。光化县，非隋州治所县。且所"历光化县"在前往智门寺途中，似知智门寺应不在隋州治所县隋县。详参施和金《中国行政区划通史·隋代卷》，第533页。
⑥ 仁寿四年的宜州宜君县神德寺、廉州栢肆县花成寺，亦不在治所县，皆属此类。当时宜州和廉州分别治华原县和藁城县。

和人口中心，相较于辖区内的各属县（尤其是山区），无疑更加喧嚣。需要特别留意的是，交州因位于地势低平、水网密布的红河三角洲①，选择在龙编县的一处台地上营建舍利塔，亦应是为了更好地满足"高爽"的要求。

其次是这些舍利塔寺的寺额问题。在隋文帝亲自选定的首批17寺中，至少有8所寺院的寺额中带有山字或岳字。这显示，其可能与中国传统的山岳信仰和祭祀密切相关。② 其次，同、泾、襄三州舍利塔均建于当州大兴国寺，则表明大兴国寺是隋文帝选择舍利塔寺的重要考量。其余舍利塔寺的寺额均无明显特征可寻。

至于这些寺院（尤其是隋文帝自注17寺）何以被选中成为首批舍利塔寺，亦颇值探讨。五岳系中国传统山岳信仰的核心所在，具有强烈的政治正统性的象征意义③，位于五岳的这5所寺院也被赋予了特殊意义。同、泾、襄3州的大兴国寺，则分别是隋文帝的出生地和龙潜所经之地。蒲州栖岩寺不仅是隋初国师昙延入京前的住寺④，更是隋文帝之父杨忠所造⑤，地位非同一般。牟州巨神山、吴州会稽山、苏州虎丘山亦均是各州名山。并州无量寿寺则是隋文帝之子汉王谅所造，是杨谅在并州弘法的主要基地。⑥ 如上节所述，并州亦设有大兴国寺，但隋文帝最终将舍利奉安于无量寿寺，应是借以显示对杨谅的重视与安抚。

其余13州舍利的奉安之寺均系由总管、刺史等地方长官与分送舍利的敕使大德共同选定。这13州虽未留下相关记载，但第二批51州中的若干记载可作补充。如恒州上表云："舍利诣州，建立灵塔。三月四日到州，即共州府官人，巡历检行，安置处所。唯治下龙藏寺，堪得起塔"，表明州治龙藏寺是敕使大德与地方官员共同选定的起塔地点。兖州表云："敕书

---

① 交州龙编县禅众寺舍利石函的出土地位于今越南北宁省顺成县，地处红河三角洲，平均海拔不足3米，部分地区低于1米。
② 对于"其未注寺者，就有山水寺所起塔"的要求，同样可证此说。
③ 唐晓峰：《中国古代王朝正统性的地理认同》，氏著《人文地理学随笔》，生活·读书·新知三联书店2005年版，第20—26页。
④ 释道宣：《续高僧传》卷8《释昙延传》，《大正藏》第50册，第489页。
⑤ 释道宣《广弘明集》卷17《佛德篇第三之三》引王劭《舍利感应记》，《大正藏》第52册，第215页，认为"诸州皆有感应，而栖岩寺最多。盖由太祖武元皇帝之所建也"。
⑥ 益州法聚寺虽非隋文帝自注的舍利塔寺，但地位与并州无量寿寺相当，系蜀王杨秀所造且是其在益州的弘法基地。详参《续高僧传》卷26《释智隐传》，《大正藏》第50册，第668页；《续高僧传》卷18《释法进传》，《大正藏》第50册，第576页；《续高僧传》卷21《释智诜传》，《大正藏》第50册，第613页；《续高僧传》卷25《释法进传》，《大正藏》第50册，第660页。

分送起塔，以瑕丘县普乐寺最为清净。即于其所，奉安舍利。"表明"清净"仍是仁寿二年（602）舍利塔寺选址的重要依据。安州上表称："奏寺安置送舍利，法师净业共州官人量度基。"显示选定寺院后，塔基的具体选址同样系由敕使大德和州刺史共同完成。杭州之舍利塔系于"山间掘基"，表明"高爽清静"可能仍是仁寿二年（602）舍利塔选址的重要考虑之一。①

综上所论，可知隋文帝首批30州舍利塔寺除了在选址标准上大多符合"高爽清静"的要求外，其余的共同特征并不明显。绝大多数舍利塔均修建于山区寺院，则表明可能与中国传统的山岳信仰密切相关。因此，隋文帝仁寿年间的分舍利建塔事件，其统一性主要体现在舍利分送仪式，舍利瘗埋时间，舍利石函及舍利塔形制，舍利石函铭文格式等方面。这可能也是既有研究大多关注仁寿舍利的相关制度和仪式，而忽略奉安舍利的诸州寺院的原因之一。

将隋文帝仁寿舍利塔寺作为唐代佛教官寺制度的渊源，其主要依据也是仁寿分舍利建塔在制度和仪式等方面的统一性。木宫泰彦曾提出，"中国各州建立寺塔之制颇早，隋文帝仁寿元年（601）令雍州以下三十州，建立寺塔，分置舍利"，并将此事作为唐代佛教官寺制度的渊源，故又云："隋文帝只于雍州等州建舍利塔，唐代则屡命每州建立寺院。第一次在高宗乾封元年（666）。"② 隋文帝的仁寿舍利塔寺，不唯空间分布有限（仅110余州），约占仁寿年间全国州级政区的三分之一强。③ 以上讨论还显示，仁寿舍利塔寺内部差异极大，这与唐代佛教官寺诸州普设、整齐划一的基本特征仍差异明显。

四 小结

关于唐代佛教官寺制度渊源的三种主要观点，即隋文帝时期"州县各立僧尼二寺"说、"龙潜四十五州大兴国寺"说和"仁寿舍利塔寺"说，

---

① 经考古发掘，可确定舍利塔具体位置的两例，即仁寿二年济州崇梵寺和仁寿四年宜州宜君县神德寺，分别位于州治之外的台地和山上。参见邱玉鼎、杨书杰《山东平阴发现大隋皇帝舍利宝塔石函》，《考古》1986年第4期；朱捷元、秦波《陕西长安和耀县发现的波斯萨珊朝银币》，《考古》1974年第2期。

② 木宫泰彦著，陈捷译：《中日交通史》，山西人民出版社2015年版，第220、224页。

③ 隋文帝于仁寿元年、二年和四年先后三次共分送舍利于110余寺，其中秦州先后两次（元年和二年）、郑州先后三次获得舍利（元年、二年和四年）。仁寿四年隋境内共有303州。施和金《中国行政区划通史·隋代卷》，第14页。

表面上看似不同，实则基本思路并无二致：均系以唐代佛教官寺的某一（某些）基本特征，如全国境内诸州普设、拥有统一寺额、制度整齐划一等作为依据，去追溯这些特征在隋代的渊源。正因如此，在某种程度上能够反映唐代佛教官寺制度某一（某些）基本特征的事件，或由此而生的某类寺院，遂被认定为唐代佛教官寺制度的渊源。

但是，据以得出上述判断的史实和逻辑前提可能存在问题。如作为隋文帝时期已经确立"州寺"或"一州一寺制"基础的"州县各立僧尼二寺"敕，实为"大县别听立僧尼两寺"敕旨之讹，故奉敕设立僧尼两寺的地域范围就仅限于"大县"，并不包括州级政区。且该敕旨颁于开皇五年（585），在开皇九年（589）隋平陈统一南北后，南方地区是否也曾继续执行此敕，目前并不清楚。既如此，则所谓隋文帝时期因"州县各立僧尼二寺"已确立"州寺"或"一州一寺制"之说，便失去了史实依据。以此为基础的"州县各立僧尼二寺"说，便无法成立。

隋文帝"龙潜四十五州大兴国寺"说，则系以唐代佛教官寺均拥有统一寺额为逻辑前提。但实际上，唐高宗乾封元年（666）的官寺就并非统一赐额，而是依据唐高宗封禅泰山后各州出现的不同祥瑞分别命名。"大兴国寺"说的逻辑前提便不复存在。通过梳理隋代大兴国寺的相关史实，还可发现，隋文帝大兴国寺可能并非一次统一设立，而是存在多次设立过程。这些大兴国寺的设立方式包括重建、修缮和改额等多种形式，区位也存在城内、城外近郊和山区等多种情况。如此，则隋文帝大兴国寺除了拥有统一寺额之外，其余共同特征几乎不存。将隋文帝大兴国寺作为唐代佛教官寺制度之渊源仍需斟酌。

隋文帝"仁寿舍利塔寺"说则主要是基于相关制度整齐划一这一基本特征。然既有研究显示，所谓的制度整齐划一，主要体现在舍利分送和瘗埋的制度和仪式、舍利石函和舍利塔的形制、舍利石函铭文的统一性等方面。奉安舍利的诸州寺院则并无多少共性可言，除了这批寺院的环境和区位大多符合隋文帝"高爽清静"的诏令要求外，这批舍利塔寺几乎没有其他共性可言。

不唯如此，若以唐代佛教官寺所拥有的某种基本特征为线索，对唐代佛教官寺制度进行溯源，实际上也直接忽略了以下史实：唐代佛教官寺制度本身也是一个不断发展完善的过程。如高宗官寺由各州据祥瑞分别命名，到大云寺、龙兴寺和开元寺均由皇帝统一赐额。又如，从高宗官寺仅具有政治象征功能，到武周大云寺的政治宣传，再到龙兴寺承担国忌行香的国家礼仪，至开元寺始因僧官驻寺而被赋予掌管地方僧政的权力，这些特殊功能的产生和发展也是一个过程。①

与此相应，若唐代佛教官寺制度的渊源确在隋代，那么也应是一个过程，而非单一的某个事件，或由此而生的某类具有共同特征的寺院。无论是开皇年间的大兴国寺，还是仁寿舍利塔寺。

在这一过程中，隋文帝开皇三年（583）的一道敕旨可能无法忽略。《历代三宝纪》记载：

> 开皇三年，降敕旨云：好生恶杀，王政之本，佛道垂教，善业可凭。禀气含灵，唯命为重。宜劝励天下，同心救护。其京城及诸州官立寺之所，每年正月五月九月，恒起八日至十五日，当寺行道。其行道之日，远近民庶，凡有生之类，悉不得杀。②

敕旨要求"京城及诸州官立寺之所"在三长斋月的初八至十五日在当寺行道，并要求行道时百姓断屠禁杀。所谓"官立寺"，应即官方建立之佛寺，具体指代哪些寺院？③ 是诸州皆有分布，还是仅立于若干州？相较于民庶所立之寺，有何区别？与唐代的佛教官寺有何异同？这些问题的答案，皆因"官立寺"一词仅此一见，且缺少相关描述而无从了解。

但是，开皇三年（583）的"官立寺"无疑应与民庶所立之寺有别，且可能与唐代佛教官寺存在关联。因此，若论唐代佛教官寺制度的渊源，则从开皇三年（583）的"京城及诸州官立寺"，到大兴国寺、仁寿舍利塔寺，乃至唐初的若干官立寺院④，可能都需要纳入讨论范围。但这已溢出本章的论述范围，笔者拟另文梳理。

---

① 详参本书第七章"唐代佛教官寺的特殊功能"。
② 费长房：《历代三宝纪》卷12，《大正藏》第49册，第107页。
③ 开皇三年的"诸州官立寺"，应包括开皇元年隋文帝诏令在襄阳、隋郡、江陵、晋阳四地为其父武元皇帝杨忠所立四所佛寺。《大正藏》第49册，第107页。
④ 唐高祖在接受傅奕的抑佛奏请之后，曾颁布一道沙汰僧尼、州存一寺的诏令，不少学者将此诏作为隋唐之间官寺制度发展延续的表现之一，或"一州一寺制"存在的证据，此盖系误解。唐高祖此诏的原意是废除佛教，每州仅象征性地保留一所佛寺，其余寺院全部废毁。而唐代的历次佛教官寺制度，均是每州设立一所新寺（多系由原有寺院改额而来），但本州其余寺院保留未动。两者之间相去甚远。

第三章 唐高宗乾封元年的佛教官寺制度

麟德三年（666）正月，唐高宗因封禅泰山，改元乾封，随后诏令泰山所在之兖州置观、寺各三所，天下诸州别置一观一寺。这是唐代首次设立佛教官寺。与前章所论唐代佛教官寺制度的几种渊源相比，存在一个显著特点：观、寺并置，即在设立官寺的同时也设立了官观。这应是自唐初以来，李唐皇室追尊李耳为始祖[①]，且不断尊崇道教的表现之一。

此次佛教官寺的设立在《旧唐书》《册府元龟》等传统史籍中均有记载，但十分简略。如《旧唐书·高宗本纪》记载："兖州界置紫云、仙鹤、万岁三观，封峦、飞烟、重轮三寺。天下诸州置观、寺一所。"[②]《册府元龟》云："乾封元年正月戊辰朔，有事于泰山，诏兖州置观、寺各三所。其观以紫云、仙月、万岁为称，其寺以封峦、非烟、重轮为名，各度七人。天下诸州别置一观一寺，各度七人。"[③]

正因如此，既有研究也只表明高宗曾诏令天下诸州置观、寺各一所，对于其他诸如这批官寺是否统一赐额，寺额为何，具体制度如何，在唐代官寺制度史中地位如何，诏令执行情况如何，以及这批官寺何以后来几乎湮没无闻等问题，在以往的研究中均因文献不足而未予讨论。

笔者新近注意到敦煌遗书 P.2005《沙州都督府图经》和《全唐文》卷238卢藏用《景星寺碑铭》，其中的相关记载对于回答这些问题均提供了重要线索。本章拟在前人研究的基础上，首先考证这两种文献的可信度，然后利用其中提供的信息，再结合其他史料，对唐高宗乾封元年

[①] 据吴羽先生的最新研究成果，李氏尊老子为始祖并非始于唐代，至晚在南北朝初年，包括陇西李氏、赵郡李氏等在内的多个李氏家族已认老子为先祖，并认为"这是李唐皇室认老子是始祖的历史前提和沿袭的旧传统"。详参吴羽《李唐皇室尊老子为始祖探源》，《敦煌学辑刊》2019年第1期，第203—209页。
[②] 刘昫等：《旧唐书》卷5《高宗本纪下》，中华书局1975年版，第90页。
[③] 王钦若等编：《册府元龟》卷51《帝王部·崇释氏一》，中华书局1960年版，第574页。

(666) 所设佛教官寺的寺额由来、观寺并置与统一度僧等相关制度，以及诏令的执行情况、高宗官寺何以大多消失、高宗官寺对此后三次官寺制度的影响等问题进行考察。

一 《沙州都督府图经》与《景星寺碑铭》的史源学考察

敦煌遗书 P.2005《沙州都督府图经》①（以下简称《沙州图经》）是目前所见最早涉及高宗乾封元年（666）官寺设立相关内容的材料。作为唐代沙州的地理文书，《沙州图经》本身的真实性自然是无可置疑的。关于《沙州图经》的成书年代，目前的主要观点可分为武周时期说，开元时期说，不断续修说等。② 研读文书之后，笔者也更倾向于同意王重民、周绍良等先生所主张的武周时期说③，而且可为此说提供新的证据（详见下文注释）。作为武周时期纂修的沙州图经，上距乾封元年（666）30 余年，其中关于高宗乾封元年（666）官寺设立的内容应是可信的。

而另一篇文献《景星寺碑铭》（以下简称《碑铭》）的可信度却需一番考证。廖幼华教授曾在讨论唐代容州行政建制的论文中对《碑铭》内容略有考证，认为《碑铭》所记真实可信。④ 唯其所考稍嫌简略，又考虑到《碑铭》是本章的核心资料之一，需要对其内容详加考证，然后方可信据。故重新考证如下。

《景星寺碑铭》，卢藏用撰，见《全唐文》卷 238，乃开元四年（716）卢藏用受时任容州都督光楚客之请而撰写的重建景星寺的碑文。一般而言，碑铭传世，其载体无非两种。一为原石，一为拓片或录文。

《景星寺碑铭》在金石文献中著录甚早。郑樵《通志·金石略》在罗

---

① 遗书原件藏法国国家图书馆，影印件见上海古籍出版社、法国国家图书馆编《法藏敦煌西域文献》第 1 册，上海古籍出版社 1995 年版，第 43—64 页。
② 相关观点的综述详参朱悦梅、李并成《〈沙州都督府图经〉纂修年代及相关问题考》，《敦煌研究》2003 年第 5 期。
③ 王重民：《敦煌古籍叙录》，中华书局 1979 年版，第 116—117 页；周绍良：《读〈沙州图经〉卷子》，《敦煌研究》1987 年第 2 期。
④ 廖幼华：《从唐代容州形势看容州经略台的始建年代》，《中国历史地理论丛》1999 年第 3 辑。

列卢藏用所书诸碑时即有著录，云"景星寺碑 容州"。① 王象之《舆地纪胜》的著录则更为详细，云"景星寺 在（容）州西。有开元四年范阳卢藏用铭并序，碑刻甚丰。寺废，碑徙于报恩（寺）"。② 陈思《宝刻丛编》的著录，云："唐景星寺碑，唐容州都督卢藏用撰并分书篆额，开元四年立。《诸道石刻录》。"③

不过，《宝刻丛编》引自《诸道石刻录》的著录文字略有讹误。对照两《唐书》卢藏用本传④，可知卢氏从未出任过容州都督一职，此盖系受碑文中"容州都督府景星寺者"一句影响所致。这一讹误又被已失撰人姓名的《宝刻类编》因袭，该书将容州都督一职列入卢氏小传中，但对碑铭的著录则无问题，云："景星寺碑（卢藏用）撰并八分书，开元四年立。容（州）。"⑤

需要注意的是，《舆地纪胜》将此《景星寺碑铭》分别系于荆湖北路辰州沅陵县（今湖南沅陵县）和广南西路容州州治普宁县（今广西容县）之下⑥，盖两地皆有景星寺之故。辰州显为误系，因为《碑铭》中明确指出该寺位于容州州治。此盖因两《唐书》卢氏本传记载其晚年曾被迁为黔中都督府长史、判都督事，但未赴任而卒。辰州在开元初即是黔中都督府属州，王象之盖受此影响。

以上为《碑铭》原石在南宋以后的著录情况，足证原碑确实存在。但这些著录并未录有全文。通常情况下，碑铭的全文多赖拓片或录文流传。《碑铭》的全文首次出现于《全唐文》，而其他金石文献皆未录有全文。故笔者推测《全唐文》编者可能是据内府孤拓直接收入。⑦

---

① 郑樵：《通志》卷73《金石一》，中华书局1987年版，第849页。
② 王象之撰，李勇先校点：《舆地纪胜》卷104《容州·景物下》，四川大学出版社2005年版，第6册，第3512页。
③ 陈思：《宝刻丛编》卷19《容州下》，《石刻史料新编》第1辑第24册，新文丰出版公司1983年版，第18371页上栏。
④ 刘昫等：《旧唐书》卷94，中华书局1975年版，第3000—3004页；欧阳修等：《新唐书》卷123，中华书局1975年版，第4374—4375页。
⑤ 《宝刻类编》卷2《名臣十三之一》，《石刻史料新编》第1辑第24册，第18428页下栏。
⑥ 王象之撰，李勇先点校：《舆地纪胜》卷75《辰州·景物下》，第5册，第2649页；《舆地纪胜》卷104《容州·景物下》，第6册，第3512页。《元和郡县图志阙卷逸文》卷3"容州"条载："开元中移郭下北流县于西南六十里，又自州移普宁县于郭下。"可知，容州州城并未移动，只是将原郭下县北流县迁离，又迁来县普宁县作新的郭下县。故唐宋之间《景星寺碑铭》仍在容州州城。
⑦ 陈尚君先生论及《全唐文》资料来源时曾提到内府藏拓也是重要来源之一。见氏著《全唐文补编·前言》，中华书局2005年版。

之所以作此推测，是因为如上所述，《碑铭》原碑在南宋时期确实存在，元明两代虽无著录，但不可遽认为原碑已失。明确记载原碑不存尚晚在清乾隆年间①，故《碑铭》有拓本存世完全可能。卢藏用素以书法闻名于世，《碑铭》字体又是其所擅长的八分书，若有拓本流传外间，以书学品鉴为主旨的传统金石学家自必趋之若鹜，断无不予著录品评之理。可知《碑铭》当仅有孤拓存世，且深藏内府，故外间金石学家亦无缘得见。只有《全唐文》的编者可据内府孤拓收录全文，方使《碑铭》内容再次为世人所知。

或以为《全唐文》误收伪文的情况并不鲜见，加之《全唐文》录文又是现存唯一版本，故难免不使人生疑。此点疑问，可由其他资料的印证来解释。

《碑铭》中的人物事迹和地理形势均可与其他文献相互印证。人物事迹和地理形势可以《碑铭》作者卢藏用的个人经历为例。《碑铭》提到作者撰写碑文时的境况："属鄙人罹忧五宅，投远九真，心依鹫岭之恩，路出鸢江之徼。"对照两《唐书》卢氏本传可知，所谓"罹忧五宅，投速九真"，当指卢氏坐附太平公主被流岭南新州，又因被人诬告谋反而更流驩州之事。鸢江即朱鸢江（今越南红河），流经交州（今越南河内市）。驩州（今越南荣市）尚在交州之南数百里，在秦汉为九真、日南等郡之地，故有"投速九真"之说。"路出鸢江之徼"一句也完全写实，因为由陆路前往驩州必须渡过鸢江。② 而容州地当新州和驩州之间，据此可证卢氏乃是流放驩州途中路经容州，故而时间当在开元初年。

《碑铭》中作者自称"昔常掌言西掖，载笔东观"，也与卢氏本传中曾官居中书舍人和修文馆学士的履历一致。"沐雨思理，窅然姑射之风；顺风闻真，邈矣崆峒之野"两句中"姑射""崆峒"等均为道教色彩强烈的典故，也符合卢氏本人曾"隐终南、少室二山，学辟谷、练气之术"的修道经历。

不唯如此，《碑铭》中光楚客的几个历官均可得其他材料的印证。如"广州都督府长史兼经略副使"，《新唐书·薛季昶传》载中宗神龙初

---

① 乾隆《梧州府志》卷4《舆地志》。谢启昆《粤西金石略》卷15，亦将《景星寺碑铭》列入待访碑目，《石刻史料新编》第1辑第17册，第12615页上栏。
② 谭其骧主编：《中国历史地图集》，第5册《隋唐五代卷》，中国地图出版社1982年版，第69—70、72—73页。

光楚客曾任"广州司马"。① 又如"擢检校邕州都督,充开马援古路使,北转安南副都护"。《新唐书·杨思勖传》载开元初杨氏曾"与安南大都护光楚客由马援故道出不意"大败"安南蛮渠梅叔鸾"之事。②《杨思勖墓志》亦记载此事③。《新唐书·玄宗本纪》和《通鉴》均将此事系于开元十年(722)④。如此便可清楚,光楚客安南副都护和安南大都护的两个历官只是不同时间的任职而已,并不矛盾。这些事件的时间顺序应是:光楚客在检校邕州都督任上曾充开马援古路使,重新开通了从邕州(今南宁)西南向至安南(今河内市)的马援故道⑤,此后转任安南副都护,此当在开元四年(716)以前,因为《碑铭》所记开元四年(716)时光氏的任职为容州都督。其后在开元十年(722)又被玄宗任命为安南大都护,与杨思勖一起经由自己重开的马援故道,平定了安南蛮梅叔鸾之乱。

综上所考,笔者认为《沙州都督府图经》与《景星寺碑铭》所载内容均真实可信。

二 唐高宗乾封元年所立官寺的寺额

《旧唐书·高宗本纪》记载,麟德三年(666)正月,唐高宗因封禅泰山,改元乾封,随后诏令"兖州界置紫云、仙鹤、万岁三观,封峦、飞烟、重轮三寺。天下诸州置观、寺一所"。⑥《册府元龟》所载大体相同,云:"乾封元年正月戊辰朔,有事于泰山,诏兖州置观、寺各三所。其观以紫云、仙月、万岁为称,其寺以封峦、非烟、重轮为名,各度七人。天下诸州别置一观一寺,各度七人。"⑦ 两者所载基本一致,仍有两点不同:其一,兖州所立三观三寺中一观一寺的名称小异,《旧唐书》之"仙鹤观""飞烟寺",《册府》分别作"仙月观""非烟寺";这与本书讨论的诸

---

① 欧阳修等:《新唐书》卷120《薛季昶传》,第4314页。
② 欧阳修等:《新唐书》卷207《杨思勖传》,第5857页。
③ 周绍良编:《唐代墓志汇编》下册,上海古籍出版社1992年版,第1509页。
④ 欧阳修等:《新唐书》卷5《玄宗本纪》,第129页;司马光等:《资治通鉴》卷212玄宗开元十年,中华书局1956年版,第6751页。
⑤ 关于马援故道的具体路线,参看廖幼华《唐宋时期邕州入交三道》,宋德熹编《中国中古社会与国家》,稻乡出版社2009年版。
⑥ 刘昫等:《旧唐书》卷5《高宗本纪下》,中华书局1975年版,第90页。
⑦ 王钦若等编:《册府元龟》卷51《帝王部·崇释氏一》,第574页。

州官寺关系不大，此不详考。其二，《旧唐书》未载高宗诏立兖州三观三寺及天下诸州一观一寺的度僧道人数，《册府》所载均为"各度七人"。关于度僧人数，详见下节讨论。

《旧唐书·高宗本纪》所载"天下诸州置观、寺一所"，及《册府元龟》所云"天下诸州别置一观一寺"，即高宗乾封元年（666）诏令天下诸州设立官寺（官观），然诏令中并未明言诸州所立官寺的寺额。遂造成众多学者关于这批官寺是否统一赐额的不同推测。塚本善隆先生认为应与日本国分寺制度相类而统一命名。① 道端良秀先生以武后、中宗和玄宗时三次设置官寺的惯例进行类推，亦认为应是统一命名。② 富安敦先生则据兖州所立三观三寺均分别命名，认为诸州"国寺"（日本学者所谓"官寺"）亦应是分别命名。③ 笔者注意到，三位前辈学者关于高宗乾封元年诸州官寺是否统一命名的争论，均系依据自己认为合理的惯例进行推演，并未提出任何资料支持。

敦煌遗书 P.2005《沙州都督府图经》和《全唐文》卷 238 卢藏用《景星寺碑铭》均为我们提供了解决这一问题的线索。《沙州都督府图经》卷三"廿祥瑞"之一"瑞石"条记载：

> 右唐乾封元年，有百姓严洪爽于城西李先王庙侧，得上件石，其色翠碧，上有赤文，作古字云：下（卜）代（世）卅，卜年七百。其表奏为上瑞，当为封岳，並（普）天咸置寺观，号为万寿。此州以得此瑞石，遂寺、观自号灵图。④

这段文字中有几点信息值得注意：第一，高宗官寺的设立时间为乾封元年（666），背景为封禅泰山；第二，高宗所立官寺和官观被统一命名为万寿寺、观；第三，沙州因发现瑞石而将本州所立官寺、官观单独命名为灵图寺和灵图观。其中，第一点可与传世文献中所载高宗官寺的设立时间和背景相印证，后两点则为传世文献所无。

敦煌遗书 P.2005《沙州都督府图经》（以下简称《沙州图经》）系沙

---

① 塚本善隆：《国分寺と隋唐の仏教政策並びに官寺》，第 26 页。
② 道端良秀：《唐代仏教史の研究》，第 25—26 页。
③ Antonino Forte, *Chinese State Monasteries in the Seventh and Eighth Centuries*, p. 219.
④ 图版见上海古籍出版社、法国国家图书馆编《法国国家图书馆藏敦煌西域文献》第 1 册，上海古籍出版社 1995 年版，第 60 页。录文和标点参考王仲荦《沙州图经残卷考释》，见氏著《敦煌石室地志残卷考释》，中华书局 2007 年版，第 137 页。

州当地地方文献，初修于武周前期①，上距高宗乾封元年（666）约30年，故其中关于高宗乾封元年（666）设立佛教官寺的记载应属可信。沙州确曾设有灵图寺和灵图观，亦可印证《沙州图经》所载高宗乾封元年（666）设立官寺事件的可信。据李正宇先生研究，灵图寺位于沙州城西南李先王庙附近，是沙州最大僧寺之一，至北宋天禧三年（1019）犹存。10世纪前半期曾设有僧学，兼授僧俗生徒。内地往西域印度的求法僧人途经沙州时往往由该寺负责接待。该寺与敦煌当地军政要人的关系较为密切。灵图观则位于沙洲城北20里，至武周大足元年（701）犹存。②

雷闻先生在讨论唐代西州道观的始置年代时，也注意到《沙洲图经》的上述记载，并据此认为"高宗封禅之后在全国各州新建立的寺、观皆以'万寿'为名，唯独沙州是个例外，因有'瑞石'之祥，遂为'灵图'之号。可以想见，当时西州所立道观的名字也当为'万寿观'，或许这正是西州最早的官立道观，虽然我们目前尚未在吐鲁番文书中发现其直接证据"③。言外之意，即除沙州之外，包括西州在内的全国诸州乾封元年（666）所设官观（寺）均统一赐额为万寿观（寺）。④

---

① 关于《沙州都督府图经》的修纂年代，原有武周之世说、武周至开元不断续修说、开元时期说三种观点，详参李宗俊《〈沙州都督府图经〉撰修年代新探》一文的梳理和评述，《敦煌学辑刊》2004年第1期。笔者研读《图经》时注意到，其中至少有三点可以证明图经初修于武周之世。其一，"右唐乾封元年"一句的"唐"字，只有武周时期才自外于"唐"，以示与"李唐"的区别，才会特意强调此条祥瑞为李唐而非"大周"所见；其二，上述引文中两处涉及佛道先后顺序时，均是"寺观"，即佛先道后，李唐皇室追认老子为远祖，故有唐一代基本均为道先佛后，只有武周时期例外，实行佛先道后；其三，包括"瑞石"条在内的"廿祥瑞"中高宗朝的几次祥瑞的排序相当混乱，这应是武周时期进行过调整。孟宪实《武则天时期的"祥瑞"——以〈沙州图经〉为中心》，载《敦煌吐鲁番研究》（第十四卷），上海古籍出版社2014年版，第266页，亦已注意到《沙州图经》所列唐代高宗时期祥瑞的排序混乱问题。
② 李正宇：《敦煌地区古代祠庙寺观简志》，《敦煌学辑刊》1988年1、2期。又见季羡林主编《敦煌学大辞典》，上海辞书出版社1998年，"灵图寺""灵图观"条，第629、633页。
③ 雷闻：《国家宫观网络中的西州道教——唐代西州道教补说》，朱玉麒主编《西域文史》第二辑，科学出版社2008年版，第117—127页。原载新疆吐鲁番地区文物局编《吐鲁番研究：第二届吐鲁番学国际学术研讨会论文集》，上海辞书出版社2006年版，第391—396页。此处所引为《西域文史》所载完整版。
④ 杜斗城先生在讨论隋唐时期河西地区的佛教寺院时，亦关注到《沙州图经》此条记载，并据明清地方志资料指出："河西地区名为万寿寺的寺院相当不少，包括临夏、张掖、永登、渭源、正宁、定西等，但修建时间多样，或未详言，或在乾封以前就已存在，还有若干见于明清。这里存在三种可能性：其一，旧有寺院在乾封时改名；其二，万寿寺为一常见寺名，未必都是唐乾封年间所建；其三，县志所载有可能不是该寺的始建时间。但不论如何，隋及唐前期的河西地区必然有万寿寺的存在。"参见杜斗城《河西佛教史》，中国社会科学出版社2009年版，第289页。

目前虽未发现西州万寿观的踪迹，吐鲁番文书中却有西州万寿寺的记载，且至开元年间犹存。① 此西州万寿寺或即西州奉高宗诏令而设立的官寺。

然而，《全唐文》卷238卢藏用《景星寺碑铭》则为我们提供了高宗设立佛教官寺的另一版本：

> 容州都督府景星寺者，高宗天皇大帝所建也。高宗继文嗣武，缵历登枢，淳化洽于无垠，至德罩于有截，缉熙庶绩，平章百姓。沐雨思理，窅然姑射之风；顺风闻真，邈矣崆峒之野。金绳玉检，跻日观而告成功；宝篆瑶缄，禅云亭而肃明祀。灵茅瑞鲽，海岳之珍毕萃；气象讴歌，天人之心允接。增封东岱，有景星垂象，制诸州置寺，仍景星为名。②

这段文字包括两点重要内容：其一，置寺背景为封禅泰山，这可与前引《旧唐书》《册府元龟》及《沙州图经》的记载相印证；其二，因封禅泰山时有景星出现而将这批官寺被统一命名为景星寺。需要注意的是，《景星寺碑铭》仅云"制诸州置寺，仍景星为名"，并未提及前引《旧唐书》《册府元龟》所载"天下诸州置观、寺一所"及"天下诸州别置一观一寺"中的道观。这是因为，《碑铭》仅记容州景星寺相关史事，无须旁及天下诸州同时设立的道观。

《景星寺碑铭》系卢藏用流放安南途中，路经容州时，应时任容州都督府都督之请所撰，原碑立于开元四年（716）。《碑铭》所载内容真实可信，应非后人假托卢氏之名伪撰。③ 此《碑铭》在宋代至清中期的金石文献中多有著录，可证其流传有序。④ 然有一点值得注意，立碑时间距离乾

---

① 唐长孺主编：《吐鲁番出土文书》第4册，文物出版社1996年版，第34页。
② 董诰等编：《全唐文》卷238，中华书局1983年版，第2407页。
③ 《碑铭》所载卢藏用生平与两《唐书》所载相符，参见《旧唐书》卷94《卢藏用传》，第3000—3004页；《新唐书》卷123《卢藏用传》，中华书局1975年版，第4374—7375页。廖幼华《从唐代容州形势看容州经略台的始建年代》，《中国历史地理论丛》，1999年第3辑；罗凯《唐代容府的设置与岭南五府的形成》，《中国边疆史地研究》2015年第2期。
④ 郑樵《通志》卷73《金石一》，中华书局1987年版，第849页；王象之撰，李勇先校点：《舆地纪胜》卷104《容州·景物下》，四川大学出版社2005年版，第6册，第3512页；陈思：《宝刻丛编》卷19《容州下》，《石刻史料新编》第1辑第24册，第18371页上栏；《宝刻类编》卷二《名臣十三之一》，《石刻史料新编》第1辑第24册，第18428页下栏。至清代乾隆年间，该碑原石不知所踪。见乾隆《梧州府志》卷4《舆地志》。谢启昆《粤西金石略》卷15亦将此碑列入"待访碑目"，《石刻史料新编》第1辑第17册，第12615页上栏。

第三章　唐高宗乾封元年的佛教官寺制度　53

封元年（666）已有约50年之久。据碑文，当时容州景星寺早已改额迁址多年，且无人问津，故碑文中关于景星寺设立缘由的记载，应系据当地人记忆追述。

两相比较，《沙州图经》和《景星寺碑铭》似乎提出了两种完全不同的说法：前者认为高宗乾封元年（666）设立于天下诸州的官寺（官观）被统一赐额为万寿寺（观），沙州因发现瑞石而被允许将当州官寺（观）单独命名为灵图；后者则认为，乾封元年（666）高宗制令天下诸州设立的官寺因封禅泰山时有景星出现而被统一赐额为景星寺。表面上看，两种文献的记载似乎存在较大分歧；若细绎两种说法，可知其中的共同之处同样至为明显：沙州灵图寺（观）和容州景星寺均系因祥瑞得名，且瑞石和景星为两种不同祥瑞。

其实，沙州灵图寺（观）和容州景星寺系因不同祥瑞而得名的记载，可得成书更早的《法苑珠林》的印证：

> 今上皇帝（按，指高宗），……既告成天地，登岱勒封。让德上玄，推功大圣。乃发明诏，班示黎元。天下诸州各营一寺，咸度七人。随有嘉祥，用题厥目。遐听图史，循览帝王。道被寰区，仁霑动植。罄日观以崇祀，昭明堂以阐化。牢笼真俗，囊括古今，未有我皇之盛也。①

所谓"随有嘉祥，用题厥目"，即根据诸州所出现的不同祥瑞为当州所立官寺（观）分别命名。《法苑珠林》成书于总章元年（668），距高宗乾封元年（666）诏立官寺仅两年，作者道世乃是当时人记当时事，这段记载的可信度应无可疑。"随有嘉祥，用题厥目"，亦与《册府元龟》所载"天下诸州别置一观一寺"中"别置"的记载相符。若高宗乾封元年（666）所颁官寺诏令中确曾包含将诸州官寺统一命名为万寿或景星的内容，则道世在撰写《法苑珠林》时绝无只字不提之可能，自然更不会留下"随有嘉祥，用题厥目"的相反记载。与此同时，《旧唐书》《册府元龟》等书中亦应有所记载，而不会只云"天下诸州置观、寺一所"或"天下诸州别置一观一寺"。

《沙州图经》与《景星寺碑铭》所载高宗诏立官寺的寺额虽不相同，

---

① 释道世撰，周叔迦、苏晋仁校注：《法苑珠林校注》卷100《兴福部第五》，中华书局2003年版，第2897—2898页。

但寺额命名均系因重要祥瑞而来。瑞石类似《唐六典》中的"白玉赤文"，唐代定为上瑞，《沙州图经》所谓"其表奏为上瑞"即可印证；景星则为唐代大瑞。① 这也是两种文献均部分地保留了"随有嘉祥，用题厥目"的原始诏令内容。上引沙州因发现瑞石而将当州设立的官寺（官观）命名为"灵图"，及容州因景星之瑞设立景星寺之事，正是道世所谓"随有嘉祥，用题厥目"的绝好例证。

需要注意的是，除容州曾奉高宗敕令设立景星官寺外，传世文献中尚有9例景星寺（观）的记载。这些记载多见于宋代地理志书中，现将相关史料整理列表如下：

景星寺/观	唐代州名	相关记载	文献出处
景星寺	辰州	景星寺，即今城西安福寺也。唐高宗东封，景星见南方，因令天下置寺，以景星为名。	《舆地纪胜》卷75《荆湖北路·辰州·景物下》
景星观	辰州	景星观，在溆浦县。在城亦有景星观。	《舆地纪胜》卷75《荆湖北路·辰州·景物下》
景星观	儋州	景星观，《九域志》云"乾封中置"。	《舆地纪胜》卷125《广南西路·昌化军·景物下》
景星寺	黔州	景星寺，在彭水县界。	《舆地纪胜》卷176《夔州路·黔州·景物下》
景星寺	沅州	精果寺，在罗城内。又名景星寺。有晋天福钟尚存。	《舆地纪胜》卷71《荆湖北路·沅州·景物下》
景星观	永州	景星观。在州南五里。南邻大江，即女道士唐法信焚修之所。	《舆地纪胜》卷56《荆湖南路·永州·景物下》
景星观	邵州	景星观。唐景和（?）四年置。崇宁升县为军，以本观为天庆观。	《舆地纪胜》卷62《荆湖南路·武冈军·景物下》
景星寺	台州	法明院。在县西南四十里。旧名景星，唐乾符（封?）三年建。治平三年改今额。	《（嘉定）赤城志》卷29《寺观门三》
景星观	台州	景星观，在县南一里。唐乾［封?］元中（年?）建，后废。	《（嘉定）赤城志》卷30《寺观门四》

---

① 李林甫等撰，陈仲夫点校：《唐六典》卷4《尚书礼部》，中华书局1992年版，第114—115页。

以上9例宋代文献中的景星寺（观），至少辰州景星寺和儋州景星观条，皆明载其立于高宗乾封元年（666），应为乾封元年（666）所立高宗官寺（观）。其余7例虽无法准确判断是否设立于高宗乾封年间，但其中应有部分为高宗官寺（观）。前文既云高宗官寺的寺额系因各地产生的不同祥瑞而分别赐额，何以传世文献中会出现如此之多的同额景星寺（观）？笔者推测，虽然唐高宗封禅泰山的同时或稍后不久，许多地方州府相继向中央表奏祥瑞，这些祥瑞大多应为地方官员伪造。景星作为唐代祥瑞体系中最高等级的大瑞，又具有不可核验的特点，遂成为地方官员选择伪造祥瑞的首选。表中所列宋代文献中地方诸州的景星寺和景星观，其中大部分应是在这种状态下产生，而非乾封元年（666）当州确曾出现过景星大瑞。

本节的讨论显示，沙州同时存在灵图寺和灵图观，已证实《沙州图经》所载的可信。若吐鲁番文书中至开元年间犹存的西州万寿寺确为高宗乾封元年（666）所立，则《沙州图经》所载高宗封禅泰山后诏令天下诸州设立万寿寺（观）之事亦属史实。但是，传世文献中明载设立于高宗乾封年间的万寿寺却难觅踪迹。[①] 可知高宗乾封元年（666）设立万寿寺（观）的诏令执行时间极短、范围十分有限。这可能是由于，随着诸州不断表奏祥瑞，高宗最终诏令以各州不同的祥瑞为当州官寺命名。道世《法苑珠林》所载"随有嘉祥，用题厥目"，正是这一最终诏令的体现。[②]《景星寺碑铭》系卢藏用据当地人50年后追忆而撰，遂将容州因"景星"之瑞设立景星寺之事误为全国性统一诏令。宋代地理文献中的多例景星寺（观），同样应是在"随有嘉祥，用题厥目"的背景下产生的。

三 唐高宗的诸州官寺制度及其执行

佛教官寺作为一项制度，至少应包括寺额、置寺数量和执行情况等内

[①] 传世文献中地方诸州的万寿寺（观）大多起源于北宋末年徽宗所立的崇宁万寿寺。《宋会要辑稿·礼五》云，崇宁二年（1103）诏天下设立崇宁万寿寺观，至政和元年（1111）八月改为天宁万寿观寺。《宋会要辑稿》第11册《礼五》，中华书局1957年版，第472页。现存宋代方志多有记载。如吴兴大宁寺在即在崇宁二年被改额为崇宁万寿寺。《嘉泰吴兴志》卷13，《宋元方志丛刊》影印民国三年《吴兴丛书》本，中华书局1990年版，第4747页。

[②] 雷闻先生指出，高宗封禅泰山后在兖州所立紫云、仙鹤、万岁三观的观额，实与封禅泰山时出现的三种祥瑞完全对应，即兖州三观因封禅时泰山出现的三种祥瑞命名。这一观点可作为道世所谓"随有嘉祥，用题厥目"的一个旁证。参见雷闻《唐代道教与国家礼仪——以高宗封禅活动为中心》，《中华文史论丛》2001年第4期，第62—79页。

容。如上节所论，高宗乾封元年（666）诏立的诸州官寺，最终应依据各地出现的不同祥瑞分别命名。

关于立寺数量需要略作讨论。《旧唐书·高宗本纪》云："兖州界置紫云、仙鹤、万岁三观，封峦、飞烟、重轮三寺。天下诸州置观、寺一所。"《册府元龟》记载："乾封元年正月戊辰朔，有事于泰山，诏兖州置观、寺各三所。其观以紫云、仙月、万岁为称，其寺以封峦、非烟、重轮为名，各度七人。天下诸州别置一观一寺，各度七人。"

关于立寺数量，"天下诸州置观、寺一所"一句已十分清楚，即诏令唐帝国疆域范围内每州设立一所。然而，从《景星寺碑铭》所载容州景星寺因时任都督乐处元"以式遏为心，未遑经始"来看，容州在高宗颁布设立官寺的诏令之后，并未及时设立官寺；直到后来的长史陈善宏时，才设立景星寺并使之初具规模。即容州并未在高宗官寺诏令发布之后及时设立景星寺，而是因故推迟。此外，就现有资料而言，高宗官寺的地域分布仅限于沙州（灵图寺）、西州（万寿寺？）、容州（景星寺）、辰州（景星寺）等地。现存史料中高宗官寺的地域分布广度，相较于唐代此后设立的大云、龙兴和开元三批佛教官寺而言，十分有限，这表明高宗乾封元年（666）设立官寺的诏令在天下诸州可能并未得到有效执行。

关于度僧人数，《册府元龟》记载"天下诸州别置一观一寺，各度七人"①，本已十分清楚。再对照前引《法苑珠林》所载"天下诸州各营一寺，咸度七人"②，尤其是考虑到《珠林》作者道世是当世高僧，当时人记当时事，而且身为虔诚佛教徒，尽可能地夸大皇帝对佛教的优崇尚且不及，因此绝无可能将度僧数记错。至此，应可确证，高宗在乾封元年（666）诸州设立官寺的诏令中同时规定每寺各度七人作为该寺的常住僧人。③

兖州因泰山所在，其地位之特殊，自非他州可比，故"置观、寺各三所"。前引《册府》显示，兖州所立三观三寺的度僧（道）数与天下诸州各立之一观一寺相同，均为"各度七人"。《唐会要》则记为"各度二七人"④，

---

① 王钦若等编：《册府元龟》卷51《帝王部·崇释氏一》，第574页。
② 道世撰，周叔迦、苏晋仁校注：《法苑珠林校注》卷100《兴福部第五》，中华书局2003年版，第2898页。
③ 《旧唐书·高宗本纪》仅云"天下诸州置观、寺一所"，而未记载每所官寺的度僧人数。盖因后晋修纂《旧唐书》时曾对诏令内容有所省略。
④ 王溥：《唐会要》卷48《寺》云："乾封元年正月十七日，兖州置观、寺各三所，观以紫云、仙鹤、万岁为称，寺以封岳、非烟、重轮为名，各度二七人。"上海古籍出版社1991年版，第996页。

导致不少学者引用为二十七人。[1] 其实，唐代公文中的"二七"为十四[2]，而非二十七。目前虽无法准确判断兖州三观三寺的度僧（道）数究为"二七"或"七"人。但从《册府》和《会要》两种文献的流传情况，高宗对兖州的特殊优荣，以及唐初的度僧规模来看，笔者倾向于接受《册府》的记载，即兖州所立三观三寺亦"各度七人"。如此，则乾封元年（666）高宗诏立的天下诸州官寺均为每寺（观）"各度七人"，亦即高宗的官寺诏令中包含"统一度僧"的特点。

统一度僧之所以可能，就在于僧尼公度制度的确立。中国历史上的僧尼公度制度经过两晋南北朝的创始和发展，降至唐初正好得以确立，其标志性事件就是唐太宗贞观九年（635）度僧三千人的诏令。[3] 唐高宗官寺制度中关于"统一度僧"的规定，应是以当时刚刚确立不久的僧尼公度制度为基础。不过，由于唐高宗乾封元年（666）设立官寺的诏令在天下诸州并未得到有效执行，与此相应，诏令中诸州官寺"各度七人"的执行力度可能同样有限。

此外，唐高宗设立的诸州官寺制度中还有一项值得注意，即观、寺并置。前引《沙州图经》载沙州同时设立灵图寺和灵图观；《舆地纪胜》所载辰州同时并存之景星寺和景星观；《景星寺碑铭》所记岭南容州之景星寺，《元丰九域志》所载海南岛儋州（宋昌化军）之景星观，均可证明唐高宗官寺制度中"观寺并置"的特点。此为唐代所特有，应是李唐皇室以老子后人自居而崇兴道教的直接体现。由于初唐之前，道教（道观）在地方诸州的流行程度远不及佛教广泛。故有学者指出，此次天下诸州同时设立佛寺和道观（官寺和官观）实际上暗含着唐高宗对于道教的扶持之意。[4] 这样的分析不无道理。

若将上述唐高宗官寺制度的诸项内容置于整个唐代的官寺制度史中来看，其意义自然更加凸显。对照可知，诸州立寺、统一度僧数和观寺并置

---

[1] 中村元等：《中国佛教发展史》，第212页；道端良秀：《中日佛教友好二千年史》，徐明、何燕生译，第55页。

[2] 李林甫等撰，陈仲夫点校：《唐六典》卷4《尚书礼部》"祠部郎中员外郎"条，第127页。

[3] 诸户立雄：《中国佛教制度史の研究》，平河出版社1990年版，第293—294页。唐太宗贞观九年曾一次度僧三千人事见《全唐文》第1册，卷5《度僧于天下诏》，中华书局1983年版，第66—67页。

[4] 巴瑞特：《唐代道教：中国历史上黄金时期的宗教与帝国》，曾维加译，齐鲁书社2012年版，第19页。

的制度设计均为唐高宗所首创，除武曌只立大云寺而不立道观之外①，其余内容均为此后武曌、唐中宗和唐玄宗的三次官寺设立所沿袭。唐高宗乾封元年（666）官寺制度的开创意义可见一斑。

正如上引《法苑珠林》中佛教徒的评价，唐高宗的官寺制度确为古今未有的创举，但佛教徒的热烈赞美似乎过于乐观。隐藏在背后的问题是，唐高宗为何要建立天下诸州的官寺制度，为何如此整齐划一的官寺制度集中出现于唐高宗乾封元年（666），而非此前或此后的其他时期？

对于这个问题，日本学者已有精彩的回答。塚本善隆指出，唐高宗的官寺政策乃是出于祈愿国家安泰和向全臣民众宣示皇帝威德的需要。这正与当时唐帝国国运的旭日东升之势相合。② 道端良秀进一步认为，唐高宗的官寺制度，乃是其利用道教和佛教的宗教信仰，向天下夸示皇帝之威，向社会大众弘布皇帝的仁惠，是唐高宗政治政策的一种手段。③

四 小结

敦煌遗书 P.2005《沙州都督府图经》和《全唐文》卷 238 卢藏用《景星寺碑铭》所载唐高宗乾封元年（666）的官寺诏令均反映了部分史实，道世《法苑珠林》的记载则为唐高宗设立官寺的最终诏令。《沙州图经》所记唐高宗诏立万寿寺（观）之事，虽可能有西州万寿寺为证，但在内地的传世文献中并无相关记载支持，似表明其执行的时间和地域范围有限。随着封禅泰山后各地不断表奏祥瑞，唐高宗最终诏令以各地不同的祥瑞为当州官寺命名，道世《法苑珠林》所载"随有嘉祥，用题厥目"，正是这一诏令的反映。

唐高宗乾封元年（666）诏立官寺的地域范围为天下诸州，可能并不包括长安、洛阳两京。这也可以解释何以京城长安至今尚未发现高宗官寺之痕迹的原因。与一般认为的唐代佛教官寺制度的渊源——隋文帝龙潜四十五州大兴国寺和一百余州仁寿舍利塔寺相比，唐高宗诏立的佛教官寺具有普设于整个帝国疆域范围之内（诸州立寺）的特点。唐高宗诏令每所官寺"各度七人"作为当寺常住，应是两晋南北朝以来僧尼公度制度发展的

---

① 道教在武周革命中道同样发挥了重要作用，参见雷闻《道教徒马元贞与武周革命》，《中国史研究》2004 年第 1 期。
② 塚本善隆：《国分寺と隋唐の仏教政策並びに官寺》，第 26 页。
③ 道端良秀：《唐代仏教史の研究》，第 26 页。

结果。在设立官寺的同时,诏令每州同时设立了相应的官观。这显然是李唐宗室攀附老子、尊崇道教的结果,虽意在体现唐代对于佛道两教同等重视的姿态,也可能隐含着通过扶持道教发展牵制佛教势力的意图。

尽管唐高宗佛教官寺诏令在地方诸州的执行力度可能较为有限,这也是高宗官寺在后世文献中长期湮没无闻的主要原因。作为唐代首次设立的佛教官寺,高宗官寺制度显然具有承上启下的意义。

如前所论,唐高宗乾封元年(666)官寺制度至少共有分别赐额、诸州立寺、统一度僧和观寺并置四项内容,这些制度皆为高宗所首创。其中最核心的两项,即诸州立寺和观寺并置,均成为唐代此后三次官寺设立的基本制度。"统一度僧"一项,亦可能为武周大云官寺制度所继承。[①] 因此,高宗官寺制度奠定了唐代佛教官寺制度的基础,实为唐代此后三次官寺设立的蓝本。

[①] 《旧唐书·则天皇后本纪》在记载武曌制令两京天下诸州设立大云官寺之后,还有"总度僧千人"一句。此句虽不见于其他记载,然亦应有其依据。刘昫等《旧唐书》卷6《则天皇后本纪》,中华书局1975年版,第121页。

第四章　武周大云官寺及其制度研究

武周天授元年（690）十月二十九日，武曌制令两京天下诸州各立大云寺一所。这是唐代第二次设立佛教官寺。与其余三次官寺设立相比，存在一个显著的特点，即武曌只制令设立了官寺，并未要求设立相应的官观。既有研究虽已表明，在武周革命的过程中，道士曾扮演了重要作用；武周时期道教也曾在国家祭祀中地位突出，武曌对于道教也颇多优崇。但在武周立国之初、亟须政治宣传之际，武曌最倚重的资源仍是佛教的《大云经疏》和经过篡改的《宝雨经》。当然，武曌之所以仅制令两京天下诸州设立佛教官寺，而未设立相应官观，亦有刻意与李唐皇室相区别的用意。

在两《唐书》《资治通鉴》等传统史籍中，多将《大云经疏》误为《大云经》。如《资治通鉴》云，载初元年（689）七月"东魏国寺僧法明等撰《大云经》四卷，表上之，言太后乃弥勒佛下生，当代唐为阎浮提主，制颁于天下"。九月，则天革唐为周，改元为天授元年（690）。十月，"壬申，敕两京诸州各置大云寺一区，藏《大云经》，使僧升高座讲解，其撰疏僧云宣等九人，皆赐爵县公，仍赐紫袈裟、银龟袋"。[①]《旧唐书》云，载初元年（689）七月，"有沙门十人伪撰《大云经》，表上之，盛言神皇受命之事。制颁于天下，令诸州各置大云寺，总度僧千人"。[②]

对此，前辈学者早已指出《大云经》确系真经，伪撰《大云经疏》者所据之底本应即北凉昙无谶译本《大云经》。[③] 汤用彤先生较早指出，敦煌藏经洞所出、现藏大英博物馆之《大云经神皇授记义疏》，应即武曌颁行

---

① 《资治通鉴》卷204则天后天授元年，第6466—6469页。
② 《旧唐书》卷6《则天皇后本纪》，第121页。
③ 王国维：《观堂集林（附别集）》卷二一《唐写本〈大云经疏〉跋》，中华书局2004年版，第1016—1018页；陈寅恪：《武曌与佛教》，氏著《金明馆丛稿二编》，上海古籍出版社1980年版，第150页。

天下之《大云经疏》。① 富安敦（Antonino Forte）先生不仅进一步确证了汤先生的判断，又以此为基础考证出了进献《大云经疏》者十僧的法号、所属寺院及其与武周政权的关系。② 吕博通过将《大云经疏》文字与明堂史事的比勘，将《大云经疏》中所载史事的下限定为永昌元年（689）正月，为进一步理解《大云经疏》与武周政权的关系，提供了新的基础和可能。③

由于自《两京新记》《长安志》之后，部分文献误将"大云寺"讹为"大云经寺"，饶宗颐先生等考证后均认为应以"大云寺"为是，所谓"大云经寺"之"经"字实为衍文。④

关于武曌大云寺制令在全国范围内的执行力度究竟如何，一直以来存在两种主要观点：一种是默认为武曌的大云寺制令在帝国疆域内皆得到了有效执行；另一种是怀疑大云寺制令的执行力度，如富安敦先生认为，即使到武周末年也未见得每州均已设立大云寺。⑤ 上述两种观点虽不相同，但在论证方法上却十分相似，即所据材料均十分有限，基本都是利用个别例证来进行逻辑推演。但更有效的论证方式应该是：通过全面梳理现存武周大云寺的材料，在考证其可信的基础上，对文献中的大云寺进行时空分布的分析。通过将现存材料中的大云寺进行梳理和分析，以此为基础归纳大云寺制令的执行力度，所得结论自然更加可信。

本章的主要任务，是通过对各种文献中所载大云寺进行考证和编年⑥，并以唐代开元时期的道为单位⑦，对目前可考大云寺进行梳理，并以此为

---

① 汤用彤：《隋唐佛教史稿》，中华书局1982年版，第24页。
② 详参Antonino Forte, *Political Propaganda and Ideology in China at the End of the Seventh Century*, *Inquiry into the Nature*, *Authors and Functions of the Tunhuang Document S. 6502*, *Followed by an Annotated Translation*. Italian School of East Asian Studies, Kyoto, 2005, pp. 102–147。
③ 吕博：《读S.2658〈大云经神皇授记义疏〉书后》，《周秦汉唐文化研究》第10辑，三秦出版社2018年版。文中提出："《义疏》不是预言，而是滞后于史事的文本。《疏》文不过是对一些已经发生的历史事件进行了比附解释，意在把武则天不合法、僭越的历史事实，诠释圆通。"
④ 饶宗颐：《从石刻论武后之宗教信仰》，《饶宗颐史学论著选》，上海古籍出版社1993年版，第509—510页；《两京新记》读书班：《隋唐长安史地丛考》（朱丽双《大云经寺还是大云寺》条），《唐研究》第9卷，北京大学出版社2003年版，第250—251页。
⑤ Antonino Forte, *Chinese State Monasteries in the Seventh and Eighth Centuries*, 桑山正进编《慧超往五天竺国传研究》附论2，京都大学人文科学研究所，1992年，第225页。
⑥ 这些资料既包括传世文献如佛教史传类文献、类书、政书、诗文和笔记史料，也包括出土文献如敦煌文书和新出墓志，所据史料成书时间以宋代（含辽金）为限，元代以及以后者则不取。
⑦ 罗凯：《唐十道演化新论》，《中国历史地理论丛》2012年第1辑。作为最新的唐代道制研究成果，该文认为开元天宝之际实有十六部，即京畿、都畿与传统十五道中的十三道外加河西道。本书以下对于三种官寺所属道的确定即以此为准。

基础，对大云寺的时间和空间分布进行分析，来回应大云寺制令的执行力度问题。

由于武曌制令两京天下诸州设立大云寺一事的时间，在《旧唐书》《资治通鉴》等传统史籍以及唐人记述中存在较大差异，故本章拟对此进行梳理和解释，利用相关记载复原当时的制令执行速度及大云寺的沿革等问题。

需要说明的是，以目前文献的留存情况而言，本无法准确复原武周大云寺在唐代各个时期的留存数量，以及各时期大云寺占唐代（含武周时期）大云寺总数的比重。较为可行的做法，是将大云寺在各种文献中见于记载的时间，作为判断大云寺存在时间的依据。这也应是目前唯一可行的方法。

一 大云官寺的辑考、编年与定位

京畿

1. 长安大云寺（今陕西省西安市）①

《大唐宣化寺故比邱尼坚行禅师塔铭》，禅师以开元十二年（724）迁生于本院，春秋七十有六，"至开元廿一年，亲弟大云寺僧志叶、弟子四禅、贤道、法空、净意等收骨葬塔，以申仰答罔极之志"。②

《代宗朝赠司空大辨正广智三藏和上表制集》卷1《请置大兴善寺大德四十九员》有"大云寺僧海明"。③

《唐朝名画录·周昉》："今上都有画水月自在菩萨。时人又云大云佛寺殿前行道僧、广福寺殿前面两神，皆殊绝当代。"④

---

① 体例说明：括号内的今地，系指官寺所属统县政区（州府级政区）治所的今地，而非各官寺在两京天下诸州府的具体位置。如此处理，主要是基于以下几点认识：（1）目前具体位置可考的官寺数量十分有限，单独列出意义不大；（2）官寺的设立原则为每州府设立一所；（3）目前位置可考的绝大多数官寺均位于其所属州府治所的城内或城外近郊。对于具体位置无考的绝大多数官寺而言，其所属州府级政区治所的位置（今地），在很大程度上也可以认为是这些官寺的大致位置。以下第五章、第六章，均同此。
② 周绍良编：《唐代墓志汇编》开元三六七，上海古籍出版社1992年版，第1410页。
③ 圆照：《代宗朝赠司空大辨正广智三藏和上表制集》卷1，《大正藏》第52册，第830页。
④ 朱景玄撰，吴企明校注：《唐朝名画录校注》，黄山书社2016年版，第31页。

《历代名画记》卷3《记两京外州寺观画壁·西京寺观等画壁》，记载大云寺壁画多处。①

考证：宣化尼寺位于长安，则坚行禅师之弟僧志叶所隶之大云寺亦应为长安大云寺。不空向唐代宗奏请的时间为广德二年（764）。按照不空奏表的体例，长安以外各地（含洛阳）寺院寺额之前例加所在地，如东都、凤翔府、成都府、荆州等，僧海明所隶"大云寺"之前并未加具体所在地，当指长安大云寺无疑。同时，此表系直接进呈代宗皇帝，故表中的"大云寺"应是当时已在朝廷备案、获得认可的官方寺额，而非民间习称。朱景玄《唐朝名画录》和张彦远《历代名画记》均成书于晚唐时期，可证长安大云寺在中唐以后犹存。②

关内道

2. 岐州大云寺（今陕西省宝鸡市岐山县）

李侹《唐故鸿胪寺丞李府君夫人琅琊王氏墓志铭并序》③："天宝初，有大云寺新罗和上者，崇启道门。夫人礼谒至诚，回向便为上足，一心斋戒，十年住持。"

考证：志文有"开（元）廿八载，长子侹从仕西京，徙居东洛，夫人就养，因家岐雍焉"，"天（宝）八载遘疾，天（宝）九载九月九日迁化于李氏岐山南之别业，时春秋六十有五"，"以十三载五月廿五日权葬于眉城北三畤原下"，可知志文中大云寺应即岐州大云寺，且该寺至天宝初年犹存。亦可知岐州大云寺并未被改额为龙兴寺或开元寺。

---

① 张彦远著，秦仲文、黄苗子点校，启功、黄苗子参校：《历代名画记》，人民美术出版社2016年版，第64页。
② 富安敦先生考证认为，长安大云寺在代宗大历三年（768）为应对回鹘要求建立摩尼教寺院的压力而被改为摩尼教寺院大云光明寺，会昌法难中摩尼教寺院被毁，此后又改回佛教大云寺。Antonino Forte, *Chinese State Monasteries in the Seventh and Eighth Centuries*, 第223—228页。有关大云寺被改为摩尼教大云光明寺的研究尚有王媛媛《从大云寺到大云光明寺——对中原摩尼寺额的考察》，《文史》2005年第4辑；芮传明《"光明寺"、"大云寺"与"大云光明寺"考辨——"华化"摩尼教额名之一》，《传统中国研究集刊》，第七辑，2009年。
③ 赵力光主编：《西安碑林博物馆新藏墓志汇编》，线装书局2007年版，第490—491页。墓志相关研究参见刘莲芳《唐〈李训夫人王氏墓志〉考释》，《碑林集刊》第10辑，三秦出版社2004年版。拜根兴《唐〈李训夫人王氏墓志〉关联问题考释》，载《纪念西安碑林九百二十年华诞国际学术研讨会论文集》，文物出版社2008年版。修订稿以"《李训夫人王氏墓志》及其新罗和上"为题，收入氏著《唐朝与新罗关系史论》第五章，中国社会科学出版社2009年版。

3. 泾州大云寺（今甘肃省平凉市泾川县）

孟诜《泾州大云寺舍利石函铭并序》①。

考证：序文时间为"大周延载元年岁次甲午七月癸未朔十五日己亥"，延载元年即公元694年。可知至晚于延载元年，泾州大云寺已设立。

都畿

4. 洛阳中大云寺（今河南省洛阳市）

《宋高僧传》卷5《唐中大云寺圆晖传附怀远崇廙》。

《玄奘三藏师资传丛书》卷下，有李邕《唐故白马寺主翻译惠沼神塔碑并序》，惠沼家族因曾祖秦官居北海县宰而徙居淄川。"年十五，属睿宗降诞，有制度□□入道。"后列弟子名单有"大云寺惠灯"等②，此大云寺当是洛阳大云寺。

《大周故朱处士墓志铭》，证圣元年（695）志主朱简与夫人赵氏合葬于洛阳邙山，二人有"子中大云寺僧庭玉"。③

《唐南阳居士韩君墓志铭》，景龙三年（709）志主韩神与夫人田氏合葬于北邙里之陕原，二人"有子中大云寺僧道生"。④

《历代名画记》卷3《记两京外州寺观画壁·东都》："大云寺，门东两壁鬼神，佛殿上菩萨六躯，净土经变，阁上婆叟仙，并尉迟画，黄犬及鹰最妙。"⑤

考证：据富安敦先生研究，洛阳中大云寺即武周时期全国大云寺在都城洛阳的中央机构⑥，并据《历代名画记》认为洛阳大云寺一直存在到晚唐公元9世纪。亦可知洛阳大云寺并未被改额为龙兴寺或开元寺。一般认为，武周时期结束后，洛阳中大云寺被改为大云寺。然据《韩神墓志》可知，至晚至唐中宗景龙三年（709），洛阳中大云寺之称尚存，其改为大云寺时间应在此后。

---

① 《泾州大云寺舍利石函铭并序》录文，参见韩理洲编《全唐文补遗》第1辑，三秦出版社1994年版，第6—8页。相关研究参见杜斗城《〈泾州大云寺舍利石函铭并序〉跋》，《敦煌学辑刊》2005年第4期。
② 佐伯定胤、中野達慧编：《玄奘三藏师资传丛书》卷下，《卍续藏经》第150册，第180—181页。
③ 周绍良编：《唐代墓志汇编》，上海古籍出版社1992年版，第872页。
④ 同上书，第1106页。
⑤ 张彦远撰，范祥雍点校：《历代名画记》卷3，人民美术出版社1964年版，第70页。
⑥ Antonino Forte, *Chinese State Monasteries in the Seventh and Eighth Centuries*, pp. 223–228.

5. 郑州大云寺（今河南省郑州市）

《文苑英华》卷859李邕《郑州大云寺碑》[1]，碑文又见《全唐文》卷263[2]。

考证：据碑文，则此碑当立于武周初年。铭文"郑之法宇兮在城一隅，大雄应感兮休徵有殊"，可知郑州大云寺位于城内。

6. 怀州大云寺（今河南省沁阳市）

《全唐文》卷259有贾膺福《大云寺碑》[3]，碑文又见《金石萃编》卷64。"河内大云寺者，本隋文皇帝所置长寿寺也。……乃下明制，顺天休命，肃昭鸿烈，用定厥祥。易长寿之前名，旌大云之佳（阙十字）。"

考证：《金石萃编》录文之末尚有"大周大足元年岁次辛丑五月癸酉朔十五日丁亥建"一句[4]，可知此碑立于大足元年（701）。怀州长寿寺系隋文帝仁寿二年（602）分送舍利的佛寺之一[5]，且位于怀州州城之内[6]，可知该寺在隋代已是当州的重要寺院。

河南道

7. 滑州大云寺（今河南省安阳市滑县）

《菩提达摩南宗定是非论》："即我襄阳神会和上，悟无生法忍，得无碍智，说上乘法，诱诸众生，教道众生。教道回向者，若百川赴海。于开元廿年正月十五日在滑台大云寺设无遮大会，广资严饰，升师子座，为天下学道者说。"[7]

考证：滑台即古滑台城，代指滑州。可知开元二十年（732）是滑州大云寺犹存，并未被改额为龙兴寺。

8. 陈州大云寺（今河南省周口市淮阳县）

《通志》卷73《金石略第一·李邕》，"大云寺讲堂碑（陈州）"[8]。

《宝刻丛编》卷5《京西北路下·陈州》，"唐大云寺讲堂碑，唐李邕

---

[1] 李昉等编：《文苑英华》卷859，中华书局1966年影印本，第6册，第4534页。
[2] 董诰等编：《全唐义》卷263李邕《郑州大云寺碑》，中华书局1983年版，第2668—2669页。
[3] 董诰等编：《全唐文》卷259贾膺福《大云寺碑》，中华书局1983年版，第2623—2626页。
[4] 《石刻史料新编》第1辑第2册，第1093页下栏。
[5] 释道宣：《续高僧传》卷10《释灵璨传》，《大正藏》第50册，第506页。
[6] 释道宣：《广弘明集》卷17《佛德篇第三之三》，《大正藏》第52册，第219页。
[7] 独孤沛撰，胡适校订：《菩提达摩南宗定是非论》（上卷），蓝吉富主编《大藏经补编》第25册《新校订的敦煌写本神会和尚遗著两种》，华宇出版社1986年版，第43页。
[8] 郑樵撰：《通志》卷73，中华书局1987年影印民国商务印书馆万有文库本，第1册，第848页。

撰并书，开元十一年。《诸道石刻录》"。①

《宝刻类编》卷3《名臣十三之二·唐·李邕》，"大云寺讲堂碑（撰并书，开元十一年。陈）"②

考证：可证陈州大云寺开元十一年（723）犹存。亦可知陈州大云寺并未被改额为龙兴寺。

9. 宋州大云寺（今河南省商丘市）

《宝刻类编》卷2《名臣十三之一·唐·孙季珣》："周宋州大云寺一切经碑（沙门彪之词，八分书，长安四年九月二十五日建。应天）。"③

考证：宋代南京应天府即唐代宋州。此碑可证长安四年（704）宋州已设有大云寺，且该寺藏有大藏经（一切经）。

10. 齐州大云寺（今山东省济南市）

据济南市县西巷新近发现的武周万岁登封元年造像，文载："大周万岁登封元年二月八日，大云寺律师功德，……身抱休病，发兹弘愿，敬造阿弥陀像一躯，愿得除愈，上为金轮皇帝，下及庶益之灵、内外眷属，普及无边……"④

考证：据此可知，至晚至武周万岁登封元年（696），齐州大云寺已设立。

11. 淄州大云寺（今山东省淄博市淄川区）

《玄奘三藏师资传丛书》卷下有李邕《唐故白马寺主翻译惠沼神塔碑并序》⑤。

淄州大云寺慧沼即洛阳白马寺主翻译惠沼⑥。

考证：据碑文可知，至景龙四年（710）淄州大云寺犹存，亦可知其并未被改额为龙兴寺。

12. 青州大云寺（今山东省青州市）

《齐乘》卷4《古迹》："（宋碑）碑阴金人刻曰：宋元嘉二年但呼佛堂；北齐武平四年赐额南阳寺；隋开皇元年改曰长乐，又曰道藏；则天天授二年改名大云；玄宗开元十八年始号龙兴"，又载："龙兴寺，府城西北

---

① 《石刻史料新编》第1辑第24册，第18158页下栏。
② 同上书，第18432页下栏。
③ 同上书，第18429页下栏。
④ 录文转引自高继习《济南市县西巷地宫及相关问题初步研究》，《东方考古》第3辑，科学出版社2006年版，第379—440页。
⑤ 《新卍续藏》第88册，第383—384页。
⑥ 关于慧沼的生卒年，详参杨剑霄《唯识宗三祖慧沼生卒年考》，《佛学研究》2018年第1期，第227—238页。

隅修身坊"。①

夏疎《青州龙兴寺重修中佛殿记》："（青州）城萦带山岳，控引川渎，气候高爽，风物懋盛，雅俗杂处，修涂四达，富焉庶焉，东夏之都会也。中有佛图，实曰龙兴寺。"②

《山左金石志》卷14《云门山功德记》，记青州云门山大云寺重装修壁龛功德之事，时为后周广顺三年（953）。③

考证：据宋金时人记载可知，唐代青州大云寺在中宗神龙年间被改额为了龙兴寺，且位于青州城内。如此，唐代青州便可能存在两所大云寺，一所位于青州城内，另一所位于今青州市城南2.5公里处的云门山。近年出土的《大唐龙兴观石灯台记》碑，明载景云二年（711）青州大云寺和龙兴寺同时并存。④ 那么，最合理的解释只有一种，即青州于神龙元年（705）将城内大云寺改额为大唐中兴寺（神龙三年又改为龙兴寺）的同时，将大云寺之寺额迁至了城南五里的云门山，将该山原有的佛教造像龛窟和兰若精舍等建筑，整合为新的大云寺（非武周时期的大云官寺）。并非唐代青州同时存在两所大云官寺。景云元年（710）的青州大云寺，应即云门山大云寺，已非武周时期位于青州城内的大云寺。类似的迁额现象，还见于容州景星寺的沿革中。卢藏用《景星寺碑铭》记载："天授中，改为大云寺，移额于城西焉。"⑤ 即容州景星寺在天授年间被改额为大云寺，并将原有的景星寺之额移至城西，只是并未建立（或整合）新的景星寺而已。

13. 徐州大云寺（今江苏省徐州市）

《宋高僧传》卷10《唐襄州夹石山思公传附昙真》："（昙真）少小随父往彭门，鬻枣于逆旅，而亡所怙。真叹恨无依，乃投徐大云寺为僧。"⑥

考证：既往彭门（彭城），又"投徐大云寺"，则此大云寺当在徐州无疑。昙真贞元七年（791）圆寂，寿腊不详。故徐州大云寺存在时间不

---

① 于钦撰，刘敦愿等校释：《齐乘校释》卷4《古迹》，中华书局2012年版，第380页。
② 夏疎：《文庄集》卷21《青州龙兴寺重修中佛殿记》，文渊阁四库全书本，第1087册，第228页。
③ 《石刻史料新编》第1辑第19册，第14569页上栏。
④ 李森：《大唐龙兴观灯台颂并序石刻研考》，《中国文物报》2003年11月5日。
⑤ 董诰等编：《全唐文》卷238《景星寺碑铭》，第2407页。
⑥ 释赞宁撰，范祥雍点校：《宋高僧传》卷10，中华书局1987年版，上册，第238页。"少小随父往彭门，鬻枣于逆旅，而亡所怙"一句范氏标点似有问题，当断作"少小随父往彭门鬻枣，于逆旅中亡所怙"。又，据范氏校勘记可知，此句中"彭门"大正藏本、扬州本皆作"彭城"，地点表示更为明确。

可考。

14. 海州大云寺（今江苏省连云港市）

《文苑英华》卷858李邕《海州大云寺禅院碑》，碑文又见《全唐文》卷264。①

《宝刻丛编》卷12《淮南东路·海州》，"唐大云寺碑。唐海州刺史李邕撰并书。寺旧谓之确师禅房，僧慧藏增葺之。碑以开元十二年四月立。《集古录目》。初，武后时有僧上《大云经》，陈述符命，遂令天下立大云寺，至开元二十六年诏改为开元寺。此碑十一年建，故犹称大云寺也。《金石录》"②

考证：李邕任海州刺史时间为开元八年至十二年（720—724）③，正与《宝刻丛编》引《金石录》所载相合，可证至开元十一年（723）海州大云寺犹存，亦可知其并未被改额为龙兴寺。

河东道

15. 并州大云寺（今山西省太原市）

《东域传灯目录》卷1《讲论录三》。"《同论（指瑜伽论）释文集》二十卷（并州大云寺沙门淳岳撰慈恩院本。南本云，长安三年四月内佛授记寺抄记）。"④

考证：淳岳生卒年无考，并州大云寺存在时间无考。

16. 朔州大云寺（今山西省朔州市）

《广清凉传》卷上："昔有朔州大云寺惠云禅师，德行崇峻，明帝礼重，诏请为此寺（指大孚灵鹫寺）尚座。"⑤

考证：此段乃是宋人所追忆的后唐明宗（926—933在位）时事，可知后唐时朔州大云寺犹存。

17. 代州大云寺（今山西省忻州市代县）

《广清凉传》卷下："至唐大历二年，方达五台山，于大华严寺万菩萨院安止。……后代州都督辛云晁，聆师之德望，差指使迎入大云寺，居止

---

① 董诰等编：《全唐文》卷264李邕《海州大云寺禅院碑》，第2676—2677页。关于李邕此碑的研究，详参荣新江《唐与新罗文化交往史证——以〈海州大云寺禅院碑〉为中心》，《韩国研究》第3辑，杭州出版社1996年版，第14—34页。
② 《石刻史料新编》第1辑第24册，第18278页下栏。
③ 郁贤皓：《唐刺史考全编》第2册，安徽大学出版社2000年版，第1037页。
④ 永超：《东域传灯目录》卷1《讲论录三》，《大正藏》第55册，第1157页。
⑤ 释延一：《广清凉传》卷上，《大正藏》第53册，第1107页。

为首，广兴佛事。后不知其所终云耳。"①

考证：可知事在大历二年（767）之后。郁贤皓先生将辛云晃任代州都督时间系于唐德宗建中年间（780—783）。②若其说可从，则其时代州大云寺犹存。亦可知代州大云寺并未被改额为龙兴寺或开元寺。

18. 蒲州大云寺（今山西省永济市西）

《山右石刻丛编》卷5《大云寺弥勒重阁碑》③，碑文载："天授二年二月二十四日，准制置为大云寺。至三年正月十八日，准制回换额为仁寿寺。"④

《册府元龟》卷922《总录部》："怀照，蒲州大云寺僧也。"⑤因在开元七年事涉妖讹，被流放播州。

考证：胡聘之所附考证云"碑立天授三年，实如意元年"，可知此碑立于692年，当年猗氏县大云寺被换回原寺额仁寿寺。各种文献中武周大云官寺的设立时间均为天授元年十月二十九日，此碑云在"天授二年二月二十四日"，其间的时间差俟考（详见下文）。据《册府》可知，至开元七年（719）蒲州大云寺犹存，亦可知其并未被改额为龙兴寺。

19. 绛州大云寺（今山西省运城市新绛县）

《通志》卷73《金石略第一·唐中》："大云寺碑（绛州）"⑥。

考证：无碑文，立碑时间无考。

河北道

20. 幽州大云寺（今北京市）

《全唐文》卷987《重藏舍利记》；《金石录补》卷20著录此碑。

"原寺后魏元象元年戊午岁幽州刺史尉袭命造，遂号尉使君寺，后改为智泉寺。至大唐则天时改为大云寺，开元中又改为龙兴寺。太和甲寅岁八月二十日夜，忽风雨暴至，灾火延寺。浮图灵庙，飒为烟烬。"⑦

考证：碑文中"至大唐则天时改为大云寺"基本无误，"开元中又改

---

① 释延一：《广清凉传》卷下，《大正藏》第53册《史传部三》，第1120页。
② 郁贤皓：《唐刺史考全编》第2册，安徽大学出版社2000年版，第1323页。
③ 孙宗文先生将此碑定名为《大云寺涅槃变碑像》，并展开讨论。详参孙宗文《千年石刻传法音——山西猗氏县〈大云寺涅槃变碑像〉考释》，《法音》1983年第2期。
④ 《石刻史料新编》第1辑第20册，第15020页上栏。
⑤ 王钦若等编：《册府元龟》卷922《总录部·妖妄二》，中华书局1960年版，第10889—10890页。
⑥ 郑樵：《通志》卷73，中华书局1987年版，第845页。
⑦ 董诰等编：《全唐文》卷987，中华书局1983年版，第10214页。

为龙兴寺"一句则有不确（详见下文），改为龙兴寺时间应在神龙年间（705—707）。叶奕苞考证此记作于会昌六年（846），且在幽州悯忠寺。①

21. 燕州大云寺（今北京市怀柔区南）

《金石萃编》卷69《田义起石浮屠颂》，后列名有"弟燕州大云寺僧智崇"等，"太极元年四月八日建"。②

考证：太极元年（712）燕州大云寺犹存。亦可知燕州大云寺并未被改额为龙兴寺。

22. 德州大云寺（今山东省德州市陵城区）

《成唯识宝生论》卷1，"大唐景龙四年岁次庚戌四月壬午朔十五日景申，三藏法师大德沙门义净宣释梵本并缀文正字"，参与译经人员尚有"翻经沙门德州大云寺寺主惠伞证义"。③

考证：据此可知，至景龙四年（710）德州大云寺犹存，且该寺并未被改额为龙兴寺。

23. 相州大云寺（今河南省安阳市）

《唐文拾遗》卷62《大周相州安阳灵泉寺故寺主大德智□师像塔之铭并序》有"门徒大云寺僧玄皎、玄果"之语，大云寺前未注明州名，则此大云寺当即相州大云寺。

《唐文拾遗》卷62《大唐相州安阳县大云寺故大德灵慧法师影塔之铭》云："后蒙本州大云寺牒充律师教授。……后为青□色奏，请牒□乡，住大云寺。"灵慧法师卒年不详，开元四年（716）入葬。

考证：据两种塔铭可知，相州大云寺至少在武周时期（690—705）皆存。

山南西道

24. 合州大云寺（今重庆市合川区）

《太平广记》卷86："赵燕奴者，合州石镜人也，居大云寺地中。"④

考证：文中云"乾德初年，（燕奴）仅六十"，则合州大云寺乾德（919—924）初年犹存。

25. 阆州大云寺（今四川省阆中市）

《□唐故天□□夫人墓志铭》尹氏"以元和七年五月廿日遘疾，终于

---

① 叶奕苞：《金石录补》卷20，《石刻史料新编》第1辑第12册，第9086页下栏。
② 《石刻史料新编》第1辑第2册，第1185页上栏。
③ 《大正藏》第31册，第81页。
④ 李昉等编：《太平广记》卷86"赵燕奴"条，中华书局1961年版，第565页。

苍溪官舍，享年三十"，末署"大云寺僧谈寂镌"。①

考证：元和七年（812）尹氏随其夫文林郎前守阆州西水县令摄苍溪县令李从规居于苍溪县，故文末题署刻碑者僧谈寂所隶之"大云寺"，应即阆州大云寺。可知阆州大云寺至元和七年（812）犹存，且并未被改为龙兴寺或开元寺。

山南东道

26. 荆州大云寺（今湖北省荆州市江陵县）

《文苑英华》卷860李华《荆州南泉大云寺故兰若和尚碑》②。

《舆地碑记目》卷3《荆门军碑记》，"唐南泉大云寺兰若和尚碑（天宝中作）"③。

考证：据李华《兰若和尚碑》，天宝十载（751）荆州南泉大云寺尚存。

《宋高僧传》卷14《唐洪州大明寺严峻传》："（严峻）年及十九，应进士举。倏罹荼蓼，思报劬劳，投南阳佛寺。后抵荆州玉泉山兰若，遇真禅师，示其禅观。入城泊大云寺。"④

考证：严峻大历四年（769）春秋五十九而卒，则生于景云二年（711），大历元年（766）之前应在荆州大云寺。

元稹《元氏长庆集》卷13《大云寺二十韵》。

考证：傅璇琮、杨军认为此诗作于元和九年（814）的江陵时期⑤。其说可从。则至元和九年（814），荆州大云寺犹存，且位于荆州城内。亦可知荆州大云寺并未被改额为龙兴寺或开元寺。

27. 襄州大云寺（今湖北省襄阳市）

《宋高僧传》卷16《唐朔方龙兴寺辩才传》："释辩才，姓李氏，襄阳人也。……年十六，遂削发隶本州大云寺。"⑥

考证：大历十三年（778）辩才年五十六卒，则辩才生于开元十一年（723），十六岁时当为开元二十七年（739），此前一年设立开元寺诏令已

---

① 周绍良编：《唐代墓志汇编》元和〇五一，上海古籍出版社1992年版，第1985页。
② 李昉等编：《文苑英华》卷860，中华书局1966年版，第4541—4542页。
③ 王象之撰：《舆地碑记目》，《丛书集成初编》第1580册，中华书局1985年版，第58页。
④ 释赞宁撰，范祥雍点校：《宋高僧传》卷14，上册，第351页。
⑤ 杨军：《元稹集编年笺注·诗歌卷》引傅璇琮《元稹年谱》，三秦出版社2002年版，第598页。
⑥ 释赞宁撰，范祥雍点校：《宋高僧传》卷16《唐朔方龙兴寺辩才传》，第387页。

经颁布，而襄州大云寺犹存。亦可知襄州大云寺并未被改额为龙兴寺或开元寺。

28. 万州大云寺（今重庆市万州区）

《舆地碑记目》卷4《万州碑记》："大云寺碑（寺有唐僧圆满传及元和间万州守李裁书）"①。

《宝刻丛编》卷19《夔州路·万州》："唐大云寺岑公石洞志。唐段文昌撰，元和八年十月立，在大云寺。《复斋碑录》"②

考证：据此，可知至元和八年（813），万州大云寺犹存。亦可知万州大云寺并未被改额为龙兴寺或开元寺。

29. 隋州大云寺（今湖北省随州市）

《历代法宝记》卷1："至长寿元年，敕天下诸州各置大云寺。……至久待年，使荆州玉泉寺请秀禅师、安州受山寺请玄迹禅师、随州大云寺请玄约禅师、洛州嵩山会善寺请老安禅师，则天内道场供养。"③

考证：《历代法宝记》所云大云寺设立时间为长寿元年（692），与其他史料所载不同（详见下文考释）。"久待"当为"久视"之讹。可见至武周久视年间（700），隋州亦准制设立大云寺。

淮南道

30. 扬州大云寺（今江苏省扬州市）

《唐大和上东征传》："（鉴真）配住大云寺，后改为龙兴寺。"④

《文苑英华》卷864顾况《广陵白沙大云寺碑》⑤，《全唐文》卷530《广陵白沙大云寺碑》。

崔致远《桂苑笔耕集》卷16《求化修大云寺疏》。

考证：党银平认为崔致远此疏约撰于中和二年至三年（882—883）⑥。其说可从。然扬州大云寺既已在中宗时改为龙兴寺，而龙兴寺又此后长期存在，则顾况《广陵白沙大云寺碑》与崔致远《求化修大云寺疏》所云中晚唐扬州大云寺应非武周时期大云寺可知。

---

① 王象之撰：《舆地碑记目》，《丛书集成初编》第1580册，中华书局1985年版，第105页。
② 《石刻史料新编》第1辑第24册，第18356页下栏。
③ 《大正藏》第51册《史传部三》，第184页。
④ 真人元开撰，汪向荣校注：《唐大和上东征传》，中华书局2000年版，第34页。
⑤ 李昉等编：《文苑英华》卷864，中华书局1966年版，第4558—4550页。
⑥ 党银平：《桂苑笔耕集校注》卷11，中华书局2007年版，第561—562页。

31. 申州大云寺（今河南省信阳市）

孟献忠《金刚般若经集验记》卷上，有"申州大云寺僧释德遵者，即义阳县人也。……长安三载，（孟）献忠任申州司户，其僧尚存，向逾七十"。①

考证：可知申州大云寺至武周末年（长安三年，703）犹存。

江南东道

32. 湖州大云寺②（今浙江省湖州市）

《全唐文》卷918释清昼《唐湖州大云寺故禅师瑀公碑铭并序》③。

赞宁《宋高僧传》卷26《唐湖州大云寺子瑀传》即以清昼碑文为基础删削而来。

"证圣中，归于大云道场。坚执律柄，僧纲厘举，不亦宜哉。"④

考证：释子瑀武周证圣年间（695）曾返回湖州大云寺，"坚执律柄，僧纲厘举"。天宝十一载（752）卒。碑文末列有"寺主元璀等"，则子瑀卒时（752）湖州大云寺犹存。亦可知湖州大云寺并未被改额为龙兴寺或开元寺。

33. 杭州大云寺（今浙江省杭州市）

《宋高僧传》卷14《唐会稽开元寺昙一传》："天宝十四载，澜河潮水，南激钱塘。大云伽蓝，当兹湍沚，因请（昙）一讲律，学徒千人，咸发大愿。"⑤

考证：可知杭州大云寺天宝十四载（755）犹存。

《宋高僧传》卷11《唐天目山千顷院明觉传》："（明觉）下山至杭州大云寺，禁足院门。续移止湖畔青山顶，结庵而止。属范阳卢中丞向风躬

---

① 《卍续藏经》第149册，新文丰出版公司1976年版，第88页。关于孟献忠《金刚般若经集验记》，详参简梅青《孟献忠〈金刚般若经集验记〉文献学价值探析》，《安大史学》第2辑，安徽大学出版社2006年版，第28—36页。

② 赵雍（1289—约1363）《吴兴金石志》卷4录有《大云寺经幢》，跋文云："右经幢在方山大云寺山门。"据谈钥《嘉泰吴兴志》卷13《寺院·长兴县》："大云寺在县西南四十里方山。齐永明元年置，号方山寺。本朝熙宁中，有僧析竹丝织为佛，至今有号'竹佛'。后改今名。"可知，宋代湖州长兴县方山大云寺，至宋代犹称方山寺，至北宋熙宁年间（1068—1077），始有"竹佛"之号，而改额大云寺，尚在熙宁之后，可知此大云寺应非唐代大云寺。故所谓"大云寺经幢"应系后世据其所在地而命名，并非唐代之名。

③ 董诰等编：《全唐文》卷918《唐湖州大云寺故禅师瑀公碑铭并序》，第9561—9563页。

④ 释赞宁撰，范祥雍点校：《宋高僧传》卷26《唐湖州大云寺子瑀传》，第665页。

⑤ 释赞宁撰，范祥雍点校：《宋高僧传》卷14《唐会稽开元寺昙一传》，第353页。

谒，召归州治大云寺住持。元和十五年，避嫌远器，隐天目山。"①

考证：可知杭州大云寺地处州治，然从上引"瀬河潮水，南激钱塘。大云伽蓝，当兹湍泝"可知，杭州大云寺能够直接被钱塘江潮水冲击，则似应位于杭州城外近郊。明觉住持该寺时间在元和十五年（820）之前不久，当时杭州大云寺犹存。亦可知杭州大云寺并未被改额为龙兴寺或开元寺。

34. 越州大云寺（今浙江省绍兴市）

《宋高僧传》卷27《唐洪州宝历寺幽玄传》："元和二年，振锡江左。至会稽大云寺，见三学僧柅定食轮，资缘都缺。玄言发响应，檀越供赡。"②

考证：据此可知，至元和二年（807），越州大云寺犹存。亦可知越州大云寺并未被改额为龙兴寺或开元寺。

35. 婺州大云寺（今浙江省金华市）

《宋高僧传》卷20《唐婺州金华山神暄传》："元和八年，范敳中丞知仰，遣使赍乳香毡罽器皿施暄，并回施现前大众。次中书舍人王仲，请于大云寺为众受菩萨戒。"③

考证：元和八年（813），婺州大云寺犹存。元和十二年（817），神暄春秋七十六而卒，则神暄生于天宝元年（742），幼时客游婺州，入开元寺，则天宝后期（755前后）婺州龙兴寺和开元寺均已设立，亦可知婺州大云寺并未被改额为龙兴寺或开元寺。

36. 温州大云寺（今浙江省温州市）

《宋高僧传》卷25《梁温州大云寺鸿楚传》："唐大顺中，以城南有废大云寺荒址，表闻昭宗，欲重缔构。帝俞其请。于是百工俱作，楚躬主之。"④

考证：温州有废大云寺，可知此前亦曾准制设立。鸿楚于大顺年间（890—891）获准重建。

37. 台州大云寺（今浙江省临海市）

《般若心经疏》卷1，卷末题记"开元三年九月于台州大云寺得"⑤。

考证：开元三年（715），台州大云寺犹存，亦可知其并未被改额为龙

---

① 释赞宁撰，范祥雍点校：《宋高僧传》卷11《唐天目山千顷院明觉传》，第254页。
② 释赞宁撰，范祥雍点校：《宋高僧传》卷27《唐洪洲宝历寺幽玄传》，第683页。
③ 释赞宁撰，范祥雍点校：《宋高僧传》卷20《唐婺州金华山神暄传》，第517页。
④ 释赞宁撰，范祥雍点校：《宋高僧传》卷25《梁温州大云寺鸿楚传》，第640页。
⑤ 《卍新纂续藏经》第26册，第597页。

兴寺。

38. 福州大云寺（今福建省福州市）

《淳熙三山志》卷33："怀安开元寺，子城东。太清三年置，在灵山之西，旧号灵山。寻改大云寺。唐初曰龙兴，开元二十六年，以年号改今名。"①

考证：《三山志》关于福州开元寺沿革的叙述，大致符合唐代武曌、唐中宗、玄宗先后三次设立佛教官寺的基本史实，唯相关年代的准确度略显不足，盖因此书系南宋人追述唐代史事之故。大云寺应是武周天授元年（690）制立，非立寺不久之后"寻改"；改额龙兴寺亦应是中宗神龙年间之误，而非"唐初"（详见下文）。可知福州大云寺仅存在于武周时期（690—705）。

江南西道

39. 洪州大云寺（今江西省南昌市）

独孤及《毗陵集》卷7《洪州大云寺铜钟铭》。

考证：一般认为此铭作于上元二年（761）②。可知至上元二年（761），洪州大云寺犹存，亦可知洪州大云寺并未被改额为龙兴寺或开元寺。

40. 江州大云寺（今江西省九江市）

《白居易集》卷16《晚春登大云寺南楼赠常禅师》。

考证：朱金城先生考订此诗"作于元和十一年（816），四十五岁，江州，江州司马"③。并有《宋高僧传》卷17"释智常"一段白居易与智常交往文字为据。其说可信，今从之。则元和十一年（816）江州大云寺尚存，亦可知江州大云寺并未被改额为龙兴寺或开元寺。

41. 宣州大云寺（今安徽省宣城市）

《文苑英华》卷855李峤《宣州大云寺碑》："天授二年，乃下制令，天下诸州各置大云寺一所。宣州大云寺者，本名永安寺，晋义熙二年之所

---

① 梁克家：《淳熙三山志》卷33《寺观类一》，《宋元方志丛刊》第8册，中华书局1990年版，第8238页。

② 刘鹏、李桃：《毗陵集校注》卷7，据蒋寅考证，认为此铭当作于上元二年（761），辽海出版社2007年版，第159页。

③ 白居易著，朱金城笺校：《白居易集笺校》第2册，上海古籍出版社1988年版，第986页。

立也。龙飞在运，既易龙兴之名；天历惟新，即改天安①之号。"②

考证：此碑云武周大云寺官寺制令颁布于天授二年（691），与他书所载天授元年（690）或载初元年（690）不同（详见下文考释）。盖宣州执行制令时间已在天授二年（691），而中央颁布诏令时间则为天授元年（690）十月二十九日。

42. 饶州（鄱阳）大云寺（今江西省上饶市鄱阳县）

《全唐诗》卷266顾况《鄱阳大云寺一公房》③。

考证：傅璇琮考证顾况在贞元五年至十年（789—794）被贬饶州司户参军④，赵昌平则进一步考证顾况于贞元九年（792）八月后离开饶州⑤，所考更为准确可信。其说可从。则可知至少知贞元九年（793）之前饶州大云寺犹存，亦可知该寺并未被改额为龙兴寺或开元寺。

43. 鄂州大云寺（今湖北省武汉市）

《全唐文》卷316李华《故中岳越禅师塔记》："司徒郭公举为东京大德，御史中丞郑公表敷教于三吴。乃沿汉至黄鹤矶，州长候途，四辈瞻绕，请主大云寺。……凡入诸佛正位二十九夏，存父母遗体五十九年。"⑥

考证：黄鹤矶在唐鄂州（今湖北武昌）。宝应二年（763）常超圆寂时年五十九，僧腊二十九，则生于神龙元年（705），受具于开元二十二年（734）。从"司徒郭公举为东京大德"可推知，鄂州大云寺开元二十六年以后犹存。亦可知鄂州大云寺并未被改额为龙兴寺或开元寺。

陇右道

44. 秦州大云寺（今甘肃省天水市秦安县西北）

释弘景撰，方广锠整理：《进新译大方广佛花严经表》所附译场列位有"翻经大德秦州大云寺主僧灵叡审覆"⑦。

考证：此经于圣历二年（699）十月八日译毕。可知其时秦州已奉制设立大云寺。

---

① 《文苑英华》与《全唐文》均作"天安"，但观上文所云宣州大云寺本名"永安寺"，可知此处当作"永安"；或上文所云"本名当作永安寺"之"永安"当作"天安"。总之两处照应，文意方通。
② 李昉等编：《文苑英华》卷855，中华书局1966年版，第4513页。
③ 彭定求等编：《全唐诗》卷266，中华书局1960年版，第8册，第2951页。
④ 傅璇琮：《唐代诗人丛考》之《顾况考》，中华书局2003年版，第407—408、413—420页。
⑤ 赵昌平：《关于顾况生平的几个问题》，《苏州大学学报》1984年第1期。
⑥ 董诰等编：《全唐文》卷316《故中岳越禅师塔记》，第3210—3211页。
⑦ 方广锠主编：《藏外佛教文献》第6辑，宗教文化出版社1998年版，第382—388页。

河西道

45. 凉州大云寺（今甘肃省武威市）

《全唐文》卷278刘秀《凉州卫大云寺古刹功德碑》："大云寺者，晋凉州牧张天锡升平之年所置也。本名宏藏寺，后改为大云。因则天大圣皇妃临朝之日，创诸州各置大云，随改号为天赐庵。"①

考证：《金石萃编》所录碑文之末尚有"大唐景云二年"一行，《全唐文》录文缺。王昶在《金石萃编》所附考证云，唐中宗于长安五年（705）复位后"上后（按，指武则天）号曰则天大圣皇帝，碑何以称皇妃也？"② 其实，碑文之末"大唐景云二年"的时间已经给出了答案。唐中宗复辟之初，虽改国号为唐，但基本国策一仍武周时期而未改，直到睿宗即位之后，基本国策才一反武周之政，因此对武则天的评价和称号自然也会随之发生变化。③

46. 甘州大云寺（今甘肃省张掖市）

《册府元龟》卷170《帝王部》："（后唐清泰）三年，西域南印土师子国婆罗门摩诃定利密多罗、甘州大云寺僧迦悉地并赐紫袈裟。"④

考证：可知至后唐清泰三年（936），甘州大云寺犹存。

47. 肃州大云寺（今甘肃省酒泉市）

敦煌藏文文书PT1189.r《肃州府主致河西节度书状》⑤。

考证：其中有肃州大云寺。可知至吐蕃占领河西时期肃州大云寺犹存。亦可知肃州大云寺并未被改额为龙兴寺或开元寺。

48. 沙州大云寺（今甘肃省敦煌市）

敦煌遗书S.542v《戌年沙州诸寺丁壮车牛役部（簿）》。

有"大云寺车三乘。与番种麦，牛一具，三日。与教授般（搬）麦，

---

① 董诰等编：《全唐文》卷278《凉州卫大云寺古刹功德碑》，第2821页。
② 王昶：《金石萃编》卷69，《石刻史料新编》第1辑第2册，第1182页下栏。
③ 金子修一：《关于开元四年的庙制改革与则天武后的评价》，2011年11月5日"复旦大学中古中国研究前沿讲座之二"演讲提纲。笔者此处受金子修一先生相关论点的启发较大。另参金子修一撰，王艳译《关于唐代诏敕中对武则天的评价》，《唐史论丛》第27辑，三秦出版社2018年版，第9—36页。
④ 王钦若等编：《册府元龟》卷170《帝王部·来远》，中华书局1960年版，第2059页。
⑤ 转引自任小波：《唐宋之际河西地区的部族关系与护国信仰——敦煌PT1189.r号〈肃州府主致河西节度书状〉译释》，沈卫荣主编《西域历史语言研究集刊》第七辑，科学出版社2014年版，第107—116页。

差车一乘两日"①。

考证：姜伯勤先生考证该文书中的"戌年"为公元818年②。李正宇先生的研究则表明沙州大云寺一直存在到宋初③。可知沙州大云寺在吐蕃统治时期和归义军时期一直存在。

49. 碎叶城大云寺（今吉尔吉斯斯坦楚河州托克马克市）

《通典》卷139《边防九·石国》引杜环《经行记》："又有碎叶城。天宝七年，北庭节度使王正见薄伐，城壁摧毁，邑居零落。昔交河公主所居止之处建大云寺，犹存。"

考证：荣新江先生亦曾引用此段文字，认为碎叶城亦建有大云官寺。④此说与传世文献所载武周大云官寺设立时间颇有不同。张广达先生对此已有精详考证，今从其说。⑤

50. 安西（龟兹）大云寺（今新疆阿克苏地区库车县）

慧超《往五天竺国传》："且于安西，有两所汉僧住持，行大乘法，不食肉也。大云寺主秀行，善能讲说，先是京中七宝台寺僧。大云寺都维那，名义超，善解律藏，旧是京中庄严寺僧也。大云寺上座，名明恽，大有行业，亦是京中僧。此等僧大好住持，甚有道心，乐崇功德。"⑥

考证：慧超《往五天竺国传》成书于开元十五年（727）之后不久。据此可知，至晚至开元十五年（727），安西大云寺犹存，且并未被改额为龙兴寺。

---

① 郝春文：《英藏敦煌社会历史文献释录》第3卷，社会科学文献出版社2003年版，第135页。

② 姜伯勤：《唐五代敦煌寺户制度》，中华书局1987年版，第34—38页。

③ 李正宇：《敦煌地区古代祠庙寺观简志》，《敦煌学辑刊》1988年第1—2期合刊。又见季羡林主编《敦煌学大辞典》"大云寺"条，上海辞书出版社1998年版，第629页。

④ 荣新江：《慧超所记唐代西域的汉化佛寺》，载《冉云华先生八秩华诞寿庆论文集》，法光出版社2003年版，第399—407页。该文专门考察唐代安西四镇的官寺情况，本章以下对唐代西域地区的官寺的考察对该文多有参考。

⑤ 《经行记》中"交河公主"为我们提供了考证碎叶城大云寺始建时间的线索。按，唐代可考的交河公主有二：其一为十姓可汗阿史那怀道之女，《资治通鉴》卷212《唐纪二十八》开元十年记其事云："十二月庚子以十姓可汗阿史那怀道女为交河公主，嫁突骑施可汗苏禄。"此交河公主在开元二十七年被盖嘉运俘房。《通鉴》卷214《唐纪三十》云，开元二十七年八月，碛西节度使盖嘉运大破突骑施于碎叶城，取交河公主。《册府元龟》卷358《将帅部》亦记其事。至此，"交河公主"之号亦被废。其二为开元二十八年册立十姓可汗阿史那昕妻凉国夫人李氏为交河公主，《唐大诏令集》卷42《公主》有《册交河公主文》记其事。开元二十八年所册第二位交河公主事迹不详。详细考证，参见张广达《碎叶城今地考》，《北京大学学报》1979年第5期。

⑥ 慧超原著，张毅笺释：《往五天竺国传笺释》，中华书局2000年版，第176页。

51. 疏勒大云寺（今新疆喀什地区喀什市）

慧超《往五天竺国传》："疏勒亦有汉大云寺，有一汉僧住持，即是岷州人士。"①

考证：慧超开元十五年（727）自天竺回到中国，《往五天竺国传》所记皆此前之事，故安西、疏勒等地大云寺与龙兴寺并存，而不见开元寺踪影，则因其时尚未设立。

剑南道

52. 成都府大云寺（今四川省成都市）

《宋高僧传》卷19《唐西域安静传附徐果师》："次又成都府大云寺有徐果师者，混物韬光，人罕详测。"②

考证：此成都大云寺存在时间不详。

53. 彭州大云寺（今四川省彭州市）

《文苑英华》卷866陈会《彭州九陇县再建龙兴寺碑》："初，寺号大空。天授二年为大云。我唐开元中诏号龙兴。会昌五年，废为闲地。"③

考证：天授二年（691）由原大空寺改为大云寺。碑文所云"我唐开元中诏号龙兴"，则与传世文献所载唐中宗龙兴官寺设立时间不符，盖系"神龙中"之讹（详见下文考释）。九陇县即唐彭州州治所在，可知彭州大云寺位于州治无疑。

54. 资州大云寺（今四川省内江市资中县）

孟献忠《金刚般若经集验记》卷上："梓州玄武县福会寺僧释神晏，俗姓刘氏。去万岁通天元年，被乡人冯知悌横告于房中停止劫贼卢金柱等，遂走于泸州逃避。因逢资州大云寺陈行贞。泸州讲说知光火贼。使此州司马张涉牒资州追行贞，资州差首望张兰往泸州掩捉，便于泸州县禁。"④并有附记："献忠亲自追问，具说源流。神晏当时始年三十八也。"

考证：可知至万岁通天元年（696）资州大云寺已设立。

55. 遂州大云寺（今四川省遂宁市）

释宗密《圆觉经大疏释义钞》："遂州大云寺道圆和尚，俗姓程。长庆二年，成都道俗迎归圣善寺，绍继先师，大昌法化，如今现在。当代法主，两川归心。"

---

① 慧超原著，张毅笺释：《往五天竺国传笺释》，第176页。
② 释赞宁撰，范祥雍点校：《宋高僧传》卷19，下册，第479页。
③ 李昉等编：《文苑英华》卷866《彭州九陇县再建龙兴寺碑》，第4579—4580页。
④ 《卍续藏经》第149册，第80页。

《全唐文》卷 743 裴休《华严原人论序》："圭峰禅师诞形于西充，通儒于遂宁。业就，将随贡诣有司。会有大德僧道圆，得法于洛都荷泽大师嫡孙南印，开法于遂州大云寺。"① 可证前说。

考证：据此，长庆二年（822）遂州大云寺犹存，亦可知遂州大云寺并未被改额为龙兴寺或开元寺。

岭南道

56. 广州大云寺（今广东省广州市）

《唐故朝议郎行郴州义章县尉上柱国张府君墓志铭》，志主张守珍以开元二十七年七月十日，"终于广州南海县安定里大云寺"。②

《唐大和上东征传》："端州太守迎引，送至广州。卢都督率诸道俗，出迎城外。恭敬承事，其事无量。引入大云寺，四事供养，登坛受戒。"③

考证：时为天宝十载（751），广州大云寺犹存，且位于城内。亦可知广州大云寺并未被改额为龙兴寺或开元寺。又，鉴真一行所经之州，一般均被安置住在大云寺、龙兴寺或开元寺，此应即官寺特殊功能之表现。

57. 振州大云寺（今海南省三亚市）

《唐大和上东征传》，"夜发经三日，乃到振州江口泊舟。其经纪人往报郡，其别驾冯崇债遣兵四百余人来迎，引至州城。……即迎入宅内，设斋供养。又于太守厅内，设会授戒。仍入州大云寺安置。其寺佛殿坏废，众僧各舍衣物造佛殿，住一年造了。"④

考证：时为天宝九载（750），振州大云寺犹存。但寺容残破，佛殿坏废，或可见其官寺地位已失。似亦可知振州大云寺并未被改额为龙兴寺或开元寺。

58. 容州大云寺（今广西玉林市容县）

《全唐文》卷 238《景星寺碑铭》："天授中，改为大云寺，移额于城西焉。"⑤

考证：容州大云寺由高宗乾封元年（666）所立景星寺改额而来。至

---

① 董诰等编：《全唐文》卷 743《华严原人论序》，第 7687—7688 页。冉云华先生认为《全唐文》"得法于洛都荷泽大师嫡孙南印"一句之"洛都"应作"成都"，因为南印法师（成都圣寿寺唯忠和尚）主要在成都传法，颇可信从。冉云华《宗密著〈道俗酬答文集〉的研究》，《华岗佛学学报》第 4 期，中华学术院佛学研究所，第 133—163 页。
② 周绍良编：《唐代墓志汇编》下册，上海古籍出版社 1992 年版，第 1514 页。
③ 真人元开撰，汪向荣校注：《唐大和上东征传》，第 73 页。
④ 同上书，第 67—68 页。
⑤ 董诰等编：《全唐文》卷 238《景星寺碑铭》，第 2407 页。

神龙年间又被改为龙兴寺。故其容州大云寺的存在时间仅为武周时期（690—705）。

59. 柳州大云寺（今广西柳州市）

《柳河东集》卷28《记祠庙·柳州复大云寺记》："柳州始以邦命置四寺，其三在水北，而大云寺在水南。水北环治城，六百室，水南三百室。俄而水南火，大云寺焚而不复且百年。"①

《舆地纪胜》卷112《广南西路·柳州·碑记》："大云寺（柳宗元文。碑见存）。"②

《宝刻丛编》卷19《广南西路·柳州》："唐重复大云寺记。唐柳宗元撰，正书，无名篆额，宪宗时立。《复斋碑录》。"③

考证：据柳宗元记文可知，柳州大云寺一直存在到开元官寺设立之后。元和十二年（817）距开元官寺设立只有不足80年，"大云寺焚而不复且百年"显然只是个虚数而非确指。重建后的大云寺只具有大云寺之额，而不再拥有政治上的特殊性和官寺地位。

二　小结

早在1937年，日本学者青麻弘基就曾对文献中的武周大云寺进行辑考，共得21例。④ 由上节的搜辑和考证结果可知，武周天授元年（690）所设大云寺在各种文献中记载可寻者共59例，分布于59州府。虽仅占唐代总州数的1/5弱，但已基本穷尽，且记载这些大云寺的文献能够留存至今，大都存在相当的偶然性，故从这些资料的分布中可以看出唐代大云寺的留存和沿革的大势。若以开元时期区划而言，则在除黔中道之外的京畿、都畿和其余13道中皆有分布。而黔中道之所以尚未发现武周大云寺的记载，一是与黔中在唐代属于偏远之地有关，二是和材料本身的性质与留存状况有关。通观上引材料，可知留下记载的各州大云寺，基本皆因有名人参访或高僧驻锡，或文学、书法名家所撰所书的寺院碑文。若非如此，则难以留下记载。然黔中道大云寺在各种文献中的缺载，并不影响笔

---

① 柳宗元：《柳河东集》卷28，上海古籍出版社2008年版，第465—467页。
② 王象之著，李勇先校点：《舆地纪胜》，四川大学出版社2005年版，第7册，第3695页。
③ 《石刻史料新编》第1辑第24册，第18372页上栏。
④ 青麻弘基：《支那佛教史上に於ける则天皇后》，《鸭台史学报》5，1937年。此处转引自 Antonino Forte, *Chinese State Monasteries in the Seventh and Eighth Centuries*, p. 220。

者对于大云寺制令曾在天下诸州得到有效执行的判断。

之所以作此判断,是因为上述材料中大云寺在唐帝国疆域内的四极之地皆有分布,这可以作为大云寺制令曾在地方诸州得到有效执行的力证。首先,唐代极北之地的燕州设有大云寺。《金石萃编》卷69《田义起石浮屠颂》记载唐睿宗太极元年（712）造石浮屠、释迦佛及二菩萨像的功德主田义起有"弟燕州大云寺僧智崇",表明当时燕州大云寺犹存。更值得注意的是,燕州的位置和性质。《旧唐书·地理志》云:"燕州,隋辽西郡,寄治于营州。武德元年,改为燕州总管府,领辽西、泸河、怀远三县。其年,废泸河县。六年,自营州南迁,寄治于幽州城内。贞观元年,废都督府,仍省怀远县。开元二十五年,移治所于幽州北桃谷山。天宝元年,改为归德郡。乾元元年,复为燕州。"① 刘统先生曾据《通鉴》认为燕州乃是唐初在营州都督府管下所设的第一个羁縻州,其首领为靺鞨渠帅突地稽,武德六年（623）南迁寄治幽州乃是突地稽率兵助平刘黑闼的结果。② 郭声波先生则将燕州归入河北道正州正县区域内的行州③。若暂置学界目前关于燕州的性质的争议,聚焦于史实,即可发现天授元年（690）时燕州只是一个仅领1县,且寄治于幽州城内的边远小州。燕州作为一个仅领一县且寄治他处的边远小州,在武周时期尚且准制设立大云官寺,并一直保留至太极元年（712）,则大云寺制令的执行力度可知。

大云寺在唐代疆域的极西之地安西都护府辖区亦多有设立。如上文资料中慧超开元十五年（727）所见安西（龟兹）大云寺和疏勒大云寺,以及杜环所见碎叶城大云寺。关于唐代西域地区的大云官寺,富安敦先生和荣新江先生均已有精深讨论。④ 笔者此处只是想强调大云官寺在唐帝国疆域内的分布之广,借以讨论大云官寺制令的执行力度问题。

唐帝国疆域的极南之地无疑应是孤悬海上的海南岛南端的振州。幸运的是,振州曾准制设立大云寺的史实,因日本僧人记录鉴真东渡的《唐大和上东征传》而得以保留。需要注意的是,当时已是开元官寺设立以后的天宝九载（750）,所以鉴真一行见到振州大云寺"佛殿坏废"也就不足

---

① 刘昫等:《旧唐书》卷39《地理二·河北道·燕州》,中华书局1975年版,第1521页。
② 刘统:《唐代羁縻府州研究》,西北大学出版社1996年版,第100页。
③ 郭声波:《中国行政区划通史·唐代卷》,复旦大学出版社2012年版,第203页。关于唐代的行州行县问题,详参郭声波《中国行政区划通史·唐代卷》,第29页;张达志《唐代后期行州行县问题考论》,《华中师范大学学报》（人文社科版）2015年第1期。
④ Antonino Forte, *Chinese State Monasteries in the Seventh and Eighth Centuries*; 荣新江:《慧超所记唐代西域的汉化佛寺》,载《冉云华先生八秩华诞寿庆论文集》,法光出版社2003年版,第399—407页。

为奇。因为当时振州的官寺地位已经转移至开元寺,大云寺已不再是地方官员关注和修缮的重点。即便如此,位于海南岛最南端的振州大云寺在设立60年后仍得以保留的史实已足以说明问题。《旧唐书·地理志》载,该州虽领四县,但仅"户八百一十九,口二千八百二十一"。① 可知振州不仅位置偏远,且民户寡少,在武周时期亦准制设立大云寺,则大云寺制令在帝国内地的执行力度可知。

综上所论,武周大云寺既在帝国版图的极北、极西、极南之地,甚至在寄治于外地的行州中皆有设立,则该制令在内地正州正县地区的执行力度自然不容怀疑。加以大云寺肩负有宣传武周政权政治合法性的功能,且武周时期酷吏政治盛行,地方官员自不敢懈怠,因此可以判断大云寺制令在武周时期得到了有效地执行,天下诸州应均已奉制设有大云寺。

从宏观上论证大云寺制令在全国范围内得到有效执行之后,其他问题也就随之而来,如设立时间是在何年?是否与制令颁布时间相一致?执行中是否存在变通?以下将对这些问题进行讨论。

由于传世文献中对武曌颁布两京及天下诸州设立大云寺制令的时间存在不同记载,因此首先需要对此略作讨论。《唐会要》卷48云:"天授元年十月二十九日,两京及天下诸州各置大云寺一所。"②《资治通鉴》则详细记载此事前因后果,云:载初元年七月"东魏国寺僧法明等撰《大云经》四卷,表上之,言太后乃弥勒佛下生,当代唐为阎浮提主,制颁于天下"。九月,则天革唐为周,改元为天授元年。十月,"壬申,敕两京诸州各置大云寺一区,藏《大云经》,使僧升高座讲解,其撰疏僧云宣等九人,皆赐爵县公,仍赐紫袈裟、银龟袋"。③ 可知事在天授元年(690)十月壬申,即十月二十九日,与《唐会要》所载相同。然《旧唐书》却将大云寺制令颁布时间系于载初元年(690)七月,云载初元年(690)七月,"有沙门十人伪撰《大云经》,表上之,盛言神皇受命之事。制颁于天下,令诸州各置大云寺,总度僧千人"。④ 当是误系。大云寺设立制令颁布于武曌

---

① 刘昫等:《旧唐书》卷41《地理四·岭南道·燕州》,中华书局1975年版,第1764页。
② 王溥:《唐会要》卷48《寺观》,上海古籍出版社1991年版,第996页。
③ 司马光等撰:《资治通鉴》卷204 则天后天授元年,第6466—6469页。富安敦先生经过精妙的考证,认为《资治通鉴》所载法明等十僧伪撰者并非《大云经》,而是《大云经疏》,即敦煌藏经洞所存《大云经神皇授记义疏》,并考证出了这些进献《大云经疏》者十僧的法号及其所属寺院,详参 Antonino Forte, *Political Propaganda and Ideology in China at the End of the Seventh Century, Inquiry into the Nature, Authors and Functions of the Tunhuang Document S. 6502, Followed by an Annotated Translation.* Italian School of East Asian Studies, Kyoto, 2005。
④ 刘昫等撰:《旧唐书》卷6《则天皇后本纪》,第121页。

革唐为周之后的天授元年（690），既有《唐会要》的明确记载，又有司马光等修《通鉴》时细密考证的确认，则《旧唐书》将此事系于武曌改国号为周之前的载初元年（690）七月当为误系无疑。①

确定了武曌两京及天下诸州置大云寺制令颁布于天授元年（690）十月二十九日之后，前引资料中有关大云寺制令颁布时间的记载就显得格外引人注目。如《文苑英华》卷855李峤《宣州大云寺碑》云："天授二年，乃下制令，天下诸州各置大云寺一所。"《历代法宝记》卷1则云："至长寿元年，敕天下诸州各置大云寺。"天授二年（691）和长寿元年（692）均与天授元年（690）的记载不符，似乎难以解释。尤其是前者，从碑文内容看，李峤《宣州大云寺碑》应当作于武周时期，为当时人记当时事，似乎不应有误。

上述资料中诸州准制设立大云寺的时间则为我们提供了进一步分析的线索。如《山右石刻丛编》卷5《大云寺弥勒重阁碑》云："天授二年二月二十四日，准制置为大云寺。"可知蒲州是在天授二年（691）二月二十四日之前接到朝廷制令②，在天授二年（691）二月二十四日准制执行，将隋代所建仁寿寺改额为大云寺。同样的情况出现在剑南道的彭州。《文苑英华》卷866陈《彭州九陇县再建龙兴寺碑》云："初，寺号大空。天授二年为大云。"表明彭州地方官也是在天授二年（691）执行设立大云寺的制令，将当州原有大空寺改额为大云寺。

需要说明的是，宣州距武周时期的神都洛阳2510里③，诸州置大云寺制令颁于天授元年（690）十月二十九日，但距当年年底尚余两月，考虑到唐代诏敕的传递速度④，即可排除武曌大云寺制令直至天授二年（691）方传递至宣州的可能性，故李峤《宣州大云寺碑》所谓"天授二年，乃下制令，天下诸州各置大云寺一所"，只可能是指宣州在天授二年（691）执行制令，将本州原有永安寺改额为大云寺，而并非天授二年（691）朝廷颁布制令之意。⑤

---

① 按照《资治通鉴》的记载，载初元年七月仅是颁赐《大云经疏》的时间，大云寺制令则颁于武则天革唐为周并改元天授后的天授元年十月，《旧唐书》盖将两事误系于一时。
② 《石刻史料新编》第1辑第20册，第15020页上栏。应作"制"，碑文中作"敕"，疑有误。
③ 刘昫等撰：《旧唐书》卷40《地理三·江南西道·宣州》，第1602页。
④ 中村裕一：《唐代官文书研究》，中文出版社1991年版，第464—466页。中村先生考察了开元二十一年十二月十四日玄宗任命张九龄为相（中书侍郎同中书门下平章事）的制书由长安传递至岭南韶州的时间为37—40天，平均每日传递速度为100—133里。这可以作为一个参照，武曌设立大云寺的制令不应较此更慢。
⑤ 与此不同，《历代法宝记》将大云寺制令颁布时间系于长寿元年（692）则可能另有原因。一般认为该书是无住和尚（714—774）门人所编，书中对于武周时期年号记载亦颇多讹误，如将"久视"讹为"久待"便是显例，这主要是僧人不学及传抄讹误的结果，加之成书较晚，该书将大云寺敕令误系于长寿元年也就不足为奇。

上引文献中明确记载地方官执行大云寺制令的时间共 4 例，分别是容州"天授中"，蒲州、彭州和宣州均作天授二年（691）。天授作为年号只使用两年，元年只有两个月，若容州将当州景星寺改额为大云寺之事发生在天授元年（690），一般而言应记作"天授初"而非"天授中"；加以宣、彭二州尚在天授二年（691）执行设立大云寺制令，则距离洛阳更远（5485 里）的容州亦无由更早。故容州所谓"天授中"当即天授二年（691）无疑。如此，现存文献中明载地方官执行大云寺制令的时间共有 4 例，皆为天授二年（691）。考虑到距离洛阳仅 550 里的蒲州亦是在天授二年（691）二月二十四日准制设立大云寺，则其他距离神都洛阳更远的诸州既需等待制令传递送达，又需与地方佛教界商议如何设立大云寺，自然不可能在天授元年（690）年底之前执行设立大云寺之制令。当然，这主要应与制令发布于天授元年（690）十月底有关，加以当时武周帝国疆域广袤，制令传递需要时间，所以多数州官在制令颁布的次年完成设立大云寺之命，并非是对制令执行不力，只是正常政务处理效率的反映。

关于两京天下诸州大云寺的设立方式，日本学者虽已注意到，多系由原有寺院改额而来，而非新建。[①] 然所述非常有限，故仍有必要略作补充。从以上梳理可知，共有 8 例沿革可考的大云寺均系由原有寺院改额而来，分别是：长安大云寺系由怀远坊光明寺改额而来，怀州大云寺系由长寿寺改额而设，青州大云寺系由隋代长乐寺改额而来，幽州大云寺系由智泉寺改额而立，福州大云寺系由灵山寺改额设立，宣州大云寺系由永安寺改额而来，彭州大云寺系由大空寺改额而设，容州大云寺系由景星寺改额而立。因此，目前虽无法排除个别州府新建大云寺的可能性，但可以确定，这种可能性即使确实存在，新建大云寺在全国大云寺的设立方式中所占比重应该很小。

同时，各种版本的大云寺制令均未提及具体要求或标准，如是否须是一州大寺，是否须位于州治治所县等。上述沿革可考的大云寺中，目前可知，怀州长寿寺是隋文帝仁寿二年（602）分送舍利的寺院之一[②]；青州大云寺的前身系隋代长乐寺和北齐南阳寺，规模宏大[③]；宣州大云寺的前身永安寺设立于东晋时期，历史悠久；容州大云寺的前身则是高宗官寺景星寺。这表明，地方诸州大云寺的设立可能大多选择当州的重要寺院（或大

---

① 塚本善隆：《日中佛教交涉史研究》，《塚本善隆著作集》第 2 卷，第 31—33 页。
② 释道宣：《续高僧传》卷 10《释灵璨传》，《大正藏》第 50 册，第 506 页。
③ 宿白：《龙兴寺沿革——青州城与龙兴寺之二》，《文物》1999 年第 9 期。

寺）直接改额。

那么，诸州府新设大云寺是否位于州治呢？通过以上梳理，可知位置可考的地方诸州府大云寺基本均设于治所，如郑州（城内）、怀州（州城）、青州（城内）、荆州（城内）、杭州（州治）、福州（子城东）、沙州（城内）[①]、广州（城内）、柳州（治城）等。此外，地方诸州在大云寺设立过程中的一些细节，可以为相关讨论提供更多支撑。其中最典型者，莫过于蒲州大云寺设立中的反复。《山右石刻丛编》卷5《大云寺弥勒重阁碑》云："天授二年二月二十四日，准制置为大云寺。至三年正月十八日，准制回换额为仁寿寺。"[②] 这段材料表明，蒲州仁寿寺在天授二年（691）二月被准制改为大云寺，但至长寿元年（天授三年即长寿元年，参见胡聘之所附考证）又被准制换回原来的寺额仁寿寺，亦即在充当了不到一年的大云官寺之后又重新改回原额仁寿寺，不再作为武周国家的官寺。

这则史料值得思考之处在于，蒲州仁寿寺何以在被改为大云寺一年后又被改回原来的寺额？蒲州在此后的武周时期是否又设立了新的大云官寺？这两个问题其实密不可分。幸赖《册府元龟》卷922记载开元七年（719）蒲州大云寺僧怀照因事涉妖讹而被流放播州一事，可知当时蒲州大云寺犹存。猗氏县大云寺既在长寿元年（692）被换回原额仁寿寺，则其在此后便不可能再被重新改为大云寺。因此可以确定的是，开元七年（719）妖僧怀照所隶之蒲州大云寺与猗氏县仁寿寺并非一寺，而应是蒲州在武周时期（应即长寿元年）新设的大云官寺。

胡聘之在著录该碑时交代了碑的所在地"今在猗氏县仁寿寺"，可知此碑清代在猗氏县，猗氏县自唐以来治所未曾迁徙。唐蒲州治河东县，猗氏县仅为蒲州所领普通属县之一。蒲州最初将大云寺准制设于猗氏县，似乎表明武曌的大云寺制令中并未明确要求诸州大云寺必须设于州治，对照各种版本的制令确实亦无相关规定。但长寿元年（693）猗氏县大云寺被换回原额仁寿寺，则极可能是因蒲州需要在州治设立新的大云官寺，故而须将猗氏县大云寺改回原额，以实现将大云寺设于州治的目标。尽管至今尚未发现武周时期要求将大云寺设于州治的记载，但笔者推测当时可能确实存在类似的要求或命令。原因很简单，大云官寺设立的目的在于通过在

[①] 沙州大云寺的寺址颇有争议，存在城内和莫高窟96窟大像两种说法。笔者倾向于认可姜伯勤和马德先生主张的城内说。详参姜伯勤《唐五代敦煌寺户研究（增订版）》，中国人民大学出版社2011年版，第130页；马德《敦煌文书〈诸寺付经历〉刍议》，《敦煌学辑刊》1999年第1期。

[②] 《石刻史料新编》第1辑第20册，第15020页上栏。

第四章 武周大云官寺及其制度研究 87

大云寺宣讲《大云经疏》，从而为武周政权的政治合法性制造舆论。一般而言，州治都是本州辖区内规模最大、人口最多的城市，更是一州的政治、经济和文化中心，若在州治设立大云寺宣讲《大云经疏》，则可实现大云寺政治宣传功能的最大化。这种宣传效果，无疑是设于普通属县的大云寺所无法比拟的。

各地大云寺在文献中被记载时间的分布亦可看出大云寺在后来的沿革和变化大势。上述59例大云寺中，除了徐州、绛州、并州、成都府4所大云寺见载时间无考外，其余55例时间分布如下：其中明确记载只存在于武周时期者6例，分别为青州、幽州、扬州、福州、彭州和容州，此6州大云寺均系在神龙年间改为龙兴寺。见载于开元二十六年（738）之前但此后沿革不详者22例，分别为泾州、郑州、怀州、滑州、陈州、宋州、齐州、淄州、海州、蒲州、燕州、德州、相州、隋州、申州、台州、宣州、秦州、凉州、安西镇、疏勒镇和资州。见载于开元二十六年（738）之后者27例，分别为长安、洛阳、岐州、朔州、代州、合州、阆州、荆州、襄州、万州、湖州、杭州、越州、婺州、温州、洪州、江州、饶州、鄂州、甘州、肃州、沙州、碎叶镇、遂州、广州、振州和柳州，柳州大云寺则是被毁近百年之后重建①；其中，明确见载于会昌法难之后者只有5例，即朔州、合州、温州、甘州和沙州，其中甘州和沙州先后隶属吐蕃和归义军政权，并未受到唐武宗拆寺灭佛政策的影响，应系一直保留未毁；温州大云寺确系在久废之后于大顺年间（890—891）重建；而朔州、合州大云寺则可能系武宗灭佛时期被拆毁之后又得以重建者②。

上述大云寺在不同时段见于记载的分布情况，除了反映出大云寺的留存和沿革大势，还反映了唐代佛教官寺地位的转移问题，如6所明载仅存于武周时期的大云寺，均系在中宗神龙年间被改额为龙兴寺。这直观地反映了唐代佛教官寺地位由武周大云寺向中宗龙兴寺的转移。会昌法难后见载的5所大云寺，亦是大云寺完全丧失官寺地位之后难以得到重建之境遇的真实反映。

---

① 柳宗元《柳州复大云寺记》撰于元和十二年（817），据其中"大云寺焚而不复且百年"一句，可知柳州大云寺被火灾焚毁时间约在开元五年（717）前后。
② 详参拙文《会昌毁佛前后唐代地方州府佛教官寺的分布与变迁》，《中国历史地理论丛》2018年第4辑。

第五章　唐中宗龙兴官寺及其制度研究

　　神龙元年（705）正月，张柬之、崔玄暐、敬晖、桓彦范等人以张易之兄弟谋反为名，率羽林军诛除张氏兄弟，拥立太子李显即位于洛阳，同时幽禁武则天于上阳宫。二月，作为庆祝李唐政权成功复辟的纪念，唐中宗制令"诸州置寺、观一所，以'中兴'为名"。至神龙三年（707）二月，因"中兴"一词含有歧义，遂下敕："改中兴寺、观为龙兴，内外不得言'中兴'"。① 所载十分简略。

　　这是唐代第三次通过诏敕形式在天下诸州设立佛教官寺。《册府元龟》卷51载："中宗神龙元年二月，制：'天下诸州各置寺、观一所，咸以大唐中兴为名。'"② 《册府》卷480又详录张景源请改大唐中兴寺观为龙兴寺观的奏疏及唐中宗的敕令，其中敕令云："朕承天宰物，光宅中区，嗣祖宗之丕基，承圣善之洪业。向明负扆，实奉成规。往自永淳，至于天授，奸臣称乱，鼎运不安。则天大圣皇后思顾托之隆，审变通之势，忘己济物，从权御宇，四海由其率顺，万姓所以咸宁。唐周之号暂殊，社稷之祚斯永，天保定尔，实由于兹。朕所以抚璇玑，握金镜，事惟继体，义即缵戎。其若文叔之起舂陵，少康之因陶正，中兴之号，理异于兹。宜革前非，以归事实。自今已后，更不得言中兴。其天下大唐中兴寺、观，宜改为龙兴寺、观。诸如此例，并即令改。"③ 可知《册府》系将唐中宗制令设立大唐中兴寺、观与敕令改大唐中兴寺、观为龙兴寺、观这两件相隔两年的事件系于不同门类，分别条列。《资治通鉴》则仅载神龙三年（707）二月条下改额之事，云："庚寅，敕改诸州中兴寺、观为龙兴，自今奏事

---

① 刘昫等：《旧唐书》卷7《中宗本纪》，第137、143页。
② 王钦若等编：《册府元龟》卷51《帝王部·崇释氏一》，中华书局1960年版，第574—575页。
③ 王钦若等编：《册府元龟》卷480《台省部·奸邪二》，第5724—5725页。

第五章　唐中宗龙兴官寺及其制度研究　89

不得言中兴。"①

　　比勘《旧唐书》《册府元龟》和《资治通鉴》所载，可知唐中宗神龙元年（705）二月颁布制令之时，所立官寺之官方寺额应作"大唐中兴寺"，至神龙三年（707）二月，经张景源的上疏，最终又下敕将天下"大唐中兴寺、观"改为"龙兴寺、观"。这是因为《册府》所载乃系先后两道制、敕原文，而《旧唐书》和《资治通鉴》所记则是经过删改后的文字。张说撰于景龙三年（709）年底或景龙四年（710）春夏间的《唐陈州龙兴寺碑》②，其中即作"龙兴寺者，皇帝即位之岁，溥天之所置也"③。则是将先设立大唐中兴寺，再改额为龙兴寺两事合并叙述。

　　本章的主要任务，是通过对各种文献中所载龙兴寺进行考证和编年④，并以唐代开元时期的道为单位⑤，对目前可考的龙兴寺进行梳理，并以此为基础，对唐代龙兴寺在时间和空间两个维度的分布情况进行分析，以此来论证龙兴寺制敕的执行力度，以及龙兴寺的沿革等问题。

　　同时，关于唐代龙兴官寺设立的时间问题，《旧唐书》《通鉴》和《册府》的传统史籍虽有明确记载，但部分唐代碑记和《佛祖统纪》等四种材料中保留了另一种说法，且产生了不小的影响，本章拟对此进行梳理、辨析和解释。

　　需要说明的是，以目前文献的留存情况而言，本无法准确复原唐代各个时期龙兴寺的数量，以及各时期龙兴寺占唐代龙兴寺总数的比重。较为可行的做法，是将龙兴寺在各种文献中见于记载的时间，作为判断龙兴寺存在时间的依据。这也是目前唯一较为可行的方法。

---

① 司马光等：《资治通鉴》卷 208 唐中宗景龙元年二月条，第 6610 页。关于唐中宗禁言中兴的历史背景，详参张达志《理异于兹：唐中宗禁言中兴的历史语境》，《中国史研究》2019 年第 2 期，第 69—90 页。
② 张说撰，熊飞校注：《张说集校注》卷 19，中华书局 2013 年版，第 953 页。
③ 张说撰，熊飞校注：《张说集校注》卷 19，第 948 页。
④ 这些资料既包括传世文献如佛教史传类文献、类书、政书、诗文和笔记史料，也包括出土文献如敦煌文书和新出墓志，所据史料成书时间以宋代（含辽金）为限，元代及以后者则不取。
⑤ 罗凯：《唐十道演化新论》，《中国历史地理论丛》2012 年第 1 辑。作为最新的唐代道制研究成果，该文认为开元天宝之际实有十六部，即京畿、都畿与传统十五道中的十三道外加河西道。本章对龙兴官寺所属道的确定即以此为准。

一 龙兴官寺的辑考、编年与定位

京畿

1. 长安龙兴寺（今陕西省西安市）

《两京新记》卷3："次南曰颁政坊。南门之东，龙兴寺。贞观五年，太子承乾所立。"①

《大龙兴寺崇福法师塔铭并序》载，崇福法师景龙元年（707）出家"隶于龙兴精舍"。② 先天二年（713）圆寂于寺房，权瘗于长安城西。开元九年（721）迁窆于金城北原。

《全唐文》卷916《楚金禅师碑》："禅师龆年诏度，初配龙兴；中岁观心，闭关千福。"乾元二年（759）卒，寿六十二，腊三十七。则生于圣历元年（698），受具足戒于开元十年（722）。③ 出家当在开元十年（722）之前。

《唐间公妻段氏墓志》载段氏"昨元和六年七月十七日诣龙兴寺内供奉谈经大德文叙法师授菩萨戒"④。

《历代名画记》卷3："龙兴寺佛殿，郑法轮画。"⑤

《唐会要》卷48《寺》："龙兴寺。颁政坊。贞观五年，太子承乾立为普光寺。神龙元年改名。"⑥

考证：可知长安龙兴寺系由普光寺改额而来⑦。且至开元九年（721）时，长安龙兴寺犹称大龙兴寺。《历代名画记》可证公元9世纪中叶长安龙兴寺犹存。

2. 华州龙兴寺（今陕西省渭南市华州区）

《金石录》卷6《目录六》："第一千一百九十一唐龙兴寺净土院碑

---

① 韦述撰，辛德勇辑校：《两京新记辑校》卷3，三秦出版社2006年版，第31页。
② 周绍良、赵超主编：《唐代墓志汇编续集》开元○三五，上海古籍出版社2001年版，第477页。
③ 董诰等编：《全唐文》卷916《楚金禅师碑》，中华书局1983年版，第9540—9542页。
④ 赵力光主编：《西安碑林博物馆新藏墓志汇编》，线装书局2007年版，第632页。
⑤ 张彦远撰，范祥雍点校：《历代名画记》卷3，人民美术出版社1964年版，第61页。
⑥ 王溥：《唐会要》卷48《寺》，上海古籍出版社1991年版，第990页。
⑦ 关于长安普光寺与太子承乾的关系，详参孙英刚《李承乾与普光寺僧团》，童岭主编《皇帝·单于·士人：中古中国与周边世界》，中西书局2014年版，第216—249页。

(李邕撰，韦同八分书。上七碑皆开元中立）。"①

《宝刻类编》卷2《名臣十三之一·唐·韦同》："龙兴寺净土院碑（李邕撰，八分书，开元中立。华）。"②

考证：据此可知，华州龙兴寺开元中（713—741）曾立净土院碑。

3. 邠州龙兴寺（今陕西省彬州市）

《唐邠州开元寺残碑》载："昔天后□禅，孝和复辟，肇建此寺，以中兴为名。嘻嘻黎元，庆我……碧丹之丽，栋宇之壮，为日久矣。开元廿六年，……诏以此寺为开元寺。"③

考证：由"肇建此寺，以中兴为名"，可知邠州中兴寺（龙兴寺）可能属于新建寺院，而非旧寺改额。且该寺于开元二十六年（738）被改为开元寺。

关内道

4. 行渭州龙兴寺（今甘肃省平凉市）

《全唐文》卷764《大唐润州句容县大泉寺新三门记并序》："（常）谊本郑人，冠岁因往游焉。遂剃发于五台金阁寺。元和再岁，乃于渭州龙兴寺依年具戒。"④

《金石萃编》卷113《大唐润州句容县大泉寺新三门记并序》："（常谊）元和再岁，乃于渭州龙兴寺依年具戒。"⑤

考证：元和再岁当即元和二年（807），渭州龙兴寺犹存。唐代渭州本属陇右道，治襄武县（今陇西县附近）。陇右陷蕃之后，唐又于原州平凉县（今平凉市）别置行渭州。常谊受具时间为元和二年（807），此渭州当为别置于关内道者，今据其所在地望系于关内道。据张达志考证，行渭州设于元和三年（808）。⑥ 与上文所载略有出入，今存此俟考。

5. 原州龙兴寺（今宁夏固原市）

《太平广记》卷105《报应部四》："唐原州龙兴寺，因大斋会，寺主

---

① 《石刻史料新编》第1辑第12册，第8838页下栏。
② 《石刻史料新编》第1辑第24册，第18429页上栏。
③ 杨忠敏：《唐开元寺残碑辨析》，《文博》1990年第3期；李之勤：《唐邠州开元寺的始建年代及其名称演变》，《文博》1990年第6期。
④ 董诰等编：《全唐文》卷764《大唐润州句容县大泉寺新三门记并序》，第7940—7941页。
⑤ 《石刻史料新编》第1辑第3册，第2026页上栏。
⑥ 张达志：《唐代后期行州行县问题考论》，《华中师范大学学报》（人文社会科学版）2015年第1期。

会僧，夏腊既高，是为宿德。"①

考证：此原州龙兴寺存在时间无考。

6. 朔方灵州龙兴寺（今宁夏灵武市西南）

《宋高僧传》卷16《唐朔方龙兴寺辩才传》："至德初，肃宗即位是邦也。宰臣杜鸿渐奏才住龙兴寺，诏加朔方管内教授大德。"②

《宋高僧传》卷26《唐朔方灵武龙兴寺增忍传》："至（会昌）五载，节使李彦佐嘉其名节，于龙兴寺别建院号白草焉。"③ 增忍咸通十二年（871）卒于白草院，春秋五十九。

《宋高僧传》卷30《后唐灵州广福寺无迹传》："当宣宗御宇，佛法中兴。大中九年，年正十三，决志舍家，投白草院法空大师为弟子。"④

考证：白草院为灵州龙兴寺之一院，唐宣宗复兴佛法时已恢复。可证晚唐朔方灵州龙兴寺犹存。

都畿

7. 洛阳龙兴寺（今河南省洛阳市）

《玄奘三藏师资传丛书》卷下有李邕《唐故白马寺主翻译惠沼神塔碑并序》，后列弟子名单有"龙兴寺上座惠祥"，此龙兴寺当即洛阳龙兴寺。

《代宗朝赠司空大辨正广智和上表制集》卷1《请置大兴善寺大德四十九员并敕一首》有"东都龙兴寺僧慧照"⑤。

《白居易集》卷28《南龙兴寺残雪》。

《宋高僧传》卷9《唐洛京龙兴寺崇珪传》："开成元年，赞皇公（李德裕）摄冢宰，请珪于洛龙兴寺化徒。两京缁白，往来问道，檀施交骈。"⑥

《唐会要》卷48《寺》："龙兴寺。宁仁坊。贞观七年立为众香寺。至神龙元年二月，改为中兴寺。"⑦

考证：洛阳龙兴寺系由众香寺改额而来。朱金城先生认为白居易前引诗作于大和六年（832），其时白氏61岁，官居河南尹。并据《唐两京城

---

① 李昉等编：《太平广记》卷105《报应部四·龙兴寺主》，中华书局1961年版，第3册，第711—712页。
② 释赞宁撰，范祥雍点校：《宋高僧传》卷16《唐朔方龙兴寺辩才传》，第387页。
③ 释赞宁撰，范祥雍点校：《宋高僧传》卷26《唐朔方灵武龙兴寺增忍传》，第667页。
④ 释赞宁撰，范祥雍点校：《宋高僧传》卷30《后唐灵州广福寺无迹传》，第752页。
⑤ 《大正藏》第52册，第830—831页。
⑥ 释赞宁撰，范祥雍点校：《宋高僧传》卷9《唐洛京龙兴寺崇珪传》，第214—215页。
⑦ 王溥：《唐会要》卷48《寺》，第992—993页。

坊考》注龙兴寺在定鼎门街西第一街宁仁坊。① 据《宋高僧传·崇珪传》，至开成元年（836），洛阳龙兴寺犹存。亦可知洛阳龙兴寺并未被改额为开元寺。

8. 陕州龙兴寺（今河南省三门峡市陕州区）

《文苑英华》卷855苏颋《陕州龙兴寺碑》："有唐神龙元年龙集丁巳，应天神龙皇帝出乎震御乎乾也。……因制天下州尽置大唐龙兴寺。陕州者，以宏福寺为之。寺则唐武德中所创。昔王业始基，宜于百亿，故俟福之宏；暨帝图中缺，跃于九四，故见龙之兴。此又前圣之兆，后圣之征也。"②

考证：据"因制天下州尽置大唐龙兴寺"一句，可知碑文撰写于神龙元年至三年之间，修改于神龙三年（707）改天下诸州大唐中兴寺为龙兴寺之后。碑文中对于武后执政时期评价颇高。

9. 汝州龙兴寺（今河南省汝州市）

《宝刻丛编》卷5《京西北路·汝州》："唐龙兴寺碑。正书，无书撰人名氏，宝历二年五月。《复斋碑录》。"③

《唐卢沐墓志》载志主卢沐"以建中三年七月八日，归全于汝州龙兴寺"④。

《全唐文》卷394令狐峘《光禄大夫太子太师上柱国鲁郡开国公颜真卿墓志铭》："是年（按，指贞元元年）遇害于汝州之龙兴寺，春秋七十有六。"⑤

《太平广记》卷123《报应二十二·冤报》："唐僖宗之狩于岷蜀也，黄巾尚游魂于三辅。中和辛丑岁，诏丞相晋国公王铎，为诸道行营都统，执操旗鼓，乘三峡而下，作镇南燕，为东诸侯节度。又诏军容使西门季玄为都监。秋七月，铎至滑，都监次于临汝，郡当兵道，邮传皆焚，乃舍于

---

① 白居易著，朱金城笺校：《白居易集笺校》第四册，卷28《律诗》，第1991页。
② 李昉等编：《文苑英华》卷855《陕州龙兴寺碑》，中华书局1966年版，第4515—4516页。
③ 《石刻史料新编》第1辑第24册，第18162页下栏。
④ 胡戟、荣新江主编：《大唐西市博物馆藏墓志》，北京大学出版社2012年版，第655页。
⑤ 董诰等编：《全唐文》卷394《颜真卿墓志铭》，第4013页。关于颜真卿遇害地点究为汝州龙兴寺还是蔡州龙兴寺，各种文献中记载不同。李肇《唐国史补》卷上云："颜鲁公之在蔡州，……尝草遗表及自为墓志祭文，以置坐隅。竟遇害于龙兴寺。"明雅为蔡州龙兴寺。《旧唐书》卷128《颜真卿传》仅云"遂送真卿于龙兴寺"，而不明此龙兴寺在何州；《新唐书》卷158《颜真卿传》仅云"乃拘送真卿蔡州"，并无遇害于龙兴寺之载。综合各种记载，今以当时人记当时事之《颜真卿墓志铭》为准。

龙兴北禅院。"①

考证：可见至中和辛丑岁即中和元年（881），汝州龙兴寺犹存。亦可知汝州龙兴寺并未被改额为开元寺。

河南道

10. 汴州龙兴寺（今河南省开封市）

《唐中大夫安南都护府长史权摄副都护上柱国杜府君墓志铭》，杜府君夫人郑氏"年五十九，以先天元年九月廿六日，先终于安南府官舍，同权殡于汴州龙兴寺，礼也"，开元三年"改窆大葬于河南府河南县金谷乡北邙之山隅，礼也"。②

《大唐故银青光禄大夫湖州刺史朱公墓志铭》："以开元十三年八月三日，薨于汴州龙兴寺之净宇，享年六十有六。"③

考证：可知开元初年汴州龙兴寺已设立，且是当时官员及家属晚年寓居和死后权殡之所。

11. 许州龙兴寺（今河南省许昌市）

《宋高僧传》卷10《唐宣州灵汤泉兰若志满传》："释志满，姓康氏，洛阳人也。幼少之年，属其家命沙门陈佛会。满意乐不舍，遂投颍川龙兴寺出家。"④

《唐李公绰墓志》载志主李公绰广明中（880—881）"随邑居人避地于许州龙兴寺西禅院之别宇"⑤。

《八琼室金石补正》卷79《龙兴寺郑义尊胜等经幢》，后梁贞明三年（917）造，位于许州。

考证：颍川即唐许州之郡名，天宝元年至乾元元年（742—758）间改称颍川郡。可知许州龙兴寺至后梁贞明三年（917）犹存。亦可知许州龙兴寺并未被改额为开元寺。

12. 陈州龙兴寺（今河南省周口市淮阳县）

《文苑英华》卷856《唐陈州龙兴寺碑》："龙兴寺者，皇帝即位之岁，溥天之所置也。……因邦甸积稔之蓄，偶日月再旦之初，钦若王言，建立灵寺，上略其趾，下务其终。百工不劝而亟，庶役不征而会，经始如云，

---

① 李昉等编：《太平广记》卷123《报应二十二·冤报》，第870页。
② 周绍良编：《唐代墓志汇编》上册，上海古籍出版社1992年版，第1173页。
③ 周绍良编：《唐代墓志汇编》下册，上海古籍出版社1992年版，第1309页。
④ 释赞宁撰，范祥雍点校：《宋高僧传》卷10《唐宣州灵汤泉兰若志满传》，第223页。
⑤ 胡戟、荣新江主编：《大唐西市博物馆藏墓志》，北京大学出版社2012年版，第1021页。

成之不日。"① 铭文"唐虽旧邦，其命维新。龙兴返政，灭二暴臣"。

《通志》卷 73《金石略第一·卢藏用》："龙兴寺碑（分书。陈州）。"②

《宝刻丛编》卷 5《京西北路·陈州》："唐龙兴寺碑。唐兵部侍郎修文馆学士张说撰，吏部侍郎修文馆学士卢藏用八分。中宗初复位，天下州郡皆置龙兴寺一所。此碑以景龙四年五月立。《集古录目》。"③

考证：可知此碑立于景龙四年（710），碑文中对武后的评价尚有所保留。据张说所撰碑文，龙兴寺的政治象征意义十分清楚。陈州龙兴寺属新建寺院颇值得注意。

13. 济州龙兴寺（今山东省聊城市东阿县大秦村）

据《中国文物报》报道，山东省聊城市东阿县大秦村发现北朝至五代初年宗教遗址，其中发现了唐代景云二年（711）造像题记、开元九年（721）造像题记、开元二十五年（737）龙兴寺佛顶尊胜陀罗尼经幢、青釉碗底墨书"龙兴寺"等文物。④

考证：可知至晚至开元二十五年（737），济州龙兴寺一直存在。

14. 郓州龙兴寺（今山东省泰安市东平县西北）

《宋高僧传》卷 11《唐扬州慧照寺崇演传》："释崇演，姓段氏，东平人也。出家于本州龙兴寺慧超法师之门。……开成二年终于净院，春秋八十四。"⑤

考证：东平为郓州郡名。崇演开成二年（837）圆寂，年八十四，则生于天宝十三载（754），以二十岁受具戒的常规制度论之，则受具戒时间为大历八年（773）。郓州龙兴寺在此年前后应一直存在。亦可知郓州龙兴寺并未被改额为开元寺。

15. 青州龙兴寺（今山东省青州市）

《宝刻丛编》卷 1《京东东路·青州》："唐龙兴寺长明灯颂。唐邵贞撰，王世则行书并篆额。永泰元年五月。《金石录》。"⑥

《入唐求法巡礼行记》卷 2："斋后，行卅里，到青州府龙兴寺宿。寺

---

① 李昉等编：《文苑英华》856《唐陈州龙兴寺碑》，第 4519—4521 页。
② 郑樵：《通志》卷 73《金石略第一·卢藏用》，中华书局 1987 年版，第 849 页。
③ 《石刻史料新编》第 1 辑第 24 册，第 18158 页上栏。
④ 李宝军、吴志刚、刘荣、张召刚：《山东东阿大秦村发现北朝至五代宋初寺庙和行宫遗址》，《中国文物报》2017 年 9 月 22 日第八版。
⑤ 释赞宁撰，范祥雍点校：《宋高僧传》卷 11《唐扬州慧照寺崇演传》，第 260—261 页。
⑥ 《石刻史料新编》第 1 辑第 24 册，第 18094 页上栏。

家具录由来报州。从登州五百四十里。"①

《齐乘》卷4《古迹》："（宋碑）碑阴金人刻曰：宋元嘉二年但呼佛堂；北齐武平四年赐额南阳寺；隋开皇元年改曰长乐，又曰道藏；则天天授二年改名大云；玄宗开元十八年始号龙兴。"又载："龙兴寺，府城西北隅修身坊。"②

夏疎《青州龙兴寺重修中佛殿记》："（青州）城萦带山岳，控引川溪，气候高爽，风物懋盛，雅俗杂处，修涂四达，富焉庶焉，东夏之都会也。中有佛图，实曰龙兴寺。"③

考证：圆仁在唐见闻可证开成五年（840）青州龙兴寺犹存。亦可知青州龙兴寺并未被改额为开元寺。青州龙兴寺因发现窖藏大量佛教造像而闻名海内外，相关研究甚多。④

16. 密州龙兴寺（今山东省高密市）

《宝刻丛编》卷1《密州》引《诸道石刻录》有唐龙兴寺碑⑤。

考证：此密州龙兴寺碑刊刻时间无考。

17. 登州龙兴寺（今山东省蓬莱市）

《入唐求法巡礼行记》卷2："登州都督府城，东（西）一里，南北一里。城西南界有开元寺，城东北有法照寺，东南有龙兴寺，更无别寺。城外侧近有人家。城下有蓬莱县开元寺，僧房稍多，尽安置官客，无闲房，有僧人来无处安置。"⑥

考证：可知开成五年（840）登州龙兴寺犹存。

18. 莱州龙兴寺（今山东省莱州市）

《入唐求法巡礼行记》卷2："（莱州）城东西一里，南北二里有余；外廊纵横，各应三里。城内人宅屋舍盛全。出城外东南龙兴寺宿。佛殿前有十三级砖塔，基堵颓坏，周廊破落。寺无众僧，仅有二僧。寺主典座，

---

① 圆仁撰，顾承甫、何泉达点校：《入唐求法巡礼行记》卷2，上海古籍出版社1986年版，第94页。
② 于钦撰，刘敦愿等校释：《齐乘校释》卷4《古迹》，中华书局2012年版，第380页。
③ 夏疎：《文庄集》卷21《青州龙兴寺重修中佛殿记》，文渊阁四库全书本，第1087册，第228页。
④ 涉及青州龙兴寺历史沿革的最重要的文章是：宿白《青州龙兴寺沿革》，《文物》1999年第9期，第37—42页。后收入《魏晋南北朝唐宋考古文稿辑丛》，文物出版社2011年版，第327—332页。
⑤ 《石刻史料新编》第1辑第24册，第18096页下栏。
⑥ 圆仁撰，顾承甫、何泉达点校：《入唐求法巡礼行记》卷2，第86页。

心性凡庸，不知主客之礼。"①

考证：开成五年（840）莱州龙兴寺犹存，然"基堵颓坏，周廊破落。寺无众僧，仅有二僧"的现象值得注意。

19. 滑州龙兴寺（今河南省安阳市滑县）

《金石萃编》卷89《中岳永泰寺碑》："灵昌郡龙兴寺沙门靖彰撰，颍川处士荀望书。"②

《宋高僧传》卷18《唐滑州龙兴寺普明传》，大历初年，受胙县人请，住阿兰若。右仆射义成军节度使贾耽"降心延请住州寺。迎引倾郭，巷无居人。以贞元八年壬申闰十二月十日，嘱付门徒，奄然坐灭"。③

考证：灵昌郡即滑州。唐玄宗天宝元年（742）改州为郡，至肃宗乾元元年（758）复改为州。《中岳永泰寺碑》以天宝十一载（752）建，故滑州作灵昌郡。《宋高僧传·普明传》之"州寺"即龙兴寺，可见其在城内。普明贞元八年（792）卒时，滑州龙兴寺犹存。亦可知滑州龙兴寺并未被改额为开元寺。

20. 宋州龙兴寺（今河南省商丘市）

《宋高僧传》卷23《周晋州慈云寺普静传》"乃于睢阳听涉赴龙兴寺讲训"。后周显德二年（955），焚躯供养真身舍利。年六十九。④

考证：睢阳为宋州郡名，此龙兴寺当即宋州龙兴寺。则普静生于唐僖宗光熹二年（886），唐亡时仅21岁。

21. 海州龙兴寺（今江苏省连云港市）

《刘长卿集》卷6《登东海龙兴寺高顶望海简演公》。

考证：东海即海州郡名⑤。储仲君认为此诗为大历三年（768）刘长卿奉使淮南时所作⑥。颇可信从。

河东道

22. 太原府龙兴寺（今山西省太原市）

《欧阳行周文集》卷2《和严长官秋日登太原龙兴寺阁野望》。

---

① 圆仁撰，顾承甫、何泉达点校：《入唐求法巡礼行记》卷2，第92页。
② 《石刻史料新编》第1辑第2册，第1500页上栏。
③ 释赞宁撰，范祥雍点校：《宋高僧传》卷18《唐滑州龙兴寺普明传》，第467页。
④ 释赞宁撰，范祥雍点校：《宋高僧传》卷23《周晋州慈云寺普静传》，第598—599页。
⑤ 李芳民先生据《旧唐书·地理志》海州有东海县，认为该龙兴寺在东海县。参氏著《唐五代佛寺辑考》，商务印书馆2006年版，第80页。
⑥ 储仲君：《刘长卿诗编年笺注》，中华书局1996年版，下册，第304页。

《净土念佛诵经观行仪》卷下:"时大历九年初冬十月,于北京龙兴寺再述净土念诵观门。"

考证:唐大历九年(774)之北京即太原。欧阳詹(755—800)此诗写作具体时间无考。可知大历九年(774)太原龙兴寺犹存。亦可知太原龙兴寺并未被改额为开元寺。

23. 蒲州龙兴寺(今山西省永济市西)

《大唐栖岩寺故大禅师塔铭》署"龙兴寺主沙门复珪撰",载智通禅师"以天宝十载十一月廿七日终于住寺,春秋六十有九","天宝十三载甲午六月三日"建塔。①

考证:《塔铭》中有"前刺史裴宽""后太守韩朝宗"之语,裴宽和韩朝宗在开元末年先后出任蒲州刺史。② 栖岩寺又位于蒲州中条山。按照一般体例,复珪出任寺主的"龙兴寺"未标明所属州府,即表明复珪与志主同属一州。故此龙兴寺应即蒲州(河东郡)龙兴寺无疑。亦可知此龙兴寺并未被改为开元寺。

24. 绛州龙兴寺(今山西省运城市新绛县)

《宋高僧传》卷7《唐绛州龙兴寺木塔院玄约传》③。

考证:释玄约卒时俗寿七十六,法腊五十六。绛州龙兴寺存在时间无考。

25. 虢州龙兴寺(今河南省灵宝市)

《册府元龟》卷52《帝王部·崇释氏二》,贞元十二年(796)九月"又诏虢州阌乡县龙兴寺故阿足师宜谥大圆禅师"④。

考证:阌乡县非虢州治所。此龙兴寺是否唐中宗制立的龙兴官寺,俟考。

26. 泽州龙兴寺(今山西省晋城市)

《唐卫国华墓志》载志主大和四年(830)"于泽州龙兴寺之精舍寝疾而殁"⑤。

《山右石刻丛编》卷9《新铸泽州开元寺铜钟记》:"昨于龙兴寺亲垂

---

① 周绍良编:《唐代墓志汇编》下册,上海古籍出版社1992年版,第1702页。
② 郁贤皓先生将两人出任蒲州刺史的时间分别系于开元二十四年和开元二十七年。详参氏著《唐刺史考全编》卷79《河东道·蒲州(河中府、河东郡)》,安徽大学出版社2000年版,第1121页。
③ 释赞宁撰,范祥雍点校:《宋高僧传》卷7《唐绛州龙兴寺木塔院玄约传》,第142页。
④ 王钦若等:《册府元龟》卷52《帝王部·崇释氏二》,中华书局1960年版,第578—579页。
⑤ 赵力光主编:《西安碑林博物馆新藏墓志汇编》,线装书局2007年版,第685页。

指度，大建鸿炉，开宝库而舍俸金，征哲匠而铸神器，不移两月之内，新旧获钟四口。"①

考证：所记铸钟时间为天祐十一年（914）七月十三日。唐哀宗天祐年号只使用四年，即被朱全忠篡唐改梁。天祐十一年（914）已是后梁乾化四年，昭义节度使李嗣昭仍坚持奉唐正朔，沿用唐代年号。

27. 潞州龙兴寺（今山西省长治市）

敦煌遗书 P. 4648《往五台山行记》："二月十一日入（潞府）城，十二日参使延唐寺，常住院安□，巡礼开元寺塔，龙兴寺有塔……"②

考证：此记撰于晚唐五代时期，可知当时潞府（潞州）龙兴寺犹存，且与开元寺同时并存。

河北道

28. 相州龙兴寺（今河南省安阳市）

《唐故方律师像塔之铭》："年廿一，沐神龙元年恩敕落发，配住龙兴寺"，开元十年圆寂，年三十七，"粤以开元十五年三月一日安厝"。③

考证：《塔铭》称方律师因祖先为官邺京，遂为邺下人，"年十三，就当县大慈寺投大德度律师和上诵《法华》、《维摩》等经"，开元十年（722）圆寂后，弟子于灵泉寺悬壁山阳起塔供养。大慈寺和灵泉寺皆为相州名寺，加之此《塔铭》出自今河南安阳地区。可知其中的龙兴寺当为相州龙兴寺。

29. 幽州龙兴寺（今北京市）

《全唐文》卷987《重藏舍利记》："原寺后魏元象元年戊午岁幽州刺史尉苌命造，遂号尉使君寺，后改为智泉寺。至大唐则天时改为大云寺，开元中又改为龙兴寺。"④

考证：幽州龙兴寺始建于北魏，隋代改为智泉寺，武周天授中改为大云寺，所谓"开元中又改为龙兴寺"并不准确，当为"神龙中"（705—707），详见下文考释。幽州龙兴寺至会昌灭佛时被毁。

30. 易州龙兴寺（今河北省保定市易县）

《长江集》卷2《易州登龙兴寺楼望郡北高峰》⑤。

考证：此诗写作时间无考。然贾岛生卒年为大历十四年至会昌三年

---

① 胡聘之：《山右石刻丛编》卷9，《石刻史料新编》第1辑第20册，第15134页下栏。
② 杜斗城：《敦煌五台山文献校录研究》，山西人民出版社1991年版，第140页。
③ 周绍良编：《唐代墓志汇编》下册，上海古籍出版社1992年版，第1331页。
④ 董诰等编：《全唐文》卷987《重藏舍利记》，第10214页。
⑤ 贾岛著，李嘉言校点：《长江集新校》卷2，上海古籍出版社1983年版，第18页。

(779—843)。可见易州龙兴寺至少在唐代宗大历十四年（779）犹存，亦可知易州龙兴寺并未被改额为开元寺。

31. 定州龙兴寺（今河北省定州市）

《宋高僧传》卷10《唐襄州夹石山思公传》："释思公，姓李氏，恒阳人也。早出家于本府龙兴寺。"①

《唐风山故白衣功德主上座解氏墓志铭》，解氏"为定州陉邑县廉台乡王郝里人"，"十一于龙兴寺升高座说法演义"，"大和二年终于崇业坊之宅，享年六十三"。②

考证：恒阳和陉邑均为唐代定州属县。则本府龙兴寺当为定州龙兴寺无疑。唐德宗兴元纪年只有一年（784），思公春秋八十四，则其生于武周久视元年（700），早岁出家，则在龙兴寺设立之后。其说可信。另据志文，则解氏应生于大历元年（766），年十一于龙兴寺说法时，应为大历十一年（776），可知当时定州龙兴寺犹存。

32. 恒州（镇州）龙兴寺（今河北省石家庄市正定县）

《常山贞石志》卷8《花塔寺玉石佛座题字》，记恒州龙兴寺开元十五（727）、十六年（728）为先朝九位帝后国忌日行香，以及贞元十一年（795）重修造恒州龙兴寺之事。③

《宋高僧传》卷30《唐镇州龙兴寺头陀传》④。

考证：头陀和尚生卒年无考。然中晚唐之镇州即唐前期恒州，元和十五年（820）避唐穆宗之讳，改为镇州，治真定县。似可知头陀和尚应主要活动于中晚唐时期。恒州（镇州）龙兴寺自开元中期至中晚唐一直存在，亦可知恒州龙兴寺并未被改额为开元寺。

33. 魏州龙兴寺（今河北省邯郸市大名县东北）

《宝刻类编》卷5《名臣十三之五·唐·崔弁》："新修龙兴寺碑（李鞠撰，张肱篆额，宝历二年。大名）。"⑤

考证：北宋之大名府即唐魏州州治附近，故此龙兴寺当即唐魏州龙兴寺，宝历二年（826）重修。

---

① 释赞宁撰，范祥雍点校：《宋高僧传》卷10《唐襄州夹石山思公传》，第238页。
② 周绍良、赵超主编：《唐代墓志汇编续集》大和〇〇九，上海古籍出版社2001年版，第886页。
③ 沈涛：《常山金石志》卷8，《石刻史料新编》第1辑第18册，第13302页上栏。相关研究参见拙文《河北正定广惠寺唐代玉石佛座铭文考释——兼议唐代国忌行香和佛教官寺制度》，《陕西师范大学学报》（哲学社会科学版）2015年第2期。
④ 释赞宁撰，范祥雍点校：《宋高僧传》卷30《唐镇州龙兴寺头陀传》，第744页。
⑤ 《石刻史料新编》第1辑第24册，第18471页下栏。

山南西道

34. 梁州龙兴寺（今陕西省汉中市）

《酉阳杂俎前集》卷14："郑相余庆在梁州，有龙兴寺僧智圆，善总持敕勒之术，制邪理痛，多著效。"①

考证：《旧唐书》卷158《郑余庆传》载其元和九年（814）"拜检校右仆射兼兴元尹充山南西道节度观察使，三岁受代"，则郑余庆元和九年至十一年（814—816）在梁州。可知当时梁州龙兴寺犹存，亦可知梁州龙兴寺并未被改额为开元寺。

35. 巴州龙兴寺（今四川省巴中市）

《宝刻丛编》卷18《利州路·巴州》："唐龙兴寺颂。唐崔璟撰，王幼成书，开元十五年立。《诸道石刻录》。"②

《宝刻类编》卷3《名臣十三之四·唐·王幼成》："龙兴寺颂（崔颢撰，开元十五年立。巴）。"③

考证：两宋巴州即唐巴州，治唐化城县。此龙兴寺即唐巴州龙兴寺，开元十五年（727）撰写此颂。当时开元官寺尚未设立。

36. 壁州龙兴寺（今四川省巴中市通江县）

《舆地纪胜》卷187《利东路·巴州·碑记》："龙兴寺碑（在通江县南一里龙兴寺。唐壁州刺史郑凝绩之父郑畋作。乾符中，郑凝绩侍养其父畋于壁时所作也）。"④

考证：宋通江县即唐壁州州治诺水县，碑文又为唐壁州刺史郑凝绩之父郑畋所作，可证确在壁州无疑。乾符中（874—879）撰此碑文，可知当时壁州龙兴寺犹存。亦可知壁州龙兴寺并未被改额为开元寺。

山南东道

37. 荆州龙兴寺（今湖北省荆州市江陵县）

《宋高僧传》卷11《唐明州大梅山法常传》："稚岁从师于荆之玉泉

---

① 段成式撰，方南生点校：《酉阳杂俎前集》卷14，中华书局1981年版，第136页。
② 《石刻史料新编》第1辑第24册，第18350页上栏。
③ 《石刻史料新编》第1辑第24册，第18440页上栏。《宝刻丛编》与《宝刻类编》所著录之《龙兴寺颂》当为一碑，书者、立碑时间与所在地点均相同，唯撰者一为崔璟，一为崔颢，因无其他材料可资考证，今姑且两存之，俟考。
④ 王象之撰，李勇先校点：《舆地纪胜》卷187《利东路·巴州·碑记》，第9册，第5488页。

寺。……冠年，受具足品于龙兴寺。"①

考证：法常开成四年（839）圆寂，春秋八十八，则应生于天宝十一载（752），弱冠应为大历六年（771），此年受具足戒于龙兴寺。

《宋高僧传》卷30《梁成都府东禅院贯休传》："后思登南岳，北谒荆帅成汭，初甚礼焉，于龙兴寺安置。"② 时间在乾宁三年（896）前后。

《宋高僧传》卷30《梁江陵府龙兴寺齐己传》："龙德元年辛巳中，礼己于龙兴寺净院安置。给其月俸，命作僧正。非所好也。"③ 后梁龙德元年（921）荆州龙兴寺犹存。

考证：可知荆州龙兴寺自神龙年间设立，至晚唐、后梁一直存在。亦可知荆州龙兴寺并未被改额为开元寺。

38. 襄州龙兴寺（今湖北省襄阳市）

《唐故河南府参军张君墓志》："往昔中宗复辟，邪党构端，大父被夺凤池，归来典郡，见君性不食肉，幼及成童，奏为梵苑沙门，配居龙兴精舍。"④

《舆地碑记目》卷3《襄阳府碑记》："唐金刚经石幢（开元二十六年建，在龙兴寺）。"⑤

《全唐文》卷826《龟洋灵感禅院东塔和尚碑》："宣宗皇帝复寺之始，议者以灵岩之奇胜，非我菩萨僧不可以宏就。……旋将西游，受具足戒于襄州龙兴寺。大中十二年东还。"⑥

《曾巩集》卷50《襄州兴国寺碑》："丁道护书《启法寺碑》一、《兴国寺碑》一，皆隋开皇中立。启法寺今为龙兴寺，在襄阳城西；兴国寺今为延庆寺，在望楚山。"⑦

考证：张轸系张柬之之孙，张柬之被武三思等排挤出中央后，仅任本乡襄州刺史，故志文中的"本州刺史"应即襄州刺史。张柬之任襄州刺史期间，奏请其孙张轸为僧，配居之龙兴寺应即襄州龙兴寺无疑。可知襄州龙兴寺在唐中宗时期即已设立。大中年间（847—860）有僧受具足戒于襄州龙兴寺，可知襄州龙兴寺至唐宣宗大中年间犹存。亦可知襄州龙兴寺并

---

① 释赞宁撰，范祥雍点校：《宋高僧传》卷11《唐明州大梅山法常传》，第259页。
② 释赞宁撰，范祥雍点校：《宋高僧传》卷30《梁成都府东禅院贯休传》，第749页。
③ 释赞宁撰，范祥雍点校：《宋高僧传》卷30《梁江陵府龙兴寺齐己传》，第751—752页。
④ 周绍良编：《唐代墓志汇编》下册，上海古籍出版社1992年版，第1609页。
⑤ 王象之撰：《舆地碑记目》卷3，中华书局1985年版，第60页。
⑥ 董诰等编：《全唐文》卷826，中华书局1983年版，第9册，第8701页。
⑦ 曾巩：《曾巩集》卷50，中华书局1984年版，第682页。

未被改额为开元寺。

39. 房州龙兴寺（今湖北省十堰市房县）

《柳河东集》卷6《岳州圣安寺无姓和尚碑（为永州司马时作）》："或讥以有迹，曰：吾未尝行。始居房州龙兴寺中，徙居是州，作道场于楞伽北峰，不越阃者五十祀。"①

考证：柳宗元永贞元年（805）被贬为永州司马，直至元和十年（815）迁至柳州刺史，十年间一直任永州司马。碑阴记云："京兆尹弘农杨公某，以其隐地为道场，奉和州刺史张惟俭买西峰，广其居。凡以货利委堂下者，不可选纪，受之亦无言。将终，命其大弟子怀远，授以道妙，终不告其姓。"其中"京兆尹弘农杨公某"当即元和四年（809）任京兆尹的杨凭。②可知，无姓和尚约卒于元和四年（809）之后不久。若以元和四年（809）计，则其始居房州龙兴寺约在50年前，即乾元二年（759）前后。当时房州龙兴寺犹存。亦可知房州龙兴寺并未被改额为开元寺。

40. 邓州龙兴寺（今河南省邓州市）

《宋高僧传》卷8《唐洛京荷泽寺神会传》："开元八年，敕配住南阳龙兴寺。"③

《宋高僧传》卷17《唐京兆大安国寺利涉传》："开元中，于安国寺讲华严经。……晚节遭其谮谪汉东。寻属宽宥，移徙南阳龙兴寺。"④

考证：南阳郡即邓州之郡名。可知当州龙兴寺至开元年间犹存。

41. 均州龙兴寺（今湖北省十堰市郧阳区东南）

《宋高僧传》卷9《唐均州武当山慧忠传》："开元年中，刺史前中书侍郎开国公王琚、司马太常少卿赵颐贞，信潭以清，闻风而悦。……上奏玄宗，征居香刹，则龙兴寺也。"⑤

考证：按，《旧唐书·王琚传》云：琚开元中曾历泽、衡、郴、滑、虢、沔、夔、许、润等十州刺史，而无均州之名，当有所误。所谓"征居香刹，则龙兴寺也"，即当时地方长官优崇高僧的途径之一，亦可见玄宗开元官寺设立之前龙兴寺实为一州之首寺，居于官寺地位。

---

① 柳宗元：《柳河东集》卷6《岳州圣安寺无姓和尚碑》，上海古籍出版社2008年版，第95—96页。
② 张荣芳：《唐代京兆尹研究》，台湾学生书局1987年版，第294页。
③ 释赞宁撰，范祥雍点校：《宋高僧传》卷8《唐洛京荷泽寺神会传》，第179页。
④ 释赞宁撰，范祥雍点校：《宋高僧传》卷17《唐京兆大安国寺利涉传》，第421页。
⑤ 释赞宁撰，范祥雍点校：《宋高僧传》卷9《唐均州武当山慧忠传》，第204页。

42. 忠州龙兴寺（今重庆市忠县）

杜甫《题忠州龙兴寺所居院壁》。

考证：《杜诗详注》卷十四引朱鹤龄"鹤注"谓此诗作于永泰元年（765）至忠州寓居于寺之时。① 可知当时忠州龙兴寺犹存，亦可知忠州龙兴寺并未被改额为开元寺。

淮南道

43. 扬州龙兴寺（今江苏省扬州市）

《唐大和上东征传》："（鉴真）配住大云寺，后改为龙兴寺。"②

《唐大和上东征传》："江都道俗，奔填道路。江中迎舟，舳舻连接。遂入城住本龙兴寺也。大和上从南振州来至扬府，所经州县，立坛授戒，无空过者。今亦于龙兴、崇福、大明、延光等寺，讲律授戒，暂无停断。"③ 时为天宝十二载（753）。

《唐故文林郎试左金吾卫兵曹参军武骑尉何公墓志铭》署"扬州龙兴寺沙门惟一撰"④。

《樊川文集》卷9《唐故淮南支使试大理评事兼监察御史杜君墓志铭》："大和九年夏，君客扬州。六月，授咸阳尉，直史馆。……及洛，以疾辞东下，居扬州龙兴寺。"⑤

考证：此墓志铭当作于大中六年（852），可见扬州龙兴寺大和九年（835）犹存。

《文苑英华》卷862李华《扬州龙兴寺经律院和尚碑》⑥，《宋高僧传》卷14《唐扬州龙兴寺法慎传》⑦，可知赞宁《法慎传》以李华碑文为材料来源。

《舆地纪胜》卷37《淮南东路·扬州·碑记》："龙兴寺谨律和尚碑号四绝碑。（《九域志》云：在龙兴寺，李华文，张从申书，李阳冰篆额，时人谓之四绝碑）。"⑧

---

① 仇兆鳌：《杜诗详注》卷14，中华书局1979年版，第1226页。
② 真人元开著，汪向荣校注：《唐大和上东征传》，中华书局2000年版，第34页。
③ 真人元开著，汪向荣校注：《唐大和上东征传》，第80页。
④ 周绍良编：《唐代墓志汇编》下册，上海古籍出版社1992年版，第2096页。
⑤ 杜牧著，陈允吉校点：《樊川文集》卷9，上海古籍出版社1978年版，第139页。
⑥ 李昉等编：《文苑英华》卷862《扬州龙兴寺经律院和尚碑》，第4548—4550页。
⑦ 释赞宁撰，范祥雍点校：《宋高僧传》卷14《唐扬州龙兴寺法慎传》，第347—348页。
⑧ 王象之撰，李勇先校点：《舆地纪胜》，第3册，第1659页。

《通志》卷73《金石略第一·张从申》："龙兴寺慎律和尚碑（扬州）"①。

考证：扬州龙兴寺自神龙年间（705—707）设立以来，至晚唐大和年间一直存在。亦可知扬州龙兴寺并未被改额为开元寺。

44. 楚州龙兴寺（今江苏省淮安市）

《宋高僧传》卷18《唐泗州普光王寺僧伽传》："始至西凉府，次历江淮，当龙朔初年也。登即隶名于山阳龙兴寺。"②

考证：山阳县即唐楚州治所县，山阳龙兴寺即楚州龙兴寺。然当时诸州龙兴寺尚未设立，此事颇不足信。俟再考。

《入唐求法巡礼行记》卷1："早朝，全雅来。缘惣官物不交住寺，移住龙兴寺，相去五里。"③

考证：《宋高僧传·僧伽传》所记楚州龙兴寺之事皆甚为蹊跷，似不足信。然晚唐开成四年（839）圆仁一行途径楚州被安排住于龙兴寺之事则系作者亲身经历，断无可疑。亦可知楚州龙兴寺并未被改额为开元寺。

45. 蕲州龙兴寺（今湖北省黄冈市蕲春县北）

《全唐文》卷304李适之《大唐蕲州龙兴寺故法现大禅师碑铭》："年十有九，爰就□落，始配住福田寺。其后，以选更隶龙兴寺焉。……复次使者言：'师以开元八年六月初于本寺精舍结跏趺坐，积十三日，不更饮食，无复烦恼，因禅不解，便入无余，春秋七十有八。'"④

《宝刻类编》卷3《名臣十三之三·吕向》："龙兴寺法现禅师碑（李适之撰，天宝元年九月立。蕲）。"⑤

考证：法现禅师开元八年（720）卒，年七十八，则生于贞观十七年（643），"年满受具"应在龙朔二年（662），龙兴寺设立于神龙元年（705），则法现"以选更隶龙兴寺"亦应在此后，即以神龙元年计，时已63岁。

46. 安州龙兴寺（今湖北省安陆市）

《金石萃编》卷94《会善寺戒坛牒》，牒文中有"安州龙兴寺僧□□"等语⑥。

---

① 郑樵：《通志》卷73，中华书局1987年版，第1册，第850页。
② 释赞宁撰，范祥雍点校：《宋高僧传》卷18《唐泗州普光王寺僧伽传》，第448页。
③ 圆仁撰，顾承甫、何泉达点校：《入唐求法巡礼行记》，第33页。
④ 董诰等编：《全唐文》卷304《大唐蕲州龙兴寺故法现大禅师碑铭》，第3091—3093页。
⑤ 《石刻史料新编》第1辑第24册，第18440页下栏。
⑥ 《石刻史料新编》第1辑第3册，第1568页上栏。

考证：此牒颁于大历二年（767）十月十五日，则当时安州龙兴寺犹存。亦可知安州龙兴寺并未被改额为开元寺。

江南东道

47. 润州龙兴寺（今江苏省镇江市）

《文苑英华》卷861李华《润州天乡寺故大德云禅师碑》："长老法号法云，获度于神龙之岁。……景龙岁，受具于本州龙兴寺玄昶律师。"①

《宋高僧传》卷25《唐睦州乌龙山净土道场少康传》："（少康年十五）于越州嘉祥寺受戒，便就伊寺学毗尼。五夏之后，往上元龙兴寺听《华严经》、《瑜伽论》。"②

考证：上元即唐润州州治。释少康在润州龙兴寺时间当在贞元初（785）以前。亦可知润州龙兴寺并未被改额为开元寺。

48. 苏州龙兴寺（今江苏省苏州市）

《吴地记》："龙兴寺，则天皇后置。御书额八方。开元五年再兴此寺，刺史张廷珪模勒御书于碑。"

考证：《吴地记》一书虽旧题唐人陆广微撰，然后世流传颇为混乱。此条所记龙兴寺沿革应有误，当为中宗时置。然"开元五年再兴此寺"之说则甚有可能。

《宋高僧传》卷6《唐苏州开元寺元浩传》："绮岁依晋陵灵山寺慧日禅师出家，具满律戒，配本州龙兴寺。"③释元浩元和十二年（817）卒，寿腊不详。

《宝刻丛编》卷14《两浙西路·苏州》："唐重建龙兴寺碑。唐房琯撰序，綦毋潜铭，徐挺古分书，贞元十四年十月十五日韦夏卿重刊立，沈宁篆额。《复斋碑录》。"④

《舆地纪胜》卷5《两浙西路·平江府·碑记》："龙兴寺碑（在吴县西南。绍兴间，瓦砾中得房琯所作寺碑）。"⑤

《宝刻类编》卷4《名臣十三之四·唐·徐廷古》："重建龙兴寺碑

---

① 李昉等编：《文苑英华》卷861《润州天乡寺故大德云禅师碑》，第4546—4547页。
② 释赞宁撰，范祥雍点校：《宋高僧传》卷25《唐睦州乌龙山净土道场少康传》，第631页。
③ 释赞宁撰，范祥雍点校：《宋高僧传》卷6《唐苏州开元寺元浩传》，第119页。
④ 《石刻史料新编》第1辑第24册，第18301页下栏。
⑤ 王象之撰，李勇先校点：《舆地纪胜》卷5《两浙西路·平江府·碑记》，第314页。

(房琯撰序,綦毋潜铭,八分书,沈宁篆额,贞元十四年十月十五日重刻。苏)"①

考证:可知苏州龙兴寺当置于中宗时期,至贞元十四年(798)时重建。亦可知苏州龙兴寺并未被改额为开元寺。

49.常州龙兴寺(今江苏省常州市)

《全唐文》卷918《唐杭州灵隐山天竺寺大德诜法师塔铭并序》:"大历二年,讲于常州龙兴寺。"②

《宋高僧传》卷5《唐钱塘天竺寺法诜传》:"大历二年,于常州龙兴寺讲。"③

考证:大历二年(767)诜法师讲于常州龙兴寺。赞宁《法诜传》以清昼《塔铭》为资料来源。

《宋高僧传》卷14《唐会稽开元寺昙一传》:"(昙一)以大历六年十一月十七日,迁化于寺之律院。报龄八十,僧腊六十一。"门人有"常州龙兴寺法俊"等。④

考证:可知常州龙兴寺至少在大历二年至六年(767—771)年犹存。亦可知常州龙兴寺并未被改额为开元寺。

50.杭州龙兴寺(今浙江省杭州市)

《白居易集》卷68《华严经社石记》:"有杭州龙兴寺僧南操,当长庆二年,请灵隐寺僧道峰讲《大方广佛华严经》。"⑤

考证:此文作于宝历二年(826),其中龙兴寺位于杭州。

《宋高僧传》卷9《唐杭州径山法钦传》:"(贞元)六年,(杭州)州牧王颜请出州治龙兴寺净院安置。"⑥

《文苑英华》卷864《唐故扬州庆云寺律师一公塔铭并序》,释灵一以宝应元年(762)十月十六日终于杭州龙兴寺。⑦

《宋高僧传》卷15《唐余杭宜丰寺灵一传》:"以宝应元年冬十月十六

---

① 《石刻史料新编》第1辑第24册,第18455页下栏。
② 董诰等编:《全唐文》卷918《唐杭州灵隐山天竺寺大德诜法师塔铭并序》,第9564页。
③ 释赞宁撰,范祥雍点校:《宋高僧传》卷5《唐钱塘天竺寺法诜传》,第102页。
④ 释赞宁撰,范祥雍点校:《宋高僧传》卷14《唐会稽开元寺昙一传》,第354页。
⑤ 白居易著,朱金城笺校:《白居易集笺校》卷68,上海古籍出版社1988年版,第3661页。
⑥ 释赞宁撰,范祥雍点校:《宋高僧传》卷9《唐杭州径山法钦传》,第211页。
⑦ 李昉等编:《文苑英华》卷864《唐故扬州庆云寺律师一公塔铭并序》,第4560—4561页。

日,寂灭于杭州龙兴寺。春秋三十五,凡满十五安居。"①

考证:可知宝应元年(762)杭州龙兴寺犹存。

《宋高僧传》卷25《梁温州大云寺鸿楚传》:"武肃王钱氏乾化初年,于杭州龙兴寺开度戒坛。"②

考证:可知五代乾化初年(911)吴越政权时杭州龙兴寺犹存。

《宋高僧传》卷25《周会稽郡大善寺行瑫传》:"寻于余杭龙兴寺受满足戒。"③

考证:行瑫显德三年(956)卒,年六十二。则当生于唐昭宗乾宁元年(894),受具足戒时已是后梁乾化三年(913),仍在杭州龙兴寺。

《金石录》卷5《目录五》:"第八百八十四唐杭州龙兴寺碑。(卢季珣撰,李涉八分书,景龙四年四月)。"④

《宝刻丛编》卷14《两浙西路·临安府》:"唐龙兴寺碑。唐卢季珣撰,李涉八分书,景龙四年四月。《金石录》。"⑤

《舆地纪胜》卷2《临安府·碑记》:"唐龙兴寺碑(即今之祥符寺也。景龙四年卢季珣书)。"⑥

《舆地纪胜》卷2《临安府·碑记》:"龙兴寺华严经柱石记(宝历三年九月二十五日苏州刺史白居易撰,寺僧南操立)。"⑦

《宝刻类编》卷2《名臣十三之一·唐·李涉》:"龙兴寺碑(卢季珣撰,八分书,景龙四年四月立。杭)。"⑧

考证:可知杭州龙兴寺自中宗景龙四年(710)至中唐、晚唐、五代初年一直存在。亦可知杭州龙兴寺并未被改额为开元寺。

---

① 释赞宁撰,范祥雍点校:《宋高僧传》卷15《唐余杭宜丰寺灵一传》,第359页。赞宁《灵一传》主要依据独孤及《塔铭》改写而来,然其中信息颇与其资料来源不同。《塔铭》称灵一为扬州庆云寺僧,盖灵一僧籍所在;《灵一传》称其为余杭宜丰寺,则应是晚年驻锡时间较长之寺。其余信息应以《塔铭》为准确。
② 释赞宁撰,范祥雍点校:《宋高僧传》卷25《梁温州大云寺鸿楚传》,第640页。
③ 释赞宁撰,范祥雍点校:《宋高僧传》卷25《周会稽郡大善寺行瑫传》,第644页。
④ 赵明诚撰:《金石录》卷5《目录五》,《石刻史料新编》第1辑第12册,第8827页下栏。
⑤ 《石刻史料新编》第1辑第24册,第18297页下栏。
⑥ 王象之撰,李勇先校点:《舆地纪胜》卷2《临安府·碑记》,第1册,第113页。
⑦ 王象之撰,李勇先校点:《舆地纪胜》卷2《临安府·碑记》,第1册,第115页。李勇先先生出校勘记云:原本"柱"作"社",据粤雅堂本、丛书本《碑目》卷一改。其实原本作"社"无误,观前文所引《白居易集》卷68《华严经社石记》篇名及内容可知。
⑧ 《石刻史料新编》第1辑第24册,第18430页下栏。

第五章 唐中宗龙兴官寺及其制度研究 109

51. 越州龙兴寺（今浙江省绍兴市）

《宋高僧传》卷 14《唐光州道岸传》："（中宗朝）由是常居会稽龙兴寺焉。……维持法务，纲统僧政。……铨择纲管，统帅僧徒者，有司之任也。以岸盛德广大，至行高邈，思遍雨露，特变章程。所历都白马、中兴、庄严、荐福、罔极等寺，纲维总务，皆承敕命，深契物心。天下以为荣，古今所未有。……以开元五年岁次丁巳八月十日，灭度于会稽龙兴道场。"①

考证：道岸自中宗朝至开元五年（717）长居越州龙兴寺，似为官寺地位表现。中宗令其主持京都大寺，"皆承敕命"应是当时制度。

《唐大和上东征传》："天宝三载岁次甲申，越州龙兴寺众僧请大和上讲律受戒事毕。"②

《传教大师将来越州录》卷 1："右件念诵法门等并念诵供养具样等，向越府龙兴寺，诣顺晓和上所。"③

贞元二十一年（805）最澄与弟子义真在越州龙兴寺写取。

《宝刻丛编》卷 13《两浙东路·越州》："唐大龙兴寺惠崇大师碑。释好直述，门人宗易行书，大和五年十月十五日建。在余姚。《复斋碑录》。"④

考证：可知越州龙兴寺自中宗朝至晚唐文宗大和五年（831）一直存在。亦可知越州龙兴寺并未被改额为开元寺。

52. 湖州龙兴寺（今浙江省湖州市）

《宋高僧传》卷 14《唐会稽开元寺昙一传》："（昙一）以大历六年十一月十七日，迁化于寺之律院。报龄八十，僧腊六十一。……门人越州妙喜寺常照，建法寺清源，湖州龙兴寺神玩，宣州隐静寺道昂，杭州龙兴寺义宾，台州国清寺湛然，苏州开元寺辩秀，润州栖霞寺昭亮，常州龙兴寺法俊等。"⑤

考证：可知直到大历六年（771）湖州龙兴寺犹存，且湖州龙兴寺并未被改额为开元寺。

《宝刻丛编》卷 14《唐立晋谢公碣》："唐裴清撰，僧道锐书。大历七

---

① 释赞宁撰，范祥雍点校：《宋高僧传》卷 14《唐光州道岸传》，上册，第 336—337 页。
② 真人元开著，汪向荣校注：《唐大和上东征传》，中华书局 2000 年版，第 57 页。
③ 《大正藏》第 55 册《目录部全》，第 1059 页。
④ 《石刻史料新编》第 1 辑第 24 册，第 18284 页上栏。
⑤ 释赞宁撰，范祥雍点校：《宋高僧传》卷 14《唐会稽开元寺昙一传》，上册，第 354 页。

年十月十一日龙兴寺沙门皎然建。《复斋碑录》。"①

《吴兴金石录》卷4《天宁寺经幢》载:"以大中十一年岁在丁丑四月二十七日立于开元(寺)尊像殿前,緊其地也。……此二幢本立于开元寺,□□于龙兴。盖天意也,岂人事乎?都维那尼元约,上座尼□□,寺主尼云□。"②

考证:湖州龙兴寺应毁于会昌法难,至晚于大中十一年(857)已获得重建。

53. 歙州龙兴寺(今安徽省黄山市歙县)

《册府元龟》卷30《帝王部》:"(元和十五年)七月,歙州奏:当州有玄宗皇帝真容,在开元寺,去城十里。今请移于郭内龙兴寺,仍交换寺额。制可之。"③

考证:元和十五年(820)之前歙州龙兴寺位于城内,当年因与开元寺交换寺额被移于去城十里的郊外。亦可知当时歙州龙兴寺与开元寺同时并存。

54. 睦州龙兴寺(今浙江省建德市梅城镇)

《宋高僧传》卷8《唐睦州龙兴寺慧朗传》:"学者既多,颖脱则开元寺道饮、慧祐、道禅,龙兴寺辩海,宁国寺进玉,岳州宝林寺有沛、远鳌,杭州竹林寺一行等,并传朗之法。"④

考证:文中之开元寺、龙兴寺均为睦州之官寺。慧朗开元十三年(725)卒,其时开元官寺尚未设立,则赞宁此传所据之材料形成于开元二十六年(738)之后可知。

《金石录》卷5《目录五》:"第九百十六唐睦州龙兴寺碑。(唐希铣撰,徐峤之正书,开元三年二月)。"⑤

考证:可知至开元十三年(725)睦州龙兴寺犹存。

55. 衢州龙兴寺(今浙江省衢州市)

《文苑英华》卷860李华《衢州龙兴寺故律师体公碑》:"万岁元年,归信安,禀受者千余人。由是江南律范,端严第一。……刺史徐峤之率参

---

① 《石刻史料新编》,第1辑第24册,第18309页上栏。《颜鲁公文集》卷27《谢太傅塘碑阴记》作"僧道选书"。
② 《石刻史料新编》,第1辑第14册,第10725页。
③ 王钦若等编:《册府元龟》卷30《帝王部·奉先三》,中华书局1960年版,第331页。
④ 释赞宁撰,范祥雍点校:《宋高僧传》卷8《唐睦州龙兴寺慧朗传》,上册,第188页。
⑤ 《石刻史料新编》第1辑第12册,第8828页下栏。

佐县吏耆艾以降，请居龙兴寺。……宝应二年六月九日，自升绳床，趺坐而灭。享龄九十二，僧腊七十一。"①

考证：郁贤皓先生认为徐峤之任衢州刺史时间约在开元十四年（726）。②宝应二年（763）体公年九十二圆寂于衢州龙兴寺，则生于高宗咸亨三年（672）。如意元年（692）配度净安寺。万岁通天元年（696）归信安县（唐衢州州治）。开元十四年（726），开元官寺尚未设立，故衢州刺史徐峤之恭请体公入居本州龙兴官寺以荣之。

《宋高僧传》卷12《唐苏州藏奂传》："俗姓程，衢州信安人也。……却回柯山，盖避会昌之搜扬也。至大中六年，（衢州）郡牧崔公寿重之。于州龙兴寺别构禅室，延居之。"③

考证：长庆三年（824）受具足戒于武陵开元寺。大中六年（852），衢州刺史"于州龙兴寺别构禅室延居之"，可知会昌法难后衢州龙兴寺已经恢复。亦可知衢州龙兴寺并未被改额为开元寺。

56. 温州龙兴寺（今浙江省温州市）

《宋高僧传》卷8《唐温州龙兴寺玄觉传》："觉本住龙兴寺。……以先天二年十月十七日，于龙兴别院端坐入定。"④

考证：先天二年（713）开元官寺尚未设立，龙兴寺为当州官寺。

57. 台州龙兴寺（今浙江省临海市）

《传教大师将来台州录》卷1："除经教迹所用之纸，八千五百三十二纸。最澄等深蒙郎中慈造，于大唐台州临海县龙兴寺净土院依数写取。勘定已毕，谨请当州印信。示后学者，求法有在。"⑤

考证：最澄在台州写经时间当在贞元二十年（804），临海县为台州治所县，龙兴寺在当时仍负责接待日本入唐求法僧。

《唐故朝散大夫赐绯鱼袋守同州长史京兆韦公夫人乐安县君孙氏墓志》，孙氏于元和四年（809）"终于台州龙兴佛寺，享龄五十七"。⑥

考证：元和四年（809）时，台州龙兴寺还是官员夫人晚年的寓居之所。

---

① 李昉等编：《文苑英华》卷860《衢州龙兴寺故律师体公碑》，第4540—4541页。
② 郁贤皓：《唐刺史考全编》，安徽大学出版社2000年版，第3册，第2075页。
③ 释赞宁撰，范祥雍点校：《宋高僧传》卷12《唐苏州藏奂传》，上册，第281页。
④ 释赞宁撰，范祥雍点校：《宋高僧传》卷8《唐温州龙兴寺玄觉传》，上册，第184页。
⑤ 《大正藏》第55册，第1057页。
⑥ 周绍良编：《唐代墓志汇编》下册，上海古籍出版社1992年版，第1977页。

《行历抄》大中七年（853）十一月"二十六日，上开元寺，略看纲维。寺主明秀具状报州。此开元寺者，本龙兴寺基。贞元年末，陆淳郎中屈天台道邃和尚于此寺讲《止观》。日本国比叡大师，从明州转□到此临海县，至此龙兴寺。参见和上，听读《止观》，正此地也。拆寺已后，于龙兴寺基，起开元□，更不置龙兴寺"①。

考证：可知台州龙兴寺只存在于会昌法难以前，法难中拆毁，此后并未重建。②

58. 福州龙兴寺（今福建省福州市）

《淳熙三山志》卷33："怀安开元寺，子城东。太清三年置，在灵山之西，旧号灵山。寻改大云寺。唐初曰龙兴，开元二十六年，以年号改今名。（原注：后人名开元后山为芝山，以别于灵山。）有明皇像。会昌中，汰天下寺，州存一，即是也。"③

考证：《淳熙三山志》关于福州开元寺沿革的叙述大致符合唐代武曌、唐中宗、玄宗先后三次设立佛教官寺的基本史实，唯相关年代的准确度略显不足，盖因此书系南宋人追述唐代史事之故。大云寺应是武周天授元年（690）制立，非立寺不久之后"寻改"；改额龙兴寺亦应是中宗神龙年间之误，而非"唐初"。然该寺存在明皇像（玄宗等身佛像）可证此后曾改额开元寺之事不误（详参本书附录二）。可知，福州龙兴寺系由大云寺改额而来，当系史实。

59. 泉州龙兴寺（今福建省泉州市）

《全唐文》卷825黄滔《泉州开元寺佛殿碑记》："垂拱二年，郡儒黄守恭宅桑树吐白莲花，舍为莲花道场。后三年，升为兴教寺。复为龙兴寺。逮玄宗之流圣仪也，卜胜无以甲兹，遂为开元寺焉。……自垂拱之迄开元，四朝而四易号。……则开元实寺之冠，斯又冠开元焉。"④

考证：泉州龙兴寺由兴教寺改额而来，至开元二十六年（738），又被改为开元寺。亦是龙兴寺改为开元寺之例。

---

① 圆珍撰，白化文、李鼎霞校注：《〈行历抄〉校注》，花山文艺出版社2004年版，第5页。
② 郑荐平、周琦：《揭开台州龙兴寺的"千古之谜"》，《东南文化》1990年第6期"天台山文化专号"。
③ 梁克家：《淳熙三山志》卷33《寺观类一》，《宋元方志丛刊》第8册，中华书局1990年版，第8238页。
④ 董诰等编：《全唐文》卷825《泉州开元寺佛殿碑记》，第8690页。

江南西道

60. 洪州龙兴寺（今江西省南昌市）

《白居易集》卷41《唐抚州景云寺故律大德上弘和尚石塔碑铭并序》："乐其所由，故大历中不去父母之邦，请隶于本州景云寺修道。应无所住，故贞元初离我所，徙居洪州龙兴寺说法。"

考证：贞元初年（785），洪州龙兴寺犹存。朱金城《白居易集笺校》将此文系于元和十三年（818）。① 文中确实表明作于元和十三年江州司马任上。

《宋高僧传》卷16《唐抚州景云寺上恒传》："贞元初，徙居豫章龙兴寺。"②

考证：上恒与上弘当为一人，系因避讳而改。

《宋高僧传》卷16《唐钟陵龙兴寺清彻传》，宪宗元和年间曾著书二十卷，"解《南山钞》，号《集义》焉"。③

裴休《黄檗山断际禅师传心法要》："予会昌二年廉于钟陵，自山迎至州，憩龙兴寺，旦夕问道。"

考证：钟陵即唐洪州之别称。可知洪州龙兴寺自贞元初（785）、元和年间（806—820）直至会昌法难前的会昌二年（842）一直存在。亦可知洪州龙兴寺并未被改额为开元寺。

61. 岳州龙兴寺（今湖南省岳阳市）

《李太白集》卷19《与贾至舍人于龙兴寺剪落梧桐枝望瀍湖》。

考证：瞿蜕园、朱金城《李白集校注》引《元和郡县志》谓瀍湖在岳州巴陵县；安旗主编《李白全集编年注释》将此诗系于乾元二年（759）。④ 其说可从。可知乾元二年（759）岳州龙兴寺犹存。亦可知岳州龙兴寺并未被改额为开元寺。

62. 袁州龙兴寺（今江西省宜春市）

《李文饶别集》卷9《早秋龙兴寺江亭闲眺忆龙门山居寄崔张旧从事（宜春作）》。

---

① 白居易撰，朱金城笺校：《白居易集笺校》卷41《碑碣》，上海古籍出版社1988年版，第2697页。
② 释赞宁撰，范祥雍点校：《宋高僧传》卷16《唐抚州景云寺上恒传》，第389—390页。
③ 同上书，第389页。
④ 李白撰，瞿蜕园、朱金城校注：《李白集校注》卷21，中华书局1980年版，第1251页。安旗主编：《李白全集编年注释》，巴蜀书社1990年版，第1499页。

考证：傅璇琮、周建国将此诗系于大和九年（835）①。此诗原注已经表明作于宜春，即唐袁州州治。亦可知袁州龙兴寺并未被改额为开元寺。

63. 吉州龙兴寺（今江西省吉安市）

《宋高僧传》卷24《唐吉州龙兴寺三刀法师传》，大历七年："（以神异事）奏闻，敕下本道，号三刀法师，配本郡龙兴寺。"②

《全唐文》卷787《塑像记》："庐陵龙兴寺西北隅，先有设色遗像，武宗五年毁废。至大中初重建寺，其处为僧乾立所居。"③

考证：可见至大历七年（772）吉州龙兴寺犹存，亦可知该寺并未被改额为开元寺。吉州龙兴寺在会昌法难中被毁废，至大中初年重建。

64. 潭州龙兴寺（今湖南省长沙市）

《传法正宗记》卷7："大鉴之七世，曰洪州云居山道膺禅师，其所出法嗣凡二十八人，……一曰潭州龙兴寺悟空者。"④

考证：考《宋高僧传》卷12《唐洪州云居山道膺传》，知道膺卒于唐末天复二年（902）⑤，其法嗣二十八人之一的潭州龙兴寺悟空亦应在此前师从道膺，则潭州龙兴寺唐末犹存可知。亦可知潭州龙兴寺并未被改额为开元寺。

65. 衡州龙兴寺（今湖南省衡阳市）

《宋高僧传》卷29《唐南岳澄心传》："时太守吴宪忠，请心入州治，谢而不行。再请栖于龙兴寺。……贞元十八年壬午十一月示灭，春秋七十六。"⑥

考证：可证贞元十八年（802）以前衡州龙兴寺犹存，且是地方官对高僧表示优崇之地方大寺。亦可知衡州龙兴寺并未被改额为开元寺。

66. 朗州龙兴寺（今湖南省常德市）

《金石萃编》卷100《高力士残碑》，碑文云高力士卒于朗州龙兴寺，时为大历十二年。⑦

《全唐文》卷993《唐故开府仪同三司赠扬州大都督高公神道碑》有

---

① 李德裕撰，傅璇琮、周建国校笺：《李德裕文集校笺》，中华书局2018年版，第698—699页。
② 释赞宁撰，范祥雍点校：《宋高僧传》卷24《唐吉州龙兴寺三刀法师传》，第622页。
③ 董诰等编：《全唐文》卷787《塑像记》，第8234—8235页。
④ 《大正藏》第51册《史传部三》，第755页。
⑤ 释赞宁撰，范祥雍点校：《宋高僧传》卷12《唐洪州云居山道膺传》，第285页。
⑥ 释赞宁撰，范祥雍点校：《宋高僧传》卷29《唐南岳澄心传》，第733页。
⑦ 《石刻史料新编》第1辑第3册，第1661页下栏。

"终于朗州龙兴寺,享年七十有□,宝应□年陪葬泰陵"①。

考证:高力士大历十二年(777)卒于朗州龙兴寺,可知当时该寺犹存。亦可知朗州龙兴寺并未被改额为开元寺。

67. 永州龙兴寺(今湖南省永州市零陵区)

《柳河东集》卷7《南岳般舟和尚第二碑》:"世家于零陵,蒋姓也。……初,开元中诏定制度,师乃居本郡龙兴寺。"

《柳河东集》卷28《永州龙兴寺西轩记》:"永贞年,余名在党人,不容于尚书省,出为邵州,道贬永州司马。至则无以为居,居龙兴寺西序之下。余知释氏之道且久,固所愿也。"

考证:零陵即永州。柳宗元至永州而无以为居,遂居龙兴寺之西序之下。此亦"官寺行香少,僧房寄宿多"之注脚。可知贞元年间(785—805)永州龙兴寺犹存。亦可知永州龙兴寺并未被改额为开元寺。

陇右道

68. 洮州龙兴寺(今甘肃省甘南藏族自治州临潭县)

《岑嘉州诗》卷3《临洮龙兴寺玄上人院同咏青木香丛》。

考证:陈铁民、侯忠义《岑参集校注》认为此诗系作者天宝十载(751)自武威归长安途中所作。②其说可从。洮州沿革较为复杂,但在神龙元年(705)设立龙兴寺和天宝十载(751)岑参经过时皆存在。天宝元年(742)改州为郡,故天宝十载(751)岑参称该寺为"临洮(郡)龙兴寺"。亦可知洮州龙兴寺并未被改额为开元寺。

河西道

69. 凉州龙兴寺(今甘肃省武威市)

《贞元新定释教目录》卷15,唐玄宗敕追安西僧利言于河西翻经。"(天宝十三载)十一月二十二日发安西城,路次焉耆、摩贺、延碛,转次行过交河、伊吾、晋昌、酒泉,届武威,即(天宝)十四载二月十日也。使司安置于龙兴寺及报德寺,同崇译经。"③

考证:天宝十四载(755)凉州龙兴寺与开元寺并存(不空三藏此前

---

① 董诰等编:《全唐文》卷993《唐故开府仪同三司赠扬州大都督高公神道碑》,第10289—10290页。
② 岑参撰,陈铁民、侯忠义校注:《岑参集校注》卷2《编年诗》,上海古籍出版社2004年版,第127页;廖立:《岑嘉州诗笺注》未系年,中华书局2004年版,第494页。
③ 《大正藏》第55册《目录部全》,第881页。

即住武威开元寺）。

70. 沙州龙兴寺（今甘肃省敦煌市）

《金刚般若经旨赞》卷下："广德二年六月五日释普遵于沙州龙兴寺写□。"①

《大乘起信论略述》卷上："宝应二载九月初于沙州龙兴寺写讫。"②

考证：宝应二年（763）和广德二年（764）沙州龙兴寺犹存。李正宇先生研究表明，沙州龙兴寺至后唐同光年间（923—926）犹存。③

71. 西州龙兴寺（今新疆吐鲁番市东南）

《吐鲁番出土文书》第9册《唐西州高昌县出草账》有"龙兴寺"的记载。④

考证：据荣新江先生研究，此文书年代为开元十九年以后。⑤ 则知，唐代西州亦曾奉唐中宗制令设立龙兴寺。

72. 安西龙兴寺（今新疆阿克苏地区库车县）

慧超《往五天竺国传》："且于安西，有两所汉僧住持，行大乘法，不食肉也。……龙兴寺主名法海，虽是汉儿，生安西，学识人风，不殊华夏。"⑥

考证：慧超开元十五年（727）途径西域，当时安西龙兴寺犹存。

73. 于阗龙兴寺（今新疆和田地区和田市南）

慧超《往五天竺国传》："于阗有一汉寺，名龙兴寺。有一汉僧，名□□，是彼寺主，大好住持。彼僧是河北冀州人士。"⑦

考证：慧超开元十五年途径西域，当时于阗龙兴寺犹存。

74. 北庭庭州龙兴寺（今新疆昌吉回族自治州吉木萨尔县北）

《贞元新定释教目录》卷17："右二部十卷，于阗三藏沙门尸罗达摩

---

① 《大正藏》第85册，第109页。
② 同上书，第1105页。
③ 李正宇：《敦煌地区古代祠庙寺观简志》，《敦煌学辑刊》1988年第1—2期合刊。又见季羡林主编《敦煌学大辞典》龙兴寺条，上海辞书出版社1998年版，第629页。
④ 唐长孺主编：《吐鲁番出土文书》第9册，文物出版社1990年版，第23—25页。
⑤ 荣新江：《唐代西州的道教》，载段晴主编《吐鲁番学新论》，新疆人民出版社2006年版。由于该文书中还出现了龙兴观，以及大宝寺、崇宝寺、遵戒寺、证圣寺、开觉寺等其他寺院，并无玄宗开元二十六年诏立的开元寺和开元观；而阿斯塔纳506号墓出土文书《唐天宝某载□仙牒为本钱出举事》中又有天宝二年设立的紫极宫，则似可将此文书年代下限定为开元二十六年（738）以前。
⑥ 慧超原著，张毅笺释：《往五天竺国传笺释》，第176页。
⑦ 同上。

（唐言戒法）于北庭州龙兴寺宣译梵文兼汉语译。"①

《宋高僧传》卷3《唐北庭龙兴寺戒法传》，戒法即尸罗达摩。

考证：戒法在北庭龙兴寺译经时间为贞元五年（789），当时北庭龙兴寺犹存。②

剑南道

75. 彭州龙兴寺（今四川省彭州市）

《文苑英华》卷866陈会《彭州九陇县再建龙兴寺碑》，碑文又见《全唐文》卷788。"初，寺号大空。天授二年为大云。我唐开元中诏号龙兴。会昌五年，废为闲地。"③

考证：九陇县即唐彭州治所县。碑文中所云"我唐开元中诏号龙兴"当是笔误，或是距龙兴寺设立之时已久，故当作"我唐神龙中诏号龙兴寺"。会昌法难中被毁，至宣宗初年诏令恢复天下寺院，彭州仅得两所之限额，其一为龙兴寺，另一碑文中未提，但推断当为开元寺。开元寺在设立之后承担官寺功能，恢复自在情理之中。

76. 汉州龙兴寺（今四川省广汉市）

《宝刻类编》卷6《名臣十三之七·林麖》："龙兴寺钟记（陈璜撰，中和二年闰七月十二日记。汉）。"④

考证：可知至晚唐中和二年（882），汉州龙兴寺犹存。亦可知汉州龙兴寺并未被改额为开元寺。

77. 陵州龙兴寺（今四川省眉山市仁寿县）

《酉阳杂俎前集》卷15："陵州龙兴寺僧惠恪，不拘戒律，力举石臼，好客，往来多依之。"⑤

《舆地纪胜》卷150《成都府路·隆州·碑记》（唐陵州）："龙兴寺大藏经碑（见在报恩寺。开成四年，吴商撰）。"⑥

考证：可知开成四年（839）陵州龙兴寺曾立大藏经碑，其时尚存。亦可知陵州龙兴寺并未被改额为开元寺。

---

① 《大正藏》第55册，第896页。
② 关于北庭龙兴寺的研究，参见彭杰《唐代北庭龙兴寺营建相关问题新探——以旅顺博物馆藏北庭古城出土残碑为中心》，《西域研究》2014年第4期。
③ 李昉等编：《文苑英华》卷866《彭州九陇县再建龙兴寺碑》，第4579—4580页。
④ 《石刻史料新编》第1辑第24册，第18490页上栏。
⑤ 段成式撰，方南生点校：《酉阳杂俎前集》卷15，中华书局1981年版，第146页。
⑥ 王象之撰，李勇先校点：《舆地纪胜》卷150《成都府路·隆州·碑记》，第8册，第4488页。

78. 邛州龙兴寺（今四川省邛崃市）

据《四川邛崃龙兴寺》考古发掘报告，该遗址出土了一尊"大中九年三月三日"所造唐代天王像。①

考证：考古报告认为，此天王像的造像时间可证唐代邛州龙兴寺在会昌法难中并未被拆毁，而是得以保留。其实不然，邛州在唐代仅是普通上州，并非藩镇治所州和畿辅战略要州，故并无资格保留一所寺院。② 这尊天王像的造像背景应是唐宣宗复兴佛教，而无法证明该寺在会昌法难中得以保留未毁。

79. 雅州龙兴寺（今四川省雅安市）

《舆地纪胜》卷147《成都府路·雅州·碑记》："龙兴寺碑（在州城外。有唐咸通四年再建龙兴寺碑，吴行鲁建）。"③

《宝刻类编》卷6《名臣十三之六·盖巨源》："再建龙兴寺碑（何绍宏撰，八分书并篆额。咸通四年十二月。雅）。"④

考证：可知晚唐咸通四年（863）雅州曾再建龙兴寺。

岭南道

80. 广州龙兴寺（今广东省广州市）

《曹溪大师别传》卷1："其制旨寺是宋朝求那跋摩三藏置，今广州龙兴寺是也"，"大师出家开法受戒，年登四十。印宗法师请大师归制旨寺，今广州龙兴寺经藏院是"。⑤

考证：可知广州龙兴寺由南朝所置制旨寺改名而来。

81. 端州龙兴寺（今广东省肇庆市）

《唐大和上东征传》："下桂江七日至梧州，次至端州龙兴寺。"⑥

考证：时为天宝十载（751），端州龙兴寺犹存。亦可知端州龙兴寺并未被改额为开元寺。

82. 容州龙兴寺（今广西玉林市容县）

《全唐文》卷238《景星寺碑铭》："容州都督府景星寺者，高宗天皇

---

① 成都文物考古研究所、邛崃市文物管理局编：《四川邛崃龙兴寺》，文物出版社2011年。
② 详参拙文《会昌毁佛前后唐代地方诸州府佛教官寺的分布与变迁》，《中国历史地理论丛》2018年第4辑。
③ 王象之撰，李勇先校点：《舆地纪胜》卷147《成都府路·雅州·碑记》，第8册，第4407页。
④ 《石刻史料新编》第1辑第24册，第18480页下栏。
⑤ 《卍新纂续藏经》第86册，第50—51页。
⑥ 真人元开著，汪向荣校注：《唐大和上东征传》，中华书局2000年版，第73页。

大帝所建也。……天授中，改为大云寺，移额于城西焉。……神龙初，为龙兴寺。"

考证：容州龙兴寺系由当州大云寺改额而来，至开元初尚存，然此后沿革不详。

二 小结

关于唐中宗龙兴官寺的设立时间，不唯《旧唐书》《册府元龟》《资治通鉴》等均已明载，时人所撰陕州、陈州龙兴寺碑亦清晰明确。通过比勘这些记载，唐中宗神龙元年（705）制令天下诸州各立大唐中兴寺（观）一所，至神龙三年（707）改为龙兴寺（观）。此原系基本史实，无可争议。这也可得上节梳理结果的印证。史料中明确记载（或据文义可推知）设立于中宗神龙年间的唐代龙兴寺，共计8例，分别位于长安[1]、洛阳[2]、邠州、陕州、陈州、福州、泉州和容州8个州府。其中，邠州和陈州龙兴寺可能是神龙年间新建，其余均为当州府原有寺院改额而来。福州和泉州两州的龙兴寺，虽未明载设立时间，然据文义亦可推知。

与此同时，上节的梳理结果中亦至少有三种记载显示，当州的龙兴寺设立于唐玄宗开元年间。这三例分别是青州、幽州和彭州。元代方志《齐乘》依据宋碑碑阴的金人题刻所载，梳理了青州龙兴寺的沿革："宋元嘉二年但呼佛堂；北齐武平四年赐额南阳寺；隋开皇元年改曰长乐，又曰道藏；则天天授二年改名大云；玄宗开元十八年始号龙兴。"[3]《彭州九陇县再建龙兴寺碑》记载了彭州龙兴寺的沿革："厥初寺号大空。天授二年为大云。我唐开元中诏号龙兴。"[4] 与此相类，幽州《重藏舍利记》在梳理幽州龙兴寺的沿革时，同样提道："原寺后魏元象元年戊午岁幽州刺史尉苌命造，遂号尉使君寺，后改为智泉寺。至大唐则天时改为大云寺，开元

---

[1] 王溥：《唐会要》卷48《寺》，上海古籍出版社1991年版，第990页。
[2] 同上书，第992—993页。
[3] 于钦撰，刘敦愿等校释：《齐乘校释》卷4《古迹》，中华书局2012年版，第380页。
[4] 李昉等编：《文苑英华》卷866 有《彭州九陇县再建龙兴寺碑》，第4579—4580页。

中又改为龙兴寺。"① 若径据这三种记载，则青州、彭州和幽州三州龙兴寺均系由当州大云寺于"开元中"（713—741）改额设立。

不唯如此，宋代佛教编年史《佛祖统纪》更是将唐代龙兴寺的设立系于唐玄宗开元二十六年（738）之下。该书卷40云："（开元）二十六年，敕天下诸郡立龙兴、开元二寺。"② 同书卷53云："（玄宗）敕天下诸郡建开元寺、龙兴。"③ 第二种说法虽未明确系年，但史载玄宗敕令两京天下诸州设立开元官寺之事确实发生于开元二十六年（738），故亦应作开元二十六年（738）解。似乎亦可与上述三种资料相印证。

仅《佛祖统纪》所载，已使不少学者或据此认为断唐代龙兴寺设立于唐玄宗开元年间（或开元二十六年）④，或认为唐代龙兴寺设立时间为唐中宗神龙年间和玄宗开元年间皆有可能⑤，或提出唐代曾先后于中宗神龙年间和玄宗开元时期两次敕立龙兴寺⑥。加之近年出版的《佛祖统纪校注》中，亦未对此说作出任何校勘和注释⑦，亦可能存在以讹传讹的风险。本节拟先对此说进行简单辨析，以明确唐代龙兴官寺的设立时间。

首先，需要注意的是，前引青州、幽州和彭州三条史料中，三所寺院改额为龙兴寺的时间，分别为开元中和开元十八年（730），无一属于《佛祖统纪》所云之开元二十六年（738）。这是二者不符之处。

其次，《佛祖统纪》所记说法缺少可靠史源。相较而言，唐代四次佛教官寺的设立均可在两《唐书》《唐会要》《册府元龟》《资治通鉴》等有

---

① 董诰等编：《全唐文》卷987《重藏舍利记》，第10214页。关于此寺相关史实，详参盛会莲《隋唐时期幽州弘业寺藏舍利史事考》，《文物春秋》2007年第1期；盛会莲《隋仁寿年间幽州藏舍利史事再检讨》，《文物春秋》2011年第5期。
② 释志磐撰：《佛祖统纪》卷40《法运通塞志第十七之七》，《大正藏》第49册，第375页上栏。
③ 释志磐撰：《佛祖统纪》卷53《历代会要志第十九之三》，《大正藏》第49册，第464页上栏。
④ 郑阿财：《敦煌写本〈龙兴寺毗沙门天王灵验记〉与敦煌地区的毗沙门信仰》，白化文等编《周绍良先生欣开九秩庆寿文集》，中华书局1997年版，第253—264页；谢重光：《中古佛教僧官制度和社会生活》，商务印书馆2009年版，第428页；孙昌武：《中国佛教文化史》第5册，中华书局2010年版，第2557页；王尧：《王尧藏学文集》第4卷《敦煌吐蕃文书译释》，中国藏学出版社2012年版，第238—239页；郑炳林、陈大为：《敦煌的佛教与社会》，甘肃教育出版社2013年版，第46页。
⑤ 李小荣：《敦煌密教文献论稿》，人民文学出版社2003年版，第178页。
⑥ 陈大为：《唐后期五代宋初敦煌僧寺研究》，上海古籍出版社2014年版，第85—87、90页。
⑦ 释志磐撰，释道法校注：《佛祖统纪校注》卷41，上海古籍出版社2012年版，第950页。

可信唐代史源的文献中找到依据。① 开元二十六年（738），确为唐玄宗敕立开元官寺（观）的时间。然《佛祖统纪》成书于南宋咸淳五年（1269），已去唐数百年，该书中的这两处文字当为志磐误系。

除了史源不明之外，在实际操作层面，《佛祖统纪》所谓唐玄宗于开元二十六年（或开元中）敕立龙兴寺之说法，至少存在两项制度障碍：其一是唐代的寺额制度；其二是开元时期已经实行的国忌行香制度。

先看唐代的寺额制度②。自隋代开始，寺额的有无就成为官方区分寺院是否具有合法地位的标准。同时，朝廷也通过一系列请额、赐额的程序和制度，对全国的寺院总数进行控制。隋文帝于开皇三年（583）迁入新都大兴城之初，即立寺额120枚于朝堂，命令"有能修造，便任取之"。既有研究表明，隋大兴城中至今可考的佛寺，确实无一重额。③ 唐代京城长安，韦述《两京新记》记载开元十年（722）时长安有寺院一百余所。既有研究同样显示，所有寺院亦无一重额。④ 在唐代地方诸州，一州之内同样不会存在两所同额寺院。以地方史料保存最好的西州、沙州地区为例，唐代前期西州寺院可考者共30余所，同样无一重额。⑤ 晚唐五代宋初

---

① 如高宗官寺的设立，分别见《旧唐书》卷5《高宗本纪下》，第90页；《唐会要》卷48《寺》，第996页。武周大云寺的设立制令，亦分别见《旧唐书》卷6《则天皇后本纪》，第121页；《唐会要》卷48《寺》，第996页；《资治通鉴》卷204则天后天授元年，中华书局2011年版，第6466—6469页。中宗神龙年间设立龙兴官寺之事，分别见《旧唐书》卷7《中宗本纪》，第137、143页；《唐会要》卷48《寺》"龙兴寺"条，第992—993页；王钦若等编《册府元龟》卷51《帝王部·崇释氏一》，中华书局1960年版，第574页；《资治通鉴》卷208中宗景龙元年，第6610页。玄宗开元二十六年敕立开元官寺一事，详见《唐会要》卷48《寺》，第996页；《唐会要》卷50《杂记》，第1029页。详参拙文《唐玄宗开元官寺敕令的执行及其意义》，《华东师范大学学报》（哲学社会科学版）2019年第1期。
② 张弓：《汉唐佛寺文化史》，中国社会科学出版社1997年版，第227—234页；白文固、赵春娥：《中国古代僧尼名籍制度》，青海人民出版社2002年版；周奇：《唐代宗教管理研究》，博士学位论文，复旦大学，2005年，第120—122页。
③ 王亚荣：《隋大兴城佛寺考》，《世界宗教研究》2005年第1期；辛德勇：《隋大兴城坊考稿》，《燕京学报》2009年第2辑。
④ 孙昌武：《唐长安佛寺考》，《唐研究》第二卷，北京大学出版社1996年版，第1—49页；龚国强：《隋唐长安城佛寺研究》，文物出版社2006年版；辛德勇：《隋唐两京丛考》，三秦出版社2006年版，第69—71页。宋敏求《长安志》中仅有的一例同名寺院，即朱雀街东开明坊光明寺和朱雀街西怀远坊光明寺，经辛德勇先生考证认为"开明坊光明寺是怀远坊光明寺改为大云经寺（引者按，应作大云寺）以后设立的"，实际上亦非同时存在。
⑤ 小田义久：《西州佛寺考》，《龙谷史坛》第93、94号，1989年3月，第1—13页。今据氏著《大谷文书の研究》第五章第六节"西州の佛寺"，法藏馆，1996年版，第323—338页。

沙州共有僧尼寺院十七所，亦无一重额。①

现存史料中虽尚未发现唐代关于一州（府）之内不允许出现同额寺院的明文规定，但从实际操作来看，应有相关规定为据。如武周时期蒲州猗氏县仁寿寺在改为大云寺尚不足一年之际，准制又换回原额仁寿寺一事，同时蒲州又新设一所大云官寺且至开元七年（719）犹存②，据此可知猗氏县大云寺被改回原额仁寿寺的原因之一，便是唐代地方一州之内不允许存在两所同额寺院。又如唐宪宗元和年间歙州开元寺与龙兴寺交换寺额之事，亦可为证。③

再看唐代的国忌行香制度。现存文献中记载龙兴寺设立于开元年间者3例，即青州、幽州和彭州，均位列《唐六典》所载开元时期除长安、洛阳两京外，首批获得国忌行香资格的地方81州名单之中。④河北正定广惠寺唐代玉石佛像底座铭文显示，同、华等81州至晚于开元十五年（727）已开始举行国忌行香仪式，且举行的地点正是当州龙兴寺。⑤故青州龙兴寺之不可能设立于开元十八年（730），幽州、彭州之龙兴寺亦不可能设立于开元中，已至为明显。因为在此之前，青、幽、彭三州不仅均已设有龙兴寺，且已承担当州的国忌行香功能。

除了上述制度障碍，新近出土的青州《大唐龙兴观灯台颂并序》，则明确记载景云二年（711）青州刺史张洽及州县官员"乃于龙兴观、大云寺、龙兴寺等三处各造灯台一所"。⑥表明景云二年（711）时青州龙兴寺、龙兴观和大云寺同时并存，直接否定了《齐乘》金人题刻所谓"玄宗开元十八年始号龙兴"之说。

既如此，相关资料中何以会将彭州和幽州的龙兴寺设立时间系于"开元中"呢？这可由两种碑记的撰写时间和背景来解释。笔者注意到，彭州和幽州的两通碑记，均撰于唐武宗拆寺灭佛之后。《彭州九陇县再建龙兴寺碑》记载："（该寺）于会昌五年废为闲地，……（唐宣宗即位后）由

---

① 郝春文、陈大为：《敦煌的佛教与社会》，甘肃教育出版社2013年版。
② 胡聘之：《山右石刻丛编》卷5《大云寺弥勒重阁碑》，《石刻史料新编》第1辑第20册，第15020页上栏；王钦若等编：《册府元龟》卷922《总录部·妖妄二》，中华书局1960年版，第10889—10890页。
③ 王钦若等编：《册府元龟》卷30《帝王部·奉先三》，中华书局1960年版，第331页。
④ 李林甫等撰，陈仲夫点校：《唐六典》卷4《尚书礼部》"祠部郎中员外郎"条，中华书局1992年版，第127页。
⑤ 参见拙文《河北正定广惠寺唐代玉石佛座铭文考释——兼议唐代国忌行香和佛教官寺制度》，《陕西师范大学学报》（哲学社会科学版）2015年第2期。
⑥ 李森：《大唐龙兴观灯台颂并序石刻研考》，《中国文物报》2003年11月5日。

第五章 唐中宗龙兴官寺及其制度研究 123

是复诏天下，使率土郡府，各复其寺。寺之数，郡府有差；释之数，男女一致。其于天彭为郡，得复寺之二焉。二之数，龙兴居一。一寺度僧三十，精选洁行，能臻不二之门者，居其右焉。"①《重藏舍利记》则载："洎会昌己丑岁，大法沦坠，佛寺废毁。时节制司空清河张公，准敕于封管八州内留寺一所，僧限十人。越明年，有制再崇释教，僧添二十。置胜果寺，度尼三十人。"②彭州和幽州恢复佛寺的记载，与《唐会要》所载唐宣宗大中二年（848）正月三日的敕令完全吻合。③可证这两种碑记均撰于大中二年（848）正月之后，距离龙兴寺（中兴寺）初设的神龙元年（707），已逾 150 年。加之又经历了武宗拆寺灭佛的毁灭性打击，当地的各种佛教文献、碑刻等百不存一，无法准确追述当州龙兴寺的寺史亦不足怪。故笔者认为，彭州和幽州碑记中所谓"我唐开元中诏号龙兴""开元中又改为龙兴寺"两句之"开元中"，皆系"神龙中"之讹。究其原因，正是唐武宗拆寺灭佛政策的影响以及碑文撰写时间距离龙兴寺初设时间太过久远。

综上，《佛祖统纪》卷 40 和卷 53 所载唐玄宗开元二十六年（或开元中）敕令天下诸郡设立龙兴寺之说法，既缺少可信的唐代史源，又与唐代寺额管理和国忌行香两项制度相冲突。传世文献中记载龙兴寺设立于唐玄宗开元年间的 3 例中，青州 1 例已被新出石刻史料彻底否定。幽州和彭州 2 州的碑记均撰成于唐武宗拆寺灭佛之后，碑刻尽毁，寺史无存，所谓龙兴寺设于"开元中"，皆系"神龙中"之讹。唐代两京天下诸州的龙兴官寺，均源出唐中宗神龙年间的两道制敕，即神龙元年二月制令"天下诸州各置寺、观一所，咸以大唐中兴为名"，至神龙三年二月敕旨"其天下大唐中兴寺、观，宜改为龙兴寺、观"，别无其他渊源。

确定了唐代龙兴官寺皆系奉唐中宗神龙年间制敕而设之后，以下对上节所辑考的唐代龙兴寺的时空分布情况略作梳理。据上节辑考，共得唐代龙兴寺 82 例，分布于 82 州府，约占唐代总州数的 1/4。较之大云寺在各种文献中的记载数增加了 23 例，原因可能主要有两点：其一，龙兴寺设立较晚故在文献中留下的记载较多；其二，有相当部分龙兴寺系由大云寺改额而来（详见下文）。从空间分布角度而言，这 82 例龙兴寺分布于唐代

---

① 李昉等编：《文苑英华》卷 868《彭州九陇县再建龙兴寺碑》，第 4579—4580 页。
② 董诰等编：《全唐文》卷 987《重藏舍利记》，第 10214 页。
③ 王溥：《唐会要》卷 48《寺》，第 1000 页，记载宣宗大中二年正月三日敕令云："诸道节度刺史州，除元置寺外，更添置寺一所。其所置僧寺，合度三十人。诸道管内州未置寺处，宜置僧、尼寺各一所，每寺度三十人。"详参拙文《会昌毁佛前后唐代地方州府佛教官寺的分布与变迁》，《中国历史地理论丛》2018 年第 4 辑。

除黔中道之外的京畿、都畿与其余13道中，分布范围十分广泛。黔中道龙兴寺的缺载原因与大云寺相同。由于黔中道是唐代的偏僻之地，该道所领各州之龙兴寺留下相关记载的概率就自然减少。

尽管龙兴寺在唐代疆域四极之地分布的记载不如大云寺之广，但仍有一些特殊地区值得注意。如河北道的幽州，已接近唐代正州正县地区的北界，曾设立龙兴寺。岭南道的广州、端州和容州，已是唐帝国南疆之地，亦均设有龙兴寺。西域地区安西（龟兹）、北庭（庭州）和于阗皆设有龙兴寺的史实更值得注意。荣新江先生在《慧超所记唐代西域的汉化佛寺》一文中指出："从武周至开元这一段唐朝盛期，西域地区曾经建立了以奉唐朝敕令而建立的官寺为主体的汉化佛寺系统，此系统与当地胡人的佛教系统有别，它们统属于住在龟兹的四镇都统，而此四镇都统，与其他官寺的重要僧官一样，很可能是从京师直接派至安西地区来的。"[①] 边远如西域之地既已经奉敕设立龙兴官寺，并建立由中央直接委派的僧官系统，则唐代其他地区亦无由不奉制敕设立。

如上所引，唐中宗在神龙元年（705）二月制令设立大唐中兴寺，三年（707）二月又敕令改为龙兴寺。现存资料中则多将两次制敕合并叙述，径称神龙元年制立龙兴寺。如苏颋《陕州龙兴寺碑》云"有唐神龙元年龙集丁巳，应天神龙皇帝出乎震御乎乾也。……因制天下州尽置大唐龙兴寺"，张说《陕州龙兴寺碑》云"龙兴寺者，皇帝即位之岁，溥天之所置也"，卢藏用《景星寺碑铭》云"神龙初，（改容州大云寺）为龙兴寺"等等，皆属此类。并非中宗早在神龙元年已制立龙兴寺，而是神龙三年敕改大唐中兴寺为龙兴寺之后"内外不得言中兴"的结果。[②]

其次，需要注意的是龙兴官寺设立的方式。在现存沿革可考的13例中，长安、洛阳、陕州、青州、幽州、扬州、福州、泉州、彭州、广州和容州11例均系由原有寺院改名而来，仅邠州和陈州两例属于新建。据此可以推断，当时龙兴官寺设立的方式应与大云寺相同，主要仍是将原有寺院改换寺额。其中长安龙兴寺系由普光寺改额而立，洛阳龙兴寺系由众香寺改额而设，陕州龙兴寺系由宏福寺改额设立，泉州龙兴寺系由兴教寺改额而来，广州龙兴寺系由制旨寺改额而立，其余青州、幽州、扬州、福

[①] 荣新江：《慧超所记唐代西域的汉化佛寺》，载《冉云华先生八秩华诞寿庆论文集》，法光出版社2003年版，第399—407页。该文后以《唐代西域的汉化佛寺系统》为题，收入氏著《丝绸之路与东西文化交流》第三编"汉文化的西渐"，北京大学出版社2015年版。
[②] 关于唐中宗禁言中兴的相关背景和史事，详参张达志《理异于兹：唐中宗禁言中兴的历史语境》，《中国史研究》2019年第2期。

州、彭州和容州6州龙兴寺皆系由当州大云寺改额而来。这显示，在唐中宗龙兴官寺制令的执行过程中，有相当部分的武周大云寺被改为龙兴寺。

若对照唐中宗的龙兴寺制令，可知其中只要求天下诸州设立龙兴寺观各一所，并未提出任何具体要求，既未要求将大云寺改为龙兴寺，亦未对此加以禁止。然而，却有相当部分的地方官员选择将当州大云寺作为被取代的对象。唐中宗朝尤其是神龙年间虽号称唐祚中兴，但实际上的基本国策一仍武周时期，实际掌权者亦是诸武势力与后族韦氏[1]，而当时也延续了武周时期的崇佛政策[2]。因此，唐中宗设立龙兴寺官寺只是为了纪念李唐政权的成功复辟，似乎并无取代武周大云寺的用意。然而地方官员的选择却表明，他们对于唐中宗设立龙兴官寺的象征意义的理解，似乎与唐廷中央的初衷存在偏差。大约在地方官员看来，未予明令禁止即意味着默许，尤其是大云寺曾承担宣传武周政权政治合法性的重任。既然唐祚中兴，武周王朝结束，为武周政权进行政治宣传的大云寺自然也就随之失去了继续存在的意义，因而地方官员可能认为设立龙兴官寺即意味着取代武周时期的大云寺系统。此或可见地方官员在理解和执行唐中宗龙兴官寺制令时产生的偏差。

龙兴寺在文献中被记载时间的分布情况亦值得注意。除原州、密州、绛州3州龙兴寺存在时间无考外，其余79州龙兴寺被记载时间如下：存在于开元二十六年（738）之前者19例，分别为华州、邠州、陕州、汴州、陈州、济州、相州、巴州、邓州、均州、睦州、温州、福州、泉州、西州、容州17州和安西、于阗两镇，其中明确记载只存在于开元二十六年（738）之前者4例，即邠州、魏州、福州和泉州，均系在开元二十六年（738）被改为开元寺，其余15例开元二十六年（738）以后沿革不详。见载于开元二十六年（738）之后会昌法难之前者共40例，分别为河南（洛阳）、太原两府和行渭州、郓州、青州、登州、莱州、滑州、海州、蒲州、虢州、幽州、易州、定州、恒州、梁州、房州、忠州、扬州、楚州、蕲州、安州、润州、苏州、常州、越州、歙州、台州、洪州、岳州、袁州、衡州、朗州、永州、洮州、凉州、庭州（北庭）、陵州、广州和端州38州，其中明确在会昌法难之前被毁而未得重建者1例（幽州），会昌法难中被毁而未重建者1例（台州），其余38例会昌法难后均沿革不详；见

---

[1] 唐华全：《试论唐中宗时期的诸武势力》，《中国史研究》1996年第3期，第99—109页。
[2] 孙英刚：《长安与荆州之间：唐中宗与佛教》，载荣新江主编《唐代宗教信仰与社会》，上海辞书出版社2003年版，第125—150页。〔美〕威斯坦因著，张煜译《唐代佛教》，上海古籍出版社2010年版，第50—53页。

载于会昌法难之后者共 20 例，分别为京兆（长安）1 府，灵州（朔方）、汝州、许州、宋州、泽州、潞州、壁州、荆州、襄州、杭州、湖州、衢州、吉州、潭州、沙州、彭州、汉州、邛州和雅州 19 州。

其中沙州的情况最为特殊，唐武宗拆寺灭佛之时正值吐蕃统治末期，张议潮驱逐吐蕃势力建立归义军政权之后亦未奉诏毁佛，张氏遣使到达长安之时，唐宣宗已开始复兴佛教，故归义军并未执行唐武宗的拆寺灭佛诏令，沙州龙兴寺（和其他沙州佛寺）得以保留未毁。吉州、彭州两州，皆是明载在会昌灭佛中被拆毁后得以重建者，其余 17 州府之龙兴寺，亦应是在会昌灭佛中被毁至唐宣宗大中复佛之后又得以陆续恢复重建者。这大致可以看作龙兴寺在唐代不同时期留存状况的大势。

台州龙兴寺在唐武宗毁佛后未得重建的例证则更具史料价值。圆珍在大中七年（853）十一月二十六日到达台州开元寺，记载云："此开元寺者，本龙兴寺基。……拆寺已后，于龙兴寺基，起开元□，更不置龙兴寺。"① 这表明，法难后台州地方官优先恢复重建的是开元寺，即使是在龙兴寺的旧址上，亦未考虑重建龙兴寺。原因应该在于，开元寺设立之后，龙兴寺已逐渐不再具有官寺地位，其此前所承担的国忌行香等特殊功能也转由开元寺承担②，故而地方官才会选择优先重建开元寺。这也是龙兴寺官寺地位丧失的结果。

这种情况在会昌法难之前就已有所显现，如圆仁记载莱州龙兴寺"基墌颓坏，周廊破落。寺无众僧，仅有二僧。寺主典座，心性凡庸，不知主客之礼"。③ 之所以如此衰落，很可能亦因其不再具有官寺地位，因而不再是地方官关注和修缮的重点。更具说服力的是幽州龙兴寺，该寺在大和甲寅岁（大和八年，834）毁于火灾后就未得重建，也是一样的原因。雅州龙兴寺虽在会昌灭佛后得以重建，但重建时已是咸通四年（863），这亦应是其已不再具有官寺地位，不再为地方官所迫切需要的表现。

综上，见载于开元二十六年（738）之前的 18 例龙兴寺中，除邠州、福州和泉州 3 例在开元二十六年（738）被改为开元寺外，其余 15 例中至少大部分应在开元二十六年（738）以后继续存在；见载于开元二十六年（738）之后会昌法难之前的 41 例龙兴寺中，其中应只有小部分在武宗灭佛之后得以重建。这亦应与官寺地位由龙兴寺转移至开元寺有关。

---

① 圆珍撰，白化文、李鼎霞校注：《〈行历抄〉校注》，花山文艺出版社 2004 年版，第 5 页。
② 圆仁《入唐求法巡礼行记》所见晚唐地方诸州的国忌行香仪式皆在开元寺进行。详参拙文《张氏归义军时期敦煌与内地诸州府国忌行香制度的差异及其原因初探》，《敦煌研究》2015 年第 6 期。
③ 圆仁撰，顾承甫、何泉达点校：《入唐求法巡礼行记》卷 2，第 92 页。

第六章 唐玄宗开元官寺及其制度研究

开元二十六年（738）六月一日，唐玄宗敕令天下诸州分别设立开元寺（观）各一所。这是唐代第四次设立佛教官寺。传世文献中对于此次开元官寺的设立留下了两种不同记载。①《唐会要》卷48《寺观》云："天授元年十月二十九日，两京及天下诸州各置大云寺一所。至开元二十六年六月一日，并改为开元寺。"② 该书卷50《杂记》又载："（开元）二十六年六月一日，敕每州各以郭下定形胜观寺，改以'开元'为额。"③

关于这两种不同记载的关系，富安敦（Antonino Forte）先生曾提出：《唐会要》中的两种说法皆系唐玄宗诏敕，卷48之说表明唐玄宗设立开元国寺的初衷并非有意建立一个新的国寺系统，而只是想以此取代武周时期遗留下来的大云寺网络；卷50的记载则应是在受到大云寺僧众的阻力之后所颁布的第二道敕令。④

事实上，认为前引《唐会要》卷48所谓两京天下诸州大云寺"并改为开元寺"之说系唐玄宗诏敕者，远不止富安敦先生。自赵明诚《金石录》以降，此说已广为流传，以至不少学者对此条文字径以"诏敕"相称并加以引用，进而据此展开讨论和分析。但此条文字既无"诏敕"等字眼，又史源不详，疑点颇多。与此同时，又对《唐会要》卷50所载唐玄宗同日所颁敕令有意无意地予以忽略。

---

① 敦煌遗书S.3728还中保存了一则依傍此次开元寺设立事件而生的传说，详参本书附录三"开元寺兴致传说演变研究"。
② 王溥：《唐会要》卷48《寺观》，上海古籍出版社1991年版，第996页。
③ 王溥：《唐会要》卷50《杂记》，第1029页。
④ Antonino Forte, *Chinese State Monasteries in the Seventh and Eighth Centuries*, p. 225. 富安敦先生所使用的"国寺"概念，实即本书绪论章所界定"官寺"。

128　唐代佛教官寺制度研究

故本章首先拟通过对各种资料中开元寺的辑考和分析[①]，判断《唐会要》卷48所谓两京天下诸州大云寺"并改为开元寺"之说是否为史实、是否确为玄宗诏敕，并对两种说法的关系进行辨析，以此回应富安敦先生的上述观点。在此基础上，通过对目前可考的唐代开元寺的空间分布进行梳理，并结合其他史料，回应富安敦、颜娟英等先生关于唐玄宗朝开元寺敕令在全国诸州的执行力度问题。[②] 最后通过梳理开元官寺在时间维度上的见载情况，分析开元官寺在唐代不同时期的留存情况和沿革大势，与大云寺、龙兴寺的留存情况进行比较，并尝试解释原因。

需要说明的是，以目前的文献留存情况而言，本无法准确复原唐代各个时期开元寺的数量，以及各时期开元寺占唐代开元寺总数的比重。较为可行的做法，应是将开元寺在各种文献中见于记载的时间，作为判断开元寺存在时间的依据。

一　开元官寺的辑考、编年与定位

京畿

1. 长安开元寺（今陕西省西安市）

《唐会要》卷50《杂记》："天宝三载三月，两京及天下诸郡，于开元观、开元寺以金铜铸玄宗等身天尊及佛各一躯。"[③]

《册府元龟》卷54《帝王部·尚黄老二》："（天宝）三载三月，两京及天下诸郡于开元观、开元寺以金铜铸帝等身天尊及佛各一。"[④]

《文苑英华》卷570《为宰相贺开元寺铸释迦牟尼佛像白光等瑞表》："臣等伏见开元寺所铸释迦牟尼佛，身现金色，顶含白光，发浓紫于圣容，

[①] 这些资料既包括传世文献如佛教史传类文献、类书、政书、诗文和笔记史料，也包括出土文献如敦煌文书和新出墓志，所据史料成书时间以宋代（含辽金）为限，元代以后者则不取。

[②] 颜娟英：《盛唐玄宗朝佛教艺术的转变》，《中研院历史语言研究所集刊论文类编·历史编·魏晋隋唐五代卷·四》，中华书局2009年版，第568—569页。

[③] 王溥：《唐会要》卷50《杂记》，上海古籍出版社1991年版，第1030页。牛继清先生将此句断作"天宝三载三月，两京及天下诸郡，于开元观、开元寺，以金铜铸玄宗等身、天尊及佛各一躯"。详参王溥撰，牛继清校证《唐会要校证》卷50，三秦出版社2012年版，第750—751页。

[④] 王钦若等编：《册府元龟》卷54《帝王部·尚黄老二》，中华书局1960年版，第599页。

散纯黄于佛体。未加营饰,已成相好。殊祥异应,昔所未闻。"

考证:《唐会要》《册府》所载唐玄宗敕令明载铸像范围为两京天下诸州之开元观、开元寺,则长安设有开元寺可知。孙逖此表中的"释迦牟尼佛像"即天宝三载(744)玄宗敕令两京天下诸郡开元寺铸造的玄宗等身佛像。表中开元寺即长安开元寺。另据景亚鹏、田卫卫两位女史分别研究,长安开元寺至武宗灭佛时被毁。①

2. 岐州开元寺(今陕西省宝鸡市凤翔县)

《宋高僧传》卷24《唐凤翔府开元寺元皎传》:"(至德二年)召入受敕旨,随驾仗内赴京。寻敕令皎向前发,至于凤翔,于开元寺置御药师道场。"②

考证:可知至德二年(757),岐州开元寺犹存。

3. 邠州开元寺(今陕西省彬州市)

《邠州开元寺残碑》记载:"昔天后□禅,孝和复辟,肇建此寺,以中兴为名。嘻嘻黎元,庆我……碧丹之丽,栋宇之壮,为日久矣。开元廿六年,……诏以此寺为开元寺。及天宝□□,干戈未戢,天下宿忧,郇邠之地,兵车所会,刊刻䃲毁。惟……大历六年岁次辛亥十一月癸未朔十五日丁酉建。"③

考证:邠州开元寺系由中兴寺(龙兴寺)于开元二十六年(738)改额而来。

关内道

4. 陇州开元寺(今陕西省宝鸡市陇县)

《历代法宝记》卷1《无住和尚》:"陇州开元寺觉禅师弟子知一师,

---

① 景亚鹏:《西安碑林藏石与长安开元寺》,《碑林集刊》第8辑,陕西人民美术出版社2002年版,第207—213页;田卫卫:《唐长安开元寺考》,《唐研究》第21卷,北京大学出版社2016年版,第265—283页。
② 释赞宁撰,范祥雍点校:《宋高僧传》卷24,第617页。杨增据中田美绘的研究,认为肃宗灵武即位之后,不空曾派弟子在灵武(灵州)开元寺为唐王朝举行药师道场,参见氏著《不空三藏研究述评——以肃、代两朝的活动为中心》,洪修平主编《佛教文化研究》第4辑,江苏人民出版社2016年版。今查中田美绘氏原文,可知其所据即《宋高僧传·元皎传》,杨氏盖系将凤翔府开元寺误为灵武开元寺。详参中田美绘《唐朝政治史上の〈仁王経〉翻訳と法会——内廷勢力専権の過程と仏教》,《史学雑誌》第115卷第3期,2006年3月,第322—347页。
③ 杨忠敏:《唐开元寺残碑辨析》,《文博》1990年第3期;李之勤:《唐邠州开元寺的始建年代及其名称演变》,《文博》1990年第6期。

时人号质直僧，来投（无住）和上。"①

《金石萃编》卷16《开元寺经幢》：开元十六年（728）立"在陇州"。②

考证：观《历代法宝记》所载可知，僧知一来投无住和上，当在无住确立自己在保唐禅派的地位之后。杨曾文《唐五代禅宗史》云：无住乾元二年（759）才到达成都净众寺，大历九年（774）卒。③则僧知一来投无住时间当在此间，陇州开元寺在此间亦应存在。

5. 鄜州开元寺（今陕西省延安市富县）

敦煌遗书S.5981《同光二年智严往西天巡礼圣迹后记》（拟名），其中有"州开元寺观音院主临坛持律大德智严"云云。

考证：据杜斗城先生研究，此州即鄜州，"州开元寺"即鄜州开元寺④，且至后唐同光二年（924）犹存。

6. 坊州开元寺（今陕西省延安市黄陵县）

《唐故寿州别驾郑瀚亡女十三女墓志铭》，贞元七年（791）五月十二日终于坊州中部县官舍，"年廿三，以六月七日景申权殡于中部县永安乡□□里开元寺东原，礼也"。⑤

考证：郑氏之父应早卒。郑氏随其任坊州刺史的季父郑浑居于坊州，中部县即坊州治所县。可知至贞元七年（791）坊州开元寺犹存。由"中部县永安乡□□里"似可知，坊州开元寺应在州城之外。

7. 单于都护府开元寺（今内蒙古呼和浩特市和林格尔县）

李逢吉《单于都护府开元寺碣铭》⑥。

考证：据《新唐书·李逢吉传》及《唐方镇年表》，可知李逢吉出任振武军节度判官之时间应在贞元十年至贞元末年（794—805）。⑦亦可知当时单于府开元寺犹存。

---

① 《大正藏》第51册《史传部三》，第191页。
② 王昶：《金石萃编》卷66《开元寺经幢》，《石刻史料新编》第1辑第2册，第1116页下栏。此经幢颇为可疑，但也可能与下文所引之汝州开元寺相同，属于在开元二十六年之前即已单独请额设立者。从逻辑上讲，这种可能性尚无法排除。
③ 杨曾文：《唐五代禅宗史》，中国社会科学出版社1999年版，第265—269页。
④ 杜斗城：《敦煌五台山文献校录研究》，山西人民出版社1991年版，第218页。
⑤ 周绍良、赵超主编：《唐代墓志汇编续集》贞元〇二二，上海古籍出版社2001年版，第748页。
⑥ 杨莉、赵兰香编：《西北民族大学图书馆于右任旧藏金石拓片总目提要》，甘肃文化出版社2013年版，第512页。
⑦ 欧阳修等：《新唐书》卷174《李逢吉传》，中华书局1975年版，第5221页；吴廷燮：《唐方镇年表》卷1《振武》，中华书局1980年版，第165—167页。

都畿

8. 郑州开元寺（今河南省郑州市）

《太平广记》卷 123《报应二十二·冤报》："唐僖宗之狩于岷蜀也，黄巾尚游魂于三辅。中和辛丑岁，诏丞相晋国公王铎为诸道行营都统，执操旗鼓，乘三峡而下，作镇南燕，为东诸侯节度。又诏军容使西门季玄为都监。……暮秋月，都监迁于荥阳郡，舍于开元寺，子城东南隅之地。"①

考证：荥阳郡即郑州。可见中和辛丑岁即中和元年（881）郑州开元寺犹存。

9. 汝州开元寺（今河南省汝州市）

《金石萃编》卷 83《大唐开元寺故禅师贞和上宝塔铭》，贞和上"后隶此郡开元寺"，"以开元十三年九月十八日，□灭于开元□（精？）舍，春秋八十有四"。塔铭撰写时间为"开元二十六年七月十五日"。②

考证：该塔铭可疑之处颇多，其中之一即开元十三年（725）汝州已设有开元寺。③ 若与上文《金石萃编》卷 16 所著录之开元十六年（728）陇州《开元寺经幢》合观，颇怀疑在开元二十六年（728）唐玄宗敕令诸州各立开元官寺（观）之前，唐代极少数地方州府已通过请额方式在当州设立开元寺。陇州和汝州之开元寺，或即此类。④

河南道

10. 虢州开元寺（今河南省灵宝市）

《大唐亡妻天水秦氏夫人墓志铭》，秦氏"洎会昌三年八月廿三日遘

---

① 李昉等编撰：《太平广记》卷 123《报应二十二·冤报》，中华书局 1961 年版，第 870 页。
② 《石刻史料新编》第 1 辑第 2 册，第 1396 页上栏。关于此贞和上塔铭的研究，参见蓝日昌《〈风穴七祖千峰白云禅院记〉读后》，《中国禅学》第 4 辑，中华书局 2006 年版，第 275—287 页。
③ 同时也存在另一种可能性，即贞和上卒时（开元十三年）其所隶籍之寺尚未改额为开元寺，但塔铭撰写时（开元二十六年七月十五日）贞和上所隶之寺已改额为开元寺，由于塔铭体例和篇幅的限制，沈兴宗并未交代贞和上所隶之寺已改额为开元寺，遂径书其"□灭于开元□（精？）舍"。然若对照塔铭中"后隶此郡开元寺"，则此种可能性似乎较小。
④ 洛阳开元观设立于开元十年，似可作为旁证。见吴钢主编《全唐文补遗》第 1 辑《大唐故金仙长公主志石铭并序》，三秦出版社 1994 年版，第 135 页。但需要注意的是，洛阳开元观并非普通宫观，而是唐玄宗为其胞妹金仙公主所建之皇家道观。

疾，终于虢州开元寺，享年廿有七"①。

考证：可知虢州开元寺至唐武宗毁佛前夕的会昌三年（843）犹存。

11. 陈州开元寺（今河南省周口市淮阳县）

《宝刻丛编》卷5《京西北路下·陈州》："唐开元寺讲堂记。唐卢中敏书。《诸道石刻录》。"②

《宝刻类编》卷7《名臣十三之八·唐·卢中敏》，"唐开元寺讲堂记。（陈）。"③

考证：卢中敏生卒年无考，但此记应书于开元二十六年开元官寺设立之后。

12. 宋州开元寺（今河南省商丘市）

《金石萃编》卷98《八关斋报德记》之"此州开元寺"即宋州开元寺。④

《宋高僧传》卷28《周宋州广寿院智江传》："梁龙德元年，于商丘开元寺请名数一支，所谓精义入神，散则繁衍。因著《瑞应钞》八卷，达者传之。"智江显德五年卒，享龄七十四。⑤

考证：商丘开元寺即宋州开元寺。可知宋州开元寺毁废于会昌法难，后又得重建。

13. 亳州开元寺（今安徽省亳州市）

《宋高僧传》卷28《晋东京相国寺遵诲传附彦求传》："释遵诲，姓李氏，谯郡人也。……年甫十一，礼亳城开元寺崇諲律主为师范矣。"开运二年卒，春秋七十一，僧腊五十一。⑥

《授堂金石文字续跋》卷8著录有北宋乾德元年（963）《开元寺新修佛顶尊胜陀罗尼经幢》⑦。

考证：遵诲年十一时为唐僖宗光启元年（885），亳城开元寺即亳州开元寺，当时犹存。

---

① 周绍良编：《唐代墓志汇编》会昌〇二五，上海古籍出版社1992年版，第2228—2229页。
② 《石刻史料新编》第1辑第24册，第18158页下栏。
③ 同上书，第18494页上栏。
④ 王昶：《金石萃编》卷98《八关斋报德记》，《石刻史料新编》第1辑第3册，第1624页下栏。
⑤ 释赞宁撰，范祥雍点校：《宋高僧传》卷28，下册，第702页。
⑥ 同上书，第699—700页。
⑦ 武亿：《授堂金石文字续跋》卷8《开元寺新修佛顶尊胜陀罗尼经幢》，《石刻史料新编》第1辑第25册，第19233页下栏。

14. 淄州开元寺（今山东省淄博市淄川区）

《金石录》卷 27《唐淄州开元寺碑》："右唐淄州开元寺碑，李邕撰并书。碑初建于本寺，后人移填郡廨败屋下。余为是州，迁于便坐，用木为栏楯以护之云。"①

《金石录》卷 6《目录六》下小字注云："李邕撰并行书，开元二十八年七月。"②

《宝刻丛编》卷 1《京东东路·淄州》："唐开元寺碑。唐淄州刺史李邕撰并书。开元寺，隋所建，本名正等。唐初改曰大云。中宗初，沙门玄治重修，又改曰神龙寺。玄宗亲书额，改为开元。碑以开元二十八年七月立。《集古录目》。"③

考证：立碑时间为开元二十八年（740）七月，应是为纪念淄州开元寺设立而立。

15. 滑州开元寺（今河南省安阳市滑县）

《宋高僧传》卷 28《宋西京天宫寺义庄传》："释义庄，姓张氏，滑台人也。当免怀之日，及就傅之秋。神彩克明，尘机顿去。乃于本府开元寺归善财之列。……于太平兴国戊寅年八月奄终，俗寿七十八，僧腊五十九。"④

考证：太平兴国戊寅岁即太平兴国三年（978），则生于唐昭宗天复元年（901）。可知此滑州开元寺五代时犹存。

16. 齐州开元寺（今山东省济南市）

《宋高僧传》卷 7《宋齐州开元寺义楚传》⑤。

熙宁二年（1069）《开元寺修杂宝经藏地宫记》⑥。

于钦《齐乘》："开元寺，府城内，建于唐。"⑦

考证：此齐州开元寺应即唐代旧寺遗存，唐代以后无由建立新的开元寺。⑧

---

① 《石刻史料新编》第 1 辑第 12 册，第 8958 页下栏。
② 同上书，第 8837 页下栏。
③ 《石刻史料新编》第 1 辑第 24 册，第 18102 页上栏。
④ 释赞宁撰，范祥雍点校：《宋高僧传》卷 28，下册，第 709 页。
⑤ 释赞宁撰，范祥雍点校：《宋高僧传》卷 7，上册，第 159—160 页。
⑥ 录文参见高继习《济南市县西巷地宫及相关问题初步研究》，《东方考古》第 3 辑，科学出版社 2006 年版，第 379—440 页。
⑦ 于钦撰，刘敦愿等校释：《齐乘校释》卷 5，中华书局 2012 年版，第 380 页。
⑧ 齐州开元寺沿革，参见高继习、刘斌、常祥《济南"开元寺"重考》，《春秋》2006 年第 5 期。

17. 密州开元寺（今山东省高密市）

《成唯识论义蕴》五卷（或云十卷）："密州开元寺道邑撰。"①

考证：道邑生卒年无考，密州开元寺存在时间无考。

18. 登州开元寺（今山东省蓬莱市）

圆仁《入唐求法巡礼行记》卷2："登州都督府城，东（西）一里，南北一里。城西南界有开元寺，城东北有法照寺，东南有龙兴寺，更无别寺。城外侧近有人家。城下有蓬莱县开元寺，僧房稍多，尽安置官客，无闲房，有僧人来，无处安置。"②

考证：登州开元寺至开成五年（840）犹存。圆仁此处记载或有疏误，唐代开元官寺设立原则为每州一所，并无一州之中州开元寺和治所县开元寺同时存在之制。登州两处开元寺当为一寺之上下院之类。

19. 泗州开元寺（今江苏省淮安市盱眙县北）

《白居易集》卷69《大唐泗州开元寺临坛律德徐泗濠三州僧正明远大师塔碑铭并序》："元和元年，众请充当寺上座。明年，官补为本州僧正，统十二部。……旋属灾焚本寺，寺歼像灭僧溃者数年。师与徐州节度使王侍中有缘，遂合愿叶力，再造寺宇。乃请师为三郡僧正，奏乞连置戒坛，因其施利，廓其规度，侍中又以家财万计助而成之。……长庆五年春作，大和元年秋成。"③

李翱《李文公集》卷17《泗州开元寺钟铭并序》作于贞元十五年（799）。④

《唐前扬州海陵县令刘尚宾夫人范阳卢氏志铭》，卢氏"享年卅五，大和五年五月廿二日，殁于泗州开元寺"⑤。

考证：唐穆宗长庆年号只使用四年（821—824），无长庆五年之说，应是《碑铭》误记。此塔铭可见泗州开元寺元和年间曾毁于火灾，至大和元年（827）重建完成。且大和五年（831）时，泗州开元寺亦是官员夫人晚年的寓居之所。

20. 颍州开元寺（今安徽省阜阳市）

《安徽金石略》卷7《唐颍州开元寺新钟铭》："长兴三年，李璨撰，

---

① 《卍新纂续藏经》，第49册，第381页。
② 圆仁撰，顾承甫、何泉达点校：《入唐求法巡礼行记》，第86页。
③ 白居易著，朱金城校笺：《白居易集校笺》卷69，上海古籍出版社1988年版，第3728页。
④ 李翱：《李翱文集》卷17《泗州开元寺钟铭并序》。
⑤ 周绍良编：《唐代墓志汇编》大和○四二，上海古籍出版社1992年版，第2125页。

在寿州。存。"①

光绪《寿州志》卷31《唐颍州开元寺钟》有"敕大唐颍州开元寺铸钟一口重五千斤","汝阴郡开元寺昔以兵革肆凌，本朝中否，梵宇器具，恒有缺焉"之语。

考证："汝阴郡开元寺昔以兵革肆凌"一句，可知此颍州开元寺应为唐代旧寺，且颍州开元寺至后唐长兴三年（932）犹存。降至清代，此钟犹存于寿州。

河东道

21. 并州开元寺（今山西省太原市）

圆仁《入唐求法巡礼行记》卷3："十六日，入开元寺，上阁观望。阁内有弥勒佛像，以铁铸造，上金色，佛身三丈余，坐宝座上。诸寺布设，各选其胜。"②

考证：并州开元寺至开成五年（840）犹存。

22. 蒲州开元寺（今山西省永济市西）

《宝刻类编》卷8《释氏一·开秘》："开元寺汾阳王像碑（韩休撰、书并题额。河中）。"③

考证：河中府即唐代蒲州。汾阳王即郭子仪。此"汾阳王像"当立于安史之乱后郭氏功成名就之后。此处姑系于会昌法难之前。

23. 汾州开元寺（今山西省汾阳市）

《宋高僧传》卷11《唐汾州开元寺无业传》："复振锡南下，至于西河。初止众香佛刹，州牧董叔缠请住开元精舍。……（穆宗皇帝即位之年卒，820）俗龄六十二，僧腊四十二。"④

考证：则生于乾元二年（759），住汾州开元寺时间当在宪宗元和年间（806—820）。

24. 泽州开元寺（今山西省晋城市）

《山右石刻丛编》卷9《新铸泽州开元寺铜钟记》⑤。

考证：铸钟时间为天祐十一年七月十三日。天祐十一年即后梁乾化四年（914），可知当时泽州开元寺犹存。

---

① 《石刻史料新编》第1辑第16册，第11740页下栏。
② 圆仁撰，顾承甫、何泉达点校：《入唐求法巡礼行记》，第134页。
③ 《石刻史料新编》第1辑第24册，第18506页下栏。
④ 释赞宁撰，范祥雍点校：《宋高僧传》卷11，上册，第248—249页。
⑤ 胡聘之：《山右石刻丛编》卷9，《石刻史料新编》第1辑第20册，第15134页下栏。

25. 潞州开元寺（今山西省长治市）

敦煌遗书 P.4648《往五台山行记》："二月十一日入（潞府）城，十二日参使。延唐寺常住院安□，巡礼开元寺内二塔，龙兴寺有塔……"①

考证：此遗书文字撰于晚唐五代时期，可知当时潞府（潞州）开元寺犹存。

26. 忻州开元寺（今山西省忻州市）

敦煌遗书 P.3937《往五台山行记》（拟名）："去过雁门关，南至忻州，内有仁泽寺、开元寺、铁佛寺。"②

考证：此遗书文字应撰于五代时期，可知当时忻州开元寺犹存。

河北道

27. 幽州开元寺（今北京市）

《资治通鉴》卷221引《蓟门纪乱》："乾元二年四月癸酉，思明僭位于范阳，建元顺天，国号大燕，立妻辛氏为皇后，次子朝兴为皇太子，长子朝义为怀王。六月，于开元寺造塔，改寺名为顺天。"③

考证：幽州开元寺于乾元二年（759）被史思明改为顺天寺。

28. 归顺州开元寺（今北京市顺义区西北）

《京畿金石考》卷上："唐开元寺碑。郑宣力撰，大历五年立。在（顺义）县东寺中。"④

考证：清代顺义县即今顺义区，在唐前期为羁縻归顺州治所。可知羁縻归顺州亦奉敕设立开元寺，且至大历五年（770）犹存。

29. 相州开元寺（今河南省安阳市）

《宋高僧传》卷21《唐邺都开元寺智辩传》，智辩生卒年无考。⑤

《安阳县金石录》卷7《尊胜陀罗尼经幢记》载懿能法师于崇宁八年正月"葬于（相）郡城西开元寺庚域"。⑥

考证：邺都即唐相州州治安阳县。邺都开元寺即唐相州开元寺。北周时因平定相州刺史尉迟炯叛乱，下令焚毁邺城，将州治南迁四十五里，以

---

① 杜斗城：《敦煌五台山文献校录研究》，山西人民出版社1991年版，第140页。
② 同上书，第221页。
③ 司马光等撰：《资治通鉴》卷221肃宗乾元二年，中华书局1956年版，第7075页。
④ 孙星衍：《京畿金石考》卷上，《石刻史料新编》第2辑第12册，第8756页。
⑤ 释赞宁撰，范祥雍点校：《宋高僧传》卷21，下册，第553—554页。
⑥ 武虚古撰，贵泰校：《安阳县金石略》卷7，《石刻史料新编》第3辑，第28册，第505页。

安阳县为相州州治。亦可知至北宋末年相州开元寺犹存。

30. 魏州开元寺（今河北省邯郸市大名县东北）

《文苑英华》卷863有封演《魏州开元寺新建三门楼碑》①。

《文苑英华》卷866李辅《魏州开元寺琉璃戒坛碑》②。

《宝刻丛编》卷6《唐开元寺修功德记》："在府城内。李钠撰，崔弁书，张肱篆额，大和丁未岁立。《访碑录》。"③

考证：大历十三年（778）立碑记大历十年田承嗣对魏州开元寺的系列捐施，大和元年（827）再次立碑记捐施功德事，似可知开元寺在魏州寺院体系中之地位。

31. 莫州开元寺（今河北省任丘市北）

《房山石经题记汇编》："鄚州鄚县开元寺僧恒湛母净空僧清居造经二条，贞元七年二月八日。"④

考证：鄚州系景云二年（711）析瀛洲、幽州之地新置，开元十三年（725）以"鄚""鄭"二字形近易讹，故改"鄚州"为"莫州"，"鄚县"亦应同时被改为"莫县"。可知至贞元七年（791），莫州开元寺犹存，且莫州开元寺位于莫州治所县莫县。

32. 易州开元寺（今河北省保定市易县）

《房山石经题记汇编》，"贞元四年，易州开元寺邑主僧道秀"云云⑤。

《唐文续拾》卷7引《金石续编》卷12《开元寺陇西公经幢赞并序》，有"上谷郡扼燕赵之中枢"，落款为"广明二年"⑥。

《全辽文》卷10《易州开元寺故传戒□智大师遗行塔记》中有辽道宗大安、寿昌等年号，落款为"时乾统五年九月二十七日建"⑦。

考证：可知自中唐贞元四年（788）、晚唐广明二年（881）至辽代末期的乾统五年（1105），易州开元寺犹存。

---

① 李昉等编：《文苑英华》卷863，中华书局1966年版，第4553—4555页。
② 李昉等编：《文苑英华》卷866，第4575—4576页。
③ 《石刻史料新编》第1辑第24册，第18165页下栏。
④ 北京图书馆金石组、中国佛教图书文物馆石经组编：《房山石经题记汇编》，书目文献出版社1987年版，第125页。
⑤ 同上书，第213页。
⑥ 陆心源辑校：《唐文续拾》卷7，《全唐文》第5册附，上海古籍出版社1990年版，第28—29页。
⑦ 陈述辑校：《全辽文》卷10，中华书局1982年版，第285—286页。

33. 恒州开元寺（今河北省石家庄市正定县）

《宝刻丛编》卷6《河北西路·真定府》："唐慧解寺三门楼赞。唐李宥撰，周巚金行书，大历十二年六月刻。在府城内开元寺三门石柱上。《访碑录》。"①

《宝刻丛编》卷6《唐僧道源发愿文》引《集古录目》云："道源，恒州开元寺僧也。常发愿礼大佛名及诵藏经。成德军步军使王士良等为立此碑，贞元十四年正月刻。"②《六艺之一录》卷81录有此段全文。

《常山贞石志》卷8《花塔寺玉石佛座题字》记载："贞元十一年三月廿八日，移此功德于食堂内安置。都检校重修造、寺主开元寺僧智韶、上座僧道璨、都维那僧惠钦、典座僧幽岩。"③

考证：可知至贞元十四年（798），恒州开元寺犹存，且对恒州其他寺院（如龙兴寺）事务具有管理之权。

34. 定州开元寺（今河北省定州市）

《宋高僧传》卷26《唐镇州大悲寺自觉传》："释自觉，博陵望都人也。稚齿厌于俗态。……乃强礼本部开元寺知钦。钦观其志气弗群，立字曰自觉。"贞元十一年卒，寿数不详。④

考证：博陵郡为唐定州郡名，望都县亦为定州属县。故"本部开元寺"为定州开元寺无疑。

《宋高僧传》卷7《后唐洛京长寿寺可止传》："止避乱中山，节度使王处直素钦名誉，请于开元寺安置，逐月供俸。"⑤

敦煌遗书S.529《同光二年五月定州开元寺参学比丘归文状》⑥。

考证：可知自中唐至五代后唐同光二年（924），定州开元寺一直存在。

35. 赵州开元寺（今河北省石家庄市赵县）

圆仁《入唐求法巡礼行记》卷2："午时发，西北行廿五里，热气如蒸，到赵州南开元寺宿。屋舍破落，佛像尊严，师僧心鄙，怕见客僧。"⑦

《宝刻丛编》卷6《河北西路·赵州》："赵郡开元寺经楼铭。僧楚琼

---

① 《石刻史料新编》第1辑第24册，第18177页下栏。
② 同上。
③ 关于铭文的相关研究，详参拙文《河北正定广惠寺唐代玉石佛座铭文考释——兼议唐代国忌行香和佛教官寺制度》，《陕西师范大学学报》（哲学社会科学版）2015年第2期。
④ 释赞宁撰，范祥雍点校：《宋高僧传》卷26，下册，第656—658页。
⑤ 释赞宁撰，范祥雍点校：《宋高僧传》卷7，上册，第149页。
⑥ 详参孙继民《介绍几件有关定州开元寺的敦煌文书》，《文物春秋》1998年第1期。
⑦ 圆仁撰，顾承甫、何泉达点校：《入唐求法巡礼行记》，第102页。

行书、篆额。《诸道石刻录》"①

考证：可知至开成五年（840）赵州开元寺犹存，然已"屋舍破落"。且赵州开元寺位于"赵州南"，即州城南郊。

36. 贝州开元寺（今河北省邢台市清河县）

圆仁《入唐求法巡礼行记》卷2："斋后，西行卅五里，申时到唐（当作贝）州城里开元寺宿。见说：'中丞申节度使于开元寺新开坛场，牒报街衢，令人知闻。'从诸州来受戒坛四百有余，昨日坛场罢，新戒僧尽散去云云。见未发者只有三十余人也。寺纲维具录日本国僧等来由，报中丞。"②

考证：开成五年（840）贝州开元寺犹存，且贝州开元寺位于"城里"。

37. 棣州开元寺（今山东省滨州市惠民县东南）

《宋高僧传》卷7《汉棣州开元寺恒超传》："龙德二年，挂锡于无棣。超曰：此则全齐旧壤，邹鲁善邻。遂止开元伽蓝东北隅，置院讲诸经论。"恒超乾佑二年（949）卒，春秋七十三，僧腊三十五。③

考证：后梁龙德二年（922），棣州开元寺犹存。

38. 沧州开元寺（今河北省沧州市东南）

《宋高僧传》卷10《唐潭州翠微院恒月传附真亮传》："洛京广爱寺释真亮。姓侯氏，景城人也。……遂于本州开元寺智休师下披染服。"贞元四年，春秋八十八卒。④

考证：景城为沧州属县，则本州开元寺自为沧州开元寺无疑。贞元四年（788），年八十八卒，则当生于武周长安元年（701），下距开元寺设立尚有37年，但本传云早年出家，似有不符，俟再考。

39. 邢州开元寺（今河北省邢台市）

《宝刻丛编》卷6《唐能大师碑》有"巨鹿郡之开元寺"（天宝七载）。⑤

《大唐广阳漆泉寺故觉禅师碑铭并序》："禅师曰惠觉，中海新罗国人，姓丰□氏。……生廿三岁具僧戒，叹学无由，精律究流，翰知绍论……于是剡识舟海，挥波生□……攸止其地。经十年，梵行鸣播，诏僧籍于邢州

---

① 《石刻史料新编》第1辑第24册，第18194页上栏。
② 圆仁撰，顾承甫、何泉达点校：《入唐求法巡礼行记》，第101页。
③ 释赞宁撰，范祥雍点校：《宋高僧传》卷7，上册，第152—153页。
④ 释赞宁撰，范祥雍点校：《宋高僧传》卷10，上册，第237—238页。
⑤ 《石刻史料新编》第1辑第24册，第18183页下栏。

开元寺。居无几时……洛京有荷泽寺禅僧曰神会，名之崇者，传受学于南越能大师，广开顿悟之门……明年须往，诣为导师……师以处顺安暇，遘疾而不改其容，奄以大历八年三月十九日夜归……"①

《金石录补》卷14《唐开元寺尊胜陀罗尼经碑》："在邢州开元寺西庑下"；同书卷23《后梁开元寺陀罗尼经幢》"在邢州开元寺后院"。②

《湖北金石志》卷7《大宋襄州凤山延庆禅院传法惠广大师寿塔碑铭并序》："大晋天福五年暮春月十六日向邢州开元寺授戒。"③

考证：天宝七载（748）之巨鹿郡即唐代邢州。荷泽神会在洛阳的时间为天宝四载至十二载（745—753），惠觉前往洛阳随神会学习南宗禅法即在这九年之间。可知天宝时期的邢州开元寺，是允许"梵行鸣播"的新罗僧人落籍该寺的。至后晋天福五年（940）邢州开元寺犹存。

40. 洺州开元寺（今河北省邯郸市永年区东南）

《宋高僧传》卷12《唐明州雪窦院恒通传》："释恒通，俗姓李，邢州平恩人也。家传上族，幼而知学。……年二十，于本州开元寺具戒。"天祐二年卒，春秋七十二，夏腊五十二。④

考证：平恩在唐代为洺州属县，非邢州。据《旧唐书》卷39《地理二·河北道·洺州》载平恩县为隋代旧县，自武德元年起一直为洺州属县，从未改属邢州。传云"邢州平恩人"，应有讹误。所谓"本州开元寺"当为洺州开元寺。受具戒时间当为大中八年（854），其时洺州开元寺犹存。

山南西道

41. 凤州开元寺（今陕西省宝鸡市凤县东北）

《金石萃编》卷66《佛顶尊胜陀罗尼石幢赞并序》，幢末附题名有"权□开元寺上座□□，州□匡寺僧神邈"⑤，刊刻于大历十三年（778）。

考证：此幢位于唐代凤州，题名中之"开元寺"，应即凤州开元寺。

---

① 冀金刚、赵福寿编：《邢台开元寺金石志》，国家图书馆出版社2013年版，第63—67页。该书据"处顺安暇"之"处顺"二字，即孔子所谓"六十而耳顺"，并据此认为大历八年惠觉圆寂时应为六十岁，所据或不确。

② 叶奕苞撰：《金石录补》卷14，《石刻史料新编》第1辑第12册，第9058页、9105页下栏。

③ 张仲炘：《湖北金石志》卷7，《石刻史料新编》第1辑第16册，第12070页上栏。

④ 释赞宁撰，范祥雍点校：《宋高僧传》卷12，上册，第289—290页。

⑤ 王昶：《金石萃编》卷66《佛顶尊胜陀罗尼石幢赞并序》，《石刻史料新编》第1辑第2册，第1128页上栏。

第六章 唐玄宗开元官寺及其制度研究 141

42. 阆州开元寺（今四川省阆中市）

《元稹集》卷20《阆州开元寺壁题乐天诗》："忆君无计写君诗，写尽千行说向谁。题在阆州东寺壁，几时知是见君时。"①

《舆地纪胜》卷185《利东路·阆州·古迹》："唐明皇像（在本州者二，一在太霄观，一在开元寺也）。"②

考证：杨军引卞孝萱《元稹年谱》将此诗系于元和十二年（817）③。据《舆地纪胜》所记可知宋代阆州开元寺犹存。

43. 蓬州开元寺（今四川省南充市仪陇县南）

《舆地纪胜》卷188《利东路·蓬州·景物下》："开元寺（在城南）。"④

考证：《舆地纪胜》以南宋时所存百数十种方志图经为主要资料来源，⑤ 可知宋代蓬州开元寺犹存。

44. 集州开元寺（今四川省巴中市南江县）

《毗沙门仪轨》卷1："至大历五年，于集州见内供养僧良贲法师，移住集州开元寺，勘经像与大悲本同。"⑥

考证：唐代集州治今四川省巴中市南江县。大历五年（770）集州开元寺犹存。

山南东道

45. 忠州开元寺（今重庆市忠县）

《白居易集》卷11《开元寺东池早春》。

考证：朱金城先生将此诗系于元和十五年（820），当时白居易官居忠州刺史。⑦ 可知元和十五年（820）忠州开元寺犹存。

46. 荆州开元寺（今湖北省荆州市江陵县）

《宋高僧传》卷8《唐洛京荷泽寺神会传》："（天宝）二年，敕徙荆州开元寺般若院住。"⑧

《大唐东都荷泽寺殁故第七祖国师大德于龙门宝应寺龙岗腹建身塔

---

① 元稹撰，冀勤点校：《元稹集》，中华书局1982年版，上册，第226—227页。
② 王象之撰，李勇先校点：《舆地纪胜》第9册，第5392页。
③ 杨军：《元稹集编年笺注·诗歌卷》，三秦出版社2002年版，第744页。
④ 王象之撰，李勇先校点：《舆地纪胜》第9册，第5527页。
⑤ 李勇先：《〈舆地纪胜〉研究》，巴蜀书社1998年版。
⑥ 《大正藏》第21册，第228页。
⑦ 白居易著，朱金城笺校：《白居易集笺校》第2册，第605页。
⑧ 释赞宁撰，范祥雍点校：《宋高僧传》卷8，上册，第179—180页。

铭》，荷泽神会"享年七十有五，僧腊五十四夏，于乾元元年五月十三日荆府开元寺奄然坐化"①。

《酉阳杂俎续集》卷7："江陵开元寺般若院僧法正，日持金刚经三七遍，长庆初得病卒。"②

考证：荆府即荆州。神会于天宝四载（745）被兵部侍郎宋鼎迎入洛阳荷泽寺弘传南宗禅法，至自天宝十二载（753），因被御史卢奕诬奏聚众不轨，被玄宗先后流配弋阳、武当（均州）、襄阳（襄州）等地安置，至十三载（754）七月，又移至荆州开元寺。赞宁《宋高僧传》所云"（天宝）二年，敕徙荆州开元寺般若院住"之说，似有不确。乾元元年（760）神会于荆州开元寺坐化。荆州开元寺至长庆初（821）犹存。

47. 襄州开元寺（今湖北省襄阳市）

《曾巩集》卷50《常乐寺浮屠碑》："常乐寺浮屠碑，周保定四年立。……其碑文今仆在襄州开元寺塔院。"③

《曾巩集》卷50《襄州遍学寺禅院碑》："襄州遍学寺禅院碑，黄门侍郎修国史韦承庆撰，太子少詹事钟绍京书，开元二年立。……遍学寺于宇文周为常乐寺，于今为开元寺。"④

考证：可知襄州开元寺至北宋中期犹存。若曾巩所考可信，亦可知唐襄州开元寺系由遍学寺改额而来。

48. 隋州开元寺（今湖北省随州市）

《宋高僧传》卷11《唐洛京伏牛山自在传》："（自）在遣弟子去江南选山水之最者，吾愿往中终老。到江州都昌县，有好林泉，回报。（自）在行至叶县，道俗所留，往隋州开元寺示灭，年八十一，则长庆元年也。"⑤

考证：都昌县确是唐代江州属县，叶县属汝州，则行至隋州开元寺示灭亦有可能。

《舆地纪胜》卷83《京西南路·随州·碑记》："开元寺唐赐院额碑（寺今名普安，在城东二里）。"⑥

---

① 周绍良、赵超主编：《唐代墓志汇编续集》永泰〇〇二，上海古籍出版社2001年版，第690页。
② 段成式撰，方南生点校：《酉阳杂俎续集》卷7，中华书局1981年版，第270页。
③ 曾巩：《曾巩集》卷50，中华书局1984年版，第680页。
④ 曾巩：《曾巩集》卷50，中华书局1984年版，第681—682页。
⑤ 释赞宁撰，范祥雍点校：《宋高僧传》卷11，上册，第246页。
⑥ 王象之撰，李勇先校点：《舆地纪胜》第5册，第2902页。

考证：直至长庆元年（821），隋州开元寺犹存。

49. 商州开元寺（今陕西省商洛市）

《宋高僧传》卷11《唐汾州开元寺无业传》："释无业，姓杜氏，商州上洛人也。……年至九岁，启白父母，依止本郡开元寺志本禅师。"①

考证：本郡开元寺即商州开元寺。无业示寂于长庆三年（823）。

淮南道

50. 扬州开元寺（今江苏省扬州市）

《唐大和上东征传》："时淮南采访使班景倩闻大骇，便令人将如海于狱推问，又差官人于诸寺收捉贼徒。遂于既济寺搜得干粮，大明寺捉得日本僧普照，开元寺捉得玄朗、玄法。"② 时为天宝二载（743）。

《桂苑丛谈》之《李将军为左道所误》条："护军李将军全皋罢淮海日，寓于开元寺。"同书之《沙弥辨诗意》条："乾符末，有客寓止广陵开元寺。"③

考证：可知乾符末（879）扬州开元寺犹存。

51. 楚州开元寺（今江苏省淮安市）

《入唐求法巡礼行记》卷1："（廿四日）申后，到楚州城。……语话之后，入开元寺，住于厨库西亭。"④

考证：开成四年（839）楚州开元寺犹存，且负责接待日本入唐求法僧。

52. 舒州开元寺（今安徽省潜山市）

《舆地纪胜》卷46《淮南西路·安庆府·碑记》："开元寺碑阴记（杨吴顺义九年李宗撰）。"⑤

考证：南宋安庆府即唐舒州，故该府开元寺即唐舒州开元寺。存在时间无考。

53. 蕲州开元寺（今湖北省黄冈市蕲春县）

《宋高僧传》卷7《梁东京相国寺归屿传》："释归屿，姓湄氏，寿春人也。父元旭知子敏利，授以诗书，诵览记忆，弥见过群。从诸子而窃愿

---

① 释赞宁撰，范祥雍点校：《宋高僧传》卷11，上册，第247页。
② 真人元开撰，汪向荣校注：《唐大和上东征传》，第44页。
③ 两条均见冯翊子撰《桂苑丛谈》，中华书局1985年版，第6页（《丛书集成初编》第2835册）。
④ 圆仁撰，顾承甫、何泉达点校：《入唐求法巡礼行记》，第33页。
⑤ 王象之撰，李勇先校点：《舆地纪胜》第4册，第1956页。

出尘，父母允其频请。乃礼本郡开元寺道宗律师为力生焉。"①

考证：归屿后唐清泰三年（936）卒，春秋七十五，僧腊五十五。则生于唐懿宗咸通三年（862）。

江南东道

54. 润州开元寺（今江苏省镇江市）

《宋高僧传》卷15《唐润州招隐寺朗然传》："开元中入道，受业于丹阳开元寺齐大师。天宝初，受具于杭州华严寺光律师。……大历十二年冬癸卯，趺坐如常，恬然化灭。时年五十四，僧腊三十五。"②

考证：丹阳即润州之郡名，则所谓丹阳开元寺当即润州开元寺无疑。

55. 苏州开元寺（今江苏省苏州市）

《宋高僧传》卷6《唐台州国清寺湛然传》："天宝初年，解逢掖而登僧籍。遂往越州昙一律师法集，广寻持犯开制之律范焉。复于吴郡开元寺敷行止观。"③

《宋高僧传》卷14《唐会稽开元寺昙一传》："（昙一）以大历六年十一月十七日迁化于寺之律院，报龄八十，僧腊六十一"，门人有"苏州开元寺辩秀"。④

《宋高僧传》卷16《唐吴郡嘉禾灵光寺法相传》："弱冠往长安安国寺得满足戒，即大历中也。便于上京，习毗尼道。诸部同异，无不该综。涉十一载，蔚成其业。传法东归，请学者如林。吴郡太守奏于开元寺置戒坛，相预临坛之选。寻充依止，兼众推为寺纲管，恒施二众归戒。"会昌元年卒，春秋八十九，僧腊六十九。⑤

《唐刘伯刍墓志》："以疾去职，寓居苏州开元寺北。"⑥ 贞元十五年（799）卒。

考证：综合各种文献，可知苏州开元寺至唐德宗贞元十五年（799）犹存。

56. 杭州开元寺（今浙江省杭州市）

《文苑英华》卷860李华《杭州开元寺新塔碑》。⑦

---

① 释赞宁撰，范祥雍点校：《宋高僧传》卷7，上册，第143页。
② 释赞宁撰，范祥雍点校：《宋高僧传》卷15，上册，第361—362页。
③ 释赞宁撰，范祥雍点校：《宋高僧传》卷6，上册，第117页。
④ 释赞宁撰，范祥雍点校：《宋高僧传》卷14，上册，第354页。
⑤ 释赞宁撰，范祥雍点校：《宋高僧传》卷16，上册，第394—395页。
⑥ 胡戟、荣新江主编：《大唐西市博物馆藏墓志》，北京大学出版社2012年版，第793页。
⑦ 李昉等编：《文苑英华》卷860，中华书局1966年版，第6册，第4538页。

《云溪友议》卷中《钱塘论》："致仕尚书白舍人初到钱塘，令访牡丹花。独开元寺僧惠澄近于京师得此花栽，始植于庭，栏圈甚密，他处未之有也。"①

考证：广德三年（765）杭州刺史张伯仪重修当州开元寺西塔。据朱金城《白居易年谱》，白居易任杭州刺史时间在长庆二年（822）十月②，可知当时杭州开元寺犹存。

57. 越州开元寺（今浙江省绍兴市）

《宋高僧传》卷14《唐会稽开元寺昙一传》："（开元）二十五年，仗锡东归。明年，诏置开元寺。长史张楚举为寺主，因而居焉。"③

《宋高僧传》卷15《唐越州称心寺大义传》："开元初，从吴郡圆律师受具。复依本州开元寺深律师学四分律指训。"大历己未岁（大历十四年，779）卒，寿八十九，腊六十三。④萧山确为唐越州属县，本州开元寺即越州开元寺。

《宋高僧传》卷7《后唐会稽郡大善寺虚受传》："暨乾化中，于会稽开元寺度戒，命之充监坛选练。"⑤

《宋高僧传》卷16《唐会稽开元寺允文传》："大中伊始，复振空门，重整法仪，乃隶名开元寺三十人数。七年，寺之耆旧，命讲律乘。"⑥

考证：综合上述各种材料，可知越州开元寺自开元二十六年（728）设立，会昌法难中得以保留，至后梁乾化中（911—915）犹存。

58. 湖州开元寺（今浙江省湖州市）

《文苑英华》卷860《杭州余杭县龙泉寺故大律师碑》，道一律师天宝十三载卒，报龄七十六，僧腊五十七。门人之冠者有"湖州开元寺惠灯"。⑦

《吴兴金石记》卷4《天宁寺经幢》云："以大中十一年岁在丁丑四月二十七日立于开元（寺）尊像殿前，槃其地也。……此二幢本立于开元寺，后移于龙兴。"⑧

---

① 范摅：《云溪友议》卷4，《丛书集成初编》第2832册，中华书局1985年版，第24页。
② 朱金城：《白居易年谱》，上海古籍出版社1982年版，第129页。
③ 释赞宁撰，范祥雍点校：《宋高僧传》卷14，上册，第352—354页。
④ 释赞宁撰，范祥雍点校：《宋高僧传》卷15，上册，第362—363页。
⑤ 释赞宁撰，范祥雍点校：《宋高僧传》卷7，上册，第146页。
⑥ 释赞宁撰，范祥雍点校：《宋高僧传》卷16，上册，第396—397页。
⑦ 李昉等编：《文苑英华》卷860，中华书局1966年版，第6册，第4538—4050页。
⑧ 陆心源：《吴兴金石记》卷4《天宁寺经幢》，《石刻史料新编》第1辑第14册，第10724—10726页。

《宋高僧传》卷 12《唐洛京广爱寺从谏传附鉴宗传》："时州开元寺有上都临坛十望大德内供奉高闲，闲善草隶，尝对懿宗御前书，甚高华望。"咸通七年卒。①

考证：可知湖州开元寺至天宝十三载（754）已设立。经幢位置的变化，反映了毁于会昌法难的湖州开元寺和龙兴寺至大中十一年（857）均已重建。湖州开元寺至晚唐懿宗时期犹存。

59. 歙州开元寺（今安徽省黄山市歙县）

《册府元龟》卷 30《帝王部》："（元和十五年）七月，歙州奏：当州有玄宗皇帝真容，在开元寺，去城十里。今请移于郭内龙兴寺，仍交换寺额。制可之。"②

考证：可知歙州开元寺起初并未设立于州治城内，而是位于距城十里的郊外，元和十五年（820）通过与郭内龙兴寺换额的形式迁入城内。

60. 明州开元寺（今浙江省宁波市东南）

《宝刻丛编》卷 13《明州》："唐重置开元寺碑。唐陶祥撰，剧历之分书并篆额，大中八年七月立。（《复斋碑录》）。"③

《舆地纪胜》卷 11《两浙东路·庆元府·碑记》："开元寺碑（在鄞县南二里。寺有二碑，其一李频文，其一陶祥文，韩择木书）。"④

考证：可知明州开元寺会昌法难中被毁，宣宗大中初年重建，八年立碑记其事。

《佛祖统纪》卷 43 唐宣宗大中十二年（858）："日本国沙门慧锷，礼五台山得观音像。道四明将归国。舟过补陀山，附着石上，不得进。众疑惧祷之曰，若尊像与海东，机缘未熟。请留此山，舟即浮动。锷哀慕不能去。乃结庐海上，以奉之（今山侧有新罗礁）。鄞人闻之，请其像归安开元寺（今人或称五台寺，又称不肯去观音）。"⑤

考证：至大中十二年（858），明州开元寺已恢复。《宝刻类编》卷 5 又将《唐重置开元寺碑》系于湖州⑥，显为误系。不唯《宝刻丛编》引《复斋碑录》将此碑系于明州，主要以百数十种地志图经为资料来源的

---

① 释赞宁撰，范祥雍点校：《宋高僧传》卷 12，上册，第 279 页。
② 王钦若等编：《册府元龟》卷 30《帝王部·奉先三》，中华书局 1960 年版，第 331 页。
③ 《石刻史料新编》第 1 辑第 24 册，第 18290 页上栏。
④ 王象之撰，李勇先校点：《舆地纪胜》第 2 册，第 665 页。
⑤ 《大正藏》第 49 册《史传部一》，第 388 页。
⑥ 《宝刻类编》卷 5《名臣十三之五·唐·剧膺》云："重置开元寺碑（陶□撰，八分书并篆额，大中八年七月立。湖）。"见《石刻史料新编》第 1 辑第 24 册，第 18465 页下栏。

第六章　唐玄宗开元官寺及其制度研究　147

《舆地纪胜》亦将此碑系于明州，且王象之《纪胜》初稿写成于嘉定十四年（1221）①，早于陈思《宝刻丛编》完成的理宗时期（1224—1264）。可证《宝刻类编》之误。

61. 婺州开元寺（今浙江省金华市）

《文苑英华》卷861《故左溪大师碑铭并序》，左溪大师隐居婺州浦阳县左溪山，故碑铭中的"弟子本州开元寺僧清辩""入室弟子本州开元寺僧行宣"等。②此二弟子所隶之开元寺当为婺州开元寺无疑。

《宋高僧传》卷26《唐东阳清泰寺玄朗传》，玄朗天宝十三载（754）卒，"春秋八十有二，僧夏六十一"。付法弟子有婺州开元寺清辩等。③

考证：可知天宝十三载（754）婺州开元寺已设立。

62. 括州开元寺（今浙江省丽水市东南）

《宋高僧传》卷11《唐缙云连云院有缘传》："乾符三年，至缙云龙泉大赛山立院。因奏祠部给额，号龙安。敕度七僧，住十八载。安而能迁，止连云院焉。太守卢约者，以谌谅之诚，请入州开元寺别院，四事供施焉。天祐丁卯岁四月八日示疾，至六月朔日，终于廨署，报龄七十三，腊五十二。"④

考证：缙云为唐括州属县，当州开元寺即括州开元寺无疑。可知括州开元寺至晚至唐乾符三年（876）犹存。极可能是会昌法难后重建。

63. 温州开元寺（今浙江省温州市）

《宋高僧传》卷27《唐会稽吕后山文质传》："大中重兴，太守韦君累请不来，强置于榻，舁出州开元寺居。"⑤

《法华经玄赞要集》卷1："唐乾符六年冬，温州开元寺讲。慈恩比丘弘举传写供养。此书从巨唐来，在智证大师经藏。深秘不出，只闻其名。"⑥

《宋高僧传》卷7《宋天台山螺溪传教院义寂传》，雍熙四年（987）义寂卒后，"及乎台之民庶，曾受戒法，迎真相来州治开元寺祭飨，皆缟素哀泣，天为之变惨，其慈摄之所感"。⑦

---

① 李勇先：《〈舆地纪胜〉研究》，四川大学出版社1998年。
② 李昉等编：《文苑英华》卷861，中华书局1966年版，第6册，第4546页。
③ 释赞宁撰，范祥雍点校：《宋高僧传》卷26，中华书局1987年版，第662—663页。
④ 释赞宁撰，范祥雍点校：《宋高僧传》卷11，上册，第286页。
⑤ 释赞宁撰，范祥雍点校：《宋高僧传》卷27，下册，第685页。
⑥ 《卍新纂续藏经》第34册，第197页。
⑦ 释赞宁撰，范祥雍点校：《宋高僧传》卷7，上册，第164页。

考证：温州开元寺自晚唐大中初年（847），直至雍熙四年（987）一直存在。

64. 睦州开元寺（今浙江省建德市梅城镇）

《宋高僧传》卷8《唐睦州龙兴寺慧朗传》："（弟子）颖脱则开元寺道饮、慧祐、道禅"等①。

考证：此开元寺之前未标所在州，当即睦州开元寺无疑。慧朗开元十三年卒。

65. 台州开元寺（今浙江省临海市）

《唐大和上东征传》，天宝十二载十月二十九日东渡时，随行弟子有"台州开元寺僧思讬""窦州开元寺僧法成"等二十四人。②

《宋高僧传》卷10《唐天台山佛窟岩遗则传》："则元居瀑布泉西佛窟本院，建龛塔。会昌中例毁之，其院为道门所有。后开元寺僧正法光于咸通乙酉岁遂徙碑于今所，河南尹韩乂为碑文。"③

考证：咸通乙酉即咸通六年（865），可证台州开元寺在会昌法难后已恢复。

《行历抄》大中七年十一月"二十六日，上开元寺，略看纲维。寺主明秀具状报州。此开元寺者，本龙兴寺基。……拆寺已后，于龙兴寺基，起开元□，更不置龙兴寺"④。

考证：台州开元寺自唐玄宗时期设立，会昌法难中被毁又得重建。

66. 福州开元寺（今福建省福州市）

《文苑英华》卷860《扬州龙兴寺经律院和尚碑》，怀仁和尚之上首门人有"越州开元寺僧昙一，福州开元寺僧宣一"等。⑤

考证：怀仁和尚卒于天宝十载（751）十月十四日，春秋八十三，僧腊六十。则福州开元寺天宝十载以前即已设立。

《全唐文》卷825《灵山塑北方毗沙门天王碑》："我相府琅琊王王公之有闽越也，具列藩之业，修有地之职，行有民之道。……于是于开元寺之灵山，塑北方毗沙门天王一铺，全部落已，镇于城焉。"⑥

梁克家《淳熙三山志》记载福州开元寺沿革云："会昌中，汰天下寺，

---

① 释赞宁撰，范祥雍点校：《宋高僧传》卷8，上册，第188页。
② 真人元开撰，汪向荣校注：《唐大和上东征传》，第85页。
③ 释赞宁撰，范祥雍点校：《宋高僧传》卷10，上册，第230页。
④ 圆珍撰，白化文、李鼎霞校注：《〈行历抄〉校注》，花山文艺出版社2004年版，第5页。
⑤ 李昉等编：《文苑英华》卷860，中华书局1966年版，第6册，第4549页。
⑥ 董诰等编：《全唐文》卷825，中华书局1983年版，第9册，第8694—8696页。

州存一，即是也。"①

考证：《淳熙三山志》所载虽不尽准确，却基本道出了福建观察使辖区内仅福州被允许保留一所开元寺的史实。可知自天宝十载（751）至晚唐王审知时期，福州开元寺一直存在。

67. 建州开元寺（今福建省建瓯市）

《舆地纪胜》卷129《福建路·建宁府·景物下》："丹青阁（在开元寺，为一郡胜概）。"②

《舆地纪胜》卷129《福建路·建宁府·古迹》："吕蒙宅（开元寺在城中。《志》谓俗传为吴吕蒙宅）。"③

考证：建州开元寺至南宋时犹存。

68. 漳州开元寺（今福建省漳州市漳浦县）

《舆地纪胜》卷131《福建路·漳州·景物下》："开元寺（唐史维翰有诗。又张澂诗云：'铸金像出开元末，检玉书藏景祐间。'）"④

考证：至南宋时漳州开元寺犹存。所谓"铸金像出开元末"之"开元末"，应作"天宝初"，应指天宝三载（744）唐玄宗敕令两京天下诸州开元寺和开元观各以金铜铸自己的等身佛像和等身天尊像一事。详参本书附录二《唐玄宗御容铜像广布天下寺观考辨》。

69. 泉州开元寺（今福建省泉州市）

《全唐文》卷826《华严寺开山始祖碑铭》："及宣皇帝复寺，刺史琅琊王公迎以幡花，舍于郡开元寺，俾为监领。"⑤

《全唐文》卷825黄滔《泉州开元寺佛殿碑记》云："垂拱二年，郡儒黄守恭宅桑树吐白莲花，舍为莲花道场。后三年，升为兴教寺。复为龙兴寺。逮玄宗之流圣仪也，卜胜无以甲兹，遂为开元寺焉。……自垂拱之迄开元，四朝而四易号。……则开元实寺之冠，斯又冠开元焉。"⑥

考证：此"郡开元寺"当即行标故里泉州之开元寺。可知会昌灭佛后泉州开元寺已被及时重建。黄滔《泉州开元寺佛殿碑记》撰于乾宁四年（897），可知泉州开元寺至晚唐犹存。

---

① 梁克家：《淳熙三山志》卷33《寺观类一》，《宋元方志丛刊》第8册，中华书局1990年版，第8238页。
② 王象之撰，李勇先校点：《舆地纪胜》卷129，第7册，第4081页。
③ 同上书，第4086页。
④ 王象之撰，李勇先校点：《舆地纪胜》卷131，第7册，第4156页。
⑤ 董诰等编：《全唐文》卷826，第9册，第8702页。
⑥ 同上书，第8690页。

70. 汀州开元寺（今福建省龙岩市长汀县）

《唐前卫尉卿赐紫金鱼袋张公夫人太原郡君郭氏墓志》，郭氏以"贞元十四年十一月廿六日遘疾，薨于汀州开元寺别院"。①

《舆地纪胜》卷132《福建路·汀州·景物下》："至道宫（《九域志》云：本名开元宫，开元二十四年置。内有明皇真容，皇朝改今额。又云，汀州开元寺乃富国王先生施材所建也）。"②

考证：可知至贞元十四年（798），汀州开元寺犹存，其别院还是官员夫人晚年的寓居之所。《舆地纪胜》此段文字引自《元丰九域志》，可知至少在北宋中期，汀州开元寺犹存。

江南西道

71. 洪州开元寺（今江西省南昌市）

《宋高僧传》卷10《唐洪州开元寺道一传》："大历中，圣恩溥洽，隶名于开元精舍。"③

《宋高僧传》卷13《梁福州玄沙院师备传》："（少时）上芙蓉山出家，咸通初年也。后于豫章开元寺具戒，还归故里。"④

考证：玄沙师备往洪州开元寺受具戒时间当在咸通初年（860）以后。

《舆地纪胜》卷26《江南西路·隆兴府》："明皇铜像（在城东开元寺）。"⑤

《舆地纪胜》卷26《江南西路·隆兴府·碑记》，"开元寺藏经（寺在城东。藏经皆唐经生所书）"，"唐故洪州开元寺石门道一禅师塔铭（权载之撰）"。⑥

考证：豫章即洪州之郡名和雅称。可知洪州开元寺自中唐大历中（766—779）至南宋一直存在。⑦

---

① 周绍良、赵超主编：《唐代墓志汇编续集》贞元〇四七，上海古籍出版社2001年版，第767页。
② 王象之撰，李勇先校点：《舆地纪胜》卷132，第7册，第4177页。
③ 释赞宁撰，范祥雍点校：《宋高僧传》卷10，上册，第222页。
④ 释赞宁撰，范祥雍点校：《宋高僧传》卷13，上册，第305—306页。
⑤ 王象之撰，李勇先校点：《舆地纪胜》卷26，第3册，第1223页。
⑥ 同上书，第1238页。
⑦ 《六祖大师法宝坛经》卷1《附记》云，开元十年汝州人净满"于洪州开元寺受新罗僧金大悲钱二十千，令取六祖大师首，归海东供养"。后净满事发被擒。然当时诸州开元官寺尚未设立，则洪州不应先有。此盖开元二十六年以后人们普遍以开元寺为一州首寺，故将该故事人物亦置于洪州开元寺中，以求增加可信度也，未料适得其反。

72. 江州开元寺（今江西省九江市）

《宋高僧传》卷25《唐江州开元寺法正传附会宗传》①。

考证：据本传，法正于唐宣宗大中五年（863）前后以"年暨八十余卒于住寺"，可知江州开元寺在会昌拆寺灭佛之后及时获得重建。

73. 袁州开元寺（今江西省宜春市）

《舆地纪胜》卷28《江南西路·袁州·景物下》："开元寺（在郡北。寺有唐光启三年洪州刺史钟传所铸钟）。"②

考证：可知袁州开元寺至南宋犹存。

74. 信州开元寺（今江西省上饶市）

《释氏稽古略》卷3《邵武龙湖禅师》："至是贞明四年一日，……既而跨虎，凌晨抵信州开元寺。"③

考证：后梁贞明四年（918）信州开元寺犹存。信州系乾元元年（758）析饶州新置之州。若《释氏稽古略》所载属实，则唐代在开元二十六年（738）以后新置之州中亦曾设有开元寺。

75. 虔州开元寺（今江西省赣州市）

《唐大和上东征传》："至贞（浈）昌县，过大庾岭，至虔州开元寺。"④

《金石萃编》卷84《洞清观钟款识》，天祐元年（904）"开元寺僧义全书"。⑤

考证：可知天宝十载（751）时，虔州开元寺已设，至天祐元年（904）犹存。

76. 鄂州开元寺（今湖北省武汉市）

《宋高僧传》卷29《唐鄂州开元寺玄晏传》："至德初年，诵经高第。依僧崇真剃落，配住开元寺。……以贞元十六年九月十四日示灭，春秋五十八，僧腊三十四。"⑥

《舆地纪胜》卷66《荆湖北路·鄂州·古迹》："唐铜铸铁佛（在城南一里之开元寺。寺本梁邵陵王纶舍宅为寺。今寺有大历八年铸铜钟，重一

---

① 释赞宁撰，范祥雍点校：《宋高僧传》卷25，下册，第632—633页。
② 王象之撰，李勇先校点：《舆地纪胜》卷28，第3册，第1310页。
③ 《大正藏》第49册《史传部一》，第84页。
④ 真人元开撰，汪向荣校注：《唐大和上东征传》，第76页。
⑤ 王昶：《金石萃编》卷84《洞清观钟款识》，《石刻史料新编》第1辑第2册，第1418页上栏。
⑥ 释赞宁撰，范祥雍点校：《宋高僧传》卷29，下册，第732—733页。

万三千斤，及天宝三载所铸铁佛）。"①

考证：鄂州开元寺位于城南一里处，自贞元十六年（790）至南宋一直存在。

77. 澧州开元寺（今湖南省常德市澧县东南）

《宋高僧传》卷20《唐澧州开元寺道行传》："太守苦召，居州治开元寺。未久，元和十五年终，年六十九。"②

考证：澧州开元寺位于州治，至元和年间（806—820）犹存。

78. 宣州开元寺（今安徽省宣城市）

《樊川文集》卷1《大雨行（原注：开成三年宣州开元寺作）》③。

《全唐文》卷605《澈上人文集序》，（灵澈）元和十一年终于宣州开元寺，春秋七十有一。④

《舆地纪胜》卷19《江南东路·宁国府·碑记》："《开元寺大殿记》（孟拱辰）"⑤。

考证：南宋宁国府即唐代宣州。可知至开成三年（838）宣州开元寺犹存。

79. 潭州开元寺（今湖南省长沙市）

《李群玉诗集后集》卷1《长沙开元寺昔与故长林许侍御题松竹联句》。

《旧五代史》卷5《太祖本纪五》，开平四年（910）正月"赐湖南开元寺禅长老可复号惠光大师，仍赐紫衣"⑥。

考证：李群玉（约813—860）此诗具体写作时间俟考。可知至后梁开平四年（910）湖南开元寺即潭州开元寺犹存。因潭州系湖南观察使治所州，故该州开元寺或系在唐武宗灭佛中得以保留未毁者。

80. 朗州开元寺（今湖南省常德市）

《宋高僧传》卷12《唐苏州藏廙传》："既披法服，寻于武陵开元寺智总律师受具足尸罗，当长庆三年也。"⑦

《宋高僧传》卷18《唐武陵开元寺慧昭传》，慧昭元和十年（815）时在朗州开元寺。⑧

《舆地纪胜》卷68《荆湖北路·常德府·景物下》："开元寺。《武陵

---

① 王象之撰，李勇先校点：《舆地纪胜》卷66，第5册，第2392页。
② 释赞宁撰，范祥雍点校：《宋高僧传》卷20，下册，第517页。
③ 杜牧撰，陈允吉校点：《樊川文集》卷1，上海古籍出版社2009年版，第18—19页。
④ 董诰等编：《全唐文》卷605，中华书局1983年版，第6册，第6113—6114页。
⑤ 王象之撰，李勇先校点：《舆地纪胜》卷19，第5册，第939页。
⑥ 薛居正等撰：《旧五代史》卷5《太祖本纪五》，中华书局1976年版，第81页。
⑦ 释赞宁撰，范祥雍点校：《宋高僧传》卷12，上册，第280—281页。
⑧ 释赞宁撰，范祥雍点校：《宋高僧传》卷18，下册，第461页。

记》云：梁普通中，沉水大溢，巨木长十余丈，流泊于此，夜光明数里。郡人丁提因舍宅为寺，锡号宝刹。唐开元中，改今号。而寺之子院凡四十，今存者十余。"①

考证：可知朗州开元寺系由宝刹寺改额而来，自元和中（806—820）至南宋一直存在。

81. 岳州开元寺（今湖南省岳阳市）

《李太白集》卷19《登巴陵开元寺西阁赠衡岳僧方外》。

考证：诗题已表明此开元寺在岳州，巴陵即岳州郡名。

《舆地纪胜》卷69《荆湖北路·岳州·古迹》："屈原寓居。太平兴国寺，在城南，本开元寺。世传为屈原寓居。"②

考证：可知岳州开元寺至北宋初一直存在，后被改为太平兴国寺。

82. 永州开元寺（今湖南省永州市零陵区）

《舆地纪胜》卷56《荆湖南路·永州·景物下》："太平寺（在州南二里。本唐开元寺。山谷有《登慈氏阁》诗，见集中。轮藏乃张忠献公母夫人所建，忠献自为之记）。"③

考证：可知永州开元寺存在至宋代，被改为太平寺。

83. 道州开元寺（今湖南省永州市道县西）

《舆地纪胜》卷58《荆湖南路·道州·景物下》："桃李坡（在开元寺。王初寮谪居，每成周往刻石，在桃李坡。又有初寮石）。"④

考证：道州开元寺至宋代犹存。

84. 邵州开元寺（今湖南省邵阳市）

《舆地纪胜》卷59《荆湖南路·宝庆府·景物下》："开元寺（在城东。中有六院）。"⑤

考证：南宋宝庆府即唐代邵州。邵州开元寺至宋代犹存。

黔中道

85. 黔州开元寺（今重庆市彭水苗族土家族自治县）

《舆地纪胜》卷176《夔州路·黔州·景物下》："开元寺（在盐井镇

---

① 王象之撰，李勇先校点：《舆地纪胜》卷68，第5册，第2439页。
② 王象之撰，李勇先校点：《舆地纪胜》卷69，第5册，第2487页。
③ 王象之撰，李勇先校点：《舆地纪胜》卷56，第4册，第2129页。
④ 王象之撰，李勇先校点：《舆地纪胜》卷58，第4册，第2195页。
⑤ 王象之撰，李勇先校点：《舆地纪胜》卷59，第4册，第2225页。

东）。"①

考证：黔州开元寺至宋代犹存。

陇右道

86. 秦州开元寺（今甘肃省天水市秦安县西北）

《一髻文殊师利童子陀罗尼念诵仪轨》卷1："此经上元元年九月十八日，婆罗门嚩日罗么拏庾洒，唐云金刚福寿，于秦州开元寺轮寺三院□□□□。贞元十七年三月，翻经沙门再过□□□八峡内忠州萨使君宅，见天竺僧封勘定入藏记。"②

考证：秦州开元寺上元元年（760）犹存。

87. 河州开元寺（今甘肃省临夏回族自治州东乡族自治县西南）

《曾巩集》卷50《唐安乡郡开元寺卧禅师净土堂碑铭》："称卧禅师，姓辛名顺忠，陇西狄道人。陇右按察使崔昇进奏住河州开元寺。右胁而卧，诸漏已无。开元中，诏陇右节度使张守珪为就寺造净土堂，故为铭。"③

《宝刻类编》卷3《开元寺卧禅师碑》："张鼎撰，天宝九年十二月立。河。"④

考证：唐天宝元年（742）改河州为安乡郡，乾元二年（759）改回河州。碑铭以天宝九载（750）立，故称安乡郡。可知至晚于天宝九载（750）河州开元寺已设立。

河西道

88. 凉州开元寺（今甘肃省武威市）

《大唐故大德赠司空大辨正广智不空三藏行状》："十三载，到武威，住开元寺。"⑤

《宋高僧传》卷1《唐京兆大兴善寺不空传》："十三载，至武威，住开元寺。"⑥

---

① 王象之撰，李勇先校点：《舆地纪胜》卷176，第9册，第5150页。
② 《大正藏》第20册《密教部三》，第783页。
③ 曾巩：《曾巩集》卷50《唐安乡郡开元寺卧禅师净土堂碑铭》，中华书局1984年版，第685页。开元寺，宋本、元刻本、正统本作"开化寺"。若对照《宝刻类编》所载《开元寺卧禅师碑》，可知两碑之"卧禅师"应即一人，故住寺应作"开元寺"。
④ 《石刻史料新编》第1辑第24册，第18447页下栏。
⑤ 《大正藏》第50册《史传部二》，第293页。
⑥ 释赞宁撰，范祥雍点校：《宋高僧传》卷1，上册，第8页。

考证：凉州开元寺至天宝十三载（754）时已设立。

89. 沙州开元寺（今甘肃省敦煌市）

敦煌遗书 S.5309《瑜伽师地论》卷 30 题记："比丘恒安随听论本。大唐大中十一年岁次丁丑六月廿二日，国大德三藏法师法成于沙州开元寺说毕记。"①

考证：据李正宇先生研究，沙州开元寺位于沙州城内，该寺寺名始见于吐蕃占领初期的辰年（788）（S.2729《辰年三月沙州僧尼部落米净辩牒》），至宋初太平兴国四年（979）犹存（S.3156《己卯年十二月十六日僧正守志转帖》）。②

90. 于阗开元寺（今新疆和田地区和田市南）

"敦煌文书 P.2899 号汉文《须摩提长者经》卷端题：'于阗开元寺一切经'，卷背书于阗语医药文献，可知这个卷子原本为于阗人所有，正面的汉文佛经应当也出自于阗，原是于阗开元寺的藏经。"③

考证：可证于阗亦设有开元寺，然于阗开元寺存在时间无考。

剑南道

91. 汉州开元寺（今四川省广汉市）

《因话录》卷 6："汉州开元寺有菩萨像，自顶及焰光坐跌，都是一段青石。洁腻可爱，雕琢极工，高数尺。"④

考证：汉州开元寺存在时间无考。

92. 绵州开元寺（今四川省绵阳市西南）

《宋高僧传》卷 6《唐梓州慧义寺神清传》："年十三，受学于绵州开元寺辩智律师。……则大历中也。"⑤

考证：可见绵州开元寺大历中（766—779）犹存。

93. 剑州开元寺（今四川省广元市剑阁县）

《舆地纪胜》卷 186《利东路·隆庆府·碑记》："开元寺重修中和极乐院铭（大顺三年刘崇望记）。"⑥

---

① 施萍婷主编：《敦煌遗书总目索引新编》，中华书局 2000 年版，第 163 页。
② 李正宇：《敦煌地区古代祠庙寺观简志》，《敦煌学辑刊》1988 年第 1、2 期合辑。后收入氏著《敦煌史地新论》，新文丰出版公司 1996 年版，第 71—98 页。
③ 此处转引自荣新江《关于唐宋时期中原文化对于阗影响的几个问题》，《国学研究》第 1 卷，北京大学出版社 1993 年版，第 411—415 页。
④ 赵璘撰：《因话录》卷 6，中华书局 1985 年版，第 43 页。（《丛书集成初编》第 2831 册）
⑤ 释赞宁撰，范祥雍点校：《宋高僧传》卷 6，上册，第 121 页。
⑥ 王象之撰，李勇先校点：《舆地纪胜》卷 186，第 9 册，第 5443 页。

考证：可知剑州开元寺至大顺三年（892）犹存，且重修中和极乐院。

94. 雅州开元寺（今四川省雅安市）

《宋高僧传》卷27《唐雅州开元寺智广传》："乾宁初，王氏始定成都。雅郡守罗（亡名）罢任，携广来谒蜀主。王氏素知奇术，唯呼为圣师焉。"①

考证：唐末乾宁初年（894）雅州开元寺犹存。

95. 戎州开元寺（今四川省宜宾市）

《酉阳杂俎续集》卷3："武宗元年，戎州水涨，浮木塞江。刺史赵士宗召水军接木，修官署，并修开元寺。次年大水，惟开元寺玄宗真容阁去本处十余步，卓立沙上，其他铁石像，无一存者。"②

考证：事在会昌元年（841），可知当时戎州开元寺犹存。

岭南道

96. 广州开元寺（今广东省广州市）

《唐大和上东征传》："端州太守迎引，送至广州。……又开元寺有胡人，造白檀华严经九会，率工匠六十人，三十年造毕，用物三十万贯钱。欲将往天竺。采访使刘臣邻奏状，敕留开元寺供养。"③

考证：时在天宝十载（751），广州开元寺已设立。

97. 桂州开元寺（今广西桂林市）

《唐大和上东征传》："始安都督上党公冯古璞等步出城外，五体投地，接足而礼。引入开元寺。初开佛殿，香气满城。城中僧徒，擎幡烧香，唱梵云集寺中。州县官人百姓，填满街衢。礼拜赞叹，日夜不绝。"④

《桂林风土记》之《开元寺震井》条："隋曰缘化寺，后因纱灯延火，烧毁重建。玄宗朝改名开元寺。"⑤

考证：时在天宝九载（750），桂州开元寺已设立，且系由隋缘化寺改额而来。

98. 韶州开元寺（今广东省韶关市）

《唐大和上东征传》："大和上住此一春。发向韶州，倾城送远。乘江

---

① 释赞宁撰，范祥雍点校：《宋高僧传》卷27，下册，第687页。
② 段成式撰，方南生点校：《酉阳杂俎续集》卷3，中华书局1981年版，第224—225页。
③ 真人元开撰，汪向荣校注：《唐大和上东征传》，第73页。
④ 同上书，第72页。
⑤ 莫休符撰：《桂林风土记》，中华书局1985年版，第8—9页。（《丛书集成初编》第3118册）

七百余里，至韶州禅居寺，留住三日。韶州官人又迎引入法泉寺，乃是则天为慧能禅师造寺也。禅师影像今现在。后移开元寺。"①

《粤东金石略》卷5《开元寺重塑佛像记》②，时为北宋熙宁七年（1074）。

考证：可知天宝十载（751）时，韶州开元寺已设立，且至北宋后期犹存。

99. 窦州开元寺（今广东省信宜市西南）

《唐大和上东征传》，天宝十二载十月二十九日东渡时，随行弟子有"台州开元寺僧思託""窦州开元寺僧法成"等二十四人。③

考证：天宝十二载（753）窦州开元寺已设立。

100. 崖州开元寺（今海南省海口市东南）

《唐大和上东征传》："荣叡、普照师从海路经四十余日到岸（崖）州。州游弈大使张云出迎拜谒，引入令住开元寺，官寮参省设斋。"④

《舆地纪胜》卷124《广南西路·琼州·景物下》："开元寺（在东坡亭之右。有苏东坡书额）。"⑤ 南宋琼州即唐崖州，此开元寺当为唐崖州开元寺。

考证：崖州开元寺自天宝九载（750）至宋代犹存。

101. 龚州开元寺（今广西贵港市平南县）

《舆地纪胜》卷110《广南西路·浔州·古迹》："范龙图祠堂（在平南县东开元寺侧）。"⑥

考证：平南县即唐龚州州治。故此开元寺当为唐龚州开元寺，至宋犹存。

102. 振州开元寺（今海南省三亚市）

《舆地纪胜》卷127《广南西路·吉阳军·景物下》："开元寺（在城西百余步。胡澹庵缘化钟楼）。"⑦

考证：南宋吉阳军即唐振州，治宁远县。此开元寺当为唐振州开元寺，至宋犹存。

---

① 真人元开撰，汪向荣校注：《唐大和上东征传》，第74页。
② 《石刻史料新编》第1辑，第17册，第12408页下栏。
③ 真人元开撰，汪向荣校注：《唐大和上东征传》，第85页。
④ 同上书，第68—69页。
⑤ 王象之撰，李勇先校点：《舆地纪胜》卷124，第7册，第3938页。
⑥ 王象之撰，李勇先校点：《舆地纪胜》卷110，第6册，第3657页。
⑦ 王象之撰，李勇先校点：《舆地纪胜》卷127，第7册，第4001页。

二 小结

由于《唐会要》中保留了两种关于开元官寺设立缘由的不同记载,且长期以来前辈学者对这两种记载之间的关系,持不同的判断和观点。故本节首先通过梳理相关史料,判断唐玄宗开元官寺设立的确切敕令依据究竟为何。其次,通过现存史料中开元官寺的空间分布广度及其在特殊区域的设立情况,讨论开元官寺敕令的执行力度问题。最后,通过目前可考的开元官寺在时间维度上的分布情况,讨论开元官寺在唐代不同时段的留存和沿革大势,并尝试解释原因。

(一)开元官寺设立的敕令依据

本节首先关注的问题,是《唐会要》卷48所谓两京及天下诸州大云寺"至开元二十六年六月一日,并改为开元寺"是否史实和唐玄宗敕令。

此前,塚本善隆、富安敦和威斯坦因等前辈虽已分别据《唐大和上东征传》指出,开元二十六年(738)开元官寺设立之后,个别州府之大云寺仍继续存在的史实。[①] 这种例证法的思路虽巧妙,但只能说明少数大云寺在开元二十六年(738)以后继续存在的史实,或并非所有大云寺均在此年被改额为开元寺,却无法回答开元二十六年(738)之后各州府大云寺继续留存的大势和比例等问题。

本书第四章所辑考的59例大云寺中,见载于开元二十六年(738)之后者27例,分别为长安、洛阳、岐州、朔州、代州、合州、阆州、荆州、襄州、万州、湖州、杭州、越州、婺州、温州、洪州、江州、饶州、鄂州、甘州、肃州、沙州、碎叶镇、遂州、广州、振州和柳州,其中温州和柳州之大云寺皆系在长期被毁之后重建。

据此可知,开元二十六年(738)以后持续存在的大云寺至少共25例[②],广泛分布于唐代两京天下诸州,约占现存宋代以前文献中存在时间可考大云寺总数(55例)的近一半(45%)。考虑到见载时间为开元二十六年(738)之前但此后沿革不详的大云寺中,仍有相当部分在此后继续存在,可以确定,至少应有约超过半数的大云寺在开元二十六年(738)

[①] 斯坦利·威斯坦因:《唐代佛教》,张煜译,上海古籍出版社2015年版,第61页注释20。
[②] 柳州和温州之大云寺皆系在长期被毁之后重建,并非一直持续存在,故并未纳入此处统计中。见《柳河东集》卷28《柳州复大云寺记》,上海古籍出版社2008年版,第465—466页。《宋高僧传》卷25《梁温州大云寺鸿楚传》,第640页。

之后继续存在。《唐会要》卷48所谓两京及天下诸州大云寺"至开元二十六年六月一日，并改为开元寺"的说法并非史实。

拜根兴先生曾据《宋高僧传》所见开元二十六年（738）以后犹存的7所大云寺的南北分布情况，即北方1所（徐州）和南方6所（婺州、越州、温州、襄州、荆州、杭州）的悬殊对比，提出"（大云寺）并改为开元寺"的"诏令"在南方地域的执行可能更为不力。众所周知，在僧传类文献中，寺院大多系因高僧出家受戒、求法或驻锡而见诸记载。《宋高僧传》所见7所开元二十六年（738）以后犹存大云寺的南北分布比例悬殊（6:1），主要应是由所据文献的来源，即入传高僧的南北分布比例悬殊所致。①

在上文所列开元二十六年（738）以后犹存的25例大云寺中，北方仅9例，南方则16例。似乎仍呈现南多北少的局面。但随着资料来源范围的扩大，南、北方大云寺的比例得到明显改观，已接近2:1。即便如此，文献来源的限制依然明显。如朔、代两州的大云寺，完全系因五台山文献《广清凉传》方为后人所知；甘、肃、沙三州和碎叶城的4所大云寺，或因敦煌文献、中西交通文献见载，皆因其地处西北陆上丝绸之路要冲之故。位于北方的9例大云寺中，无一系因诗文碑铭而见载；南方则至少有万州、荆州、洪州、江州、饶州、鄂州6所大云寺系因唐代名家的诗文碑铭而见载。这应是安史之乱后大量北方文人流寓南方，以及由此带动的南方文化发展的结果。所谓开元二十六年（738）以后南北方大云寺留存比例之悬殊，实由资料来源造成。

沿革可考的开元寺是否皆系由武周大云寺改额而来，是回应这一问题的另一思路。现存史料中明确记载沿革的8例开元寺，均非由当州大云寺直接改额而来。② 如杭州开元寺系由方兴寺改额而设③，邠州、魏州、福

---

① 关于《宋高僧传》史源学的专门研究，详参杨志飞《赞宁〈宋高僧传〉研究》，巴蜀书社2016年版，第271—373页。
② 游自勇教授提醒笔者注意以下两种可能影响研究结果的特殊情况：（1）大云寺改额其他寺院（如龙兴寺）后犹称大云旧额；（2）武周大云寺先在中宗时期改额龙兴寺，继而又在开元二十六年改额开元寺。这两种情况在逻辑和史实层面存在的可能性均无法排除。但在本书所涉23例大云寺中，现存史料中尚未发现类似情况。下节所引福州和青州大云寺的沿革，均属第二种情况，但这种情况更应置于"敕每州各以郭下定形胜观寺"的背景下来考察，而不能以"（大云寺）并改为开元寺"为背景，因为这些寺院在被改额为开元寺时，其官方寺额已是龙兴寺（而非大云寺）。
③ 李昉等编：《文苑英华》卷860《杭州开元寺新塔碑》，中华书局1966年版，第4538页。

州、泉州4州开元寺系由当州龙兴寺改额而立①，淄州开元寺系由神龙寺改额而来②，朗州开元寺是由宝刹寺改额设立③，越州开元寺则由大善寺改额而来④。这8例沿革可考的开元寺中，无一系由当州大云寺直接改额而来，足证所谓"（大云寺）并改为开元寺"说并非史实。⑤

唐代两京（尤其是长安）大云寺是否被改额为开元寺，一直聚讼纷纭。此前，富安敦认为长安大云寺并未被改额为开元寺。⑥ 近年来，景亚鹏、田卫卫女史先后通过北宋建隆四年（963）《重修开元寺行廊功德碑》等核心资料，提出唐长安开元寺确系由怀远坊大云寺改额而立，并在唐武宗拆寺灭佛时期被毁，至唐末韩建缩建长安城时，将已被毁弃的开元寺迁至唐代皇城之内（今西安钟楼开元商城附近）。⑦

然若细绎《重修开元寺行廊功德碑》原文，可知其中并无长安开元寺沿革之记载，仅记韩建在唐末利用开元寺旧额重新设立开元寺，即"天祐甲子岁，华州连帅许国韩公建迁为居守，重务域民。既香刹之新崇，列宝坊之旧号。阅今存之院额，皆昔废之寺名。当其制度权舆，经营草创"⑧。故此碑文仅可证唐长安城在唐末之前存在一枚已被毁弃之开元寺旧额，至于此开元寺是否位于怀远坊，是否系由大云寺改额而来，则无法证明。文中提供的其他资料同样无法证明这一关键内容。

与此同时，传世佛教文献和新出墓志均可证明唐代两京大云寺在中晚

---

① 李之勤：《唐邠州开元寺的始建年代及其名称演变》，《文博》1990年第6期；李昉等编：《文苑英华》卷863《魏州开元寺新建三门楼碑》，第4553页；梁克家：《淳熙三山志》卷33，《宋元方志丛刊》本，中华书局1990年版，第8238页；董诰等编：《全唐文》卷825《泉州开元寺佛殿碑记》，第8690页。

② 陈思：《宝刻丛编》卷1《京东东路·淄州》，《石刻史料新编》第1辑第24册，新文丰出版公司1982年版，第18101页下栏—18102页上栏。

③ 王象之撰，李勇先校点：《舆地纪胜》卷68《荆湖北路·常德府·景物下》，四川大学出版社2005年版，第2439页。

④ 施宿等撰：《（嘉泰）会稽志》卷7，《宋元方志丛刊》本。

⑤ 目前所见，唐代地方诸州中只有齐州开元寺可能系由当州大云寺改额而来，但这还是考古学者的推测。即使这种可能性最终被可信的资料证实，齐州的例证也只能算是个例，仍无法证实现存资料中所有（或多数）大云寺的最终归宿均是"并改为开元寺"。参见高继习《济南县西巷佛教地宫初论》，香港大学饶宗颐学术馆2010年版，第45—47页。

⑥ Antonino Forte, *Chinese State Monasteries in the Seventh and Eighth Centuries*，桑山正進編《〈慧超往五天竺国传〉研究》附论2，京都大学人文科学研究所1992年版，第213—258页。

⑦ 景亚鹏：《西安碑林藏石与长安开元寺》，《碑林集刊》第8辑，陕西人民美术出版社2002年版，第207—213页；田卫卫：《唐长安开元寺考》，荣新江主编《唐研究》第21卷，北京大学出版社2016年版，第265—283页。

⑧ 田卫卫：《敦煌写本北宋〈重修开元寺行廊功德碑并序〉习书考》所附录文，《文史》2016年第1期，第133页。

唐一直存在。广德二年（764）不空三藏向唐代宗上表《请置大兴善寺大德四十九员》，其中列有"大云寺僧海明"。① 据此表体例，上都长安以外诸州府（含洛阳）大德所隶寺院的寺额之前例加所属政区，如东都、凤翔府、成都府、荆州等，僧海明所隶"大云寺"之前并未加所属政区，应即长安大云寺无疑。另需注意的是，此表系直接进呈代宗皇帝，故表中的"大云寺"应系当时已在朝廷备案、获得认可的官方寺额，基本可以排除改额之后民间继续称其旧额的可能性。②

德宗朝太子校书元太液"因职务寄家东周，□疾以贞元十八年九月廿三日终于大云之佛寺"③。东周即洛阳，大云寺即洛阳大云寺。由于元太液是长安人，系因工作需要临时寄家洛阳，故墓志中的大云寺亦应是当时官方寺额，而非民间习称。据此，洛阳大云寺至贞元十八年（802）犹存。

在此基础上重新审视张彦远《历代名画记》中关于长安、洛阳大云寺的记载④，恐怕很难再用被改额为开元寺后民间继续称其旧额（大云寺），以及武宗灭佛造成民众历史记忆的断裂来解释了。

至此可知，不唯唐代长安、洛阳两京大云寺，地方诸州之大云寺中亦约有半数在开元二十六年（738）之后继续存在，且现存沿革可考的开元寺中无一例系由当州大云寺直接改额而来。两方面均可证《唐会要》卷48所谓"（大云寺）并改为开元寺"之说并非史实，亦非唐玄宗诏敕。从唐代诏敕的颁行运作过程可知，一天之内不可能颁出两道内容冲突的诏敕。既如此，何以既有研究仍大多默认《唐会要》卷48"（大云寺）并改为开元寺"系出玄宗诏敕。笔者推测，可能是受以下两个因素的影响。

其一，《唐会要》卷48"（大云寺）并改为开元寺"的前半句，即"天授元年十月二十九日，两京及天下诸州各立大云寺一所"确系史实，且有武曌敕令为据。⑤ 遂致默认为后半句"至开元二十六年六月一日，并

---

① 释圆照集：《代宗朝赠司空大辨正广智三藏和上表制集》卷1，《大正藏》第52册，第830页。
② 唐代长安和地方寺院改额之后民间继续称其旧额的情况确实存在，详参本书附录四《敦煌写经题记中的唐长安佛教影像》；简梅青《从"开元寺三门楼题刻"看唐代北方民众佛教信仰》，《魏晋南北朝隋唐史资料》第20辑，第167页。
③ 毛阳光、余扶危主编：《洛阳流散唐代墓志汇编》，国家图书馆出版社2013年版，第484—485页。
④ 张彦远著，秦仲文、黄苗子点校：《历代名画记》，人民美术出版社2016年版，第64、70页。
⑤ 司马光等撰：《资治通鉴》记载天授元年十月"壬申，敕两京诸州各置大云寺一区，藏《大云经》，使僧升高座讲解"。天授元年十月壬申，即十月二十九日，与《唐会要》相符。详参《资治通鉴》卷204天授元年十月壬申条，中华书局2011年版，第6584页。

改为开元寺"亦为玄宗诏敕。

其二，赵明诚《金石录》著录文字的影响。赵明诚《金石录》著录云："初，武后时有僧上《大云经》，陈述符命，遂令天下立大云寺。至开元二十六年，诏改为开元寺。"显然，其中"至开二十六年，诏改为开元寺"一句，应系对《唐会要》"至开元二十六年六月一日，并改为开元寺"一句的节略，同时又将《唐会要》原文中的"并改"改为"诏改"。所谓"诏改"，应是赵明诚对《唐会要》后半句的解读，并非《唐会要》原文。①

综上，《唐会要》卷48所谓两京天下诸州大云寺"至开元二十六年六月一日，并改为开元寺"之说，并非史实，亦非玄宗诏敕原文。关于此句的史源出处尚待进一步研究。

与此同时，《唐会要》卷50还保存了另一则明确记载为唐玄宗敕令的文字："（开元）二十六年六月一日，敕每州各以郭下定形胜观、寺，改以'开元'为额。"那么，唐代天下诸州开元官寺的设立是否即诸州执行此敕的结果，就成为一个饶有兴味的问题。李之勤先生已指出，唐玄宗此敕要求被改额为开元官寺（观）的寺院（道观）应当同时满足"郭下"和"形胜"两个条件，并以此解释邠州龙兴寺改额为开元寺的原因。②据现存史料，我们虽无从知晓唐代诸州府官员在设立开元官寺时是否严格执行了此敕的要求和标准。但依据现有文献，尤其是若干关于开元寺沿革的详细记载，可以反推唐代开元官寺是否符合玄宗此敕的要求。所谓"郭下"，即位于州府治所城内或城外附近；所谓"形胜"，即地理位置优越、山川壮美之地，若就"寺、观"而言，或可引申为地理位置优越、建筑规模宏伟壮美之意。

首先，考察"郭下"的要求。据上节梳理可知，现存资料中各州开元寺位置可考者共26例，其中位于州治城内者14例，分别是郑州（子城东南隅）、登州（城西南界）、并州（城内）、潞州（城内）、忻州（城内）、魏州（城内）、定州（城内）、贝州（城里）、扬州（城内）、楚州（城内）、建州（城中）、澧州（州治）、沙州（城内）、崖州（城内）。位于城外近郊（二里以内）者11例，分别是赵州（州南）、蓬州（城南）、隋

---

① 现存多个版本的《唐会要》此处均作"并改"。国家图书馆所藏4个版本中，明抄本1部，清抄本2部，武英殿刻本1部，均作"并改"。现存多个版本的《金石录》均作"诏改"，可证赵氏原文如此，而非某个版本的讹误。国家图书馆所藏8个版本中，明抄本1部，清初抄本2部，清初（顺治七年）刻本1部，清抄本3部，光绪刻本1部，均作"诏改"。

② 李之勤：《唐邠州开元寺的始建年代及其名称演变》，《文博》1990年第6期。

州（城东2里）、洪州（城东）、袁州（郡北）、鄂州（城南1里）、岳州（城南）、永州（州南2里）、邵州（城东）、龚州（城东）、振州（城西百余步）。除歙州开元寺1例距离州城较远（去城10里）外，其余各州开元寺均位于州治城内或城外近郊，显然符合"郭下"的要求。其实，唐代"郭下"一词的含义较为模糊，既有城内之意，又有城外近郊之意。歙州开元寺又于元和十五年（820）以换额形式迁入城内。以此言之，则地方诸州在设立开元官寺时对于必须位于"郭下"的要求均基本遵守。

其次，"形胜"的要求。这只能从前述8例沿革可考的例证中寻找答案。前已论及，邠、魏、福、泉4州开元寺皆是由龙兴（中兴）寺改额而来，此4州开元寺皆是当州形胜大寺。其余4例中，淄州开元寺沿革记载较详，《宝刻丛编》卷1引《集古录目》著录其寺碑云："唐开元寺碑。唐淄州刺史李邕撰并书。开元寺，隋所建，本名正等。唐初改曰大云。中宗初，沙门玄治重修，又改曰神龙寺。玄宗亲书额，改为开元。碑以开元二十八年七月立。"① 能在武周时期充当大云寺，中宗朝改为神龙寺（可能是龙兴寺之误）②，再到玄宗朝改额开元寺，可知该寺当为淄州形胜大寺无疑。其余杭州、朗州2例开元寺虽有简略沿革，但难以据此推知其寺院规模。考虑到"郭下"与"形胜"同时具备是被改额为开元寺的前提条件，加之改额开元寺乃是一寺获得敕立官寺地位的捷径，这种地位实际上也是一种有效的护身符，故各州符合条件且被选定的寺院中拒绝改额者自应少之又少，亦可据此推知"郭下"与"形胜"两个要求在开元官寺设立过程中皆得到了较好执行。

由来可考的8例开元寺皆是由原有寺院改额而来，尚未发现有新建开元寺的例证。③ 除邠州、魏州、福州、泉州4州之开元寺系由龙兴寺改额而来外，其余4例中，淄州开元寺是由神龙寺改额而来，杭州开元寺系由方兴寺改额设立，越州开元寺是由大善寺改额而立，朗州开元寺系由宝刹寺改额而设。邠、魏、福、泉4州选择将当州龙兴寺改额为开元寺，这在开元官寺设立敕令中并无相关依据，敕令内容亦未对此明令禁止，应是地方官认为未明令禁止即默许，遂选择将当州龙兴寺改为开元官寺。

---

① 陈思：《宝刻丛编》卷1，《石刻史料新编》第1辑第24册，第18101页下栏—18102页上栏。
② 关于此碑的相关研究，参见黄夏年《〈唐淄州开元寺碑〉之研究》，《觉群佛学（2014）》宗教文化出版社2015年版，第223—233页。
③ 李正宇先生认为沙州开元寺为新建，然仅是逻辑推论，并未提供证据。参见氏著《敦煌地区古代祠庙寺观简志》，《敦煌学辑刊》1988年第1、2期合辑，第77页。

地方官员之所以选择龙兴寺而非其他寺院，盖亦是为了符合敕令中所要求的两个条件——"郭下"和"形胜"。邠州开元寺"碧丹之丽，栋宇之壮，为日久矣。开元廿六年，……诏以此寺为开元寺"。《泉州开元寺新修佛殿记》云，泉州在选择寺院时"卜胜无以甲兹"，《魏州开元寺新建三门楼碑》则云"魏之招提，开元为大"，皆说明此三州龙兴寺为当州形胜大寺，符合敕令要求。这应是地方官选择将当州龙兴寺改立为开元寺的直接原因。

综上所论，唐代设立开元官寺的敕令只有一道，即《唐会要》卷50所载："（开元）二十六年六月一日，敕每州各以郭下定形胜观、寺，改以'开元'为额。"唐代地方诸州府新设的开元官寺也基本执行了敕令中"郭下"和"形胜"的要求。《唐会要》卷48所谓两京天下诸州大云寺"至开元二十六年六月一日，并改为开元寺"之说，既非史实，亦非玄宗诏敕。

（二）开元官寺敕令的执行力度和效果

此前，富安敦、颜娟英等先生均曾对唐玄宗开元官寺敕令的执行力度表示怀疑，但其所据"敕令"多为《唐会要》卷48之两京及天下诸州大云寺"至开元二十六年六月一日，并改为开元寺"。如上节所论，唐代设立开元官寺所据敕令只有一种道，即《唐会要》卷50所载："敕每州各以郭下定形胜观、寺，改以'开元'为额。"以下仅通过目前可考开元官寺的在唐帝国疆域内的空间分布广度，及其在若干特殊区域的设立情况，对此问题略作讨论。

综合上节辑考，可知各种文献中见于记载的唐代开元寺共102例，分布于102州府。以开元时期区划言之，在京畿、都畿与其余14道中皆有分布。开元官寺空间分布的地域范围，无论是道，还是州府，在唐代历次官寺中均属最广。需要略作说明的是，这102例开元寺中约有1/4出自南宋时期的地理总志《舆地纪胜》。王象之此书虽成书较晚，但据李勇先先生研究，此书的主要资料乃是当时所存数百种唐宋图经地志[①]，其中对于各地寺院的记载皆有依据可循，加之王象之本人精于考辨，故而书中所载唐代开元寺遗存可以信从。

上节所辑考的102州府之开元官寺，虽占唐代州府总数的1/3弱，但开元官寺在唐代疆域四极之地的设立，同样可以说明开元官寺敕令的执行效果。如在唐代极西之地的西域于阗，极南之地的海南岛崖州和振州，极

---

① 李勇先：《〈舆地纪胜〉研究》，巴蜀书社1998年版。

北之地的单于都护府和归顺州，皆有分布，可证开元官寺敕令在地方诸州的执行较为彻底。

于阗是唐代安西都护府所辖四镇之一，是唐代镇守西域地区的重镇。但于阗并非安西都护府的驻地，亦曾奉敕设立开元官寺，且该寺藏有"一切经"（大藏经），似可推知安西都护府驻地龟兹及其余两镇亦应奉敕设立开元寺。

孤悬海上的海南岛，应是唐帝国疆域的极南之地之一。位于该岛南北两端的振州和崖州，亦均曾奉敕设立开元官寺，且至南宋时期犹存，可知其延续性之强。《旧唐书·地理志》记载盛唐天宝十一载（752）的疆域四至，即"唐土东至安东府，西至安西府，南至日南郡，北至单于府"。① 可知单于都护府乃是天宝盛世时期唐代疆域的北界。单于府亦曾奉敕设有开元官寺，且至中唐德宗贞元年间犹存。② 既确证了单于府驻地设有开元官寺的史实，亦揭示了包括安西都护府在内的其余五大都护府驻地均曾奉敕设立开元官寺的可能性。

除了唐代疆域的四极之地以外，部分特殊区域曾奉敕设立开元官寺的史实对于理解开元官寺敕令的执行效果问题，同样很有价值。如归顺州。③

归顺州可能是上节所辑考的102州府中最为特殊的州之一，不仅因为其仅领有一县，且户口寡少，更重要的是归顺州并非正州，而是羁縻州。④《旧唐书·地理志》载："归顺州。开元四年置，为松漠府弹汗州部落。"⑤ 据郭声波先生研究，归顺州在天宝元年（742）升为正州，并在全国改州为郡的过程中改为归化郡。又于宝应二年（广德元年，763）降为羁縻州。⑥ 若归顺州开元寺与全国诸州开元官寺一样，均系奉唐玄宗敕令设于开元二十六年（738），则其设立之时归顺州尚为羁縻州可知。作为羁縻州，归顺州所领怀柔县户口甚少，天宝全盛时期亦仅有1037户、4437口。既然作为羁縻州的归顺州亦曾奉敕设立开元官寺，据此推知唐代疆域之内的所有正州与部分羁縻州均曾奉敕设立开元官寺应无大误。

---

① 刘昫等：《旧唐书》卷38《地理志·总序》，中华书局1975年版，第1393页。
② 杨莉、赵兰香编：《西北民族大学图书馆于右任旧藏金石拓片总目提要》，甘肃文化出版社2013年版，第512页。
③ 孙星衍：《京畿金石考》卷上："唐开元寺碑。郑á力撰，大历五年立。在（顺义）县东寺中。"《石刻史料新编》第2辑第12册，第8756页。
④ 关于归顺州的地理沿革，详参吴松弟编著《两唐书地理志汇释》，安徽教育出版社2002年版，第200—201页。
⑤ 刘昫等：《旧唐书》卷39《河北道·归顺州》，第1520页。
⑥ 郭声波：《中国行政区划通史·唐代卷》，复旦大学出版社2009年版，第211—212页。

需要注意的是，大历五年（770）归顺州为开元寺立碑之时，已是在该州被降为羁縻州七年之后。其时，归顺州开元寺不仅继续存在，还再次立碑纪念，说明该寺不仅颇为兴盛且延续性较强，并未因归顺州被降为羁縻州而迅速衰落。不仅如此，《太平寰宇记》还记载："自禄山之乱，此地因陷入胡。"[①] 若此说不误，则归顺州在"陷胡"10余年之后，该州之开元官寺犹得以保存则更属不易。

当然，唐玄宗的开元官寺敕令之所以能够得到有效执行，地方诸州之所以能够顺利设立开元官寺，亦与敕令中明确规定了开元官寺的设立方式——由当州郭下形胜大寺改额——密不可分。地方官员在执行此敕时对"郭下"和"形胜"两个标准亦多遵守。这种以旧寺改额为主的官寺设立方式，与大云寺和龙兴寺相类。因为相较于新建一所寺院，对于地方官员而言，选择一所当州原有寺院直接改额无疑更为容易和可行。

除了上述唐代疆域四极之地均曾奉敕设立开元官寺，以及开元寺的设立方式基本均为旧寺改额之外，可作为判断开元官寺敕令执行效果的另一个依据，应是直接颁给全国诸州开元寺的其他诏敕。作为开元二十六年（738）以后地方诸州府的佛教官寺，唐玄宗还曾颁布诏敕以凸显和抬高开元寺在地方诸州府的特殊地位。如天宝三载（744）三月，敕令两京天下诸州之开元观、开元寺各以金铜铸造自己的等身天尊像和等身佛像各一躯[②]，以此来凸显和抬高开元官寺（观）的特殊地位。既然敕令要求两京天下诸州均须于当州府开元官寺铸造玄宗等身佛像，则两京天下诸州在此之前均已设立开元官寺（观）应无可疑。

（三）开元官寺在唐代的留存与沿革大势及其原因

除了空间分布之外，唐代开元寺在文献中被记载时间的分布同样值得关注。本节将开元寺被记载时间分为会昌法难之前和之后两个时段。除存在时间无考者5例（陈州、密州、舒州、于阗镇、汉州）外，其余97例分布如下：见载时间在武宗灭佛之前但此后沿革不详者46例，分别为长安、岐州、邠州、陇州、坊州、单于都护府、汝州、虢州、淄州、登州、泗州、并州、蒲州、汾州、幽州、归顺州、魏州、莫州、恒州、赵州、贝州、沧州、凤州、阆州、集州、忠州、荆州、隋州、商州、楚州、润州、苏州、杭州、歙州、婺州、睦州、澧州、宣州、秦州、河州、凉州、绵

[①] 乐史撰，王文楚点校：《太平寰宇记》卷71《河北道·归顺州》，中华书局2007年版，第1440页。

[②] 详参本书附录二《唐玄宗御容铜像广布天下寺观考辨》。

州、戎州、广州、桂州和窦州，即京兆1府、44州和单于都护府1府；见载时间为武宗拆寺灭佛之后者51例，分别是鄜州、郑州、宋州、亳州、滑州、齐州、颍州、泽州、潞州、忻州、相州、易州、定州、棣州、邢州、洺州、蓬州、襄州、扬州、蕲州、越州、湖州、明州、括州、温州、台州、福州、建州、漳州、泉州、汀州、洪州、江州、袁州、信州、虔州、鄂州、潭州、朗州、岳州、永州、道州、邵州、黔州、沙州、剑州、雅州、韶州、崖州、龚州和振州，共51州。

这46例见载时间为会昌法难之前的开元寺中，只有幽州1例，明确记载至乾元二年（759）已不复存在。这是所有开元寺中最为特殊的一例，因为幽州开元寺系于乾元二年（759）被史思明改为顺天寺，而"顺天"正是史思明自己僭越称帝建国的年号。这应是史思明模仿唐玄宗设立开元官寺的先例，意在设立其伪燕国的官寺，并以之取代幽州的开元寺。① 除此之外，尚未发现开元官寺在会昌法难前被毁而未得重建的例证。相反，诸州开元寺被毁后得以重建的例证却有不少。如宝应初年（762）魏州开元寺三门楼因火灾被毁，元和年间（806—820）泗州开元寺全寺焚于大火，但不久后即分别在节度使田承嗣和王智兴的大力支持下获得重建。田承嗣和王智兴之所以积极修葺和重建辖区内毁于火灾的开元寺，就在于开元寺居于官寺地位，修葺官寺应是地方官义不容辞的责任之一。前引材料中杭州刺史重修当州开元寺西塔和戎州刺史重修当州开元寺之事，亦可为证。

虽然在唐武宗决定拆寺灭佛之初，中书门下两省曾希望以国忌行香制度为由，为拥有国忌行香资格的天下诸上州各保留一所佛寺（开元寺），但最终唐武宗否决了这一奏请②，并颁布更为严厉的拆寺敕令："（会昌五年七月，敕令）上都、东都两街各留二寺，每寺留僧三十人；天下节度、观察使治所及同、华、商、汝州各留一寺，分为三等：上等留僧二十人，中等留十人，下等五人。"③ 这就意味着，除长安、洛阳两京之外，地方诸州中只有节度使和观察使治所州46州以及同、华、商、汝4个地理冲要

---

① 详参本书第八章"佛教官寺与中晚唐半独立藩镇的政治合法性构建"。
② 刘昫等：《旧唐书》卷18《武宗本纪》，第604、605页；王溥：《唐会要》卷48《寺》，第999页；董诰等编：《全唐文》卷987《重藏舍利记》第10册，第10214页。
③ 司马光等撰：《资治通鉴》卷248唐武宗会昌五年七月条，中华书局2011年版，第8138页。

州共 50 州有资格各保留一所寺院。① 从后来幽州、福州等州的史料来看，此敕令在诸藩镇治所州应得到了有效执行。②

在这 50 州的寺院中，开元寺因为既是此前国忌行香礼仪的举行场所，又是诸藩镇内各州佛教寺院体系的中心，还是唐玄宗等身佛像的指定供奉空间，故应是各藩镇治所被保留寺院的首选。《淳熙三山志》记载福州开元寺沿革云："会昌中，汰天下寺，州存一，即是也。"③虽不尽准确，却基本道出了福建观察使辖区内仅治所州福州获准保留一所开元寺的史实。

因此，除诸藩镇治所州和地理冲要州共 50 州之外，其余各州的开元寺亦在被拆毁之列。但法难过后，在唐宣宗恢复佛教期间，诸州开元寺得以迅速恢复重建之例甚多，今略举数例以为证明。《宝刻丛编》卷 13 引《复斋碑录》著录有明州开元寺碑云："唐重置开元寺碑。唐陶祥撰，剧历之分书并篆额，大中八年七月立。"大中八年（854）七月的立碑时间与"重置"二字皆足证明此碑乃是为重建会昌法难中被拆毁的明州开元寺而立。《宋高僧传》卷 27《文质传》云："大中重兴，太守韦君累请不来，强置于榻，舁出州开元寺居。"其中的"州开元寺"即温州开元寺。可知作为浙东观察使属州的温州，其开元寺至大中年间已经恢复重建。同样的情况存在于泉州和越州。《全唐文》卷 826《华严寺开山始祖碑铭》云："及宣皇帝复寺，刺史琅琊王公迎以幡花，舍于郡开元寺，俾为监领。"其中"郡开元寺"即泉州开元寺。《宋高僧传》卷 16《允文传》云："大中伊始，复振空门，重整法仪，乃隶名开元寺三十人数。"释允文曾在会昌灭佛中被迫还俗，但一直坚守戒律，至大中初年宣宗敕令复兴佛教时，成为越州开元寺的首批 30 位高僧之一。这表明，作为浙东观察使治所的越州，其开元寺在会昌灭佛中可能得以保留未毁，且实际上构成了大中初年越州佛教复兴的基础。

这些例证不仅可以解释何以会昌法难后仍有约半数开元寺见于记载（51 例），而此类开元寺之数又远超大云寺和龙兴寺在法难后的见载数量（分别为 5 例和 20 例），同时亦可作为推断上述 46 例见载于会昌法难前但

---

① 详参拙文《会昌毁佛前后唐代地方州府佛教官寺的分布与变迁》，《中国历史地理论丛》2018 年第 4 辑。

② 武宗灭佛期间，幽州只保留了一所悯忠寺，并非开元寺。这是因为幽州开元寺在安史之乱期间，被史思明改为顺天寺。安史乱后，幽州顺天寺沿革待考。详参本书第八章"佛教官寺与中晚唐半独立藩镇的政治合法性构建"。福建观察使治所州福州保留只保留了一所寺院，即开元寺。

③ 梁克家：《淳熙三山志》卷 33《寺观类一》，《宋元方志丛刊》第 8 册，中华书局 1990 年版，第 8238 页。

此后沿革不详的开元寺中应有相当部分在法难后得以重建的证据。上述见于各种文献的 102 州府开元寺虽占当时全国总州数的 1/3 弱，但已可见其中约半数州府的开元寺在法难中得以保留未毁或虽被拆毁又得及时重建，故而有理由推断唐代大多数地方州府的开元寺均在法难后可能均得以重建，只是重建时间可能并不一致。

地方官员之所以在会昌法难前有修葺当州开元寺之责，法难中优先保留开元寺，法难后及时恢复（重建或重修）开元寺，原因就在于开元寺居于官寺地位。如前章所论，台州龙兴寺和开元寺均在唐武宗灭佛期间被拆毁，但唐宣宗大中初年复兴佛教时，台州地方官员选择在被拆毁的龙兴寺的旧址上重建开元寺，而非龙兴寺，就是地方官员优先恢复重建开元寺的力证。相较而言，大云寺和龙兴寺因在开元寺设立之后已不再具有官寺的地位，也不再承担官寺的特殊功能①，故在唐武宗拆寺灭佛之后处于重建与否两可的境地，重建的必要性显然不如开元寺之于地方官员迫切。

地方官员选择优先重建开元寺的动力之一，可能来自唐宣宗即位之初敕令恢复两京天下诸州府的国忌行香制度。② 而此前唐代天下诸州府（实即"诸上州"）的国忌行香礼仪正是在当州开元寺（观）举行的。唐宣宗下敕恢复天下诸州府的国忌行香旧制，自然也包括此前国忌行香的举行空间——开元寺。

综上所论，《唐会要》卷 48 所谓两京天下诸州之大云寺"至开元二十六年六月一日，并改为开元寺"之说，既非史实，亦非玄宗诏敕原文。唐玄宗设立开元官寺的敕令只有一道，即《唐会要》卷 50 所载"敕每州各以郭下定形胜观、寺，改以'开元'为额"。此敕令中对于被改额寺院提出的"郭下"和"形胜"两个标准，在诸州设立开元官寺时也得到了有效执行。

开元官寺在唐代疆域四极之地分布广泛，说明唐玄宗要求每州设立开元官寺的敕令得到了有效执行。开元官寺敕令在诸州得到有效执行的原因之一，就在于其设立形式并非新建而是将原有寺院改额，这与大云寺和龙兴寺的主要设立形式相同。在开元寺设立过程中存在将中宗龙兴寺改为开元寺的事例，这在唐玄宗的敕令中并无相关依据，可能是地方官员认为未

---

① 详参本书第七章"唐代佛教官寺的特殊功能"。
② 王溥：《唐会要》卷 23《忌日》记载："至宣宗即位之初，先以列圣忌辰，行香既久，合申冥助，用展孝思。其京城及天下州府诸寺观，国忌行香，一切仍旧。"上海古籍出版社 1991 年版，第 527 页。详参拙文《会昌毁佛前后唐代地方州府佛教官寺的分布与变迁》，《中国历史地理论丛》2018 年第 4 辑。

明令禁止即是默许，更可能是为满足敕令中"郭下"和"形胜"两个条件而主动选择。

　　开元寺在文献中见载时间的分布同样值得讨论。会昌法难后犹存（包括保留未毁和毁后重建两类）的开元寺数量（51）及其在唐代可考开元寺中所占的比重（52.6%），远远大于大云寺（5 和 9.1%）和龙兴寺（20 和 25.3%）的相应数量和比重。这也是开元寺在时间分布上的最大特点。地方官员在武宗毁佛前有修葺开元寺之责，在武宗毁佛过程中尽力保留开元寺，以及唐宣宗恢复佛教后优先重建开元寺三方面的例证，均表明这应是开元寺拥有官寺地位之故。

第七章　唐代佛教官寺的特殊功能

　　唐代的佛教官寺之所以与同时期的皇家寺院、普通有额寺院不同，除了其系奉皇帝诏敕在两京天下诸州同时设立，大多拥有统一寺额（高宗官寺除外）作为显著特征之外①，还存在其他特殊之处。承担特殊功能是唐代佛教官寺区别于其他佛教寺院的另一项主要特征。所谓特殊功能，是指除作为佛教信仰的实体空间，具有的僧尼驻锡、弘法传教、信众参访等一般佛寺所具有的普通功能之外，由政治权力所赋予的、其他普通佛教寺院无法承担的功能。

　　中外学者在既有的研究中对此已有所措意。木宫泰彦在1926年的《中日交流史》中已注意到唐代地方僧官多驻开元寺的现象②。那波利贞1938年亦已注意到唐代地方诸州在开元寺和龙兴寺举行国忌行香礼仪的现象。③ 释东初也注意到圆仁等日本入唐求法僧在唐期间基本住于开元寺和龙兴寺的现象④。河野保博近年亦注意到唐代宗教设施提供的住宿的史实，但所论并不限于官寺，而是包括普通院、寺院、道观、兰若等各种宗教设施。⑤ 上述研究中，虽已有学者注意到官寺负责某些特殊事务的现象，但并未将这些现象作为官寺的特殊功能加以讨论，亦未见有人对此进行专门

---

① 参见本书第三章"唐高宗乾封元年的佛教官寺制度"。
② 木宫泰彦：《中日交流史》，陈捷译，商务印书馆1933年版，第227页。此据山西人民出版社2015年影印本商务印书馆陈捷译本。该书日文版以《日支交通史》为书名，于1926—1927年由东京金刺芳流堂出版。
③ 那波利贞：《唐代社會文化史研究》，创文社1974年版，第33—48页。该书第一编《唐の開元末・天寶初期の交が時世の一變轉期たる の考證》即作者1938年向京都帝国大学申请博士学位时提交的博士学位论文。那波先生当时并未称开元寺与龙兴寺为"官寺"，而是称为"敕愿寺"。
④ 释东初：《中日佛教交通史》，东初出版社1984年版，第243—246页。
⑤ 河野保博：《唐代交通住宿设施——以宗教设施的供给功能为中心》，葛继勇、齐会君译，《唐史论丛》第18辑，三秦出版社2014年版，第1—18页。该文原刊《国学院大学大学院研究纪要——文学研究科一》，第41号，2010年3月，第235—257页。

系统的讨论。道端良秀则将唐代佛教官寺的功能归纳为为国祈福和宣扬皇帝威德两点①，但并未对官寺的具体功能展开讨论。

本章拟在前辈学者研究的基础上，对唐代佛教官寺所承担的特殊功能进行全面梳理和归纳，并讨论这些特殊功能的发展和演变过程，希望将问题的讨论引向深入。

需要说明的是，唐代佛教官寺按地理区位可分为京城官寺和地方诸州官寺两类。由于唐代京城（长安、洛阳两京）皇家寺院林立，政教关系复杂，位于长安、洛阳两京的佛教官寺在京城寺院体系中的地位往往并不凸显②，故本章的讨论范围以地方诸州官寺为限，不含两京官寺。此外，正如唐代佛教官寺制度本身存在一个发展和演变的过程一样，唐代佛教官寺的特殊功能，也并非自首次设立佛教官寺（高宗官寺）时便已整齐划一地同时存在，而是也存在一个发展和演变的过程。本章的目标之一就是梳理这些特殊功能的发展和演变过程。

一 政治象征与政治宣传

佛教官寺区别于普通敕建寺院的最显著特征就在于其遍布天下诸州，大多拥有统一寺额，且承担若干特殊的政治性功能。在这些功能中，最明显的就是佛教官寺的政治象征与政治宣传功能。唐代曾先后四次设立佛教官寺，所有这些官寺均负有这一功能。关于此点，海外学者均曾有所论及，如日本学者已经注意到高宗官寺是因封禅泰山而诏令设立，封禅泰山则象征着唐帝国国势的旭日东升之势。③高宗官寺具有向天下宣示太平盛世之象征意义。这种象征意义从释道世在《法苑珠林》中对高宗设立官寺一事的高度评价中可以略知一二：

今上皇帝（按，指高宗），……既告成天地，登岱勒封。让德上

---

① 道端良秀：《唐代仏教史の研究》，《中国仏教史全集》第 2 卷，书苑出版社 1985 年版，第 25 页。
② 唯一的例外可能是武周时期神都洛阳的中大云寺，富安敦先生研究认为武周时期洛阳的中大云寺是全国大云寺的中央机构。参见 Antonino Forte, *Chinese State Monasteries in the Seventh and Eighth Centuries*, 桑山正进编《〈慧超往五天竺国传〉研究》附论 2, 京都大学人文科学研究所 1992 年版，第 213—258 页。
③ 塚本善隆：《国分寺と隋唐の仏教政策並びに官寺》，第 26 页。

第七章 唐代佛教官寺的特殊功能

玄,推功大圣。乃发明诏,班示黎元。天下诸州各营一寺,咸度七人。随有嘉祥,用题厥目。逖听图史,循览帝王。道被寰区,仁霑动植。罄日观以崇祀,昭明堂以阐化。牢笼真俗,囊括古今,未有我皇之盛也。①

这段文字清楚地表明,高宗之所以诏令"天下诸州各营一寺,咸度七人",设立官寺,就是因为"既告成天地,登岱勒封",即完成了在泰山举行的封禅大典。自秦始皇帝开创封禅大典之后,逐渐形成了唯有大功大德的皇帝才有资格封禅泰山的传统。在唐代之前,也只有秦始皇、汉武帝和光武帝三位皇帝曾封禅泰山。唐高宗之父太宗生前曾数次欲行封禅之礼,终因各种原因而未能成行。② 至高宗时,唐的国力日益昌盛,才在东汉光武帝封禅泰山600余年之后续行封禅之礼。唐高宗封禅泰山的目的是"告成天地",向天下宣示太平盛世,为纪念封禅泰山而设立的佛教官寺自然也就具有了相同的政治象征意义。由于相关材料有限,似乎还看不出有什么其他功能。

至武周时期,大云官寺所承担的功能就不只是被动的政治象征(如高宗官寺一般),而是被赋予了主动进行政治宣传的功能。《资治通鉴》记载,载初元年(690)七月,"东魏国寺僧法明等撰《大云经》四卷,表上之,言太后乃弥勒佛下生,当代唐为阎浮提主,制颁于天下"。九月,则天革唐为周,改元为天授元年。十月,"壬申,敕两京诸州各置大云寺一区,藏《大云经》,使僧升高座讲解,其撰疏僧云宣等九人,皆赐爵县公,仍赐紫袈裟、银龟袋"。③《通鉴》此段文字的记载并不准确,《大云经》实即北凉昙无谶所译《大方等无想经》,竺法护译本作《大云无想经》,乃一部传自印度的真经,并非唐人伪撰,此点王国维、陈寅恪先生已有精详考证。④ 富安敦(Antonino Forte)则利用敦煌遗书《大云经神皇授记义疏》及其他文献,通过详细考辨,认为《通鉴》中所记法明等僧所

---

① 释道世撰,周叔迦、苏晋仁校注:《法苑珠林校注》卷100《兴福部第五》,中华书局2003年版,第2897—2898页。
② 王溥:《唐会要》卷7《封禅》,上海古籍出版社1991年版,第93—112页。
③ 司马光等撰:《资治通鉴》卷204 则天后天授元年,中华书局2011年版,第6466—6469页。
④ 王国维:《唐写本大云经疏跋》,《观堂集林》卷十七《史林九》,《王国维全集》第八卷,浙江教育出版社、广东教育出版社2009年版,第519—520页;陈寅恪:《武曌与佛教》,原载《历史语言研究所集刊》第5本第2分,收入《金明馆丛稿二编》,《陈寅恪集》,生活·读书·新知三联书店2009年版,第153—174页。

撰并非《大云经》,而是《大云经疏》,并对撰写和进呈《大云经疏》的相关僧人事迹进行了系统梳理。① 大云官寺最特殊的政治功能即通过"使僧升高座讲解"《大云经疏》而为武周新政权的合法性进行宣传。②

至中宗设立的龙兴官寺,虽未如大云寺一般通过宣讲某经来进行政治宣传,但其所负有的政治象征功能仍然十分明显。张说《唐陈州龙兴寺碑》对此有明确说明:

> 龙兴寺者,皇帝即位之岁,溥天之所置也。唐祚中微,周德更盛,历载十六,奸臣擅命。伯明氏有盗国之心,一阐提有害圣之迹。皇上操北斗,起东朝,排阊阖,运扶摇,张目而叱之,殷乎若震雷发地,欻虓龕响,以克彼二凶;赫然若太阳昇天,晞熙仰象,以复我万邦。返元后传国之玺,受光武登坛之玉。③

该碑铭文中又有"唐虽旧邦,其命维新。龙兴返政,灭二暴臣",更是清楚地表明设立于普天之下的龙兴寺的本质意义在于庆祝和纪念政返李氏、唐祚再兴。据此,龙兴寺的政治象征功能不言自明。

相较而言,玄宗所立开元官寺的政治象征功能和意义在文献中并不十分清晰,需要在前人研究基础上略作说明。唐玄宗设立开元官寺的背景应是开元二十六年(738)立忠王玙为太子,从而解决了玄宗朝长期不立储君的政治难题。④ 对于正值盛世的唐王朝而言,储君问题的解决无疑意味着国运昌盛与国祚长久。加之作为官寺寺额的"开元"又系以唐玄宗当时的年号命名,故唐玄宗设立开元官寺(观)的政治意义正在于宣示开元盛

---

① Antonino Forte, *Political propaganda and ideology in China at the end of the seventh century: inquiry into the nature, authors and function of the Tunhuang document S. 6502, followed by an annotated translation*, Kyoto: Scuola Italiana di Studi sull' Asia Orientale, 2005.

② 吕博最新的研究通过比勘 S. 2658《大云经疏》文字与武周时期明堂的相关史事,将敦煌所出《大云经神皇授记义疏》撰成时间的下限断为载初元年正月,并指出《义疏》中并无"太后乃弥勒下生,当代唐为阎浮提主"等内容,似可消解《大云经疏》系为武曌改朝换代进行政治合法性宣传的传统观点。详参吕博《读 S. 2658〈大云经神皇授记义疏〉书后》,《周秦汉唐文化研究》第 10 辑,三秦出版社 2018 年版。然此判断有一个逻辑前提,即敦煌所出两种《义疏》确为载初元年七月沙门十人所进献且制颁于天下者。对于两者之间七个月的时间差,似乎尚需要进一步的论证。

③ 李昉等编:《文苑英华》卷 856《唐陈州龙兴寺碑》,中华书局 1966 年版,第 4519—4521 页。

④ 参见拙文《影子官寺:长安兴唐寺与唐玄宗开元官寺制度中的都城运作》,《史林》2011 年第 4 期。

世并期许国祚长久。① 天宝三载（744），玄宗又敕令于两京天下诸州之开元寺铸造自己的等身佛像，既是通过颁赐自己的等身佛像来确立和强化开元寺的官寺地位②，也是利用开元官寺进行"朕即如来"的政治宣传③。

二　接待外国来华僧众与国内往返官客

这一功能可以认为是官寺具有部分外交功能的表现。该功能存在的基础是官寺乃一州大寺，规模较大，拥有足够的建筑空间和经济实力来接待国外来华僧众。而且，在某种程度上官寺也是国家形象所在，既负责接待外国来华僧众，就必须戒律严明，制度完备，学术气氛浓厚，经藏收藏齐备，能够保证满足外国来华僧人的求法等学术需要。在这个意义上，日本学者将官寺称为一州的"代表寺院"或"指导寺院"就较为贴切。④

接待外国来华僧众的功能主要体现于地方诸州官寺。外国入华僧众一旦入京，一般均由京城的国家大寺负责接待。⑤ 从目前掌握的资料来看，笔者尚无法确定官寺承担这一功能始于何时。较早记载官寺承担这一功能的时间是唐玄宗天宝年间。《宋高僧传》卷一记载不空三藏自西域回国途中，天宝十二载（753），敕令赴河陇节度使御史大夫哥舒翰所请。"十三载，至武威，住开元寺。"⑥ 大约与此同时，鉴真大师与前来迎请的日本诸僧一行东渡失败后，所至之州，基本皆被安置在官寺。但这些官寺不只有开元寺，还有此前设立的大云寺和龙兴寺。如天宝七载（748），鉴真一行到达海南岛振州时，就"仍入州大云寺安置"，至广州后又被"引入大云

---

① 参见拙文《唐玄宗开元官寺敕令的执行及其意义》，《华东师范大学学报》（哲学社会科学版）2019年第1期。
② 参见本书附录二《唐玄宗御容铜像广布天下寺观考辨》。
③ 陆永峰：《中土等身佛述论》，《闽南佛学院学报》1998年第2期，第157—160页；肥田路美：《唐代皇帝肖像雕刻的意义与制作意图的一个侧面——特别着眼于比拟佛像的皇帝像》，韩国中国史学会主编《中国史研究》第35辑（中国美术史特辑），2005年版，第175—192页。
④ 那波利贞：《唐代社会文化史研究》，第43、46页；道端良秀：《唐代佛教史的研究》，第31页；释东初：《中日佛教交通史》，第245页。
⑤ 圆仁等一行入京后，就被安置住于长安大资圣寺。小野胜年《入唐求法巡礼行记的研究》第三卷，京都，法藏馆，1989年版，第263—264页，开成五年八月廿三日条。
⑥ 赞宁撰，范祥雍点校：《宋高僧传》卷1《唐京兆大兴善寺不空传》，中华书局1987年版，上册，第8页。赞宁《不空传》本文应以《大唐故大德赠司空大辨正广智不空三藏行状》为蓝本，对《行状》文字进行删节压缩而来。《不空行状》所载此事为"十三载，到武威，住开元寺"，两者基本一致，其他事迹处理亦与此相类。

寺，四事供养，登坛受戒"。① 在端州和扬州均被安置住于龙兴寺②，在崖州、桂州、韶州、虔州等州皆被安置住于开元寺。③

降至晚唐，佛教官寺仍然承担接待外国来华僧众的功能。晚唐圆仁入唐求法时所过之州，基本都被安排住在开元寺，如在楚州和扬州。④ 开元官寺设立之后，各州龙兴寺仍可能部分地保留了官寺地位，故圆仁一行有时也被安排住龙兴寺，如在青州。⑤ 值得注意的是，在李德裕主政时期的淮南，可能是因为其一贯的排佛思想，对圆仁一行并不十分友好。以至于圆仁等希望到扬州开元寺摹写佛像的请求都未获允许，还有"不许外国人滥入寺家，三纲等不令化（画）造佛像"的规定。但十九天以后的八月二十日，李德裕又亲自下达牒文"（圆仁等）两僧及从等令住开元寺者"，显然应是遵从当时的制度，让开元官寺负责接待外国来华僧众，但只限于请益和求法僧及其侍从，遣唐使一行仍住官店。

之所以会有如此严格的制度规定，除了需要官寺作为一州"代表寺院"或"指导寺院"向外国僧众展示良好形象外，更重要的应是借此制度来实行对外国人行踪的监控。上引李德裕治下的扬州寺院之所以"不许外国人滥入寺家"，很大程度上就是由于这个缘故。即使排佛如李德裕者，最终也选择将日本来华求法僧众安置于开元官寺之中，则明显有借此监控外国人行踪的考虑。这种考虑从圆仁、圆珍等日本入唐求法僧入住官寺后，当寺负责人需向官府进行汇报的惯例中可见一斑。

开成五年（840）三月二十一日，圆仁一行抵达青州，"斋后，行卅里，到青州府龙兴寺宿。寺家具录由来报州"。⑥ 四月十三日，至贝州，"斋后，西行卅五里，申时到唐（当作贝）州城里开元寺宿。……寺纲维具录日本国僧等来由，报中丞"。⑦ 与此相类，十三年后的大中七年（853），圆珍一行到达越州，"（十一月）二十六日，上开元寺，略看纲维。寺主明秀具状报州"。⑧ 日本入唐求法僧在唐境内如果途经州治，自然

---

① 真人元开撰，汪向荣点校：《唐大和上东征传》，中华书局2000年版，第67—68、73页。
② 同上书，第73、80页。
③ 同上书，第69、72、74、76页。
④ 分别见小野胜年《入唐求法巡礼行记の研究》第一卷，第404、422页，"开成四年二月十八日"条、"开成四年二月廿四日"条。
⑤ 小野胜年：《入唐求法巡礼行记の研究》第二卷，第308页，"开成五年三月廿一日"条。
⑥ 同上。
⑦ 小野胜年：《入唐求法巡礼行记の研究》第二卷，第374页，"开成五年四月十三日"条。
⑧ 小野胜年：《入唐求法行历の研究》，"大中七年十一月二十六日"条，京都，法藏馆，1982年，上册，第102页。

被安置于官寺住宿,且一旦入住,该官寺的寺主等主要负责人就会向官府报告相关事由,这在当时应是一项十分明确的制度。

如上所论,佛教官寺负责接待外国来华僧众的功能,实际上也隐含着监控其行踪的用意,这种用意也可以从唐代国内某些被流放僧人的事迹中找到线索。最典型的例子即西域僧人利涉和荷泽神会。《宋高僧传·利涉传》云:"开元中,于安国寺讲华严经。……晚节遭其谴谪汉东,寻属宽宥,移徙南阳龙兴寺。"① 当时开元官寺尚未设立,故谴谪僧利涉被安置于南阳官寺龙兴寺。此后不久,荷泽神会因在洛阳弘传南宗禅法,引起北宗普寂俗家弟子卢奕的不满,诬奏神会聚众不轨,神会因此被玄宗敕命移住荆州开元寺。《宋高僧传·神会传》对神会被谴谪的时间和原因均颇多隐晦②,《圆觉经大疏释义钞》卷三则直接明载:

> 天宝十二年,(神会)被谮聚众。敕黜弋阳郡,又移武当郡。十三载,恩命量移襄州。至七月,又敕移荆州开元寺,皆北宗门下所(毁)也。③

可知,荷泽神会因被诬奏聚众不轨,被逐出洛阳,流放地方,且不断改变谴谪地点,最终"敕移荆州开元寺"。从开元到天宝,利涉与神会均是所谓"谴谪僧",利涉被安置于南阳龙兴寺,而神会被安置于荆州开元寺,正反映了地方诸州的官寺地位从中宗龙兴寺到玄宗开元寺的转移。接纳并监控国内谴谪僧人的功能也与接待外国来华僧众的功能相当,均是朝廷赋予官寺的特殊功能之一。

与接待外国来华僧众相类,官寺还具有接待国内往返官客住宿之责。圆仁在登州观察到:

> 登州都督府城,东(西)一里,南北一里。城西南界有开元寺,城东北有法照寺,东南有龙兴寺,更无别寺。城外侧近有人家。城下

---

① 赞宁撰,范祥雍点校:《宋高僧传》卷17《唐京兆大安国寺利涉传》,上册,第421页。
② 赞宁撰,范祥雍点校:《宋高僧传》卷8《唐洛京荷泽寺神会传》,上册,第179页。据宗密《圆觉经大疏释义钞》,神会于天宝四载(745)被兵部侍郎宋鼎迎入洛阳荷泽寺弘传南宗禅法,其被御史卢奕诬奏聚众不轨事在天宝十二载,且最初被流配于弋阳、武当、襄阳等地,至天宝十三载七月"又敕移荆州开元寺"。赞宁《宋高僧传》所谓"(天宝)二年,敕徙荆州开元寺般若院住"之说不确,既脱去了"十"字,又省略了事件经过。
③ 宗密:《圆觉经大疏释义钞》卷3,《卍新纂续藏经》第9册,第245号,第532页。

有蓬莱县开元寺,僧房稍多,尽安置官客,无闲房,有僧人来,无处安置。①

需要略作说明的是,引文中"城西南界"的开元寺与"城下"的蓬莱县开元寺应为一寺,即登州开元寺。因为蓬莱县即唐代登州治所县,而开元官寺的设立原则是每州一所,并无县级政区设立开元官寺的先例。因此,所谓"蓬莱县开元寺"当即登州开元寺的分院之类,并非登州同时存在州、县两所开元寺。登州开元寺"僧房稍多,尽安置官客,无闲房,有僧人来无处安置",则表明官寺负责接待往来官客住宿应有制度依据。②

三 举行国忌行香的国家礼仪

国忌行香,即唐代在国忌日(唐代历朝帝后的忌日)由京官和地方官分别前往指定佛寺道观举行行香设斋仪式的制度。那波利贞对国忌行香的由来及其意义进行了深入讨论,他将唐代的国忌行香分为狭义和广义两种。狭义的国忌行香仅指皇帝亲自(或遣敕使)赴京城寺观的行香设斋活动,广义的国忌行香则指天下诸州在国忌日由地方官前往指定寺观进行的行香设斋活动。③ 国内学者冯培红、梁子、雷闻等对此问题亦有探讨。④ 本节的讨论仅涉及那波先生所定义的广义的国忌行香,即在唐代地方诸州进行的国忌行香活动,且以佛教官寺与国忌行香的关系为中心。

《唐六典》卷4《尚书礼部》记载:

凡国忌日,两京定大观、寺各二散斋,诸道士、女道士、僧、

---

① 小野胜年:《入唐求法巡礼行记の研究》,第二卷,第249页,"开成五年三月二日"条。
② 陈明先生系统梳理过唐代墓志中志主及其家眷临终时卒于或权厝于(主要是卒于)佛寺的情况,认为这是唐代佛寺大多提供临终关怀服务的例证。参见氏著《沙门黄散:唐代佛教医事与社会生活》,荣新江主编《唐代宗教信仰与社会》,上海辞书出版社2003年版,第252—295页。然笔者注意到,其中大部分提供"临终关怀"服务的佛寺之寺额为大云寺、龙兴寺和开元寺等先后奉敕设立于地方诸州的佛教官寺。此点或与唐代佛教官寺接待往返官客(及其家眷)的特殊功能有关,因为这些墓志的志主大多拥有一官半职。当然,也可能与佛教官寺多为一州大寺,规模较大等客观因素相关。
③ 那波利贞:《唐代社会文化史研究》,第33—48页。
④ 冯培红:《敦煌本〈国忌行香文〉及相关问题》,载《出土文献研究》第7辑,上海古籍出版社2005年版;梁子:《唐人国忌行香述略》,《佛学研究》,2005年;雷闻:《郊庙之外:隋唐国家祭祀与宗教》第二章,生活·读书·新知三联书店2009年版,第129页。

尼，皆集于斋所，京文武五品以上与清官七品以上皆集，行香以退。若外州，亦各定一观、一寺以散斋，州、县官行香。应设斋者，盖八十有一州焉（以下为小字注记，详列八十一州州名。今从略）。①

据此条记载可知，除长安、洛阳两京外，开元时期唐中央只规定有资格国忌行香的地域范围为上述81外州，但并未明确规定这81州在哪些寺观举行国忌行香仪式。河北正定广惠寺唐玉石佛像的底座铭文表明，至少在开元十五年（727）和十六年（728），河北道恒州的国忌行香仪式是在当州龙兴寺举行的。② 恒州也确是《唐六典》所列81外州之一。这表明，开元时期朝廷规定的81州的国忌行香仪式应在当州龙兴寺（观）举行。龙兴寺（观）是唐中宗为纪念李唐政权的成功复辟而在天下诸州所普遍设立的官寺（观），国忌行香作为一种国家礼仪和制度，由龙兴寺（观）承担，正是龙兴寺（观）在当时拥有官寺（观）地位的重要表征。

这种情况在开元官寺（观）设立之后开始发生变化。《唐会要》卷50记载：

（开元）二十七年五月二十八日敕，祠部奏，诸州县行道散斋观寺，准式，以同、华等八十一州郭下僧、尼、道士、女冠等，国忌日各就龙兴寺、观行道散斋，复请改就开元观、寺。敕旨："京兆、河南府宜依旧观、寺为定，唯千秋节及三元行道设斋，宜就开元观、寺。余依。"至贞元五年八月十三日，处州刺史齐黄奏："当州不在行香之数，乞伏同衢、婺等州行香。"敕旨："依。其天下诸上州未有行香处，并宜准此，仍为恒式。"③

据此可知，开元二十七年（739）之前，"同、华等八十一州"的国忌

---

① 李林甫等撰，陈仲夫点校：《唐六典》卷4《尚书礼部》，中华书局1992年版，第127页。
② 参见拙文《河北正定广惠寺唐代玉石佛座铭文考释——兼议唐代国忌行香和佛教官寺制度》，《陕西师范大学学报》（哲学社会科学版）2015年第2期。
③ 王溥：《唐会要》卷50《杂记》，第1030页。《文苑英华》卷644和《全唐文》卷450，均有齐映《处州请随例行香状》。王延武：《齐映未为处州刺史》，载陈国灿、刘健明编《〈全唐文〉职官丛考》，武汉大学出版社1997年版，第260页，已据《旧唐书·齐抗传》、权德舆撰《齐抗神道碑》，及《元和郡县志》卷26《江南道·处州》，认为齐映应为齐抗之讹。郁贤皓：《唐刺史考全编》卷149《江南东道·括州（缙云郡、处州）》，安徽大学出版社2000年版，第4册，第2135页，亦据两《唐书》齐抗本传、权德舆撰《齐抗神道碑》及《元和郡县志》卷26《江南道·处州》条记载，将贞元五年至六年处州刺史定为齐抗。

行香仪式确在龙兴官寺（观）举行。这也印证了河北正定广惠寺玉石佛座铭文所刻内容的可信。开元官寺设立于开元二十六年（738）六月一日，"开元二十七年五月二十八日"正是开元官寺（观）设立将满一年之际。祠部的奏请是希望将此前同、华等81州在龙兴寺、观举行的国忌行香仪式改由新设立的开元官寺（观）承担。玄宗为此专门下敕旨进行裁决。

本来祠部的奏请只涉及"同、华等八十一州"的国忌行香仪式的举行地点，结果玄宗又在敕旨中加入了京兆、河南二府与千秋节及三元日行道散斋的内容。① 这导致不少学者对敕旨内容的解读出现了偏差②。所谓"唯千秋节及三元行道设斋，宜就开元观、寺"一句，其实系紧接上句"京兆、河南府"而言，与后面的"余依"二字是两层意思。京兆、河南两府因是长安、洛阳两京所在，制度自与同、华等81州不同，故国忌行香的观、寺一以此前的惯例为准，保持不变。③ 唐玄宗又为京兆、河南两府的开元观、寺赋予了千秋节与三元日行道散斋的功能。"余依"则表示同意祠部奏请，将同、华等81州国忌行香的礼仪由此前负责此事的龙兴寺、观转移至新设立的开元观、寺。

需要注意的是，官寺普遍设立于唐代天下诸州，但并非所有各州的官寺都有资格举行国忌行香仪式。祠部所奏"同、华等八十一州"即开元时期有资格举行国忌行香仪式的州。《唐会要》祠部所奏"同、华等八十一州"当即《唐六典》所云"应设斋者，盖八十有一州焉"。④

---

① 千秋节即在玄宗降诞日设立的节日。三元日即道教中的上元、中元和下元（分别是正月十五日、七月十五日和十月十五日）三个传统节日。
② 日本学者塚本善隆和那波利贞两位先生均认为是玄宗将国忌行香与千秋节及三元行道设斋两项国家礼仪进行二分，龙兴寺、观继续承担国忌行香的功能，千秋节及三元节行道散斋的功能则被赋予了此前一年新设立的开元官寺、观。参见塚本善隆《国分寺と隋唐の仏教政策並びに官寺》，第36—40页；那波利贞《唐代社会文化史研究》，第33页。葛兆光先生认为"在皇帝的忌日或寿辰为之行道设斋"是唐代各地都普遍建立的开元寺的"重要职责之一"，所据当是唐玄宗此条敕旨，但这一解读似乎存在偏差。参见葛兆光《盛世的平庸：八世纪上半叶中国的知识与思想状况》，荣新江主编《唐研究》第五卷，北京大学出版社1999年版，第11页。后收入氏著《中国思想史》第二卷《七世纪至九世纪中国的知识、思想与信仰》，复旦大学出版社2001年版，第25页。
③ 刘淑芬认为玄宗"京兆、河南府宜依旧观、寺为定"之"旧观寺"系指长安、洛阳之龙兴寺、观，参见氏著《中古的佛教与社会》，上海古籍出版社2008年版，第100页。其实不然，玄宗敕令所谓"旧观、寺"应指前引《唐六典》所载"大观、寺各二"，其中长安国忌行香两观应指兴唐观和金仙公主观，两寺名称俟考。详参拙文《长安开元观与唐玄宗的都城宗教政策》，《陕西师范大学学报》（哲学社会科学版）2017年第2期。
④ 李林甫等撰，陈仲夫点校：《唐六典》卷4《尚书礼部》，第127页。至于"同华等八十一州"何以具有国忌行香资格，已超出本节的讨论范围，笔者拟另文讨论。

有资格举行国忌行香仪式的州的地域范围在贞元五年（789）以后发生了变化。上引《唐会要》后半部分处州刺史齐抗援引衢、婺两州的先例，奏请希望当州获得举行国忌行香的资格。唐德宗不仅依其所请，还敕许全国尚未举行国忌行香仪式的其他"诸上州"一并获得国忌行香的资格。①并将此敕令著为令式，成为正式的国家法律。故贞元五年（789）以后，有资格举行国忌行香仪式的州的范围应为"同、华等八十一州"外加领民户数超过四万户的"诸上州"。

在唐武宗会昌五年（845）七月敕令灭佛拆寺之前，除唐文宗开成四年（839）十月至开成五年三月之间国忌行香仪式曾短暂被废止外②，其他时段同、华等81州与诸上州的国忌行香仪式应照常举行。③ 在唐武宗拆寺灭佛期间，大多数地方州府的开元官寺均被拆毁。但由于唐宣宗即位后即明令恢复两京与天下诸州的国忌行香④，而此前唐代地方诸上州的国忌行香礼仪的举行地点正是在当州开元寺（观）。故相较于其他普通佛寺，唐代地方诸上州的开元官寺在唐宣宗恢复佛教的过程中大多得到了及时重建。⑤

至此，便可清楚：开元二十六年（738）开元官寺（观）设立之前，同、华等81州的国忌行香仪式在唐中宗设立的龙兴官寺（观）举行。开元二十七年（739）之后，这81州的国忌行香仪式改由新设立的开元官寺（观）承担。国忌行香仪式举行地点的变化反映了唐代佛教官寺地位由龙兴寺向开元寺转移。唐德宗贞元五年（789）以后，有国忌行香资格的州的范围在"同、华等八十一州"之外又加入了领民户数超过4万户但此前并无行香资格的其他"诸上州"。这种制度至少一直延续到唐武宗会昌五年（845）下令拆寺灭佛为止。在此期间，同、华等81州与贞元五年（789）以后的诸上州的开元官寺（观）就成为举行国忌行香这一国家礼仪的法定空间。

---

① "上州"是唐代依据各州的领民户数而确定的州等之一。四万户以上为上州，三万户以上为中州，不满三万户为下州。李林甫等撰，陈仲夫点校：《唐六典》卷3《尚书户部》，第73页。
② 《旧唐书》卷117《崔宁传附崔蠡》，中华书局1975年版，第3403页；《册府元龟》卷31《帝王部·奉先四》，第313页。
③ 参见拙文《张氏归义军时期敦煌与内地诸州府国忌行香制度的差异及其原因初探》，《敦煌研究》2015年第6期。
④ 王溥《唐会要》卷23《忌日》，第526—527页。
⑤ 参见拙文《会昌毁佛前后唐代地方州府佛教官寺的分布与变迁》，《中国历史地理论丛》2018年第4辑。

四　掌管地方僧政

在官寺被赋予的特殊功能中，与佛教关系最密切的一项，就是由于官寺作为地方僧官的驻锡寺院，而肩负有管理地方佛教事务之职。关于唐代的僧官制度，学者已有不少研究。谢重光、白文固在《中国古代僧官制度史》一书中对唐代的僧官制度进行过较为系统的梳理，认为僧正、僧统是安史之乱以后国家权力衰落，地方藩镇势力扩大的产物，是地方僧官体系的重要一环。[①] 但并未注意到僧正、僧统等地方僧官的驻锡寺院问题。同时，僧正又可分为道（藩镇辖区）僧正、州郡僧正和特殊区域（佛教名山）僧正三类[②]，由于官寺一般位于州治，作为佛教名山的特殊区域僧正不大可能住于官寺，因此本节只讨论道僧正、州（或郡）僧正与官寺的关系。此类资料虽少，但同样可以说明问题。日本学者木宫泰彦较早注意到唐代地方僧官多驻开元寺的现象。[③] 惜未进行具体论证。其实文献中尚保留了不少地方僧正住开元寺的例证。

白居易清楚记录了泗州僧正释明远的驻锡寺院：

> 元和元年，众请充当寺（泗州开元寺）上座。明年，官补为本州僧正，统十二部。开元寺北地二百步，作讲堂七间，僧院六所。……师与徐州节度使王侍中有缘，遂合愿叶力，再造寺宇，乃请师为三郡僧正。[④]

元和二年（807），释明远出任泗州僧正是住当州开元寺。此后又出任徐、泗、濠三州僧正，住寺仍为泗州开元寺未变。白居易所作碑序标题，即《大唐泗州开元寺临坛律德徐泗濠三州僧正明远大师塔碑铭并序》已足以说明问题。至晚唐咸通年间，台州的情况亦是如此：

---

① 谢重光、白文固：《中国古代僧官制度史》，青海人民出版社1990年版，第111—113页。
② 特殊地区（佛教名山）的僧正可以天台山僧正为例。赞宁撰，范祥雍点校：《宋高僧传》卷20《唐天台山国清寺清观传附物外传》，第527页，云："（大中初年）续天台山众列请为僧正，（清观）乃佯狂隐晦。"其中"僧正"当指天台山僧正。
③ 木宫泰彦著，陈捷译：《中日交流史》，商务印书馆1933年版，第227页。
④ 白居易著，朱金城笺校：《白居易集笺校》卷69《大唐泗州开元寺临坛律德徐泗濠三州僧正明远大师塔碑铭并序》，上海古籍出版社1988年版，第3728—3730页。

（遗）则元居瀑布泉西佛窟本院，建龛塔。会昌中例毁之，其院为道门所有。后开元寺僧正法光于咸通乙酉岁遂徙碑于今所，河南尹韩乂为碑文。①

所谓"开元寺僧正法光"当即天台山所在的台州之僧正，其住寺为开元寺无疑。咸通乙酉岁即咸通六年（865），可见50年后，台州僧正法光的住寺亦为当州开元寺。或许有人怀疑这两条材料可能并不能说明问题，尤其是第一条泗州僧正的例子清楚记载明远原本就住开元寺，第二条则看不出州僧正与开元官寺之间的必然联系。两条材料只能说明元和二年（807）的泗州僧正和咸通六年（865）的台州僧正均住开元寺，并不能据此认为两者之间存在必然联系，构成一项制度。

幸赖日本入唐求法僧圆仁为我们留下了详细记载，其中包含僧正制度运作的关键史料，并为开元官寺与僧正之间的联系提供了直接证据。《入唐求法巡礼行记》卷一记载：

（开成四年正月十八日）又相公近者屈来润州鹤林寺律大德光义，暂置惠照寺。相公拟以此僧为当州僧正，便令住此开元寺。其僧正检领扬州都督府诸寺之事并僧等。凡此唐国有僧录、僧正、监寺三种色：僧录统领天下诸寺，整理佛法；僧正唯在一都督管内；监寺限在一寺。自外方有三纲并库司等。暮际，僧正住当寺。②

此事发生在开成四年（839）正月十八日。当时圆仁一行正在扬州，上文中的"相公"即淮南节度使李德裕。李德裕自润州鹤林寺请来律大德光义，并拟任命其为扬州僧正，但这需要"便令住此开元寺"。显然，这在当时应是一种制度，是必须履行的一道程序。因此，到了傍晚，"僧正住当寺"，入住开元寺应是光义完成其入职僧正的最后一道手续。

与李德裕治下的扬州僧正必须入住当州开元寺的情况相同，约60年后王审知控制下的福建，泉州僧正同样住于当州开元寺。黄滔《泉州开元寺佛殿碑记》提道："僧正临坛大德僧宣一，桑门之关键者。"③ 此碑记作于乾宁四年（897），显然应非巧合，而是唐代制度的反映。开成时期的淮

---

① 赞宁撰，范祥雍点校：《宋高僧传》卷10《唐天台山佛窟岩遗则传》，第230页。
② 小野胜年：《入唐求法巡礼行记の研究》第一卷，第362页，"开成四年正月十八日"条。
③ 董诰等编：《全唐文》卷825《泉州开元寺佛殿碑记》，中华书局1983年版，第8690页。

南是中央直接控制区域，李德裕命令僧正必须住于开元寺是遵从唐代的既有制度。60多年后，几乎不受唐中央控制的王审知治下的福建，也同样存在泉州僧正住于当州开元寺的事实，只能说明州郡僧正必须驻锡当州开元官寺的制度确实影响深远。

上述四例（泗州、台州、扬州、泉州），在时间上虽涵盖中唐和晚唐，但基本均是南方的例证，河北正定广惠寺唐代玉石佛座铭文则可弥补北方例证缺少的遗憾。贞元十一年（795）河北道恒州龙兴寺供奉开元十六年（728）所造玉石佛像的殿堂因故被毁，"都检校重修造（龙兴寺）"且出任龙兴寺"寺主"者为当州"开元寺僧智韶"，这实际上体现了中唐时期恒州开元寺作为一州官寺，对当州其他寺院事务的管辖权力。[①] 尽管其中并未出现恒州僧正。

需要注意的是，文献中还有一些对僧正住于何寺记载不详的情况。[②] 这就存在两种可能，其一，这些僧人在担任僧正期间均住当州开元官寺，只是文献中未予记载；其二，部分僧人出任僧正时并未移住开元官寺。从理论上讲，这两种可能性均无法排除。但是，综合上引其他材料，尤其是圆仁关于扬州僧正入职程序的记载，笔者认为，道、州两级僧正须住当州开元官寺的制度在中唐以后确实存在，只是由于地域差异，在某些地方的执行可能并不彻底。

敦煌的情况与内地稍有不同，但同样可以作为旁证。那波利贞先生曾引法藏敦煌遗书P.2879《八应管一十七寺僧尼籍》论证敦煌龙兴寺作为沙州的指导寺院，有负责保管一州僧尼籍之责。该文书原文为：

> 八应管一十七寺僧尼籍
> 龙兴寺
> 河西应管内外都僧录普济大师海藏
> 河西应管内外都僧统辨正大师钢慧[③]

那波先生据此遗书推断，当时河西的17个寺院均处于沙州龙兴寺的

[①] 参见拙文《河北正定广惠寺唐代玉石佛座铭文考释——兼议唐代国忌行香和佛教官寺制度》，《陕西师范大学学报》（哲学社会科学版）2015年第2期。

[②] 董诰等编：《全唐文》卷742《栖霞寺故大德毗律师碑》，第7679—7680页；赞宁撰，范祥雍点校：《宋高僧传》卷6《唐梓州慧义寺神清传》，第122页。

[③] 该文书图版见《法藏敦煌西域文献》，上海古籍出版社2001年版，第19册，第247页。

指导支配之下。① 陈大为通过考察龙兴寺是沙州都僧统司驻所，是沙州经司所在地而掌握沙州官经，以及龙兴寺的僧人寺户数量等指标，认为"龙兴寺是沙州首寺，在诸寺中占据着主导地位"。② 这一结论与那波先生的推断十分一致，均可证明龙兴寺是沙州的实际官寺。而官寺负责掌管一州僧政，只是沙州的实际官寺是龙兴寺而非开元寺，这与内地较为普遍的以开元寺为地方僧正驻所的惯例略有不同。敦煌的僧官系统极为复杂，与内地并不相同，论者亦有不少。③ 这些研究也普遍认为龙兴寺是敦煌最高佛教管理机关都僧统司的驻寺，这也与内地开元官寺作为地方僧正住寺的地位十分相似。

五 小结

唐代佛教官寺的上述四项特殊功能，均是由政治权力所赋予，集中体现了佛教官寺在唐代地方寺院体系中的特殊地位。这些特殊功能，并非在唐代首次设立佛教官寺（高宗官寺）时便已全部具备，而是存在一个缓慢的发展和演变过程。

政治象征与政治宣传是佛教官寺特殊功能中政治性最强的一项。高宗乾封元年（666）官寺是为因封禅泰山而设，意在宣示太平盛世；武周大云寺旨在利用大云寺宣讲《大云经疏》来为武周新政权的政治合法性进行宣传；中宗龙兴寺是为庆祝李唐政权复辟成功而设；玄宗开元寺亦以宣示开元盛世为目的。政治象征与政治宣传功能具有强烈的"一朝天子一朝臣"的特点，武周时期和中宗朝结束后，大云寺和龙兴寺的这种政治宣传和政治象征功能也就迅速淡去。

接待外国来华僧众和国内往返官客也是唐代佛教官寺的特殊功能之一。接待外国僧众固然是由于官寺规模较大，戒律严明，经藏齐备，能够代表国家形象，需要借官寺监控外国僧众行踪也是朝廷的重要考虑。日本入唐求法僧入住官寺之后，当寺负责人须向州官报告相关事由的惯例和制度就是明证。官寺还具有接纳国内遣谪（流放）僧人的功能。两相比较，

---

① 那波利贞：《唐代社会文化史研究》，第45—46页。
② 陈大为：《敦煌龙兴寺与其他寺院的关系》，《敦煌学辑刊》2009年第1期。
③ 竺沙雅章：《敦煌の僧官制度》，氏著《中国仏教社会史研究》，同朋社，1982年；荣新江：《于沙州归义军都僧统年代的几个问题》，《敦煌研究》1989年第4期；谢重光：《吐蕃占领期与归义军时期的敦煌僧官制度》，《敦煌研究》1991年第3期。

官寺负责接待并监控外国来华僧众的功能就十分清楚。接待国内往返官客亦与接待外国来华僧众相类，使官寺具有了官驿的部分性质和功能。

　　国忌行香是唐代皇权赋予佛教官寺的又一特殊功能。作为负责举行国忌行香仪式的法定空间，也是官寺区别于其他普通寺院的重要特征。在开元二十七年（739）之前，同、华等81州的国忌行香仪式在当州龙兴寺（观）举行，此后则改在开元二十六年（738）新设立的开元官寺（观）进行。这反映了唐代佛教官寺地位由龙兴寺向开元寺的转移。贞元五年（789）以前，朝廷严格规定只有"同、华等八十一州"之开元寺（观）拥有国忌行香资格，此后则扩大为这81州和领民户数超过4万户的其他"诸上州"之开元寺（观）。

　　作为地方僧官的驻寺，进而掌管一方僧政，是官寺所有特殊功能中与佛教关系最为密切的一项。在唐代前期的材料中，笔者尚未发现地方僧官必须驻锡官寺的实例。僧正必须住于当州官寺的制度，应是唐中期以后随着州僧正和道僧正的普遍设立而逐渐产生。由于地域差异，这一制度在某些地方的执行可能并不彻底。

　　政治象征功能自唐高宗乾封元年（666）首次设立佛教官寺时便已存在，其余三次佛教官寺同样如此；政治宣传功能则以武周大云寺最为突出，其余三次设立的佛教官寺则并不明显。地方诸州佛教官寺接待外国来华僧众的记载，目前所知最早始见于唐玄宗天宝年间，至晚唐时期犹存；接待国内往返官客的记载始于何时并不清楚，但也延续至晚唐时期。地方诸州佛教官寺承担的国忌行香功能，可能始于唐玄宗开元时期，至少直至唐武宗会昌毁佛前一直延续。佛教官寺作为地方僧官（道、州两级僧正）驻寺，进而掌管一州佛教事务的功能，应产生于安史之乱后地方僧官普遍设立的过程中，直至唐末一直存在。

第八章　佛教官寺与中晚唐半独立藩镇的政治合法性构建
——以田氏魏博和张氏归义军为中心的考察

在既有的研究成果和本书的此前几章中，所论多为唐代前期佛教官寺的设立及其所反映的政教关系。这既是由于唐代四次佛教官寺均设立于唐前期，安史之乱以后未再设立；也是由于现存的佛教官寺相关资料大多集中于唐前期。本章将以佛教官寺与中晚唐半独立藩镇之间的关系，尤其是佛教官寺与中晚唐半独立藩镇政治合法性构建之间的关系为核心展开讨论。

中唐以降藩镇林立的格局是唐代中后期政治史和政治地理的重要特征，历来为学者所重视，研究成果也十分丰富。仅以专著而言，就有王寿南《唐代藩镇与中央关系之研究》[1]、日野开三郎《唐代藩镇の支配体制》[2]、张国刚《唐代藩镇研究》[3]和李碧妍《危机与重构：唐帝国及其地方诸侯》等多部[4]，各种专题论文更是难以计数。这些专著的研究重点，或关注藩镇与中央的关系，或讨论藩镇的权力结构，或探究藩镇体制的各种制度，或重新解释中晚唐藩镇变化的地缘政治背景和过程。相较而言，涉及藩镇作为地方性政治实体的政治合法性来源的研究却似乎并不多见。

毛汉光先生曾将魏博作为中晚唐河北半独立藩镇的典型进行个案研究，已经注意到职业军人集团是魏博政权的统治基础，并在此基础上讨论了魏博一镇对安史之乱以降两百年间中国政局的深刻影响。[5] 李碧妍女史

---

[1] 王寿南：《唐代藩镇与中央关系之研究》，大化书局1978年版。
[2] 日野开三郎：《唐代藩镇の支配体制》，三一书房1980年版。
[3] 张国刚：《唐代藩镇研究（修订版）》，中国人民大学出版社2010年版。
[4] 李碧妍：《危机与重构：唐帝国及其地方诸侯》，北京师范大学出版社2015年版。
[5] 毛汉光：《魏博二百年史论》，《"中央研究院"历史语言研究所集刊》第50本第2分。收入氏著《中国中古政治史论》，上海书店出版社2002年版，第349—417页。

则对魏博进行了细致的个案研究,尤其是着力比较了包括魏博在内的河北三镇的性格差异。① 最近,仇鹿鸣先生又援引"表达—实践"这一组概念,以田氏魏博为个案,对唐廷与田氏魏博的政治互动进行了深入的分析。② 这些精彩的个案研究均为本章的讨论提供了坚实的基础,但似乎并未涉及藩镇的政治合法性来源问题。

管见所及,只有余欣先生对归义军时期符瑞与政治的关系进行了系统考辨,认为符瑞集中出现于归义军史上四个起承转合的关键阶段,发挥了塑造权力正统、强化内部政治结构、凝聚族群认同的重要作用。③

有关敦煌归义军政权与佛教的研究甚为丰富,但正如余欣梳理的结果,百年敦煌学虽然积淀深厚,但涉及归义军政权政治合法性的研究确实不多,而且有关敦煌官寺的专门研究亦不多见。日本学者松浦典宏曾以幽州卢龙军节度使为例考察过晚唐河北地区藩镇与佛教的关系,但似未涉及佛教与藩镇政治合法性之间的关系。④

余欣指出:"归义军的内部政治结构与中晚唐河北的藩镇比较类似,一方面接受和利用唐王朝的正统叙事,但在自己的内政中保持独立性。" 故本书选取田氏魏博和张氏归义军为例进行考察。余欣还注意到,归义军时期的符瑞存在与佛教相结合的特征,认为这是敦煌当地佛教发达的结果,也是归义军在利用符瑞进行政治合法性构建时的特色。其实,中晚唐半独立藩镇在构建自身政治合法性时对佛教的利用并不止此,而符瑞的作用在其他藩镇中是否如此重要也尚需进一步研究。笔者注意到,遍布天下诸州的佛教官寺与中晚唐半独立藩镇的政治合法性构建之间存在着密切关系。本章拟以田氏魏博、张氏归义军政权与辖区内佛教官寺的关系为线索,探讨佛教官寺与中晚唐半独立藩镇的政治合法性构建之间的关系,希望对相关问题的讨论有所帮助。

---

① 李碧妍:《危机与重构:唐帝国及其地方诸侯》,北京师范大学出版社2015年版。
② 仇鹿鸣:《政治的表达与实践:田氏魏博的个案研究》,余欣主编《中古中国研究》第1卷"重绘中古中国的时代格:知识、信仰与社会的交互视角专号",中西书局2017年版,第297—330页。修订稿收入氏著《长安与河北之间:中晚唐的政治与文化》第五章,北京师范大学出版社2018年版,第174—218页。
③ 余欣:《符瑞与地方政权的合法性构建:归义军时期敦煌瑞应考》,《中华文史论丛》2010年第4期。
④ 松浦典宏:《唐代河北地域の藩镇と仏教——幽州(卢龙军)节度使の事例から》,《大手前大学论集》第10期,2009年版,第57—76页。

一　唐前期的佛教官寺与政治

既有的研究显示，唐代前期的四次佛教官寺设立均有重大政治事件为背景。唐高宗乾封元年（666）的佛教官寺之设是因封禅泰山而向天下宣示盛世。武周大云寺是因武曌希望借助大云寺宣讲《大云经疏》为武周政权的合法性进行宣传。唐中宗龙兴寺是为庆祝李唐王朝的成功复辟。唐玄宗开元寺则应主要是为庆祝忠王玙立为太子[①]，解决了玄宗朝长期不立储君的政治难题，并有宣示开元盛世之意。这些政治事件均成为佛教官寺政治象征意义的来源。

佛教官寺的政治象征意义，可由安史之乱中史思明的举动得到最充分的诠释。《资治通鉴》卷221引《蓟门纪乱》云：

> 乾元二年四月癸酉，思明僭位于范阳，建元顺天，国号大燕，立妻辛氏为皇后，次子朝兴为皇太子，长子朝义为怀王。六月，于开元寺造塔，改寺名为顺天。[②]

富安敦先生已经敏锐地意识到，这是史思明在效法唐玄宗的先例，企图创立一个新的以其新年号（顺天）为额的官寺网络。因为他宣布新的燕国建立并企图与唐中央分庭抗礼，同样企图以新的顺天寺的官寺网络取代此前由唐玄宗设立的开元官寺就显得十分自然。[③]

显然，史思明将范阳开元寺改额为顺天寺作为其"建国方略"的系列内容之一，与建元、立国号、册立皇后和太子并列为建立新王朝正统性与

[①] 详参拙文《影子官寺：长安兴唐寺与唐玄宗开元官寺制度中的都城运作》，《史林》2011年第4期。

[②] 司马光等撰：《资治通鉴》卷221唐肃宗乾元二年四月条，中华书局1956年版，第7075页。《房山石经题记汇编》中亦有归德郡（燕州）顺天寺，然刻经时间系于应天元年（759年）二月八日，尚在史思明改元顺天之前两个月。归德郡（燕州）顺天寺是否系因史思明顺天年号而改额，尚待进一步证实。姑存此俟考。题记之一云："经主归德郡顺天寺僧超奉为师僧父母合家小大敬造《大般若》石经二条。应天元年二月八日上。……卷二百一十四，条〔五百四十二〕（一·六四八）。"题记之二云："造经主归德郡顺天寺僧玄超为师僧父母合家小大上经两条。卷二百一十五，条五百四十三（一·六〇九）。"见北京图书馆金石组、中国佛教图书文物馆石经组编《房山石经题记汇编》，书目文献出版社1987年版，第107页。

[③] Antonino Forte, *Chinese State Monasteries in the Seventh and Eighth Centuries*, p. 218.

合法性的举措。可见,建立新的官寺系统已然成为史思明及其幕僚心目中必不可少的、宣示新政权正统性与合法性的策略之一。至此,佛教官寺与政治合法性及正统性之间的关系可谓不证自明。

其实,更值得注意的是,史思明及其幕僚何以会将设立新的佛教官寺作为宣示其新政权政治合法性与正统性的必须之举?原因显然在于,此前唐代四次官寺设立已经确立了新设官寺即是宣示政治合法性的惯例①,尤其是武周大云寺和唐中宗龙兴寺的先例,使得史思明不得不效法。

史思明作为安史之乱后期的叛军首领,其目的在于建立新的独立政权,并与唐廷并立,故而选择将奉唐玄宗敕令设立的开元官寺取而代之。但中晚唐其他半独立藩镇的政治目标则与其不同。因此我们将看到,作为半独立藩镇的田氏魏博和张氏归义军,既不能也不敢宣布独立,也就不可能设立新的官寺,只能利用唐中央所设原有官寺的政治象征意义来构建自己在辖区内的政治合法性。

二 田氏魏博与魏州开元寺

毛汉光先生指出,安史之乱后"田承嗣、李怀仙、张忠志、薛嵩等四人分帅河北,其中尤其田承嗣节度魏博地区,直接影响公元八世纪半至十世纪半这二百年间中国的政局"②。足见魏博在中晚唐以至五代中国政治史上地位之重要。这也是毛先生将魏博作为中晚唐至五代藩镇典型进行个案研究的主要考虑。但该文重在讨论魏博镇的政治势力与社会势力如何结合及藩镇的政治基础等问题,而未涉及魏博镇的政治合法性来源问题。

《文苑英华》卷863有封演《魏州开元寺新建三门楼碑》一文。碑文记述了田承嗣在魏州开元寺捐建三门楼等系列功德,其中包含不少田氏魏博确立其政治合法性的重要细节。

《金石录》和《宝刻丛编》对此碑均有著录。据碑文中"此寺自神龙至于宝应五十有七年而遇焚毁,自宝应以至于兹十有三年而复旧物"两句,可推知其中"兹"当为大历十年(775)。《金石录》著录为"唐开元

---

① 与此相类似,季爱民注意到,唐太宗即位之后,长安国家寺观建造与政治权力的转移与确认有密切关系,如贞观五年为承乾所建普光寺和西华观"有增强太子地位的意义",大慈恩寺的落成仪式则"可能包含太宗希望政权顺利交接的用心",确是透辟之见。参见季爱民《隋唐长安佛教社会史》,中华书局2016年版,第103—110页。
② 毛汉光:《魏博二百年史论》,氏著《中国中古政治史论》,第357页。

第八章　佛教官寺与中晚唐半独立藩镇的政治合法性构建　191

寺三门楼碑，封演撰，八分书，大历十三年七月"。①《宝刻丛编》将此碑系于北京大名府，著录碑额为《唐开元寺新建三门楼碑》，其余内容与《金石录》相同。② 对于两者之间三年的时间差，岑仲勉和余嘉锡先生均认为大历十年（775）当为碑文撰写时间，而大历十三年（778）则是立碑时间。③ 此说可从。大历十年（775）时魏博节度使正是田承嗣。

其实，碑文撰写的具体时间还可通过大历十年（775）魏博的政治形势作进一步的推断。大历十年（775）正月至二月，田承嗣利用薛嵩死后昭义军的内部不和，诱使昭义部将叛乱并派兵攻打相、卫等州，最终将昭义所辖的相、卫、磁、洺四州全部吞并，纳入魏博的实际控制之下。其间，朝廷曾遣使告谕田承嗣，使各守封疆，但田氏并未奉诏。四月二十一日，代宗下诏贬田承嗣为永州刺史，并命河东、成德、幽州、淄青、淮西、永平、汴宋、河阳、泽潞诸道发兵讨伐魏博。此后战事一直持续到六月底，魏博军多次败于官军。田承嗣遂惧。后来诸道联军在田承嗣离间下无功收兵。但此后形势一直较为紧张。直到大历十一年（776）二月，代宗才下诏赦免田承嗣之罪，复其官爵。④ 因此，观碑文中对田承嗣过于溢美歌颂之词，可知碑文当非在大历十年（775）正月二月间吞并昭义镇及四月以后魏博与朝廷的战争状态中所作，最有可能的撰文时间应是吞并昭义之后代宗尚未诏令发兵对其进行讨伐的三月、四月之间。当时正是田承嗣政治上最得意的时期。碑文中田承嗣对于魏州开元寺的系列捐施亦应在大历十年（775）之前完成。

仆固怀恩借回纥兵平定河北后，由于其担心"贼平宠衰"以及开始厌兵，奏请安史部将田承嗣为魏博节度使，使其成为分帅河北的藩镇之一。但是，"承嗣不习教义，沉猜好勇，虽外受朝旨，而阴图自固，重加税率，修缮兵甲，计户口之众寡，而老弱事耕稼，丁壮从征役，故数年之间，其众十万。乃选其魁伟强力者万人以自卫，谓之衙兵。郡邑官吏，皆自署置，户版不籍于天府，税赋不入于朝廷，虽曰藩臣，实无臣节"⑤。这段话

---

① 赵明诚：《金石录》卷8《目录八》，《石刻史料新编》第1辑，第12册，新文丰出版公司1982年版，第8852页。
② 陈思：《宝刻丛编》卷6《河东路·北京大名府》，《石刻史料新编》第1辑，第24册，第18165页。
③ 岑仲勉：《跋〈封氏闻见记〉》，《中央研究院历史语言研究所集刊》第9本，1937年版，第233—235页。余嘉锡：《四库提要辨证》卷15《子部六》，中华书局1980年版，第903—909页。该书史部和子部由作者自印出版于1937年。
④ 大历十年至十一年魏博的政治形势，参见《资治通鉴》卷225，中华书局1956年版，第7226—7250页。
⑤ 刘昫等撰：《旧唐书》卷141《田承嗣传》，中华书局1975年版，第3838页。

应是田承嗣节度魏博前期的真实写照,表明当时的魏博镇已是一个名虽隶属唐中央,但实际上独立自治的小王国。这也是《魏州开元寺新建三门楼碑》碑文的撰写背景。

关于魏州开元寺的沿革,碑文中已有交代:"河朔之州,魏为大;魏之招提,开元为大。开元者,在中宗时草创则曰中兴,在玄宗时革故则曰开元。"表明开元寺是魏州首寺,而且是由中宗时期的中兴(龙兴)寺改额而来。这显然是将唐中宗复辟后先诏令各州设立大唐中兴寺(观),然后再改额龙兴寺(观)两事合并叙述,且直接省略了改额龙兴寺一段。这种省略的表述和将中兴(龙兴)寺改为开元寺的事例在唐代并不鲜见。① 由于"宝应初岁,王师北伐,奋其威武,或以火攻",所以该寺的三门楼被大火焚毁,至田承嗣重修时已有13年之久。

僧徒们对田承嗣施建开元寺三门楼的感慨中有一句十分值得注意,即"已是知田公之勇于信施,极于修葺,非人力也。如来付嘱大臣,有旨哉"。这是感慨田氏施建三门楼得到佛祖的佑护和助力。然"如来付嘱大臣"一句,确是明显地改写了经典原文的意思。此句当出自《大般涅槃经》卷3,原文为:"如来今以无上正法付嘱诸王、大臣、宰相、比丘、比丘尼、优婆塞、优婆夷,是诸国王及四部众,应当劝励诸学人等,令得增上戒定智慧,若有不学是三品法、懈怠破戒毁正法者,王者大臣四部之众应当苦治。"② 这原本是如来灭度前咐嘱国王大臣作为外护护持佛法的经典依据。后世常以此句的咐嘱对象简称为"王臣"或"王臣四众",在不同情境中又往往按照具体需要对经文原意或文字进行改动。如白居易《唐抚州景云寺故律大德上弘和尚石塔碑铭并序》中云:"佛法嘱王臣,故与姜相国公辅、太师颜真卿暨本道廉使杨君凭、韦君丹四君子友善。"③ 该碑

---

① 如《唐邺州重建开元寺碑》亦省略了邺州大唐中兴寺曾奉敕改额为龙兴寺之事,径称:"昔天后□禅,孝和复辟,肇建此寺,以中兴为名。……开元廿六年,……诏以此寺为开元寺。"碑文详参杨忠敏《唐开元寺残碑辨析》,《文博》1990年第3期;李之勤《唐邺州开元寺的始建年代及其名称演变》,《文博》1990年第6期。此外,还有一些碑文则省去神龙元年初设时龙兴寺本名大唐中兴寺之事,如董诰等编《全唐文》卷238《景星寺碑铭》云:"容州都督府景星寺者,高宗天皇大帝所建也。……天授中,改为大云寺,移建于城西焉。……神龙初,为龙兴寺。"董诰等编《全唐文》卷824《泉州开元寺佛殿碑记》云:"后三年,升为兴教寺,复为龙兴寺。逮玄宗之流圣仪也,卜胜无以甲兹,遂为开元寺焉。"

② 《大般涅槃经》卷3,《大正藏》第12册,第374号,第381页上栏至中栏。关于此段经文与中古政教关系的详细讨论,参见陈志远《内律与俗法——从〈续高僧传·智藏传〉再探南朝的政教关系》,《中华文史论丛》2017年第4期。

③ 白居易撰,朱金城笺校:《白居易集笺校》卷41《碑碣》,将此文系于元和十三年,上海古籍出版社1988年版,第2696—2698页。

第八章　佛教官寺与中晚唐半独立藩镇的政治合法性构建　193

文中的"王臣"乃"王之臣"之意，因为后面所列姜公辅、颜真卿、杨凭、韦丹四人皆为朝廷重臣。赞宁撰写《宋高僧传·上恒传》时，即主要以此碑文为据，并将此句省略为"法付王臣，故与姜相国公辅、颜鲁公真卿、杨凭、韦丹四君友善"。[①] 与原文相较，省略改写之处甚多，但"王臣"两字仍予保留，就在于"王臣"是对经文原意进行压缩的结果，也是突出这四人忠于朝廷的基本属性的最佳选择。

同样，在隋文帝需要强调自己乃是佛教的唯一外护时，他在敕令中将此句改为"佛以正法付嘱国王，朕是人尊受佛付嘱"。[②] 是将经文中的大臣与四部众直接删去。与此相类，在颂扬田承嗣功德的碑文中去除国王二字，径以"大臣"取代，显然意在凸显田承嗣在魏博六州范围内唯一佛教外护的地位，并以此弱化代宗皇帝的存在和影响力。

与此可以形成呼应的是，"复于此寺度幼子一人，俾修净业，以传法印，妙庄故事，襄祛前轨，既历多劫，公能继之"，则是将田承嗣度幼子出家之事比作妙庄严王的先例。虽是意在凸显度子出家的目的是为田承嗣灭罪祈福，但该故事出自《妙法莲华经·妙庄严王本事品第二十七》，显然是以田承嗣自比古印度国王。这样的类比，可以看作田承嗣控制下的魏博乃其独立小王国的真实写照。

除了施建开元寺三门楼外，"公又以此寺经典旧多残缺，哀彼学徒访闻无所，乃写《一切经》两本，并造二楼以贮之"。表明田承嗣又捐写大藏经两部，并捐建藏经楼贮藏供养。

碑文还重点记述了田承嗣在开元寺修葺完成后入寺行礼时感应降舍利及造塔供养舍利时的祥瑞。"公顷曾入寺，虔恭作礼，有舍利两粒降于其瓶，光明圆净，莹彻心目。盖舍利者非常之瑞，虽一粒二粒，乃至多粒，供养功德，以金身等。遂于寺内起塔二所而分葬焉。入塔之辰，见祥云灵鹤徘徊其上，百千人俱叹未曾有，得不谓道心纯至而冥佑荐委耶？"感应而降舍利本已是莫大的祥瑞，在造塔供养舍利时又有祥云灵鹤之瑞，可谓祥瑞已极。余欣注意到，祥瑞在中晚唐下移到地方藩镇的现象，并将此作为中晚唐半独立藩镇构建其地方政权合法性的重要一环，而且观察到归义军时期祥瑞与佛教结合、僧侣参与祥瑞制造过程等特点。在田氏魏博时期，我们又看到了祥瑞与佛教官寺的结合。魏州开元官寺也存在类似的情

---

① 赞宁撰，范祥雍点校：《宋高僧传》卷16《唐抚州景云寺上恒传》，中华书局1987年版，第390页。
② 释法琳：《辩正论》卷3《十代奉佛上篇第三》，《大正藏》第52册，第2110号，第509页上栏。

况。佛教祥瑞的出现固然也是僧侣参与制造的结果，但这些祥瑞更重要的意义是证明田承嗣作为魏博六州范围内唯一佛教外护的地位。

关于重建三门楼的木料来源，碑文中特意强调："时大军之后，良材一罄，龙门上游，下筏仍阻。公乃使河中府以营建之旨咨于台臣，精诚内驰，万里潜契。山不吝宝，贞松大来，炎凉未再，水滨如积。"通过河中府向中央申请得到远在龙门上游（今韩城、河津以上黄河两岸山陕两省境内山林中）的优质松木，除了显示唐中央当时对田承嗣特殊的优容态度之外，恐怕田氏充分强调开元寺乃玄宗皇帝敕立官寺也是其必须大书特书的理由。碑文中的"营建之旨"正是这种强调的关键所在。① 修葺被焚毁的由玄宗敕立的开元官寺正是田氏魏博向唐中央表达忠心的一种理想选择，既可以换取地方佛教界的支持和声誉，又可以向中央表明自己重视先朝敕立官寺即向唐中央效忠的态度。因此，碑文中的所谓"精诚内驰"，显然不只包含田氏对于佛教的"精诚"，更重要的应是对唐中央的"精诚"，尽管事实上他已将魏博变成了自己的独立小王国。

田承嗣的野心可能并不止于获得地方佛教界的支持和声誉，而是直接控制本镇内的佛教。碑文中称田承嗣"复于此寺度幼子一人，俾修净业，以传法印"。这本无可厚非，但后文中"寺主僧法敬，即公所度之子也"一句则暴露了田氏更深层的动机。度幼子出家，可能确有为家族祈福的愿望，但以幼子出任寺主，则应是田氏企图控制魏博佛教的关键步骤。唐代佛教官寺负有掌管一州僧政之责②，以幼子出任魏州开元寺寺主，实际上应即田承嗣企图控制魏博佛教的直接表现。此幼子当时年岁无考，但田承嗣第六子田绪在贞元十二年（796）暴卒时仅有33岁③，以此衡之，则此"幼子"在大历十年时尚不足12岁。④ 以12岁小儿身居魏州开元官寺的寺主，田承嗣企图以修葺寺院之机控制魏博佛教之野心昭然若揭。故而铭文

---

① 董诰等编《全唐文》卷238 卢藏用《景星寺碑铭》云，开元初年容州都督光楚客认为高宗所设官寺景星寺为玄宗皇帝的"煌煌祖业"，因此他不能坐视该寺废弃，于是决定于容州城北重修景星寺。光楚客所云"煌煌祖业"或可作为理解田承嗣所谓"营建之旨"的一个注脚。

② 详参本书第七章"唐代佛教官寺的特殊功能"。

③ 刘昫等撰：《旧唐书》卷141《田承嗣传附子田绪传》，中华书局1975年版，第3845—3846页。

④ 对于剃度为僧时间尚短、资历尚浅的僧人，唐五代时期还有皇帝赐腊一途，可迅速提高僧人在佛教界的地位和声望。然碑文中并未提及田承嗣幼子有被皇帝"赐腊"的经历。若有，则会作为皇帝优崇的表现大书特书。关于唐五代时期僧人赐腊的研究，详参武绍卫《唐五代"赐腊"小议》，孙英刚主编《佛教史研究》第1卷，新文丰出版社公司2017年版，第147—160页。

第八章　佛教官寺与中晚唐半独立藩镇的政治合法性构建　195

中说田承嗣"无量眷属，允资佛护，若女若男，遇缘则度"就有明显的欲盖弥彰之嫌。

以上讨论显示，即使跋扈如田承嗣时代的魏博镇，仍需要以重修开元官寺作为其向唐中央表达忠心的有效手段，但田氏也正是通过捐修、写经、供养舍利，尤其是度子为僧的手段来实现对辖区内佛教事务的控制。控制佛教的目的正在于更好、更全面地控制藩镇内的一切权力和精神资源，从而强化政治控制。捐修官寺成为田氏魏博获得政治合法性的重要手段之一。

值得注意的是，在田氏之后，魏州开元寺又先后于长庆四年（824）、大和元年（827）两次大修，并立石碑三通以记其事。① 虽然这些碑文内容均未能流传至今，但四年内两次大修，确可证明魏州开元寺在魏博镇内的特殊地位，以及魏博当局对于该寺的重视程度。这两次重修和立碑纪念，未知是否与史宪诚长庆二年（822）被正式任命为魏博节度使，以及大和元年（827）加"同平章事"的宰相衔有关。② 若是，实为魏博当局将开元官寺作为构建自身政治合法性资源的继续利用。

三　张氏归义军与敦煌龙兴寺、开元寺

归义军时期的敦煌同时保留了唐代先后四次设立的佛教官寺灵图寺③、大云寺、龙兴寺和开元寺。荣新江先生认为："沙州大云寺应当是武周时期的官寺，但开元十六年（728）唐玄宗下令每州立开元寺为官寺，沙州也有开元寺，因此开元二十九年（731）时的大云寺已经不是官寺，但仍然是和龙兴、开元同等重要的沙州寺院。"④ 这一论断提示我们，敦煌的官

---

① 陈思：《宝刻丛编》卷6《河北东路·北京》，据《访碑录》著录此三碑云，"《唐开元寺新修法华院记》。在府城内开元寺。张若撰，李系正书，长庆四年建"；"《唐开元寺碑》。在府城内。李翱撰，崔舒书。大和元年立"；"《唐开元寺新修功德记》。在府城内。李翱撰，崔舒书，张肱篆额。大和丁未岁立"。这三种石刻材料分别见《石刻史料新编》第1辑第24册，第18165—18166页。
② 司马光等撰《资治通鉴》卷242"穆宗长庆二年正月"条记载："长庆二年（822）正月己酉，以史宪诚为魏博节度使。"《资治通鉴》卷243"文宗大和元年五月条"记载，文宗大和元年（827）五月丙子，"乃加魏博节度使史宪诚同平章事"。
③ 《沙州都督府图经》所载"灵图寺"亦是乾封元年高宗所设官寺。详参本书第三章"唐高宗乾封元年的佛教官寺制度"。
④ 荣新江：《盛唐长安与敦煌——从俄藏〈开元廿九年（741）授戒牒〉谈起》，《浙江大学学报》2007年第3期。

寺系统十分特别。按照常理，各州的官寺应由唐代最后一次即开元二十六年（738）设立的开元寺充当。但敦煌的情况与此不同。陈大为以敦煌龙兴寺是沙州都僧统司驻所、沙州都司下属经司所在地掌握官经、沙州第一大寺三个要素，判断"龙兴寺是沙州首寺，在诸寺中占据主导地位"。[①] 其实，这些论据都只是说明龙兴寺在沙州地区实际上充当着官寺地位[②]。因此，敦煌实际上的官寺地位应由龙兴寺充当，但如荣先生所言，大云寺、开元寺与龙兴寺的地位"同等重要"。

其实，敦煌龙兴寺的这种特殊地位至少在吐蕃占领时期便已形成[③]。敦煌文书 S.381 抄录有吐蕃占领时期的一则《龙兴寺毗沙门天王灵验记》，其开头云：

> 大蕃岁次辛巳润（闰）二月十五日，因寒食，在城官寮百姓就龙兴寺设乐。[④]

郑阿财先生研究认为，"大蕃岁次辛巳"当是唐德宗贞元十七年（801）。文书之末的题记"咸通十四年四月廿六日提（题）记耳也"，字迹显与原文不同，当是后之读此卷者所补题。此一灵验故事当是唐德宗贞元十七年敦煌龙兴寺发生之事。[⑤] 确为的论。

值得注意的是，在贞元十七年（801）吐蕃统治时期的敦煌，龙兴寺就是当时官民举行寒食节庆典的指定寺院，这似乎说明当时龙兴寺的地位已经高过其他寺院。后来的归义军时期，龙兴寺继续居于实际上的官寺地位，不过是对吐蕃统治时期龙兴寺已有地位的继承。至于沙州何以由龙兴寺充当官寺而非设立最晚的开元寺，则需要进一步的研究。

作为沙州地区实际官寺的龙兴寺，在归义军时期也得到积极修缮。我们也可以看到敦煌龙兴寺得到归义军掌权者重修的例证。敦煌文书《敕河

---

① 陈大为：《敦煌龙兴寺与其他寺院的关系》，《敦煌学辑刊》2009 年第 1 期。
② 本书附录三《开元寺兴致传说演变研究》。
③ 王尧：《蕃占期间的敦煌佛教事业探微——P. T. 999、1001 号藏文写卷译释》，原载《世界宗教研究》1988 年第 2 期，此据《王尧藏学文集》卷 4《敦煌吐蕃文书译释》，中国藏学出版社 2012 年版，第 248 页。
④ 图版见《英藏敦煌文献（汉文佛经以外部分）》第 1 册，四川人民出版社 1990 年版，第 166 页。彩色图版见国际敦煌项目（IDP）网站：http://idp.bl.uk/database/oo_scroll_h.a4d? uid =4180005376；recnum =381；index =1。
⑤ 郑阿财：《〈龙兴寺毗沙门天王灵验记〉与敦煌地区的毗沙门天王信仰》，《周绍良先生欣开九秩庆寿文集》，中华书局 1997 年版，第 253—263 页。

第八章 佛教官寺与中晚唐半独立藩镇的政治合法性构建　197

西节度兵部尚书张公德政之碑》记载了张淮深的种种功德：

> 爰因蒐练之暇，善业遍修，处处施功，笔述难尽。乃见宕泉北大像，建立多年，栋梁摧毁，若非大力所制，诸下谁敢能为？退故朽之摧残，葺昤眬之新样。于是杼匠治林而朴斵，郢人兴役以施功。……龛内素释迦牟尼像并事从一铺，四壁图经变相一十六铺，参罗万象，表化迹之多门；摄像归真，总三身而无异。方丈室内，化尽十万；一窟之中，宛然三界。檐飞五彩，动户迎风；碧涧清流，森林道树。榆杨庆设，斋会无遮；剃度僧尼，传灯鹿苑。七珍布施，果获三坚；十善律修，圆成五福。
>
> 又见龙兴大寺……①

按照文意，"又见龙兴大寺"之后当是对龙兴寺的大规模修葺，是前面"善业遍修，处处施功"的具体记述之一。"又见龙兴大寺"之前400余字详述张淮深修葺宕泉北大像之经过，则记述重修龙兴寺的文字必为不少可知。需要说明的是，张淮深重修龙兴寺排在其重修北大像和94窟之后，而非其系列"善功"的第一位，这可能与敦煌的传统有关。修凿石窟是敦煌一项渊源很久的向佛教捐施功德的行为②，张淮深自然也深受这一传统的影响，将修凿石窟作为"施功"的第一件事。即便如此，张氏重修龙兴寺的行为仍需注意。

关于张淮深重修龙兴寺的背景和原因，国内学者虽未使用官寺的概念，但也多有阐发，如郑炳林先生认为，由于龙兴寺是唐中宗即位后诏天下所建，重修龙兴寺，含有张淮深正式出任节度使之义在其中。李军先生在此基础上进一步提出："龙兴寺最本质的政治内涵是为了庆祝李氏重夺最高权力，并向天下宣告李氏才是正统。同样，张淮深重修龙兴寺的真正目的也是为了向世人宣布张淮深一系才是归义军节度使正统和合法人选。"③ 这些分析固然可能十分深入，但笔者认为更需要注意之处在于，作为中晚唐半独立藩镇的田氏魏博与张氏归义军，在时间上前后相距近百

---

① 此遗书图版见《法国国家图书馆藏敦煌西域文献》第18册，上海古籍出版社2002年版，第120页。录文参考荣新江《敦煌写本〈敕河西节度兵部尚书张公德政之碑〉校考》，原载《周一良先生八十生日纪念论文集》，中国社会科学出版社1993年版。此据荣新江《归义军史研究：唐宋时代敦煌历史考索》附录，上海古籍出版社2015年版，第398—409页。

② 参见马德《敦煌莫高窟史研究》第二章"莫高窟的创建"、第三章"莫高窟前期的营造"和第四章"莫高窟中后期的营造"，甘肃教育出版社1996年版，第50—159页。

③ 李军：《从敦煌龙兴寺看张氏归义军的内部矛盾》，郑炳林、樊锦诗、杨富学主编《敦煌佛教与禅宗学术讨论会文集》，三秦出版社2007年版，第114页。

年，空间上东西相隔数千里，何以会同样选择重修辖区内的官寺？这是偶然的巧合，还是某种共同的因素在起作用？笔者以为，这并非仅是巧合，而是官寺本身所具有的政治象征意义使得重修官寺成为中晚唐半独立藩镇向朝廷表示忠心的不二选择。同时，结合上节的讨论可知，借助重修官寺藩镇长官可以扩大自己在本镇佛教界的影响力。本节所引文献虽并不足以说明张淮深重修敦煌龙兴寺也有类似田承嗣企图借机控制本镇佛教的初衷，但就常理而言，以本镇长官身份大规模捐修官寺，其影响力自会因捐修之举而扩大。重修官寺既是一举两得，自然也就不难理解田承嗣与张淮深的共同选择了。

由于敦煌的官寺系统较为特殊，开元寺应是开元二十六年（738）之后的敦煌名义上的佛教官寺，但实际上的官寺地位则由龙兴寺承担。即使是名义上的官寺开元寺，其地位仍是十分特殊而重要。敦煌文书 P.3451《张淮深变文》云：

> 尚书授（受）敕已讫，即引天使入开元寺，亲拜我玄宗圣容。天使睹往年御座，俨若生前。叹念敦煌虽百年阻汉，没落西戎，尚敬本朝，余留帝像，其於（余）四郡，悉莫能存。①

关于这条材料，引用研究者甚多。如陆永峰认为，此段变文"直接描绘了敦煌民众的归心大唐的情形"，是敦煌民众忠君爱国思想的体现。② 实际情况恐非如此。变文为敦煌当地文人所撰，必然存在夸饰成分，尤其是此类直接颂扬张淮深的变文，自然更是如此。罗彤华则在考察敦煌寺院的迎送支出时认为："官寺具有的特殊意义，让天使不得不驻足遥想，而寺僧不得不应接款待。（中略）归义军政权与寺院间有着极微妙的关系，官府一方面控制，干预，监督寺院的各种活动；另一方面又不得不借助佛教之力来敦亲睦邻，笼络使客，于是形成官府与寺院间互相约制，又深相依赖的政教关系。"③

其实此举显然是归义军当局刻意为之，而非"天使不得不驻足遥想"，天使焉知敦煌开元寺陷蕃近百年后仍然存在？"尚书授（受）敕已讫，即引天使入开元寺"之语可谓明证，正是张淮深本人亲自将天使引入开元寺

---

① 此遗书之图版见《法国国家图书馆藏敦煌西域文献》第 24 册，上海古籍出版社 2002 年版，第 253 页。录文参考潘重规《敦煌变文集新书》，文津出版社 1994 年版，第 945 页。
② 陆永峰：《敦煌变文研究》，巴蜀书社 2000 年版，第 240、304 页。
③ 罗彤华：《归义军期敦煌寺院的迎送支出》，《汉学研究》第 21 卷第 1 期，2001 年 6 月。

礼拜所谓"玄宗圣容"的。① 若将此事置于张淮深接掌归义军政权之后久未获得朝廷所颁节度使旌节的背景下观察，则张淮深在受敕以后刻意将天使引入开元寺亲拜所谓"玄宗圣容"的象征意义无疑更大。正如天使所感念"敦煌虽百年阻汉，没落西戎，尚敬本朝，余留帝像，其於（余）四郡，悉莫能存"。张淮深其实是想以此举博得天使的好感，以利于朝廷颁赐其归义军节度使旌节。不过，从此后的结果看，张淮深并未随即获得旌节，直到光启四年（888）。② 尽管如此，开元寺由于名义上的官寺地位及其供奉有玄宗等身佛像的特殊制度，成为张淮深试图向朝廷表示忠心的理想空间。

以上讨论表明，无论是重修龙兴寺，还是亲引天使参观开元寺并礼拜玄宗等身佛像，都是张淮深努力构建自己政治合法性的有意之举，尽管效果可能并不理想，但这两件事本身足以说明官寺乃是中晚唐半独立藩镇借以构建自身政治合法性的重要资源。

四　作为国家礼仪空间的佛教官寺与藩镇的政治合法性

唐代地方诸州的佛教官寺承担着国忌日为先朝皇帝、皇后行香设斋的功能。③ 关于唐代国忌行香制度的研究成果已十分丰富④，本章重点关注这些仪式举行的空间——佛教官寺，以及这些仪式与中晚唐半独立藩镇政治合法性构建之间的关系。

《唐会要》对唐代前期的国忌行香制度有较为详细的记载：

> （开元）二十七年五月二十八日敕：祠部奏，诸州县行道散斋观寺进式，以同、华等八十一州郭下僧尼道士女冠等国忌日各就龙兴寺

---

① 唐代开元寺、观中供奉的所谓玄宗圣容或真容铜像，并非玄宗御容像，而是天宝三载玄宗诏令天下开元观寺所统一铸造的玄宗等身天尊像和等身佛像。参见本书附录二《唐玄宗御容铜像广布天下寺观考辨》。冯培红先生认为，此像并非玄宗时期旧物，而应是归义军为迎接天使重新修塑一新。冯培红《敦煌的归义军时代》，甘肃教育出版社2014年版，第99页。
② 荣新江：《沙州张淮深与唐中央朝廷之关系》，《敦煌学辑刊》1990年第2期。
③ 唐代两京的国忌行香制度与地方诸州不同，详参拙文《元和元年长安国忌行香制度研究——以新发现的〈续通典〉佚文为中心》，武汉大学中国三至九世纪研究所编《魏晋南北朝隋唐史资料》第32辑，上海古籍出版社2015年版，第131—149页。
④ 关于唐代国忌行香制度研究的学术史梳理，详参拙文《张氏归义军时期敦煌与内地诸州府国忌行香制度的差异及其原因初探》，《敦煌研究》2015年第6期。

观行道散斋，复请改就开元观寺。敕旨：京兆、河南府，宜依旧观寺为定；唯千秋节及三元行道设斋，移就开元观寺，余依。①

此段引文表明，在开元二十六年（738）开元官寺（观）设立之前，唐代地方同、华等81州的国忌行香例在当州龙兴官寺（观）举行②，在开元二十七年（737）开元官寺（观）设立即将一年之际，祠部希望将这一重要仪式转移至新设立的开元官寺（观）。玄宗的敕旨不仅同意了祠部奏请，即同、华等81州的国忌行香礼仪举行地点由当州的龙兴寺、观转移至新设立的开元官寺、观，同时指出长安、洛阳两京的国忌行香礼仪继续在此前的大观、寺各二所中举行③，并为两京新设立的开元官寺（观）赋予千秋节及三元日行道设斋的功能。

若在安史之乱以前，同、华等81州的地方官在国忌日于当州官寺（观）举行行香仪式，只是奉行唐中央敕令的例行公事之一。但在中晚唐半独立藩镇辖区内，国忌行香的国家礼仪却被赋予了更多的意义，尤其是宣示半独立藩镇政治合法性的意义尤为值得注意。

降至晚唐，内地诸州府的国忌行香仪式均在当州开元寺（观）举行。④敦煌的国忌行香举行地点则略有不同。冯培红先生将敦煌文书P.2854v的第二部分定名为《唐龙纪元年（889）唐朝十帝及顺圣皇后忌日并所在寺院僧人名》，并据此研究当年敦煌国忌行香的地点，认为"其中开元寺凡四次出现，而（龙兴、乾元、大云、报恩、净土、三界、灵图等）其他寺院皆出现一次，说明开元寺承担国忌行香活动较多"。并将敦煌国忌行香文与张氏归义军时期的政治局势结合进行分析，如归义军设立之初，恢复唐制，开展国忌行香，是为了表明归义军奉唐正朔，也是张议潮等人利用唐朝旗帜统治河西的政治策略。张淮深时期依然持续国忌行香则是其试图与唐朝搞好关系，表达忠心，希望获得唐廷赐予的旌节，从而确立自己统

---

① 王溥：《唐会要》卷50《杂记》，上海古籍出版社1991年版，第1030页。
② 详参拙文《河北正定广惠寺唐代玉石佛座铭文考释——兼议唐代国忌行香和佛教官寺制度》，《陕西师范大学学报》（哲学社会科学版）2015年第2期。
③ 开元时期长安举行国忌行香的两所大寺无考，两所大观应是兴唐观和金仙观。详参拙文《长安开元观与唐玄宗的都城宗教政策》，《陕西师范大学学报》（哲学社会科学版）2017年第2期。
④ 小野勝年：《入唐求法巡礼行記の研究》第1卷，法藏馆，1989年版，第309页，开成三年十二月八日条；小野勝年：《入唐求法巡礼行記の研究》第2卷，第257页，开成五年三月四日条。

治河西的合法性。①

　　这些分析实际上已经触及了国忌行香仪式与归义军政权合法性之间的关系，只是将国忌行香作为求取旌节的手段，而未分析这些仪式本身的意义。诚然，旌节的有无，是藩镇长官的地位是否获得朝廷承认的关键所在，确实是其政权合法性的主要来源和象征。但对于本镇普通官民而言，还需要某些经常性的仪式来宣示藩帅在本镇内的统治为合法。在没有"天使"巡视、慰问的情况下，国忌行香实际上就成为这样一种能向镇内官民宣示政治合法性与正统性的仪式。

　　关于中晚唐藩镇的国忌行香仪式，圆仁《入唐求法巡礼行记》开成四年（839）十二月八日条所载敬宗忌日扬州开元寺的行香仪式已十分详细。②笔者亦曾据此进行分析。此处只想强调一点，淮南作为当时唐中央的直接控制区域，又是朝廷财赋重地，故设有监军使之职。监军使代表皇帝本人，故国忌行香仪式由节度使与监军使两人共同主持。这也应是其他藩镇国忌行香仪式的基本特征。③ 监军使只存在于当时唐中央政令所及的藩镇内，归义军等独立性较强的藩镇则可能没有朝廷派驻的监军使。此点似可从敦煌国忌行香文系由归义军节度使亲自宣读推知。故中晚唐时期未设监军使的半独立藩镇的国忌行香仪式，很可能是由节度使一人单独主持完成。

　　国忌行香仪式的举行频次同样值得关注。据 P. 2854v《唐龙纪元年（889）唐朝十帝及顺圣皇后忌日并所在寺院僧人名》可知，其中包含 11 位先朝帝后的国忌日，分别是：顺宗、穆宗、德宗、宪宗、僖宗、肃宗、睿宗、懿宗、宣宗、敬宗和高祖太穆顺圣皇后。④ 若此文书所列确为当年归义军举行行香仪式的国忌日，则平均约每月举行 1 次。从理论上讲，同时期（昭宗朝）内地诸州府须举行行香仪式的国忌日则更多，至少应包括：高祖、太宗及其皇后，以及顺宗、宪宗、穆宗、敬宗、文宗、武宗（敬、文、武三帝昭穆同位）、宣宗（与穆宗昭穆同位）、懿宗、僖宗皇帝

---

① 冯培红：《敦煌本〈国忌行香文〉及相关问题》，《出土文献研究》第 7 辑，上海古籍出版社 2005 年版，第 294—295 页；冯培红：《敦煌的归义军时代》，甘肃教育出版社 2014 年版。此文书图版见《法国国家图书馆藏敦煌西域文献》第 19 册，上海古籍出版社 2002 年版，第 130 页。

② 小野胜年：《入唐求法巡礼行记の研究》第 1 卷，第 309 页，开成四年十二月八日条。

③ 长安的国忌行香寺观与地方诸州府不同，但基本仪式相同，参见拙文《元和元年长安国忌行香制度研究——以新发现的〈续通典〉佚文为中心》，武汉大学中国三至九世纪研究所编《魏晋南北朝隋唐史资料》第 32 辑，上海古籍出版社 2015 年版，第 131—149 页。

④ 冯培红：《敦煌本〈国忌行香文〉及相关问题》，《出土文献研究》第 7 辑，上海古籍出版社 2005 年版，第 294—295 页。

及其皇后的忌日①，平均约每月2次。

正因频繁举行，国忌行香仪式本身遂成为一种日常化的政治合法性宣示，发挥着不断提醒本镇官民，节度使仍忠于大唐，本镇仍是大唐疆土，百姓仍是大唐子民的作用。在这一逻辑中理解张淮深在迟迟未获朝廷旌节时仍不断举行国忌行香仪式的动机，除向中央表达忠心外，对内宣示政治合法性的意图亦十分明显。

国忌行香仪式对于中晚唐藩镇政治合法性的构建，尤其是对于藩帅求取节钺的重要意义，可从庞勋的例证中得到最充分的诠释。《资治通鉴》记载咸通九年（868）庞勋据有徐州之后：

> 或说勋曰："留后止欲求节钺，当恭顺尽礼以事天子，外戢士卒，内抚百姓，庶几可得。"勋虽不能用，然国忌犹行香，飨士卒必先西向拜谢。②

显然，国忌行香是庞勋表现其"恭顺尽礼以事天子"的主要手段之一。相较于"外戢士卒，内抚百姓"，庞勋更在意国忌行香的政治象征意义。值得注意的是，虽然懿宗并未随即遣中使授以庞勋节钺，但国忌行香仪式在中晚唐藩镇构建其政治合法性，尤其是对内宣示政治合法性的重要意义已不言自明。

五 小结

唐代高宗、武后、中宗和玄宗先后设立的佛教官寺均具有强烈的政治象征意义。这种政治象征意义因史思明将设立新官寺作为确立其新政权政治合法性的建国方略之一而得到最充分的诠释。

田承嗣在节度魏博初期重修魏州开元寺，其事应发生在田氏已经吞并昭义四州之后，实际控制范围最大、政治上最得意的时期。尽管如此，田承嗣仍需通过重修魏州（魏博镇治所）开元官寺来向镇内官民宣示其对唐中央的忠诚及其政治合法性。与此相类，一百年后，距魏博数千里的敦煌

---

① 参见拙文《张氏归义军时期敦煌与内地诸州府国忌行香制度的差异及其原因初探》，《敦煌研究》2015年第6期。
② 司马光等撰：《资治通鉴》卷251懿宗咸通九年八月条，第8130页。

第八章 佛教官寺与中晚唐半独立藩镇的政治合法性构建

归义军政权也在张淮深时期重修敦煌的实际官寺龙兴寺,并亲自将天使引入开元寺礼拜玄宗等身佛像以向唐中央表达忠诚,希望能尽快获得朝廷的旌节。这些例证都表明,作为中晚唐半独立藩镇代表的魏博和归义军政权,均将佛教官寺的政治象征意义作为其构建自身政治合法性的重要资源。

余欣注意到,归义军时期的符瑞集中出现在政权起承转合的四个关键时期,表明符瑞与政治变动密切相关。本章的讨论则表明,在政治变动时期之外的日常时期中,中晚唐的半独立藩镇也在积极利用佛教官寺的政治象征意义构建自身的政治合法性。除了重修官寺之外,通过在官寺中频繁举行、数量甚多的国忌行香仪式,也是藩镇长官借以向唐中央表达忠诚并向本镇官民宣示自己政治合法性的重要手段。本章还注意到官寺与祥瑞相结合的新现象,即田承嗣重修魏州开元寺后寺中曾出现系列祥瑞,表明佛教官寺与祥瑞均成为中晚唐半独立藩镇用以构建自己政治合法性的重要资源。

尽管存在着利用佛教官寺构建自身政治合法性的共同现象,但田氏魏博与张氏归义军在利用佛教官寺方面也存在明显的不同。这主要是由两个藩镇的权力结构不同所致。田承嗣企图通过捐修开元官寺和度幼子出家并出任寺主等举措来实现对整个魏博佛教的控制,这与田氏一族完全控制着魏博军政大权密不可分。相较而言,张氏归义军政权虽以张氏家族为主导,但仍表现为多个敦煌大族的联合统治,与此相应,敦煌佛教也表现出与各大族均关系密切的特点[1],故而不易出现一族控制管内佛教的意图和实际举措。

---

[1] 孔令梅:《敦煌大族与佛教》,第六章"敦煌大族与归义军时期的佛教",博士学位论文,兰州大学,2011年,第164—216页。

第九章　唐代官寺官观制度在东亚的传播和影响

本书第一章已经系统梳理了关于唐代佛教官寺的研究成果，相关论著可谓十分丰富。需要注意的是，唐代曾先后四次设立佛教官寺，除武周天授元年（690）仅设立大云寺而未设立相应道观之外，其余高宗乾封元年（666）、中宗神龙年间（705—707）、玄宗开元二十六年（738）的三次官寺设立均是"观、寺并置"，即每个州级政区在设立一所官寺的同时，还设立一所相应的官观，由此形成了一套与皇家寺观、普通有额寺观有别的官寺和官观的系统和制度。

相较于唐代佛教官寺研究的丰富成果，目前学界对于唐代官观制度的研究似乎仍较为缺乏。管见所及，多是在道教史论著中将唐代官观（高宗官观、龙兴观和开元观）的设立作为帝王崇道的表现之一[1]，虽也有少数论文论及唐代两京地区的官观及其政策执行[2]，但总体而言缺少对于官观本身（作为宫观系统和制度）及其特殊意义的研究。差强人意的是，本书可以利用既有的唐代佛教官寺制度的相关研究成果作为参照。

与唐代的许多典章制度一样，唐代的官寺官观制度对于宋代（尤其是北宋）影响巨大。近年来，开始有学者追溯北宋"年号寺观"的渊源，认为其来自唐代开元官寺和官观。这是唐代官寺官观制度对北宋产生的重要影响之一，但并非全部。本章拟在前人研究基础上，尝试对唐代官寺官观制度之于宋代中国（尤其是北宋）的影响进行梳理和讨论。

---

[1] 卿希泰主编：《中国道教史（修订本）》第2卷，四川人民出版社1996年版，第61、81页；巴雷特：《唐代道教——中国历史上黄金时期的宗教与帝国》，曾维加译，齐鲁书社2012年版，第19、33、43—44页。

[2] 雷闻：《唐两京龙兴观略考》，刘晓、雷闻主编《隋唐辽宋金元史论丛》第6辑，上海古籍出版社2016年版，第138—159页；拙文《长安开元观与唐玄宗的都城宗教政策》，《陕西师范大学学报》（哲学社会科学版）2017年第2期，第64—70页。

与此同时，唐代佛教官寺制度也传播至东邻日本和朝鲜半岛。关于唐代官寺制度在东亚地区的影响和传播，日、韩两国学者已有较为充分的讨论，即普遍认为日本奈良朝的国分寺制度和朝鲜半岛高丽朝裨补寺、资福寺系统，均是以唐代官寺制度为蓝本设立的。[①] 本章也将主要利用日、韩两国学者的研究成果，梳理唐代官寺制度在日本和朝鲜半岛的传播和影响。

一 唐代官寺官观制度与北宋的年号寺观

汪圣铎先生在《北宋的年号寺观》一文中，对北宋的年号寺观进行了系统梳理。[②] 文中提出："年号寺观，不始于宋，唐已有之。开元'二十六年六月一日，敕：每州各以郭下定形胜观寺改以开元为额'。可知唐开元年间各州都建立了以开元年号命名的寺观。开元寺观到宋代还颇有保留，对宋代年号寺观的产生和发展显然有重要影响。但是，唐代此后年号寺观不见再出现，因而唐代的年号寺观无论是数量、品种还是在当时的影响上都无法同宋代相比。"此文发表后，"年号寺观"逐渐成为宋代寺观分类中的一个特殊类别，相关的个案研究也相继出现。[③]

诚如汪先生所论，所谓年号寺观，至少唐代确已出现。汪先生将北宋的年号寺观按照所在地域分为北宋京城的年号寺观和北宋京城以外的年号寺观两大类，前者包括建隆观、开宝寺、太平兴国寺和景德寺；后者则包括太平兴国寺观、景德寺观、大中祥符寺观、其他年号寺观和崇宁寺观。

唐代开元寺观的设立范围遍布整个唐帝国的疆域之内。如极西之地于阗[④]，极北之地羁縻州归顺州[⑤]，极东之地的登州[⑥]，极南之地的海南岛崖

---

① 韩基汶：《高丽时期资福寺的成立与存在状况》，《民族文化论丛》，岭南大学民族文化研究所，第49卷，2011年；安田纯也：《高麗時代の在地寺院と仏教——資福寺を中心として》，关西大学アジア文化交流研究センター 編《アジア文化交流研究》第2号，2007年3月，第235—253页；李泳镐：《新罗中期王室寺院的官寺功能》，《韩国史研究》，第3号，1983年12月，第81—114页。
② 汪圣铎、马元元：《北宋的年号寺观》，《宋史研究论丛》第8辑，第287—305页。后收入汪圣铎著《宋代政教关系研究》第十九章，人民出版社2010年版，第510—525页。
③ 张雪松：《宋代灵隐寺数次易名的历史含义——兼论宋代的年号寺观与功德坟寺》，光泉主编《灵隐寺与北宋佛教：第二届灵隐文化研讨会论文集》，宗教文化出版社2014年版，第805—812页。
④ 敦煌文书P.2889《须摩提长者经》卷首，上海古籍出版社、法国国家图书馆编《法国国家图书馆藏敦煌西域文献》第19册，上海古籍出版社2001年版，第288页。
⑤ 归顺州开元寺见孙星衍撰《京畿金石考》卷上《唐开元寺碑》，《石刻史料新编》第2辑第12册，新文丰出版公司1979年版，第8756页。
⑥ 《入唐求法巡礼行记》卷2开成五年三月二日条，圆仁撰，顾承甫、何泉达点校《入唐求法巡礼行记》，上海古籍出版社1986年版，第86页。

州和振州①，均皆奉敕设立开元寺。但唐代开元寺观的设立，并不仅限于天下诸州，长安、洛阳两京同样设有开元寺、观。②

若按照汪先生上述年号寺观的分类标准，则唐代开元寺观显然只是普设于两京天下诸州的年号寺观，应非唐代年号寺观的真正起源。若论唐代设立较早的京城年号寺观，可能是高宗末年设于洛阳的大弘道观。关于洛阳大弘道观，雷闻先生已有专文讨论，此不赘述。③弘道是唐高宗的最后一个年号。目前可以确考的早于开元寺观的唐代年号寺观尚有长安景龙观④，以及长安、洛阳两京的景云观。⑤若论设立较早的京城以外（地方诸州）的年号寺观，尚有中宗时期的淄州神龙寺。⑥因此，开元寺观并非唐代年号寺观的真正源头，只是唐代大规模设立年号寺观的结果。

汪先生又云："唐代此（开元二十六年）后年号寺观不见再出现。"若论唐代大规模设立年号寺观之事，则可；若论单个的年号寺观，则可能与史实不合。安史之乱期间，史思明将幽州开元寺改额为其伪大燕国年号寺院顺天寺便是一例。⑦玄宗以后的年号寺观至少尚有唐代宗时期长安、洛阳之宝应寺⑧，宣宗时期的福州怀安县大中寺等⑨。由于开元寺观的设立遍

---

① 振州开元寺见《唐大和上东征传》，真人元开撰，汪向荣点校《唐大和上东征传》，中华书局1979年版，第68—69页。
② 长安开元寺观、洛阳开元观，分别见李昉等编《文苑英华》卷570《为宰相贺开元寺铸释迦牟尼佛像白光等瑞表》，中华书局1966年版，第1927页；王溥《唐会要》卷50《杂记》，上海古籍出版社2006年版，第1029页；吴钢主编《全唐文补遗》第1辑《大唐故金仙长公主志石铭并序》，三秦出版社1994年版，第135页。
③ 雷闻：《唐洛阳大弘道观考》，中国人民大学国学院主编《国学的传承与创新——冯其庸先生从事教学与科研六十周年庆贺学术文集》，上海古籍出版社2013年版，第1234—1248页。
④ 王溥：《唐会要》卷50《观》，第1020页。
⑤ 同上书，第1019页。
⑥ 陈思纂集：《宝刻丛编》卷1《京东东路·淄州》，《石刻史料新编》第1辑第24册，新文丰出版公司1982年版，第18101—18102页。"唐开元寺碑，唐淄州刺史李邕撰并书。开元寺，隋所建，本名正等。唐初改曰大云。中宗初，沙门玄治重修，又改曰神龙寺。玄宗亲书额，改为开元。碑以开元二十八年七月立。《集古录目》。"关于此碑的研究，详参黄夏年《〈唐淄州开元寺碑〉之研究》，觉醒主编《觉群佛学（2014）》，宗教文化出版社2015年版，第223—233页。
⑦ 《资治通鉴》卷221引《蓟门纪乱》云："乾元二年四月癸酉，思明僭位于范阳，建元顺天，国号大燕，立妻辛氏为皇后，次子朝兴为皇太子，长子朝义为怀王。六月，于开元寺造塔，改寺名为顺天。"司马光等撰《资治通鉴》，中华书局2011年版，第7194页。关于佛教官寺与中晚唐半独立藩镇之间的关系，详参本书第八章"佛教官寺与中晚唐半独立藩镇的政治合法性构建"。
⑧ 王溥：《唐会要》卷48《寺》，第992页。
⑨ 梁克家纂修：《淳熙三山志》卷33《寺观类一》。"唐上元元年更名福唐寺，会昌例废，大中四年复之，赐今额。"《宋元方志丛刊》影印本，中华书局1990年版，第8148页。

布唐代两京天下诸州，且至宋代尚有较多遗存，故若论对宋代年号寺观产生和发展的影响，则开元寺观无疑是最大的。

需要说明的是，所谓的年号寺观，仅是唐代官寺官观制度的一种特殊形式。在唐玄宗设立开元寺观之前，唐代尚有高宗乾封元年封禅泰山之后以各地出现的不同祥瑞而分别赐额的高宗官寺和官观[1]，以《大云经疏》得名的武周大云官寺，和以纪念中宗复唐的龙兴（大唐中兴）寺观。

汪圣铎先生指出，由于崇宁寺观是朝廷下令统一设立，相较于北宋的其他年号寺观，具有以下三点特殊性：（1）"强制性强，命令每州（观是节镇州）必设，因而其数量比以往的年号寺观要多"；（2）"明确规定崇宁寺观为皇家祈祷的专用性"；（3）"明确规定在免税、度僧道等方面给崇宁寺观以优惠"。[2]

这三点特殊性中，第一点与唐代官寺官观皆系通过皇帝诏敕命令诸州普设的特征十分接近，第二点与唐代官寺官观往往承担国忌行香等国家礼仪的特殊功能十分类似[3]，第三点亦与唐代官寺官观设立过程中往往伴随度僧度道相合[4]。虽然目前尚未发现唐代对于官寺官观的免税等政策优惠，但基本可以判断，崇宁寺观是北宋年号寺观中与唐代官寺官观最为接近的一批官立寺观。

本节的讨论显示，虽然唐代官寺官观（尤其是开元寺观）对于北宋年号寺观（尤其是崇宁寺观）的产生和发展影响巨大，但唐代的年号寺观并不限于开元寺观，在此之前已有洛阳大弘道观、长安景龙观、淄州神龙寺等，玄宗以后仍有代宗时期的长安宝应寺和宣宗时期的福州大中寺等。由于年号寺观并非唐代官寺、官观赐额命名的主流，故唐代官寺官观制度对于北宋的影响并不限于此，还应包括其他方面。

二 唐代官寺官观制度与北宋天庆观

其实，所谓的"年号寺观"，尤其是崇宁寺观，继承的仅是唐代官寺

---

[1] 详参本书第三章"唐高宗乾封元年的佛教官寺制度"。
[2] 汪圣铎、马元元：《北宋的年号寺观》，《宋史研究论丛》第8辑，第300—302页。
[3] 详参本书第七章"唐代佛教官寺的特殊功能"。
[4] 唐高宗在诏令天下诸州各立官寺、官观一所的同时，亦规定每所寺观"各度七人"。详参本书第三章"唐高宗乾封元年的佛教官寺制度"。武曌在制令两京天下诸州设立大云寺的同时，亦有"总度僧千人"的规定。大致相当于每所大云寺各度三人。刘昫等撰《旧唐书》卷6《则天武后本纪》，中华书局1975年版，第121页。在唐中宗龙兴寺观和唐玄宗开元寺观的相关制敕中，则似未提及度僧度道之事。

官观制度的部分遗产，而非唐代官寺官观制度的全部内容。若将视野放宽，则可发现更多的联系。如宋真宗大中祥符二年（1009）十月诏令天下统一设立的天庆观。关于宋代天庆观的设立背景及其特殊地位，戴裔煊先生在《宋代三佛齐重修广州天庆观碑记考释》一文早有简要考释。① 但仍有一些可以继续讨论的问题，戴先生因为文章论题所限未及讨论，今续貂如下。

《续资治通鉴长编》卷72记载：

> （十月甲申）诏诸路州、府、军、监、关、县择官地建道场，并以"天庆"为额，民有愿舍地备材建盖者亦听便②。

唐代官寺官观的设立范围仅限于全国州府一级的统县政区，并不包括州府以下的各级政区。宋真宗大中祥符二年（1009）的诏令，则不仅要求诸路的州、府及与之同级的新兴统县政区——军和监③，而且要求宋代的县级政区——县和关（特殊的县级政区）④，同样设立天庆观。这就突破了唐代官寺、官观仅设立于两京天下诸州的地域范围，而是涵盖了"州府军监"等统县政区之下的关和县。

《宋会要辑稿》所载却与《长编》不同：

> 真宗大中祥符二年十月，诏曰：朕钦崇至德，诞锡元符。率土溥天，冀福祥之咸被；灵坛仙观，俾兴作以攸宜。庶敦清净之风，永洽淳熙之化。应天下州、府、军、监、关、县有全无宫观处，择空闲官地，以官钱及工匠建道观一，以天庆观为额。若百姓愿舍地及就官地备财修者，亦听。⑤

---

① 戴裔煊：《宋代三佛齐重修广州天庆观碑记考释》，《学术研究》1962年第2期，第63—76页。
② 《续资治通鉴长编》卷72"真宗大中祥符二年十月"条，李焘撰《续资治通鉴长编》，中华书局1980年版，第1637页。
③ 宋代的军一般均为地位"同下州"的统县政区；监则分为同下州之监、隶州之监和隶县之监三类，在"州府军监"连用的语境中，军和监一般均指地位"同下州"的统县政区。参见李昌宪《中国行政区划通史·宋西夏卷》，复旦大学出版社2017年版，第101—104页。
④ 关是宋代特殊的县级政区，参见李昌宪《中国行政区划通史·宋西夏卷》，第112页。
⑤ 徐松辑，刘琳、刁忠民等点校《宋会要辑稿》礼五《祠宫观·天庆观》，上海古籍出版社2014年版，第572页。

比勘可知，《宋会要辑稿》所载此诏的执行范围为"天下州、府、军、监、关、县有全无宫观处"，即没有一所道教宫观的诸州、府、军、监、关、县，并不包括此前已设有道教宫观的上述各级政区。但《长编》却将此诏的核心内容"全无宫观处"直接省去，使诏令的执行范围骤变为天下所有州、府、军、监、关、县。

幸运的是，《山右石刻丛编》卷12所录兖州《建天庆观敕》原文，为我们了解天庆观的设立情况提供了更多的线索和有价值的信息：

> 敕：朕以钦崇至道，诞锡元符。率土溥天，期福祥之咸被；灵坛仙馆，俾兴作以攸宜。庶敦清静之风，永治淳熙之化。宜令逐路转运司遍行指挥辖下州、府、军、监、关、县等，内有全无宫观处，相度于系官空闲地内，破系省钱及系官人匠物料等，渐次修建道观一所。如有百姓情愿舍地及于官地内自备材料，亦许修盖。即不得接便别有差扰。仍仰逐处候公私修毕，宜以天庆观为额。仍具殿宇房廊等间架诣实数目开坐闻奏。大中祥符二年十月十四日。①

比勘可知，宋真宗此命令实为敕，而非诏，《辑稿》和《长编》均误作"诏"。《建天庆观敕》原文还保留了此敕的责任对象，即"诸路转运司"，并要求诸路转运司确定辖下诸"州府军监关县"等行政单位是否确系全无宫观，是否需要修建天庆观。由此可见，宋真宗此敕的最初目的仅在于为没有道教宫观的各级政区以官府经费修建一所道观，以推广道教。

然此敕在地方各级政区的执行似乎偏离了敕令原意。以现存宋代方志和宋人文集观之，天庆观的设立并非仅限于"全无宫观处"。如严州、台州、杭州、福州②、洋州等地③。杭州、福州等均是东南文化发达地区，道

---

① 胡聘之：《山右石刻丛编》卷12《建天庆观敕》，《石刻史料新编》第1辑第20册，新文丰出版公司1982年版，第15198页。
② 陈公亮修，刘文富纂：《淳熙严州图经》卷1《寺观》，《宋元方志丛刊》影印本，中华书局1990年版，第4295页；黄䒻、齐硕修，陈耆卿纂：《嘉定赤城志》卷30《寺观门四·宫观》，《宋元方志丛刊》影印本，中华书局1990年版，第7510页；梁克家纂修：《淳熙三山志》卷38《寺观类六·道观》，《宋元方志丛刊》影印本，中华书局1990年版，第8238页；潜说友纂修：《咸淳临安志》卷75《寺观一·宫观》，《宋元方志丛刊》影印本，中华书局1990年版，第4027页。
③ 魏了翁撰：《鹤山集》卷50《洋州天庆观圣祖殿记》，影印《文渊阁四库全书》，台湾"商务印书馆"1986年版，第1172册，第567—568页。

教宫观不少①，显然并非"全无宫观"之地，故宋真宗此敕令在执行中实际上变成了诸"州府军监关县"普遍设立，而非仅限于"全无宫观处"。或许正因如此，绝大多数州府之天庆观均系由当州原有道观改额而来。如杭州、越州、江州、复州4州之天庆观即由当州紫极宫改额而来②；渠州和汀州之天庆观系由当州开元观改额而来③；泰州、永州和黔州3州之天庆观，则分别系由当州原有的至道观、白鹤观和紫极观改额而来。④

当然，确有部分州府军监的天庆观属于新建，如陈州和韶州。⑤ 至于这些新建天庆观的州府，是否属于"全无宫观处"，则已无从查考。

宋代军级政区设有天庆观的例证不少，如怀安军、临江军、建昌军、武冈军和广安军等。⑥ 其中，临江、建昌、武冈和广安4军之天庆观均位于军城治所县。⑦ 宋代县级政区（非州府军治所）设立天庆观者同样并不鲜见，如西京（河南府）颍阳县⑧、台州宁海县⑨、崇庆府（蜀州）江原县⑩和福

---

① 据《咸淳临安志》，杭州有道观33所；据《淳熙三山志》，福州有道观9所。关于宋代各州府佛寺和道观的数量及其对比，详参谢一峰《佛国中的道境——两宋间两浙东路宗教空间的变迁》，孙英刚主编《佛教史研究》第1卷，新文丰出版公司2017年版，第203—245页。

② 王象之撰，李勇先校点：《舆地纪胜》卷2《两浙东路·临安府·景物下》，四川大学出版社2005年版，第84页；《舆地纪胜》卷10《两浙东路·绍兴府·景物下》，第566页；《舆地纪胜》卷30《江南西路·江州·景物下》，第1382页；《舆地纪胜》卷76《荆湖北路·复州·景物下》，第2671页。

③ 王象之撰，李勇先校点：《舆地纪胜》卷162《潼川府路·渠州·景物下》，第4912页；《舆地纪胜》卷132《福建路·汀州·景物下》，第4179页。

④ 王象之撰，李勇先校点：《舆地纪胜》卷40《淮南东路·泰州·景物下》，第1762页；《舆地纪胜》卷56《荆湖南路·永州·景物下》，第2127页；《舆地纪胜》卷176《夔州路·黔州·景物下》，第5149页。

⑤ 分别见徐松辑，刘琳、刁忠民等点校《宋会要辑稿》礼五《祠宫观·天庆观》，第573页；王象之撰，李勇先校点《舆地纪胜》卷90《广南东路·韶州·景物下》，第3128页。

⑥ 脱脱等撰：《宋史》卷65《五行志》，中华书局1977年版，第1428页；王象之撰，李勇先校点：《舆地纪胜》卷34《江南西路·临江军·景物下》，第1556页；《舆地纪胜》卷35《江南西路·建昌军·景物下》，第1586页；《舆地纪胜》卷62《荆湖南路·武冈军·景物下》，第2274页；《舆地纪胜》卷165《潼川府路·广安军·古迹》，第5000页。

⑦ 王象之撰，李勇先校点：《舆地纪胜》卷34《江南西路·临江军·景物下》，第1556页；《舆地纪胜》卷35《江南西路·建昌军·景物下》，第1586页；《舆地纪胜》卷62《荆湖南路·武冈军·景物下》，第2274页；《舆地纪胜》卷165《潼川府路·广安军·古迹》，第5000页。

⑧ 徐松辑，刘琳、刁忠民等点校：《宋会要辑稿》瑞异一《祥瑞杂录·徽宗》，第2604页。

⑨ 王象之撰，李勇先校点：《舆地纪胜》卷12《两浙东路·台州·景物下》，第702页。

⑩ 魏了翁撰：《鹤山集》卷42《江原县天庆观云层台记》，影印《文渊阁四库全书》，台湾"商务印书馆"1986年版，第1172册，第476—477页。

州罗源县。①

需要注意的是，宋代各级政府对于真宗天庆观敕令的执行，并非仅限于此敕颁布之后不久，而是延续了较长时间。熙宁六年（1073），宋军收复熙、河、洮、岷、迭、宕等州，熙河开边取得阶段性成果。一年后，形势刚刚稳定，便"置熙州天庆观，岁度道士二人，给常住地三顷"。② 宋神宗在收复熙州的次年便于该州设立天庆观，表明宋廷在州级政区设立天庆观政策存在连续性。

更有意思的是武冈军天庆观。《舆地纪胜》卷62记载："景星观。唐景和四年置。崇宁升县为军，以本观为天庆观。"③ 据《宋史·地理志》，武冈军系崇宁五年（1106）由邵州武冈县升为军，领武冈、绥宁、临冈三县。④ 武冈军天庆观的沿革及其与所属政区的关系说明，北宋县级政区设立天庆观的概率较小，而军级政区似乎必须设立，即使已是在宋真宗此敕颁布近百年后。因为县级政区武冈县，虽原有额为景星观的道观，但在升县为军之前并未设立天庆观⑤；直到升县为军，才将原景星观改额为天庆观，使作为军级政区的武冈军拥有与之匹配的天庆观。

熙州和武冈军之所以在不同形势下，在宋真宗此敕颁布多年后仍然设立天庆观，原因恰恰在于，天庆观在宋代地方道教宫观体系中的特殊地位。笔者注意到，在《淳熙临安志》《淳熙三山志》和《嘉定赤城志》等宋代诸州府方志中，天庆观均位列寺观门道教宫观类第一位，实际上反映了天庆观在诸州府宫观体系中的重要地位。

天庆观之所以如此重要且特殊，与其地位和功能密切相关：（1）"天庆"二字系宋真宗降诞节之名，故天庆观实际上是为宋真宗本人祈福而设。（2）大中祥符五年（1012）闰十月，诏于新建（天庆）观置圣祖殿，

---

① 周必大撰：《文忠集》卷145《看定罗源县寺观争田回申》，影印《文渊阁四库全书》，台湾"商务印书馆"1986年版，第1148册，第586—587页。
② 李焘撰：《续资治通鉴长编》卷256，宋神宗熙宁七年九月条，中华书局1986年版，第6262页。
③ 王象之撰，李勇先校点：《舆地纪胜》卷62《荆湖南路·武冈军·景物下》，第2274页。
④ 脱脱等撰：《宋史》卷88《地理四·荆湖南北路·武冈军》，中华书局1977年版，第2201页。
⑤ 个中原因，可能有二：其一，武冈县原有景星观，并非敕令所规定的"全无宫观处"；其二，县级政区是否准敕设立天庆观，各地的路和州府两级官府对此理解不一，遂造成各地的执行情况不同。若结合不少州级政区（统县政区）虽非"全无宫观处"亦已设立天庆观，以及少部分县级政区亦曾设立天庆观的史实，似可推知第一种可能性较小，而第二种可能性较大。

以官物充。① 殿内尊像及侍从令玉清昭应宫据仪式降付。圣祖是宋真宗制造的赵宋皇族的始祖,名赵玄朗。(3)诸州天庆观给闲田供斋厨,藩镇州十顷,余州七顷或五顷,作为天庆观的日常经费来源。(4)由于圣祖殿的存在,天庆观成为地方各级官员的朝拜中心。诸路转运司、提点刑狱官员巡历所到,均需朝拜行香;辖区内官员长吏以下,在天庆观天贶、先天、降圣节②、冬至、三元日,均需率城内命官朝拜;所有新到任、离任官员,均需先诣天庆观朝谒及辞别。(5)大中祥符八年(1015)闰六月,令天下天庆观立石,刻建置敕文、事迹,及于碑阴刻官位。作为诸州府军监天庆观的护身符。(6)庆历二年(1042)闰九月,除诸州军天庆观所赐田税。(7)政和四年(1114)正月二十日,诏为天下州、军、监等天庆观每年特赐紫衣一道。(8)政和四年(1114)十一月,诏诸路转运司各具本路州军天庆观合修葺处申尚书省,作为官方日后修葺的依据。③

　　上述相对于其他道教宫观的不同特点,尤其是修建圣祖殿之后,天庆观一跃成为具有赵宋皇族始祖庙性质的特殊道观,极似唐玄宗敕令两京天下诸州设立的紫极宫。紫极宫供奉李唐王朝追尊的始祖玄元皇帝老子,天庆观则供奉宋真宗制造的赵宋圣祖赵玄朗。无怪乎严令要求所有地方官员均需前往朝拜行香。这也是宋代诸州府方志图经多将天庆观列为本州第一道观的直接原因。

　　天庆观在设立之初(大中祥符二年十月至五年十月),应与唐代玄宗所设之开元观的地位相类。在大中祥符五年(1012)十月诏令增置圣祖殿之后,其性质发生了明显变化,由类似于唐代官观(开元观)的道观,转变为兼具官观和赵宋皇族始祖庙性质的特殊宫观。

　　本节的讨论表明,唐代官寺、官观制度对于北宋的影响,显然并不仅限于所谓的"年号寺观"(尤其是崇宁寺观),还应包括天庆观系统。天庆观的设立背景、设立形式、设立范围及其在地方宫观体系中的重要地位,显示天庆观与唐代官观(开元观)十分接近。赵宋圣祖殿的增置,则使北宋天庆观兼具了唐代官观(开元观)和皇室始祖庙(紫极宫)的性质

---

① 《续资治通鉴长编》卷79,宋真宗大中祥符五年闰十月条,中华书局1980年版,第1801页。"癸酉,诏天下州府军监天庆观并增置圣祖殿"。

② 徐松辑,刘琳、刁忠民等点校:《宋会要辑稿》礼五七《节二·先天节》,第2003页。"大中祥符五年闰十月八日,诏以七月一日圣祖下降日为先天节,十月二十四日降延恩殿日为降圣节,并休假五日,诸州府军前七日选道流于长吏廨宇或择宫观建道场设醮,所须之物,并从官给。假内不得行刑,仍禁屠宰,节日并听宴乐,著为定式。"

③ 以上内容均见:徐松辑,刘琳、刁忠民等点校《宋会要辑稿》礼五《天庆观》,第572—575页。

和功能。

三 唐代佛教官寺制度与日本奈良朝国分寺制度

与唐代的许多文物典章制度一样,唐代的佛教官寺制度亦曾东传日本,并与日本当时的政治社会背景相结合,产生了日本奈良朝的国分寺和国分尼寺制度。

据木宫泰彦研究,日本的国分寺制度系分三步设立:第一步,天平九年(737)三月,令日本境内各国造丈六释迦佛金铜像一躯及旁侍菩萨二躯。释迦佛实际上是此后各国分寺的本尊。第二步,天平十二年(740)六月,使境内每国各抄《法华经》十部,建七层塔。并认为这可以视作国分尼寺的滥觞。第三步,天平十三年(741)二月,诏每国置僧尼两寺,僧寺名金光明护国之寺,各置僧二十人;尼寺称法华灭罪之寺,各置尼十人。国分寺系据《金光明最胜王经》四天王护国品第十二之说,希望消除国家灾厄疫疠而祈愿四天王护佑;国分尼寺则希望通过诵读《法华经》专为比丘尼灭罪作善。[1]

其实,早在18世纪,日本学者青木昆阳便已注意到日本国分寺系模仿唐制,但并未展开讨论。[2] 1919年,辻善之助则认为日本国分寺系对武周大云寺的模仿。[3] 同年,矢吹庆辉在讨论日本国分寺制度的起源时,也注意到国分寺制度与武周大云寺之间的关系,只是作者未使用"官寺"一词。[4] 1926年,木宫泰彦提出,日本的国分寺制度应以唐中宗敕立的龙兴官寺为蓝本设立。[5] 1938年,塚本善隆系统梳理了隋唐两代历次设立佛教官寺的基本史实及其反映的佛教政策,指出日本的国分寺制度可能与隋文帝开皇年间在其龙潜之地45州设立大兴国寺以及仁寿年间广建舍利塔之

---

[1] 木宫泰彦:《中日交通史》,陈捷译,山西人民出版社2015年版,第227—228页。该书日文版由东京金刺芳流堂出版于1926年。
[2] 青木昆阳:《草庐杂谈》"开元寺"条,泷本诚一编《日本经济丛书》第7卷,日本经济丛书刊行会,1914—1915年,第357页。《草庐杂谈》一书成书于日本元文三年(1738)。
[3] 辻善之助:《国分寺考》,《日本仏教史研究》,岩波书店,1983年版,第8—9页。该书最早以《日本佛教史之研究》为书名,由东京金港堂书籍株式会社出版于1919年。
[4] 矢吹庆辉:《大雲經寺と國分寺》,《宗教研究》新第4卷第2号,东京:宗教研究会,1919年。
[5] 木宫泰彦:《中日交通史》,陈捷译,山西人民出版社2015年版,第219—231页。该书日文版由东京金刺芳流堂出版于1926年。

间存在渊源关系。① 道端良秀则认为，隋文帝诏令天下州县皆立僧寺、尼寺各一所对日本国分寺设立的影响要远大于唐代。②

以上诸家观点各有不同，可分为大云寺说、龙兴寺说、隋文帝四十五州大兴国寺及仁寿舍利塔寺说，以及隋文帝诏令州县各立僧尼二寺说。诸家观点的差异，主要在于各家对日本国分寺与唐代佛教官寺及隋代历次统一立寺之异同的认识和把握不同。例如，持大云寺说者，主要依据为大云寺系据一部佛经《大云经》设立，而日本的国分寺和国分尼寺则分别依据《金光明最胜王经》和《法华经》而设。持龙兴寺说者，如木宫泰彦先生，则主要依据日本遣唐留学僧道慈的在唐和归国时间，将武周新译《金光明最胜王经》带回日本及该经在奈良朝的巨大影响，并参考唐代文物文化传入日本往往需要数十年的时间差等，综合判断日本的国分寺和国分尼寺系以唐中宗时期制立的龙兴官寺为蓝本。③ 持隋文帝大兴国寺及仁寿舍利塔寺说者，如塚本善隆先生，则源于其认为大兴国寺和舍利塔寺实为唐代佛教官寺制度之渊源。持隋文帝诏令州县各立僧尼二寺说者，则系依据隋文帝此诏中州县普立僧尼二寺与日本国分寺和国分尼寺同时并立之间的相似性，以及唐代历次佛教官寺制度中均未设立相应尼寺的史实。

上述观点中，笔者更倾向于木宫泰彦先生的龙兴寺说。这是因为木宫先生的论证在诸家中最为周全。相较而言，隋文帝在其龙潜所经45州设立大兴国寺、仁寿年间于110余州广建舍利塔，以及诏令州县各立僧尼二寺之事，在某种程度上虽确可视为唐代佛教官寺制度的早期渊源④，但时间上距离日本奈良朝稍显遥远，无法确定是否对奈良朝的国分寺制度产生了影响及影响的程度。因此，无论是大云寺说，还是龙兴寺说，均指向一个史实，即日本的国分寺制度确系模仿唐代佛教官寺制的结果。这大概也是后来国分寺的集大成研究中直接将日本国分寺渊源系于唐代诸州佛教官寺的原因所在。⑤

---

① 塚本善隆：《國分寺と隋唐の仏教政策並びに官寺》，《国分寺の研究》上卷，京都，考古学研究会，1938年。后收入《塚本善隆著作集》第2卷《日中仏教交涉史研究》，东京，大东出版社1974年版，第3—50页。
② 道端良秀：《日中佛教友好二千年史》，徐明、何燕生译，商务印书馆1994年版，第53—57页。日文版由东京大学出版会出版于1987年。
③ 木宫泰彦：《中日交通史》，陈捷译，山西人民出版社2015年版，第228—231页。
④ 详参本书第二章"唐代佛教官寺制度渊源辨析"。
⑤ 角田文衞：《国分寺の創設》，同氏编《新修國分寺の研究》第六卷《總括》，吉川弘文馆1996年版，第49页。

四　唐代佛教官寺制度与高丽裨补寺和资福寺系统

相较于日本国分寺制度与唐代佛教官寺制度之间的源流关系久已为学界共识，朝鲜半岛高丽王朝也曾模仿唐代佛教官寺而设立的裨补寺和资福寺系统，则是近年的新发现。

首先是裨补寺。裨补寺是在高丽太祖王建在位时期，在高僧道诜的建议和主持下设立的佛教寺院系统。其主要特点在于与高丽风水图谶思想的结合和为国祈福的性质。高丽太祖王建不仅生前极为崇佛，弥留之际（943）亦不忘以遗言形式提醒子孙后代佛教对于高丽国家的重要性。其遗言《十训要》中与佛教相关者，均可看作王建生前着力从事且身后留心牵挂之事：

> 其一曰：我国家大业，必资诸佛护卫之力，故创禅教寺院，差遣住持焚修，使各治其业。后世奸臣执政，徇僧请谒，各业寺社，争相换夺，切宜禁之。
>
> 其二曰：诸寺院皆道诜推占山水顺逆而开创。道诜云："吾所占定外，妄加创造，则损薄地德，祚业不永。"朕念后世国王、公（候）〔侯〕、后妃、朝臣各称愿堂，或增创造，则大可忧也。新罗之末，竞造浮屠，衰损地德，以底于亡，可不戒哉？
>
> 其四曰：惟我东方，旧慕唐风，文物礼乐，悉遵其制，殊方异土，人性各异，不必苟同。契丹是禽兽之国，风俗不同，言语亦异，衣冠制度慎勿效焉。
>
> 其六曰：朕所至愿在于燃灯、八关。燃灯所以事佛，八关所以事天灵及五岳名山大川龙神也。后世奸臣建白加减者，切宜禁止。吾亦当初誓心，会日不犯国忌，君臣同乐，宜当敬依行之。①

金京振先生认为第二条中的"诸寺院皆道诜推占山水顺逆而开创"，即指裨补寺而言。② 至于第四条中的"惟我东方，旧慕唐风，文物礼乐，

---

① 郑麟趾等：《高丽史》卷2《世家第二·太祖二》，西南师范大学出版社、人民出版社2014年版，第43页。
② 金京振：《朝鲜古代宗教思想概论》，中央民族大学出版社2006年版，第220页。

悉遵其制",是否意指裨补寺系模仿唐代官寺制度,尚待进一步讨论。

裨补寺不仅在高丽初期地位尊崇,降至高丽中期的毅宗时期,仍然如此。高丽毅宗二十二年(1168)曾下教云:"一、崇重佛事。时当末季,佛法渐衰,凡祖宗时开创裨补寺社及古来定行法席寺院,与别祈恩寺社,如有残弊,主掌官随即修葺。"① 这显示,直至高丽中期,裨补寺仍系由官府出资修葺。

其次是高丽时期的资福寺系统。韩基汶先生通过考察高丽时期的资福寺系统,认为高丽时期行政机构在创建时,一般同时在行政治所设立寺院(资福寺)。当时所有的地方行政单位都设立了资福寺。高丽王朝正是通过这两个机构实行双重统治,即治所是其行政支配功能的体现,资福寺则是其教权支配功能的体现。资福寺是通过佛教思想来支配地方民众的空间,也是举行国家仪式(典礼)的场所,因此地方行政官员以及贵族都会参加它的仪式。进而提出,该制度系模仿唐玄宗时期的官寺制度,即当时81州的龙兴寺、开元寺的功能(国忌行香和千秋节祝寿)。到了朝鲜时期,为了强化自身的统治力量,新王朝不断打压资福寺等寺院。②

此外,李泳镐先生认为新罗中期的部分王室寺院(如寺成典)③因承担部分国家礼仪,且由官员主持寺务,故而认为这些寺院往往具有官寺的功能。④ 但从设有成典的诸寺的地理分布、特征、地位和功能来考察,这些国家大寺与唐代佛教官寺之间差别明显,仅功能上有部分相似,似乎很难认定是受唐代佛教官寺制度的影响。

相较而言,裨补寺和资福寺系统,不仅普遍设立于高丽全境,而且寺额统一,系高丽太祖王建下令统一设立,直接发挥了护国佛教的功能,且在地方寺院体系中地位突出,影响巨大。这些均与唐代佛教官寺相类似。因此,裨补寺和资福寺系统,可以看作唐代佛教官寺制度传入高丽后,与

---

① 郑麟趾等:《高丽史》卷18《世家第十九·毅宗二》,西南师范大学出版社、人民出版社2014年版,第577页。
② 韩基汶:《高丽时期资福寺的成立与存在状况》,《民族文化论丛》,岭南大学民族文化研究所,49卷,2011年;安田纯也:《高麗時代の在地寺院と仏教——資福寺を中心として》,関西大学アジア文化交流研究センター 編《アジア文化交流研究》第2号,2007年3月,第235—253页。
③ 寺成典,参看金煐泰《韩国佛教史概说》,柳雪峰译,社会科学文献出版社1993年版,第77—79页。金富轼著,杨军校勘:《三国史记(下)》卷38《杂志第七·职官》,吉林大学出版社,第544—547页。
④ 李泳镐:《新罗中期王室寺院的官寺功能》,《韩国史研究》,第3号,1983年12月,第81—114页。

当地政治社会相结合的新发展。

五　小结

唐代官寺官观以通过皇帝诏敕统一设立、制度整齐划一，且承担若干特殊功能为主要特征，由此形成与皇家寺观、普通有额寺观有别的一整套特殊的官立寺观制度。

官寺官观作为一种制度文化，与唐代的许多其他文物典章制度一样，不仅对北宋中国影响巨大，而且传播到东邻日本和高丽，并有新的发展。

唐代官寺官观制度对于北宋的影响，并不限于所谓的年号寺观（尤其是崇宁寺观），还应包括天庆观系统。唐代官寺官观制度不仅是北宋"年号寺观"（如崇宁寺观）的直接源头，也是北宋天庆观系统的蓝本。

唐代佛教官寺制度传入日本后，与奈良朝特殊的政治社会环境相结合，产生了国分寺和国分尼寺制度。传入高丽王朝后，又与朝鲜半岛的风水图谶思想和山川信仰相结合，形成了颇具特色的裨补寺和资福寺系统。

附录一　隋至唐初长安光明寺非摩尼教寺院辨

摩尼教作为中古时期域外传入中土的三夷教之一，其在华传播史一直备受中外学界的关注和研究。隋唐都城长安是否曾建有摩尼教寺院，更是摩尼教在华传播史研究的重中之重，因为这一问题同时涉及摩尼教入华年代、在华传播的影响力、摩尼教与朝廷关系等一系列重要问题。正是在这一背景下，关于隋代唐初长安怀远坊光明寺是否摩尼教寺院的学术争论，一直持续了百有余年。

1909 年，蒋斧在《摩尼教流行中国考略》一文中，据宋敏求《长安志》怀远坊大云经寺条的记载，首次提出隋文帝于大兴城所立光明寺为摩尼教寺院。① 罗振玉《敦煌本摩尼教经残卷跋》，亦赞同此说。② 然而，1913 年，伯希和、沙畹即已驳斥此说，指出："盖《大云经》今尚有之，完全为佛教经文。又据各地大云经寺所立之碑志，大云寺完全为佛教庙宇。至若蜡烛自然发焰，亦与摩尼教无甚关系。"③ 1923 年，陈垣先生亦指出蒋、罗二氏说之不确："或以《长安志》卷十有大云经寺，本名光明寺，大云、光明二名，偶与摩尼教寺合，遂谓隋时中土已有摩尼寺，此则望文生义；一览《续高僧传》卷八《昙延传》，即知其谬矣。"④ 1930 年，张星烺先生在《中西交通史料汇编》中认为"蒋氏之说，不为无因"，似

---

① 蒋斧：《摩尼教流行中国考略》，原载罗振玉编《敦煌石室遗书》，诵芬室刊行，1909 年。此据《敦煌资料丛编三种》第五册《敦煌石室遗书·三·摩尼经残卷》，北京图书馆出版社 2000 年重印本。

② 罗振玉：《敦煌本摩尼教经残卷跋》，原载《敦煌石室遗书》，诵芬室刊行，1909 年。此据罗继祖主编《罗振玉学术论著集》第九集《雪堂校刊群书叙录》，上海古籍出版社 2010 年版，第 305—306 页。

③ 伯希和、沙畹：《摩尼教流行中国考》（原刊 Journal Asiatique, 1913）。此据冯承钧《西域南海史地考证译丛八编》中译本，中华书局 1958 年版，第 47 页。

④ 陈垣：《摩尼教入中国考》，原刊《国学季刊》第一卷第二号，1923 年 4 月。此据《陈垣史学论著选》，上海人民出版社 1981 年版，第 142 页。

同意蒋斧的观点。① 1976 年，柳存仁先生再次据《长安志》卷十所载，认为长安光明寺为摩尼寺。② 1983 年，林悟殊先生在讨论摩尼教传入中国时间的文章中，亦曾对蒋、罗两位的观点进行系统辨正，认为"都只是根据一些不明确的证据加以推论，故不为后世所信"。③ 2005 年，王媛媛在考察中原摩尼教寺院之寺额时，梳理了大云、光明与大云光明寺的关系，据《大唐光明寺故大德僧慧了法师铭》，认为"至少在高宗显庆年间，长安光明寺与摩尼教无涉"。④ 次年，葛承雍先生在《唐两京摩尼教寺院探察》一文中，再次提出长安光明寺为摩尼教寺院。⑤ 2010 年，芮传明重新梳理了摩尼教寺额大云光明寺的内涵，并主要从"蜡烛自然发焰"的宗教属性的角度论证了长安光明寺非摩尼教寺院。⑥

上述学者对于长安光明寺宗教属性的判断和讨论，或点到为止，或多从寺额的宗教含义入手，通过大云寺、光明寺与大历年间朝廷为摩尼寺赐额大云光明寺的寺额相似性；或从大云、光明与大云光明作为寺额的宗教内涵来梳理，鲜有学者从追溯宋敏求《长安志》怀远坊大云经寺条内容的史源及系统梳理隋至唐初长安光明寺相关史料的角度展开讨论。本文即主要从这两个方面进行讨论。

需要说明的是，唐长安城曾先后存在两所光明寺，一所位于怀远坊，此寺于天授元年（690）被改额为大云寺，直至武宗灭佛时被拆毁，宣宗复佛之后可能得以恢复；另一所光明寺位于开化坊⑦，相关记载匮乏。本文所论即怀远坊光明寺在隋代至唐初的宗教属性究为摩尼寺还是

---

① 张星烺编注，朱杰勤校订：《中西交通史料汇编》，中华书局 2003 年版，第 1101—1102 页。此书初版于 1930 年，系《辅仁大学丛书》第一种。据张氏自序，此书完成于 1926 年。
② 柳存仁撰，林悟殊译：《唐前火祆教和摩尼教在中国之遗痕》，《世界宗教研究》1981 年第 3 期，第 36—61 页。原文发表于 1976 年。
③ 林悟殊：《摩尼教入华年代质疑》，《文史》第 18 辑，1983 年，第 69—81 页。后收入氏著《林悟殊敦煌文书与夷教研究》，上海古籍出版社 2011 年版，第 146—166 页。
④ 王媛媛：《从大云寺到大云光明寺——对中原摩尼寺额的考察》，《文史》2005 年第 4 辑（总 73 辑），第 199—210 页。收入氏著《从波斯到中国：摩尼教在中亚和中国的传播》，中华书局 2012 年版，第 161—167 页。
⑤ 葛承雍：《唐两京摩尼教寺院探察》，原刊饶宗颐主编《华学》第八辑，紫禁城出版社 2006 年。收入氏著《唐韵胡音与外来文明》，中华书局 2006 年版，第 270—279 页。
⑥ 芮传明：《"光明寺"、"大云寺"与"大云光明"考辨——"华化"摩尼教释名之一》，《传统中国研究集刊》第 7 辑，上海人民出版社 2010 年版，第 222—232 页。
⑦ 辛德勇先生推测开化坊开元寺设立于怀远坊光明寺被改额为大云寺之后。参见氏著《隋唐两京丛考》之《光明寺与"三绝塔"》条，三秦出版社 2006 年版，第 69—71 页。葛承雍先生认为此光明寺为摩尼寺，参见氏著《唐韵胡音与外来文明》，第 276—278 页。开化坊光明寺因资料匮乏，本文暂不予讨论。

佛教寺院。

一 判断长安光明寺为摩尼寺的依据及其史源

最早提出隋至唐初长安光明寺为摩尼寺者为清末学者蒋斧。其后，持此观点者往往以蒋氏的讨论为出发点或立论基础。为辨明此说源流，今节引蒋氏论证过程如下：

> 斧按，摩尼教入中国时代，记者言人人殊。然观《长安志》所载，则其来也其在周、隋之际乎？隋文所立之光明寺，武后改为大云经寺，证以代宗赐摩尼寺额为大云光明，则此寺为摩尼寺无疑。又，摩尼为火祆别派，故以蜡烛自然耸人主观听，而请广其教，否则是时佛教已遍中国，又何藉昙延之请乎？……可见其教绝无足以特立之精义，故其行于中国也，不能骤入，而以渐进。始则附庸释民（氏），继则献媚女主，后乃假手兵力。而中国之人视之，初时直以为佛教之支流，故诸郡所立大云寺碑，只述建寺之年月，而不言立教之宗派。①

蒋氏所据之"《长安志》所载"，即此书卷10怀远坊"大云经寺"条：

> （怀远坊）东南隅，大云经寺。② 本名光明寺。隋开皇四年，文帝为沙门法经所立。时有延兴寺僧昙延，因隋文帝赐以蜡烛，自然发焰，隋文帝奇之，将改所住寺为光明寺。昙延请更立寺，以广其教。时此寺未制名，因以名焉。武太后初幸此寺，沙门宣政进《大云经》，经中有女主之符，因改为大云经寺，遂令天下每州置一大云经寺。此寺当中宝阁，崇百尺，时人谓之"七宝台"。寺内有二浮图，东西相值。东浮图之北佛塔号"三绝塔"，隋文帝立。塔内有郑法轮、田僧

---

① 蒋斧：《摩尼教流行中国考略》，原载罗振玉编《敦煌石室遗书》，诵芬室刊行，1909年。此据《敦煌资料丛编三种》第五册《敦煌石室遗书·三·摩尼经残卷》，北京图书馆出版社2000年重印本。

② 大云经寺应为大云寺之误，参见饶宗颐《从石刻论武后之宗教信仰》，《"中央研究院"历史语言研究所集刊》第45本第3分，1974年5月，第397—412页。收入《饶宗颐史学论著选》，上海古籍出版社1993年版，第504—531页。

亮、杨契丹画迹及巧工韩伯通塑作佛像。故以"三绝"为名。①

众所周知，宋敏求《长安志》实据韦述《两京新记》增删改订而来②。幸运的是，现存《两京新记》残卷卷3保留了光明寺的相关记载：

> 东南隅，大云经寺。开皇四年，文帝为沙门法经所立。寺内有二浮图，东西相值。塔内有郑法轮、田僧亮、杨契丹画迹及巧工韩伯通塑作佛像，故以三绝为名。③

对照可知，《长安志》有关光明寺得名的记载，即"时有延兴寺僧昙延，因隋文帝赐以蜡烛，自然发焰，隋文帝奇之，将改所住寺为光明寺，昙延请更立寺，以广其教。时此寺未制名，因以名焉"，并非韦述《两京新记》原文，而系由宋敏求所增补。现在的问题是，这段增补的史源究竟何在。这就涉及《续高僧传·释昙延传》的解读问题。其中包括：隋文帝最初欲改额为光明寺之寺为何寺？是否位于京城？隋文帝为法经寺院赐额光明寺的背景为何？僧法经与释昙延是何关系？

《续高僧传》卷8《昙延传》记载：

> 隋文创业，未展度僧。（昙）延初闻改政，即事剃落，法服执锡，来至王庭。面伸弘理，未及敕慰，便先陈曰：敬问皇帝，四海为务，无乃劳神。帝曰：弟子久思此意，所恨不周。延曰："贫道昔闻尧世，今日始逢"云云。帝奉闻雅度，欣泰本怀。共论开法之模，孚化之本。延以寺宇未广，教法方隆，奏请度僧，以应千二百五十比丘、五百童子之数。敕遂总度一千余人，以副延请。此皇隋释化之开业也。尔后遂多，凡前后别请度者，应有四千余僧。周废伽蓝，并请兴复。三宝再弘，功兼初运者，又延之力也。移都龙首，有敕于广恩坊给地，立延法师众。开皇四年下敕，改延众可为延兴寺。面对通衢，京

---

① 宋敏求、李好文撰，辛德勇、郎洁点校：《长安志·长安志图》，三秦出版社2013年版，第337—338页。
② 福山敏男撰：《两京新记解说》，辛德勇译，韦述、杜宝撰，辛德勇辑校《两京新记辑校·大业杂记辑校》，三秦出版社2006年版，第1—22页；唐雯：《〈两京新记〉新见佚文辑考——兼论〈两京新记〉复原的可能性》，《唐研究》第九卷"长安学"专号，北京大学出版社2009年版，第577—598页。
③ 韦述、杜宝撰，辛德勇辑校：《两京新记辑校·大业杂记辑校》，三秦出版社2006年版，第50页。

城之东西二门，亦可取延名，以为延兴、延平也。然其名为世重，道为帝师，而钦承若此，终古罕类。昔中天佛履之门，遂曰瞿昙之号。今国城奉延所讳，亚是其伦。又改本住云居以为栖岩寺，敕大乐令齐树提，造中朝山佛曲，见传供养。延安其寺宇，结众成业。敕赍蜡烛，未及将爇，自然发焰。延奇之，以事闻帝。因改住寺可为光明也。延曰："弘化须广，未可自专以额。"重奏别立一寺。帝然之。今光明寺是也。其幽显呈祥，例率如此。①

比勘可知，宋敏求《长安志》中关于隋光明寺得名的记载，应系据《续高僧传·昙延传》中的相关记载所增补。对于《昙延传》的这段记载，此前有学者认为《昙延传》所载叙事顺序不清楚，据"又改本住云居以为栖岩寺，敕大乐令齐树提，造中朝山佛曲，见传供养"，提出《长安志》所载改额为光明寺之寺即昙延在蒲州的本住栖岩寺，而非长安光明寺。②其实，通读《昙延传》可知，昙延在北周武帝灭佛时离开长安，隐居山林。直到隋文帝复兴佛教，才"法服执锡，来至王庭"，而此后一直没有离开长安。隋文帝敕改昙延本住蒲州云居寺之额为栖岩寺，即为昙延本住敕赐寺额，意在嘉奖昙延在隋初复兴佛法过程的贡献，与改大兴城之东、西二门为延兴门、延平门，用意相同。所谓"造中朝山佛曲"，同样是通过供养昙延显示其为隋文帝所重。

蒋斧据以判断隋大兴城光明寺为摩尼寺的依据有二：其一，长安光明寺、大云寺的沿革关系，及其与代宗大历三年（768）所立摩尼寺额为大云光明寺之间的相似性。前辈学者已从此角度进行了充分辨析，兹不赘述。其二，是当时的传教形势，认为"摩尼为火袄别派，故以蜡烛自然耸人主观听，而请广其教。否则是时佛教已遍中国，又何借昙延之请乎？"即认为隋初佛教已遍布中国，无须再通过昙延的奏请来传教。罗振玉也认为，《长安志》注文所载"昙延请更立寺，以广其教"之语，"虽未明言昙延为摩尼，然云'其教'则非固有之佛教可知"。③柳存仁同样作此理

---

① 释道宣撰：《续高僧传》卷 8《释昙延传》，《大正藏》第 50 册，第 488 页下栏—489 页上栏。
② 葛承雍：《唐两京摩尼教寺院探察》，氏著《唐韵胡音与外来文明》，中华书局 2006 年版，第 274 页。
③ 罗振玉：《敦煌本摩尼教经残卷跋》，罗继祖主编《罗振玉学术论著集》第九集《雪堂校刊群书叙录》，上海古籍出版社 2010 年版，第 305—306 页。

解①。但是，这显然是误解了隋初的政教关系形势。须知，昙延所谓"弘化须广，未可自专以额。重奏别立一寺"的奏请，正是在隋文帝继周武帝灭佛之后复兴佛教、隋初营建新都大兴城并重新进行佛寺布局的大背景下提出的。

周武帝的灭佛，对都城长安的佛教打击最大，大批寺院被毁，大量僧人四散逃亡，逃往南方或邻近的终南山等山林避难。②杨坚受禅建隋后，开始全面复兴佛教。与此同时，计划在旧都（汉长安城、北周长安城）东南20里的龙首原之南营建新都大兴城。可以说，隋文帝复兴都城佛教是与营建新都大兴城同时进行的。

《两京新记》记载：

> （颁政坊）十字街东之北，建法尼寺。隋开皇三年，坊人田通所立。隋文帝初移都，便出寺额一百二十枚于朝堂，下制云："有能修造，便任取之。"通孤贫，孑然唯有圜堵之室，乃发愤，诣阙请额而还。置于所居，柴门瓮牖，上穿下漏。时陈临贺王叔敖母与之邻居，又舍宅以足之，其寺方渐营建也。③

在开皇三年（583）迁都大兴城之初，隋文帝出寺额一百二十枚于朝堂，并下制各阶层民众有能力修造佛寺者皆任其取额。表明显示隋文帝在复兴佛教的同时，也注意到通过寺额制度来控制新都城的寺院数量。④在利用这一百二十枚寺额对新都大兴城的佛寺进行重新规划布局的同时，又大力征召各地高僧前往新都，由此形成全国的佛教中心。⑤

关于昙延与法经的关系，似乎历来鲜有关注。《两京新记》"大云寺"条记载"开皇四年，文帝为沙门法经所立"。而《续高僧传·昙延传》则仅云："（昙延）重奏别立一寺。帝然之。今光明寺是也。"并未提及法经

---

① 柳存仁撰，林悟殊译：《唐前火祆教和摩尼教在中国之遗痕》，《世界宗教研究》1981年第3期，第36—61页。
② 汤用彤：《汉魏两晋南北朝佛教史》（增订本），北京大学出版社2011年版，第301—305页。
③ 韦述、杜宝撰，辛德勇辑校：《两京新记辑校·大业杂记辑校》，三秦出版社2006年版，第31页。
④ 关于隋代的寺额制度，参见拙文《从大兴城佛寺数量看隋代的寺额制度》，增勤主编《首届长安佛教国际学术研讨会论文集》，陕西师范大学出版社2010年版。
⑤ 孙英刚：《从"众"到"寺"：隋唐长安城佛教中心的成立》，荣新江主编《唐研究》第19卷，北京大学出版社2013年版，第3—39页。

其人。两种文献的记载看似矛盾,实则各有侧重。《昙延传》以记述释昙延生平事迹为中心,仅记昙延的奏请,故所载不及法经。《两京新记》重在记载光明寺沿革,故必须记载该寺的实际创建人法经。昙延与法经的关系,应置于隋文帝迁都大兴城之后,"出寺额一百二十枚于朝堂""有能修造,便任取之"的大背景下理解,即在昙延"重奏别立一寺"之时,法经此寺虽已初创,但尚未获得寺额。隋文帝遂应昙延"更立一寺,以广其教"之请,为此寺赐额光明寺。如此,《续高僧传·昙延传》《两京新记》与《长安志》之间的记载异同,才能得到最合理的解释。

至此可以确定,开皇四年(584)大兴城光明寺的设立,是隋文帝即位后大力复兴佛教、精心营造大兴城全国佛教中心地位、重新布局新都大兴城佛寺的结果。《长安志》所载"昙延请更立一寺,以广其教"之"教",自是指周武帝法难后正在复兴的佛教,与摩尼教无涉。

二 隋至唐初长安光明寺为佛寺

除《续高僧传·昙延传》明确表明此寺在开皇四年(584)设立之初即为佛寺之外,通过系统梳理《续高僧传》与其他文献中有关长安光明寺的史料,可以进一步确证长安光明寺在隋代至唐初一直都是佛教寺院。

《续高僧传》卷13《释昙藏传》:"及返京师,住光明寺,诠发新异,擅声日下。献后既崩,召入禅定,性度弘裕,风范肃成,故使道俗推崇,纲维领袖,恒为接对之役也。"[1] 大兴城禅定寺系仁寿三年(603)隋文帝为文献皇后独孤氏所立,旨在为献后追福。隋文帝文献皇后卒于仁寿二年(602),释昙藏被召入禅定寺为献后追福。可知释昙藏在被召入禅定寺之前,仁寿初年应住于大兴城光明寺。

《续高僧传》卷28《隋京师光明寺慧藏传》记载:"释慧藏,冀州人。初学涅槃,后专讲解。禁守贪竞,绝迹讥嫌,安详词令,不形颜色。入京访道,住光明寺。仁寿中年,敕召置塔于欢州。"[2] 隋文帝先后于仁寿元年(601)、二年(602)和四年(604)三次向天下110余州颁赐舍利并造塔供养,"仁寿中年"显然是指仁寿二年(602)。可知,释慧藏在仁寿二年

---

[1] 释道宣撰:《续高僧传》卷13《释昙藏传》,《大正藏》第50册,第525页下栏。
[2] 释道宣撰:《续高僧传》卷26《释慧藏传》,《大正藏》第50册,第672页上栏。隋文帝并未向遣僧使向欢州分送舍利并造塔供养,此处"欢州"为"观州"之误。

奉诏前往观州奉安舍利并起塔供养之前，住于大兴城光明寺，其时应在开皇年间。

《续高僧传》卷29《隋雍州北山沙门释普济传》记载："以武德八年，西入关壤，时经邑落，还居林静。贞观度僧，时以济无贯，擢预公籍，住京师光明寺。"① 可知贞观年间长安光明寺是吸纳新入籍僧人的寺院之一，释普济即因新度被配住该寺。

以上《续高僧传》三则史料显示，自隋代开皇年间至唐初贞观年间，长安光明寺一直都是佛寺，至少有释昙藏、释慧藏、释普济三位高僧驻锡此寺。贞观以后的高宗朝，长安光明寺继续作为都城的重要佛教寺院而存在。

《真行法师塔铭》记载："大唐光明寺故真行法师之灵塔。师以永徽元年，岁次庚戌正月辛丑朔七日丁未酉时，薨于本寺，时年七十有七，即以其年二月庚午朔廿六日乙未建塔树铭于此。"② 永徽元年（650）圆寂的真行法师生前常住长安光明寺。

《金石续编》卷5《光明寺慧了塔铭》记载："法师□慧了，俗姓宋氏。……显庆元年八月五日寝疾，迁神于光明寺禅房。春□□十有四。即以二年二月十五日于终南山槭梓谷禅师□□□骨起塔。"③ 慧了法师于显庆元年（656）圆寂于光明寺禅房，可知其生前应驻锡于此光明寺。

道宣的《关中创立戒坛图经》撰成于乾封二年（667），其中卷1有"京师光明寺新罗国智仁律师"。④ 说明高宗朝光明寺还是都城长安接待外国入华求法僧的重要寺院之一。

至此，我们可以建立一条隋至唐初长安光明寺一直都是佛教寺院的完整证据链。自隋文帝开皇年间、仁寿年间，直至唐初太宗朝、高宗朝前期，上述资料显示均有佛教高僧在长安光明寺活动，可确证此寺为佛教寺院。

不唯如此，现存资料还可帮助我们进一步了解光明寺内的佛教流派。

---

① 释道宣撰：《续高僧传》卷29《释普济传》，《大正藏》第50册，第680页下栏。
② 西本照真：《西安近郊の三阶教史跡——百塔寺と金川湾唐刻石窟石经》，《印度學佛教學研究》第48卷第1号，第218—223页；张总：《中国三阶教史——一个佛教史上湮灭的教派》，社会科学文献出版社2013年版，第195、413页。
③ 陆耀遹纂：《金石续编》卷5《大唐光明寺故大德僧慧了法师铭》，《石刻史料新编》第1辑第4册，新文丰出版公司1982年版，第3093页。
④ 《大正藏》第45册，1892号，第816页下栏。关于入唐求法新罗僧人的相关研究，参见拜根兴《入唐求法：铸造新罗僧侣佛教人生的辉煌》，《陕西师范大学学报》（哲学社会科学版）2008年第3期。

《续高僧传》卷16《信行传》记载：

> 开皇之初，被召入京，仆射高颎邀延住真寂寺，立院处之。乃撰《对根起行三阶集录》、《山东所制众事诸法》，合四十余卷。援引文据，类叙显然，前后望风，翕成其聚。又于京师置寺五所，即化度、光明、慈门、慧日、弘善寺是也。自尔余寺赞成其度焉，莫不六时礼旋，乞食为业。虔慕洁诚，如不及也。①

道宣所谓"又于京师置寺五所"实际上是站在唐初人的立场上进行的追述。后世学者往往据此将上述五所寺院称为"三阶长安五寺"。② 前引《光明寺慧了塔铭》可证慧了法师系三阶教创始人信行的嫡传弟子。张总先生认为真行与慧了可能均是信行的直传弟子，并将二者合称为"光明双僧"。③ 光明寺确为隋至唐初长安三阶教的重要寺院之一，但光明寺可能并非三阶教的专宗寺院，而是同时存在着多个佛教宗派（或学派）。

《续高僧传》卷26《隋京师光明寺释会通附善导传》云：

> 近有山僧善导者，周游寰宇，求访道津。行至西河，遇道绰部，惟行念佛弥陀净业。既入京师，广行此化，写《弥陀经》数万卷。士女奉者，其数无量。时在光明寺说法，有人告导曰："今念佛名，定生净土不？"导曰："定生定生！"其人礼拜讫，口诵"南无阿弥陀佛"，声声相次，出光明寺门，上柳树表，合掌西望，倒投身下，至地遂死。事闻台省。④

此山僧善导即唐初净土宗善导大师。道宣所谓"近"即《续高僧传》撰写之前或即将撰成之时，当在《续高僧传》成书年代麟德二年（665）之前不久。稻冈誓纯据《历代三宝纪》所载，认为善导大师在光明寺所住

---

① 释道宣撰：《续高僧传》卷16《释信行传》，《大正藏》第50册，第560页上栏。
② 张总：《中国三阶教史——一个佛教史上湮灭的教派》，社会科学文献出版社2013年版，第178—186页。
③ 同上书，第194—197页。
④ 释道宣撰：《续高僧传》卷27《释会通传》，《大正藏》第50册，第684页上栏。

应为怀远坊光明寺之净土院。① 刘长东则从教义和忏仪两方面讨论了三阶教与净土宗的关系②。显然，光明寺作为三阶教和净土宗的共有寺院，可能正是两个佛教宗派互融互摄的结果。

正如前引《续高僧传·慧藏传》所载，慧藏"初学涅槃，后专讲解。禁守贪竞，绝迹讥嫌，安详词令，不形颜色。入京访道，住光明寺。"慧藏之所以"入京访道，住光明寺"，很大程度上应与此寺系昙延奏请所立密切相关③，而昙延正是隋初涅槃学派的代表人物之一。

本节的讨论显示，隋至唐初（高宗朝）长安光明寺一直是佛教高僧的驻锡弘法之所，故可确定此时段内长安光明寺为一所佛寺无疑，与摩尼教无涉。不唯如此，既有的史料还表明，隋至唐初长安光明寺的宗派（学派）复杂性，呈现涅槃学派（很可能是昙延系）、三阶教与净土宗同时并存的状态。这也是隋唐时代佛教各宗派（学派）大多没有专宗寺院，不同佛教宗派（学派）在同一所寺院中同时并存、互融互摄状态的一个真实写照。

三 结语

自清末蒋斧提出隋至唐初长安光明寺为摩尼教寺院之说至今，相关论争已逾百年。蒋氏提出此说的主要依据有二：其一，隋文帝所立光明寺、武周时被改额为大云寺的沿革，与代宗大历三年（768）诏立摩尼教寺院大云光明寺的寺额相似；其二，"昙延请更立寺，以广其教"之"教"并非佛教，而是入华不久的摩尼教。前辈学者对于蒋斧的反驳主要集中于第一点，对于第二点则并未予以太多关注。

本文通过比勘蒋斧所据宋敏求《长安志》"大云经寺"条，与韦述《两京新记》、道宣《续高僧传·昙延传》的相关记载，指出《长安志》"大云经寺"条所载，实际上并非《两京新记》的原文，而是宋敏求据

---

① 稻冈誓纯：《关于善导大师所居住的寺院》，姚长寿译，《佛学研究》2004年，第187—192页。最近学僧道悟撰文提出，善导大师所住之光明寺不在长安城内，而位于今浙江杭州。但这种观点并未得到广泛认可。参见道悟《光明寺与善导行迹》，《佛学研究》2018年第1期，第220—226页。

② 刘长东：《论隋唐三阶教与净土教的关系》，四川大学中文系《新国学》编辑委员会编《新国学》第2卷，巴蜀书社2000年版，第364—381页。

③ 孙英刚：《何以认同：昙延（516—588）及其涅槃学僧团》，洪修平主编《佛教文化研究》第1辑，江苏人民出版社2014年版，第120—166页。

《续高僧·昙延传》所增补。结合周武帝灭佛后隋文帝大力复兴佛教的背景，隋初新都大兴城的宗教形势与寺额制度，以及隋文帝对大兴城全国佛教中心地位的精心营造，可以确定"昙延请更立寺，以广其教"之"教"实即承周武帝法难之后尚未完全复兴的佛教。

梳理各种相关文献，还可以帮助我们建立一条隋至唐初长安光明寺一直作为佛教寺院存在的完整证据链。从隋代开皇、仁寿年间，直至唐初太宗贞观年间、高宗朝前期，长安光明寺先后至少有昙藏、慧藏、普济、真行、慧了、智仁等高僧或驻锡弘法，或求法问道。而且，隋至唐初的长安光明寺还呈现出涅槃学派（很可能是昙延系）、三阶教与净土宗等多个佛教宗派（学派）同时共存、互融互摄的状态。

通过这两方面的梳理，可以确证隋至唐初长安光明寺为一所佛教寺院无疑。蒋斧、罗振玉及后世学者据以判断隋至唐初长安光明寺为摩尼教寺院的依据，均源于对史料的误读，其观点自然无法成立。

降至武周天授元年（690），在武曌制令两京天下诸州设立大云官寺的背景中，长安怀远坊光明寺被改额为大云寺，成为武周时期的官寺之一。[①] 武周王朝结束、唐中宗复位之后，长安大云寺的寺额一直得以保留，直至会昌法难期间被毁弃，并可能在唐宣宗复佛之后得以恢复。[②]

无论是隋文帝开皇四年（584）赐额光明寺，还是武周天授元年（690）被改额为大云寺，直至晚唐会昌灭佛时期长安大云寺被毁，该寺一直都是作为佛教寺院存在，与摩尼教无涉。

[①] Antonino Forte, *Chinese State Monasteries in the Seventh and Eighth Centuries*, 桑山正进编《〈慧超往五天竺国传〉研究》附论2，京都大学人文科学研究所，1992年，第213—258页。

[②] 参见拙文《唐玄宗开元官寺敕令的执行及其意义》，《华东师范大学学报》（哲学社会科学版）2019年第1期，第135—136页。此前学界一般认为长安怀远坊大云寺在开元二十六年（738）唐玄宗敕令两京天下诸州设立开元官寺（观）的过程中被改额为开元寺，直至唐武宗灭佛时被毁。参见景亚鹏《西安碑林藏石与长安开元寺》，《碑林集刊》第8辑，陕西人民美术出版社2002年版，第207—213页；田卫卫《唐长安开元寺考》，荣新江主编《唐研究》第21卷，北京大学出版社2016年版，第265—283页。

附录二　唐玄宗御容铜像广布天下寺观考辨

早在1938年，那波利贞先生在论证唐代开元、天宝时期的政治社会转型时，就已注意到并开始讨论唐玄宗铸造自己等身铜像一事，认为这与开天时期玄宗君主集权的加强有关。[①] 陆永峰先生从中土等身佛像发展演变的脉络中分析了玄宗铸造等身铜像的意义，认为这"与当时国力极盛、君主高度自信不可分"。[②] 肥田路美先生从唐代皇帝肖像的雕刻意义与制作意图的角度展开分析，认为玄宗铸造等身铜像应是为了方便地方官员千秋节行道散斋。[③]

雷闻先生则通过唐代皇帝图像在寺观祠庙中的广泛分布，来讨论这些图像与国家祭祀之间的关系。他系统研究了唐代历朝皇帝图像在各种寺观祠庙中的分布情况，其中以玄宗图像的分布范围最广。现存文献中，共有11道25州留下玄宗图像的相关记载。他据此认为"玄宗图像的确曾广泛分布于全国各地"。对于这些玄宗图像在佛寺和道观中数量多寡不均的分布状况，雷先生则据玄宗时期的宗教政策进行解释。[④]

在雷先生所举的玄宗图像例证中，以铜像占最大宗。这些铜像在文献中有玄宗铜像、金铜像、御真、真容、御容金真等多种名称，雷先生认为

[①] 那波利贞：《唐代社会文化史研究》，创文社，1974年版，第49—53页。该书第一编《唐の開元・天寶初期の交が世の一变転期たるの考证》，即1938年作者向京都帝国大学申请文学博士学位时提交的博士论文。

[②] 陆永峰：《中土等身佛述论》，《闽南佛学院学报》1998年第2期，第157—160页。

[③] 肥田路美：《唐代皇帝肖像雕刻的意义与制作意图的一个侧面——特别着眼于比拟佛像的皇帝像》，韩国中国史学会主编《中国史研究》第35辑（中国美术史特辑），2005年，第175—192页。

[④] 雷闻：《论唐代的皇帝图像与祭祀》，《唐研究》第9卷，北京大学出版社2003年版，第261—282页。修订版见氏著《郊庙之外：隋唐国家祭祀与宗教》第二章第一节，生活·读书·新知三联书店2009年版，第101—133页。以下所引雷先生文字均以修订版专书为准。

这些铜像都是玄宗御容（或曰真容、圣容）铜像。笔者在研读相关史料时注意到，这些所谓"玄宗御容铜像"中的绝大多数，实际上可能并非玄宗御容铜像，而是天宝三载（744）敕令天下诸郡开元观、寺分别铸造的玄宗等身天尊像和等身佛像。雷先生书中对于不少"玄宗御容铜像"资料的解读似乎尚有可商之余地，或可进行进一步解读。故笔者草成此文，希望将问题的讨论引向深入。

一 所谓"玄宗御容铜像"的共同制度起源

雷先生共举出37条材料来论证"玄宗图像"在唐代各地寺观中的分布广度。这些玄宗图像包括画像、泥塑像、石像、玉像、材质不详之像及铜像等多种类型，其中铜像29例，占总数的绝大多数（约78%）。铜像作为一种类型，可能具有共同的制度起源。这也是本文试图着力解决的问题。其他各种不同材质的"玄宗图像"所占比例既小，又各有其不同起源，很难一概而论。故本文只讨论其中的"铜像"一类。由于长安兴唐寺"玄宗像"已在拙文中被证实为玄宗等身佛像[1]，而玄宗幸蜀时行宫改立的道观[2]以及青城山储福观[3]，均因与玄宗本人关系特殊，地位非普通道观可比，两观中的玄宗铜像也可能存在独立起源[4]，故本文暂不予讨论。同时，笔者又增加3条材料，玄宗铜像材料仍共29条。列表如下：

---

[1] 雷先生认为材质不详的长安兴唐寺"玄宗像"，可通过李子卿《兴唐寺圣容瑞光赋》中的文字将其确定为铜像，而且是玄宗等身释迦铜像。参见拙文《影子官寺：长安兴唐寺与唐玄宗开元官寺制度中的都城运作》，《史林》2011年第4期，第51页。

[2] 刘昫等撰：《旧唐书》卷117《郭英乂传》，中华书局1975年版，第3397页；欧阳修等撰：《新唐书》卷144《崔宁传》亦载此事，中华书局1975年版，第4705页。那波先生已注意到，玄宗成都旧宫中供奉的铜像与天宝三载所铸等身像之不同，参见那波利贞《唐代社会文化史研究》，第52页。

[3] 王象之撰，李勇先校点：《舆地纪胜》卷151《成都府路·永康军·仙释》，四川大学出版社2005年版，第4521、4532页。

[4] 玄宗幸蜀时旧宫改立的道观与潞州启圣宫地位相似。潞州启圣宫为玄宗在藩时府邸，成都旧宫则是玄宗幸蜀时行宫，两者地位相近，故完全可能与潞州启圣宫供奉玄宗玉石雕像一样供奉金铜铸玄宗御容。青城山储福观相传是玄宗之妹玉真公主入蜀时修道之所，其中既供奉有玉真公主造像，亦可能供奉玄宗御容，尽管其真实来历无从考证。总之，这两所道观地位特殊，与其他寺观不可同日而语，故此处单独列出。

附录二 唐玄宗御容铜像广布天下寺观考辨

地点①	内容	资料来源
歙州开元寺	穆宗以元和十五年正月即位，……七月，歙州奏："当州有玄宗皇帝真容，在开元寺，去城十里，今请移于郭内龙兴寺，仍交换寺额。"制可之	《册府元龟》卷三〇《帝王部·奉先三》
戎州开元寺	武宗元年，戎州水涨，浮木塞江。刺史赵士宗召水军接木，修官署，并修开元寺。次年大水，惟开元寺玄宗真容阁去本处十余步，卓立沙上，其他铁石像，无一存者	《酉阳杂俎续集》卷三
沙州开元寺	尚书授（受）敕已讫，即引天使入开元寺，亲拜我玄宗圣容	敦煌遗书 P.3451《张淮深变文》
恒州	初，天宝中，天下州郡皆铸铜为玄宗真容，拟佛之制。及安史之乱，贼之所部，悉镕毁之，而恒州独存，由是实封百户	《旧唐书》卷一四二《李宝臣传》
苏州开元寺	开元中，诏天下置开元寺，遂改名开元，金书额以赐之。寺中有金铜玄宗圣容。当天下升平，富商大贾远以财施，日或有数千缗	《吴郡图经续记》卷中
衢州	光启三年……衢州知州元泰迎于郊，陈儒诘之曰："元（玄）宗御容安在？"泰泣曰："使君不见容矣。"时信安有元宗铜容，泰毁之。故以是为责，遂斩之而自据焉	《吴越备史》卷一
汀州开元宫	至道宫。《九域志》云：本名开元宫，开元二十四年置，内有明皇真容。皇朝改今额	《舆地纪胜》卷一三二《福建路·汀州·景物下》
洪州开元寺	明皇铜像，在城东开元寺	《舆地纪胜》卷二六《江南西路·隆兴府·古迹》
庐山法华寺	又有明皇铜像、李通玄长者写真，皆前世故物	《庐山记》卷二
江州开元观	在子城东二里。本晋昭隐观。内有玄宗金铜御容	《舆地纪胜》卷三〇《江南西路·江州·景物下》
江州紫极宫	去州二里，今天庆观乃其旧宫。唐塑老君像及玄宗金铜御容在焉	同上
永州紫极观	在州南五里。与开元观相并。开元置，有明皇金铜御容。父老云，当时刺史朔望皆先朝御容，乃见僚属	《舆地纪胜》卷五六《荆湖南路·永州·景物下》
万州开元观	寿宁观唐明皇像。在西南三里。开宝六年，移开元观唐太宗、明皇御容铜像，奉安于此	《舆地纪胜》卷一七七《夔州路·万州·古迹》

① 本栏州名均为复原后的唐代州名，铜像所在寺观沿革可考者标出其唐代寺观名额，不可考者标出其文献中所载寺观名。铜像所在具体寺观名不详者仅标出其唐代所在州府名。

地点	内容	资料来源
利州浮云观	浮云观唐明皇铜像。在葭萌县一百六十步，有唐明皇御容在焉	《舆地纪胜》卷一八四《利州路·利州·古迹》
利州天庆观	又天庆观亦有明皇御容铜像	同上
阆州太霄观	唐明皇像。在本州者二，一在太霄观，一在开元寺也	《舆地纪胜》卷一八五《利州路·阆州·古迹》
阆州开元寺	同上	同上
蓬州紫极宫	在城南泮宫之侧东岩中，峰巍然峙，其后殿上有金铸明皇像	《舆地纪胜》卷一八八《利州路·蓬州·景物下》
益州兴圣观	王氏永平，废兴圣观为军营，其观有五金铸天尊形明皇御容一躯，移在大圣慈寺御容院供养	《益州名画录》卷下陈若愚条
简州天庆观	天庆观唐明皇像	《舆地纪胜》卷一四五《成都府路·简州·古迹》
遂州集虚观	集虚观，在小溪县东八里之广山。……有铜铸明皇像	《舆地纪胜》卷一五五《潼川府路·遂宁府·景物下》
业州天庆观	唐明皇像，在峨山。天宝中，范铜为镕，黄金为饰，旧传逐州观各赐一躯，此则当时赐奖州者。熙宁七年自峨山载至州，今在天庆观	《舆地纪胜》卷七一《荆湖北路·沅州·古迹》
巫州普明寺	黔阳县普明寺，亦有唐赐叙州唐明皇铜像	同上
辰州天庆观	唐明皇像，在天庆观	《舆地纪胜》卷七五《荆湖北路·辰州·古迹》
潘州	玄宗圣容：按郡即右武卫大将军高力士旧乡。郡有骠骑馆，相传皆因力士之名。开元年中诏天下铸圣像，郡皆一而潘独二，力士以其本乡，故自铸其一也	《太平寰宇记》卷一六一《岭南道·高州》
□州龙兴观	昨到郡莅事三日，谒先师庙，朝紫微宫，回车抵观，荒凉拥秽，不可以前。……我国家老氏之枝叶，况又玄宗皇帝金真居于殿内，凡曰臣下，敢不展敬	《文苑英华》卷八二二崔雄《新修龙兴观记》

续表

地点	内容	资料来源
吉州开元寺	圆通寺，在郡北。旧为开元寺，有铜铸唐明皇像	《舆地纪胜》卷三一《江南西路·吉州·景物下》
昭州开元观	开元观，《九域志》云有唐明皇御容	《舆地纪胜》卷一〇七《广南西路·昭州·景物下》
汀州开元观	天庆观，在州治东。唐开元二十八年置，名开元观，有铜铸明皇像	《舆地纪胜》卷一三二《福建路·汀州·景物下》

以唐代政区而言，这些铜像分布地包括河北道的恒州，陇右道的沙州，江南东道的苏州、歙州、衢州、汀州，江南西道的洪州、江州、吉州、永州，山南东道的万州，山南西道的利州、蓬州、阆州，剑南道的益州、简州、遂州、戎州，黔中道的业州、巫州、辰州，岭南道的潘州、昭州等。基本遍布整个唐帝国的版图之内，分布范围不可谓不广。

这些铜像的地理分布如此广泛，从理论上讲，应有一个共同的制度起源，而不大可能作为一种风尚或习俗由一地传遍全国。雷先生的讨论似乎并未涉及这些铜像的制度起源问题。笔者注意到，这些铜像虽分布广泛，但所在寺观名称却具有较强的集中性。除被供奉的具体寺观名称不详者3例外，供养于开元寺者7例，分别是歙州、戎州、沙州、苏州、洪州、阆州和吉州；开元观4例，分别是江州、万州、昭州和汀州；紫极宫4例，分别是江州、永州、益州和蓬州；天庆观4例，分别是利州、简州、业州和辰州；供养于其他佛寺与道观者仅占7例。其中，分布于开元寺、开元观、紫极宫和天庆观等同名寺院宫观中者，就占据了19例，占总数的近七成（约66%）。尤其是开元寺、开元观，作为唐玄宗开元二十六年（738）敕令天下诸州统一设立的官寺和官观①，共占据11例，异常明显。这些信息提示：所谓"玄宗御容铜像"可能存在共同的制度起源。

更重要的是，上表所列资料已经提供了不少线索。如恒州条，《旧唐书·李宝臣传》云："初，天宝中，天下州郡皆铸铜为玄宗真容，拟佛之制。"② 又如潘州条，《太平寰宇记》卷一六一云："开元年中，诏天下铸

---

① 王溥：《唐会要》卷50《杂记》，上海古籍出版社1991年版，第1029页。
② 刘昫等撰：《旧唐书》卷142《李宝臣传》，第3866页。

圣像，郡皆一而潘独二，力士以其本乡，故自铸其一也。"① 再如业州条，《舆地纪胜》卷七一云："天宝中，范铜为镕，黄金为饰，旧传逐州观各赐一躯，此则当时赐奖州者。"② 这三条材料提示了"开元年中"和"天宝中"两个时间段，均在玄宗朝。

上引三条材料已经提示，当时铸造这些"玄宗铜像"是有统一制度的，尤其是业州条"范铜为镕"一句，更直接表明当时确实是以统一的熔范作为铸造标准。而且，铸造铜像的地域范围是"天下州郡"。考虑到开元二十九年（741）唐玄宗向天下诸州开元观颁赐玄元皇帝画像时尚有统一敕令颁布③，设若确有大规模向全国各州颁赐"玄宗御容铜像"之事，自必有相关敕令发布，而不大可能于文献无征焉。但是，核对各种文献可知，玄宗朝并无所谓"天下州郡皆铸铜为玄宗真容"，或"逐州观各赐（明皇御容）一躯"，或"诏天下铸圣像"之事。与此最为相近者，即天宝三载（744）玄宗敕令天下诸郡皆铸自己等身天尊像及等身佛像各一尊并送开元观、开元寺供养。这也成为此后唐代开元官观、官寺区别于普通道观、佛寺的一项重要特征。

现存有关开元观、寺铸造玄宗等身像的敕令分见于四种文献，即《唐会要》《册府元龟》《旧唐书》之《玄宗本纪》及《礼仪志》。《唐会要》云，天宝三载（744）三月"两京及天下诸郡，于开元观、开元寺以金铜铸玄宗等身天尊及佛各一躯"。④《册府元龟》所记内容大致相同，仅文字略有差异，云："（天宝）三载三月，两京及天下诸郡于开元观、开元寺以金铜铸帝等身天尊及佛各一。"⑤ 从所记内容与句式的高度相似来看，《唐会要》与《册府》此条内容当有共同史源。唯《会要》作"玄宗"，而《册府》作"帝"，似可证《册府》此条内容更接近敕令原文。

---

① 乐史：《太平寰宇记》卷161《岭南道·高州》，中华书局2007年版，第3092页。唐潘州治茂名县，宋开宝五年（972年）废潘州，将原属潘州之南巴、潘水二县并入茂名县，将茂名县割属高州，故宋初位于茂名县之"玄宗圣容"等古迹被系于高州茂名县下。
② 王象之撰，李勇先校点：《舆地纪胜》卷71《荆湖北路·沅州·古迹》，第2550页。
③ 王溥：《唐会要》卷50《杂记》，第1030页，云："（开元）二十九年九月七日敕：诸道真容，近令每州于开元观安置，其当州及京兆、河南、太原等诸府有观处，亦各令本州府写貌，分送安置。"检《唐大诏令集》卷一一三《玄元皇帝降临制》可知，《唐会要》所载此段敕令当为对《玄元皇帝降临制》的节引，其中的真容乃是老子真容，而非玄宗真容（中华书局2008年版，第589页）。董诰等编《全唐文》卷31《令写玄元皇帝真容分送诸道并推恩诏》所记内容与之基本一致，中华书局1983年版，第350—351页。
④ 王溥：《唐会要》卷50《杂记》，第1030页。牛继清先生将此句断作"天宝三载三月，两京及天下诸郡，于开元观、开元寺，以金铜铸玄宗等身、天尊及佛各一躯"。详参王溥撰，牛继清校证《唐会要校证》卷50，三秦出版社2012年版，第750—751页。
⑤ 王钦若等编：《册府元龟》卷54《帝王部·尚黄老二》，中华书局1960年版，第599页。

《旧唐书·玄宗本纪》所载则与《唐会要》和《册府》出入较大,其中云:"(天宝三载)夏四月,敕两京天下州郡取官物铸金铜天尊及佛各一躯,送开元观、开元寺。"① 不仅铸像时间前后相差一月,且只云于开元观、寺铸金铜天尊像、佛像各一躯,未云所铸铜像为玄宗等身像。《旧唐书·礼仪志》则云:"(天宝)三载三月,两京及天下诸郡于开元观、开元寺,以金铜铸玄元等身天尊及佛各一躯。"② 其中"玄元"当系"玄宗"之讹③。因为所谓"玄元等身天尊及佛各一躯"在学理上无法成立④。

不过,可以肯定的是,《旧唐书》中两处记载与前引《唐会要》及《册府元龟》所载确系一事无疑。铸像时间均系于天宝三载,铸像地点均为两京天下诸郡之开元观、开元寺,铸像材质均为金铜,铸像内容均包括"天尊及佛各一躯",皆是明证。⑤ 只是《旧唐书》中两处敕令似乎均已经

---

① 刘昫等撰:《旧唐书》卷9《玄宗下》,中华书局1975年版,第218页。《新唐书》辟佛辟道,故卷5《玄宗纪》天宝三载不载此事,中华书局1975年版,第144页。

② 刘昫等撰:《旧唐书》卷24《礼仪志四》,中华书局1975年版,第926页。有学者将此句断为"(天宝)三载三月,两京及天下诸郡于开元观、开元寺,以金铜铸玄元、等身天尊及佛各一躯",又将前引《唐会要》所载讹为"以金铜铸玄元等身、天尊及佛各一躯",认为这是"官方敕令在开元观造玄元、天尊(太上老君、原始天尊像)各一躯,虽不知其布局方式,但反映了官方的一种观点:即将老君像、天尊像作为道观的必备造像"。参见刘睿《绵阳玉女泉31龛天尊、老君合龛像研究》,《四川文物》2015年第5期。如此解读,不仅忽略了敕令中与开元观相对应的开元寺的存在,更是对《唐会要》和《册府元龟》相关记载的误读。

③ 中华书局点校本《旧唐书》之底本系用"经沈德潜等改窜过的殿本的岑建功重刻本",仍属殿本系统。参见黄永年《唐史史料学》,上海书店2002年版,第18页。实际上,清人陈立在校勘《旧唐书》此卷时已注意到闻人铨本"元元"作"元宗"("玄元"作"玄宗")的事实。参见罗士琳、刘文淇《旧唐书校勘记》,徐蜀编《隋唐五代正史订补文献汇编》第1册影印惧盈斋本,北京图书馆出版社2004年版,第229页。据该书目录可知,卷11、卷12《礼仪志》两卷的校勘者为陈立。

④ "玄元"即玄元皇帝之略称,即老子,被尊为道德天尊,居道教最高天神"三清尊神"第三位。天尊,即元始天尊,在道教最高天神"三清尊神"中位居第一。佛即佛教创始人释迦牟尼佛。首先,玄元(皇帝)等身(原始)天尊像于理不通。因为玄元与天尊均为道教最高尊神之一,皆有尊像,原始天尊之位又尊于玄元皇帝(道德天尊),自无须再等于玄元之身量。其次,玄元等身佛像更属无稽。释迦牟尼佛之像已是佛教尊像,亦无须等身于玄元皇帝,而释、道两教之间相互"等身",更是骇人听闻。此外,还有一个技术难题,即道教尊神"玄元皇帝"之身量大小无法确定,自然无从铸造等于其身量之天尊像及佛像。

⑤ 关于天宝三载在两京天下诸郡开元观所铸之像究为何像,包艳认为《旧唐书·玄宗本纪》所载系铸造"天尊像",《旧唐书·礼仪志》所载系铸造"老君像",《唐会要》和《册府元龟》所载系铸造"玄宗等身天尊像",且将上述文献所载视为三次造像运动。参见氏著《唐代长江流域开元观造像考》,刊《中国美术研究》2017年第1期,第113页。之所以如此判断,盖因包氏并未对上述四种文献的内容(尤其是共同点)进行比勘,亦不清楚所谓"玄元等身天尊及其佛"究为何意,更不了解玄宗时期崇道的基本史实。故其所论全不足信。

过省略和改动。天宝元年（742）二月已改州为郡①，天宝三载（744）颁布的敕令自应以"天下诸郡"的表述为是，《唐会要》和《册府元龟》和《旧唐书·礼仪志》皆作"天下诸郡"，当是较好地保留了敕令原文。而《旧唐书·玄宗本纪》作"天下州郡"，显与当时制度不合，改动痕迹明显。据此，则《旧唐书·玄宗本纪》所载敕令中所云"铸金铜天尊、佛各一躯"当为对原文"铸金铜玄宗（帝）等身天尊、佛各一躯"的省略。这种省略其实并无大误。因为所谓玄宗等身天尊像和等身佛像，即按照玄宗实际身形大小和相貌特征等比例铸造的铜像，只是这些铜像是以天尊和佛陀的形制出现的（等身像相关讨论详见后文）。后晋史臣修撰《旧唐书》时才会将敕令中"玄宗（帝）等身"等字样省去，只保留"铸金铜天尊、佛各一躯"的核心内容，正是得其本质的概括，亦可见《旧唐书》的编撰者以天宝三载（744）所铸之像并非玄宗御容（或真容）而仅是其等身天尊像和等身佛像。《旧唐书·礼仪志》所载，除了将"玄宗"讹为"玄元"外，其余内容均与《唐会要》所载完全相同。

综上所论，笔者推断上表中所列"玄宗铜像"的绝大多数均存在一个共同的制度起源，即天宝三载（744）敕令两京天下诸郡于开元观、寺所铸之玄宗等身天尊像和等身佛像。

二 玄宗等身铜像之分布何以并不限于开元观、寺

笔者既推断上表中绝大多数"玄宗铜像"均源于天宝三载（744）玄宗敕令天下诸郡于开元观、寺统一铸造铸之自己的等身天尊像及等身佛像，问题也就随之出现：何以这些"玄宗等身铜像"并非只分布于开元观和开元寺，而是散布于名称不同的各种寺观？

这个问题，首先可由上表所列的资料来源来解释。表中29例"玄宗铜像"的资料来源如下：《舆地纪胜》19例，《旧唐书》、敦煌遗书《张淮深变文》《酉阳杂俎续集》《册府元龟》《太平寰宇记》《文苑英华》《吴越备史》《益州名画录》《吴郡图经续记》《庐山记》各1例。

这些史料中，有明确可信之唐代史源者为《旧唐书》、敦煌遗书《张淮深变文》《酉阳杂俎续集》和《册府元龟》。除《旧唐书》中的1条史料未载供奉所谓"玄宗真容"的寺观名额外，其余《张淮深变文》《酉阳

---

① 刘昫等撰：《旧唐书》卷9《玄宗下》，中华书局1975年版，第215页。

杂俎续集》和《册府元龟》均明载歙州、戎州和沙州之所谓"玄宗真容（或圣容）"在当州开元寺。

如歙州，《册府元龟》云："穆宗以元和十五年正月即位，……七月，歙州奏：'当州有玄宗皇帝真容，在开元寺，去城十里，今请移于郭内龙兴寺，仍交换寺额。'制可之。"① 又如戎州，《酉阳杂俎续集》云："武宗元年，戎州水涨，浮木塞江。刺史赵士宗召水军接木，修官署，并修开元寺。次年大水，惟开元寺玄宗真容阁去本处十余步，卓立沙上，其他铁石像，无一存者。"② 再如沙州，《张淮深变文》云："尚书授（受）敕已讫，即引天使入开元寺，亲拜我玄宗圣容。"③

这三条材料均可证明，至少在有可信唐代史源的史料中，所谓"玄宗真容（或圣容）"铜像皆被供奉于当州开元寺（观）之内。而且，时间均在中晚唐，分别是元和十五年（820）、武宗元年（840）和咸通八年至十三年（867—872），可证直到中晚唐时期，开元寺（观）仍是地方诸州供奉所谓"玄宗御容铜像"的不二场所。

更须注意的是，上引歙州的材料还显示：直到穆宗即位之初（820），唐中央朝廷仍然坚持所谓"玄宗真容"铜像必须供奉于开元寺（观）的政策。歙州因开元寺远在城外十里，遂请求将所谓"玄宗真容"移入城内龙兴寺供养，同时必须通过交换寺额的方式，确保所谓"玄宗真容"与开元寺的一一对应关系。④

由以上分析可知，至少在有可信唐代史源的史料中，所谓玄宗"真容

---

① 王钦若等编：《册府元龟》卷三〇《帝王部·奉先三》，第331页。
② 段成式撰，方南生点校：《酉阳杂俎续集》卷3，中华书局1981年版，第224、225页。
③ 潘重规：《敦煌变文集新书》，文津出版社1994年版，第495页。据荣新江先生研究，该变文成书于咸通八年至十三年（867—872），变文内容乃瓜沙当地文人对于张淮深的颂扬之词，不可尽信。参见荣新江《沙州张淮深与唐中央朝廷之关系》，《敦煌学辑刊》1990年第2期，第1—13页。不过，变文中所载张淮深在受敕以后，将朝廷使节引入沙州开元寺并亲拜"玄宗圣容"之事不致杜撰；即使此事出于杜撰，亦可反映出在唐人心目中所谓"玄宗圣容"铜像皆供奉于开元寺（观）的认识和观念。2013年11月第七届历史学前沿论坛期间，余欣先生曾提醒笔者，《张淮深变文》中的所谓"玄宗圣容"，很可能是张氏为向唐廷表达忠心而临时制造，并非玄宗天宝三载所铸等身之原像。笔者认为，这种可能性虽无法排除，但同样无法证实。即使余欣先生提醒的这种可能性最终被证实，亦不影响本文主要结论的成立。笔者此处讨论的重点是玄宗所铸自己之等身天尊像、等身佛像与开元观、寺之间联系。若沙州开元寺之所谓"玄宗圣容"确为张淮深私铸，则该像已不在本文讨论范围之内。《册府元龟》和《酉阳杂俎续集》的资料同样可以证实玄宗等身像与开元观、寺之间的联系。
④ 笔者推测，歙州之所以请求将所谓"玄宗真容"迁入城中寺院供养，可能是为方便地方官举行国忌香等国家礼仪，因为开元二十七年五月以后，地方诸州举行国忌行香仪式的地点由龙兴官寺、官观改为当州新设立的开元官观、官寺；朝廷之所以如此坚持，盖因在开元官寺（观）供奉玄宗的等身佛像（等身天尊像）乃是玄宗当日亲手颁布的敕令，对于穆宗而言乃是不可轻易变更的祖制。

（或圣容）"铜像均被供奉于开元寺（观），朝廷对此似乎也有制度规定。在成书于宋代的材料中，所谓玄宗"真容（或圣容）"铜像（玄宗等身天尊像或等身佛像）却被供奉于名称不同的各种寺观。具体而言，开元寺4例（苏州、洪州、阆州、吉州），开元观4例（江州、万州、昭州、汀州），紫极宫3例（江州、永州、蓬州），天庆观4例（利州、简州、业州、辰州），龙兴观1例（所在州名不详），其他寺观或寺观名称不详者共9例。

其中，开元寺和开元观各4例表明，天宝三载（744）以后天下诸郡于开元观、寺供奉玄宗等身天尊像和等身佛像的制度，虽经晚唐五代的纷乱，至宋代仍留有某些痕迹可寻。否则，宋代诸府州寺观林立，何以会有8尊所谓"玄宗御容铜像"集中供奉于开元寺、观而非其他寺观？另一个明显的集中是紫极宫的3例。紫极宫乃开元二十九年（741）玄宗诏令天下诸州统一设立的玄元皇帝（老子）庙，天宝二年统一改名为紫极宫。①原供奉于开元寺的玄宗等身佛像之所以会进入宋代文献中的紫极宫和其他道观，当与唐武宗拆寺灭佛造成的混乱密不可分。

会昌五年（845）七月，武宗下敕并省天下佛寺。中书门下两省上奏："据令式，诸上州国忌日官吏行香于寺，其上州望各留寺一所，有列圣尊容，便令移于寺内；其下州寺并废"；武宗下敕："上州合留寺，工作精妙者留之；如破落，亦宜废毁。其合行香日，官吏宜于道观"。②

中书门下是希望借国忌行香制度为诸上州各保留一所佛寺（开元官寺）③，目的是将"列圣尊容"移入该寺供养。此处的"列圣尊容"显然不能按照字面意思直接理解为唐代历朝皇帝的尊容（御容），而主要是指本文的讨论对象之一——玄宗等身佛像。④ 中书门下之所以称这些以玄宗等身佛像为主的图像为"列圣尊容"，可能有两点考虑：一是为了避免

---

① 刘昫等：《旧唐书》卷9《玄宗本纪下》，第213、216页。
② 刘昫等：《旧唐书》卷18《武宗本纪上》，第604、605页。
③ 唐代地方诸州的国忌行香范围，贞元五年八月之前，严格限制在《唐六典》所规定的同、华等81州之内。贞元五年，因处州刺史的奏请，德宗下敕天下诸上州同时获得国忌行香资格。关于具体的行香寺观，开元二十七年之前，同、华等81州的国忌行香活动在当州龙兴寺、观举行，此后改在开元观、寺。参见王溥《唐会要》卷50《杂记》，第1030页。
④ 因为无论是京城，还是地方寺观，若供奉皇帝御容，一般而言，皆须由中央颁赐，地方无由自造。现存文献中亦无唐代皇帝颁赐自己御容于天下诸州寺观供奉的敕令可寻。与此相应，正如雷闻先生的统计结果所示，供奉于寺观中的唐代历朝皇帝的御容均极其稀少（玄宗等身像除外），且大多集中于道教宫观中，供奉于佛寺中者少之又少。参见雷闻《郊庙之外：隋唐国家祭祀与宗教》，第118—128页。与此同时，玄宗等身像则广布于天下诸州府之开元观与开元寺。

纠结于判断玄宗等身佛像究竟属于玄宗御容还是佛像的尴尬，因为武宗正在灭佛；二是为了避免遗漏个别其他皇帝的御容，因为个别佛寺可能确实供奉有某位唐代皇帝的御容。武宗原则上对此表示同意，但对诸上州拟保留的寺院（开元官寺）要求更高，即必须"工作精妙"，否则一并拆毁。

然而，唐武宗最终又颁布了更为严厉的敕令："上都、东都两街各留二寺，每寺留僧三十人；天下节度、观察使治所及同、华、商、汝州各留一寺，分为三等：上等留僧二十人，中等十人，下等五人。"① 这意味着长安、洛阳两京之外，仅允许天下节度、观察使治所及同、华、商、汝四州合计 50 州各保留一所寺院，这些被保留的寺院应即当州开元寺。②

显然，武宗的拆寺敕令并未考虑"天下节度、观察使治所及同、华、商、汝州"之外的诸州开元官寺中供奉的玄宗等身佛像。对于诸节度使、观察使治所及同、华、商、汝四州而言，开元官寺很可能被保留，原供奉于寺中的玄宗等身佛像自然保留未动。如江西观察使治所洪州开元寺的玄宗等身铜像至宋代犹存。在拆寺灭佛的过程中，道观并未受到冲击和影响。故至宋代尚有 4 尊玄宗等身天尊像仍供奉于开元观。至于诸节度使、观察使治所及同、华、商、汝四州之外的诸州，所有佛寺理论上皆须被拆毁，玄宗等身佛像无处可去，只能转移至当州（或邻州）道观。在各州宫观体系中地位极高的紫极宫（玄元皇帝庙）自然成为接收原供奉于当州开元寺的玄宗等身佛像的最佳选择，故在宋代文献中，有 3 尊玄宗等身像供奉于当州紫极宫。

除紫极宫外，会昌法难也成为不少玄宗等身佛像进入其他道观的重要契机。果州集虚观便是如此："会昌中，又得金铜所铸明皇御容及一佛像。"③ 这尊所谓"金铜所铸明皇御容"显然应是一尊玄宗等身佛像，因为会昌灭佛中道观未受冲击，自然不可能是原供奉于当州开元观的玄宗等身天尊像。

宋代文献中的天庆观之所以集中 4 例玄宗等身像，同样并非偶然。这

---

① 司马光等撰：《资治通鉴》卷 248，唐武宗会昌五年七月条，中华书局 2011 年版，第 8138 页。
② 参见拙文《会昌毁佛前后唐代地方州府佛教官寺的分布与变迁》，《中国历史地理论丛》2018 年第 4 辑。
③ 王象之撰，李勇先校点：《舆地纪胜》卷 156《潼川府路·顺庆府·古迹》，第 4708 页。

与天庆观在宋代的特殊地位有关。① 天庆观乃宋真宗大中祥符二年（1009）十月诏令天下统一设立的道观。其地位颇类似于唐代的官寺和官观。当时诏令云：

> （十月甲申）诏诸路州、府、军、监、关、县择官地建道场，并以"天庆"为额，民有愿舍地备材建盖者亦听便。②

该诏令虽云命各级官府择地新建天庆观，但在实际的执行过程中，地方官往往会选择将当地原有规模较大的道观直接改额为天庆观。据笔者不完全统计，仅《舆地纪胜》所载沿革可考的天庆观中，就有2例系由唐代开元观直接改额而来，分别是渠州和汀州。③ 开元观即唐代诸州供奉天宝三载（744）所铸玄宗金铜等身天尊像的法定道观。南宋时汀州天庆观所谓"铜铸明皇像"正是直接继承自其前身唐代汀州开元观。《舆地纪胜》云："天庆观，在州治东。唐开元二十八年置，名开元观，有铜铸明皇像。"④ 开元二十八年显系开元二十六年之讹，故开元观中才会供奉有被后世讹传为"铜铸明皇像"的玄宗等身天尊像。宋真宗大中祥符二年（1009），开元观又被改额为天庆观。汀州天庆观的玄宗等身像即由此获得。

《舆地纪胜》中另有6例天庆观系由唐代紫极宫改额而来，分别是唐代杭州、越州、江州、袁州、复州和黔州。⑤ 江州的例证更可直接说明，宋代当州天庆观的"玄宗金铜御容"直接来源于唐代紫极宫。"紫极宫。去州二里。今天庆观乃其旧宫。唐塑老君像及玄宗金铜御容存焉。"⑥ 将当地规模较大的宫观直接改额为诏令要求新建的道观，此点与唐代佛教官寺

---

① 关于北宋天庆观的特殊地位和功能，详参本书第九章"唐代官寺官观制度在东亚的传播和影响"。
② 李焘：《续资治通鉴长编》卷72，真宗大中祥符二年十月条，中华书局1992年版，第1637页。
③ 王象之撰，李勇先校点：《舆地纪胜》卷162《潼川府路·渠州·景物下》，第4912页；卷132《福建路·汀州·景物下》，第4179页。
④ 王象之撰，李勇先校点：《舆地纪胜》卷132《福建路·汀州·景物下》，第4179页。
⑤ 王象之撰，李勇先校点：《舆地纪胜》卷2《临安府·景物下》，第84页；王象之撰，李勇先点校：《舆地纪胜》卷10《两浙东路·绍兴府·景物下》，第566页；王象之撰，李勇先点校：《舆地纪胜》卷30《江南西路·江州·景物下》，第1382页；王象之撰，李勇先点校：《舆地纪胜》卷28《江南西路·袁州·景物下》，第1308页；王象之撰，李勇先点校：《舆地纪胜》卷76《荆湖北路·复州·景物下》，第2671页；王象之撰，李勇先点校：《舆地纪胜》卷176《夔州路·黔州·景物下》，第5149页。
⑥ 王象之撰，李勇先校点：《舆地纪胜》卷30《江南西路·江州·景物下》，第1382页。

设立的主要方式相类。① 这也是地方官员应对中央此类诏令的惯用做法。江州天庆观的材料亦可解释宋代天庆观何以会集中较多玄宗等身像的原因：唐武宗拆寺灭佛期间，当州（或邻州）的开元寺被拆除，原供奉于开元寺的玄宗等身佛像被转移至当州（或邻州）紫极宫供养。至宋真宗大中祥符二年（1009），这些紫极宫又被改额为天庆观。宋代部分天庆观遂因此获得玄宗等身像。

宋代的天庆观之所以会供奉有玄宗等身像（等身天尊像或等身佛像不可知），除了改额之外，还有另一种可能：即宋代天庆观的玄宗等身像是由他处移来。业州天庆观即一显例："唐明皇御像，在峨山。天宝中，范铜为镕，黄金为饰，旧传逐州观各赐一躯，此则当时赐奖州者。熙宁七年自峨山载至州，今在天庆观。"② 这段文字虽短，信息量却极丰富。峨山，即唐代黔中道业州治所县，本名夜郎县，天宝元年（742）改为峨山。③ 如上文所论，所谓"天宝中，范铜为镕，黄金为饰，旧传逐州观各赐一躯，此则当时赐奖州者"，即天宝三载（744）玄宗敕令两京天下诸郡于开元观、开元寺铸自己的金铜等身天尊像及等身佛像各一尊。奖州留存的此像究为玄宗等身天尊像或等身佛像已不可确考。晚唐以后，奖州被当地少数民族势力占领，直到北宋熙宁七年（1074）收复，设立沅州，并将唐代奖州之地的大部分划入新设的沅州，故而才会有"熙宁七年自（废）峨山（县）载至州，今在天庆观"的情况出现。需要说明的是，天庆观本是真宗大中祥符二年（1009）所设，沅州晚至熙宁七年（1074）才收复设立，却需将此所谓"唐明皇御像"移至天庆观供奉，充分显示了天庆观在宋代地方宫观体系中的特殊地位。

其实，上述天庆观诸例证只是解释了部分玄宗等身像的分布并非集中于开元观、寺的原因。其他寺、观的材料亦可为证。如万州寿宁观，《舆地纪胜》云："寿宁观唐明皇像。在西南三里。开宝六年，移开元观唐太宗、明皇御容铜像，奉安于此。"④ 清楚地表明，所谓万州"寿宁观唐明皇像"乃是自开元观移至寿宁观者。按，唐代开元观供奉的只有玄宗等身天尊像，并无明皇御容，故此句当是讹玄宗等身天尊像为御容铜像。又，万

---

① 唐代佛教官寺的设立，主要是以将当州规模较大的寺院直接改额的方式来完成。李昉等《文苑英华》卷855 李峤《宣州大云寺碑》、苏颋《陕州龙兴寺碑》，卷860 李华《杭州开元寺新塔碑》，中华书局1982年影印本，第4513、4515、4538页。
② 王象之撰，李勇先点校：《舆地纪胜》卷71《荆湖北路·沅州·古迹》，第2550页。
③ 欧阳修等：《新唐书》卷41《地理五·奖州龙溪郡》，第1074页。
④ 王象之撰，李勇先校点：《舆地纪胜》卷177《夔州路·万州·古迹》，第5178页。

州在晚唐并非诸"节度、观察使治所州"之一，会昌法难中万州开元寺亦在拆毁之列，故万州开元观所谓唐太宗"御容铜像"极可能是原供奉于当州开元寺的玄宗等身佛像，因移入开元观时日较久，已被讹为唐太宗御容铜像。

综上，在唐代文献以及有可信唐代史源的文献中，供奉地点可考的玄宗等身像均供奉于开元寺（观）中。唐武宗拆寺灭佛造成的混乱，后世寺观改额、等身像被转移供奉地点等，均是造成宋代文献中玄宗等身像供奉于名称各异的各种寺观，而非集中于开元寺、观的主要原因。散布于其他寺观中的所谓玄宗"御容"铜像亦可通过这些原因加以解释。

三 玄宗等身铜像何以被误传为御容铜像

解决了玄宗等身像不只分布于开元寺、观的问题之后，另一问题又随即出现：何以史料中多称这些铜像为玄宗（明皇）"真容""圣容""御容铜像""金真""金铜御容"等，而非玄宗等身天尊像或等身佛像？

笔者以为，最主要的原因在于，玄宗等身像与玄宗御容（真容）本来就难以区分，故而才会被后世误认为玄宗御容（真容）。所谓等身，按照佛教的解释，即"造诸尊之形像，等于自己之身量，谓之等身"。① 故玄宗等身佛像或等身天尊像，即按照玄宗身量大小铸造的佛像或天尊像。陆永峰先生曾专门讨论中土等身佛的由来及其发展演变②，但并未论及玄宗等身像的具体形制。

上表所列玄宗铜像资料中，有可信之唐代史源者为《旧唐书·李宝臣传》、敦煌遗书《张淮深变文》《酉阳杂俎续集》和《册府元龟》四种。其中，所记之事的时间以《旧唐书·李宝臣传》为最早，而其他文献中皆是单独记述一州情况，对当时制度亦多语焉不详，又缺少对于铜像形制的具体描述。今以《旧唐书·李宝臣传》为例进行分析。

《旧唐书·李宝臣传》云："初，天宝中，天下州郡皆铸铜为玄宗真容，拟佛之制。"③ 肥田路美先生引《太平御览》卷三九六此条记载作

---

① 丁福保：《佛学大辞典》"等身"条，文物出版社1984年影印本，第1107页。
② 陆永峰：《中土等身佛述论》，第157—160页。
③ 刘昫等撰：《旧唐书》卷142《李宝臣传》，第3866页；欧阳修等：《新唐书》卷211《李宝臣传》，第5946页，将该段文字省略为"先是天宝中，玄宗冶金自为象，州率置祠，更贼乱，悉毁以为赀，而恒独存，故见宠异，加赐实封"。《新唐书》刻意追求文省事增，往往将《旧唐书》原文删改得面目全非，背离原意。此处即是显例，非玄宗别有铸像、置祠之事。

"拟佛像之制"①，认为《李宝臣传》之"拟佛之制"即《太平御览》"拟佛像之制"，并论证了"拟佛像之制"即《唐会要》所载天宝三载（744）于天下诸郡开元观、寺铸玄宗等身天尊像和等身佛像一事。进而依据开天时期流行的天尊像和佛像的典型造像特征作出推论，认为玄宗等身天尊像应是头戴仿宝珠冠，大须髯、身着宽袖衣，手持玉璋等道教尊像附属物的玄宗坐像；而玄宗等身佛像应是身着袈裟、具备肉髻相和白毫相等造像特征的如来坐像。②

事实上，《太平御览》中保留的另一段佚文可以直接说明这尊所谓"玄宗真容"的具体形制。该书卷八一三引《旧唐书·李宝臣传》云："初，天宝中，天下州郡皆铸铜为玄宗，拟其形象，首冠环焰，足承菡萏，与尊佛之像间列于殿堂，号为真容。及山东陷，率被镕毁，而恒州独存。"③对照可知，今本《旧唐书·李宝臣传》所记"初，天宝中，天下州郡皆铸铜为玄宗真容，拟佛之制"一句，当即此段佚文的删节本。省略了"拟其形象，首冠环焰，足承菡萏，与尊佛之像间列于殿堂"诸语，并将这句话概括为"拟佛之制"，其实也是得其本质的概括。

所谓"拟其形象"，即按照玄宗本人的真实体量和容貌铸造；"首冠环焰"即铜像头部铸有普通佛像一样的背光；"菡萏"即莲花，此处指莲座，"足承菡萏"表明此像足部直接接触莲座并受力。综合以上描述，可以判断，这尊铜像当为饰以佛教典型装饰的玄宗等身立像，即玄宗等身佛像。

另外值得注意的现象是，这尊玄宗等身佛像是"与尊佛之像间列于殿堂"，似乎并非单独供养。"号为"两字尤为值得注意，表明所谓"真容"一词乃是唐代民间对此铜像的称呼，官方敕令则称其为玄宗等身佛像。这也解释了何以在几种有可信唐代史源的文献（如敦煌遗书《张淮深变文》《酉阳杂俎续集》《册府元龟》等）中，均称玄宗等身佛像为"玄宗真容"或"玄宗圣容"的原因。唐人或唐代文献之所以如此判断，显然只是从"拟其形容"的角度出发，而并未考虑"首冠环焰"与"足承菡萏"等佛教造像的装饰特征。

然而，判断一尊造像的性质，显然不能只考虑其人物原型，而必须综合考虑其装饰特征。正如雷闻先生对等身像与皇帝御容作出的界定："（玄宗等身佛像和等身天尊像）具有比拟佛像和天尊像的功能，但他们毕竟还

---

① 李昉等编：《太平御览》卷 396《人事部三七·偶像》，中华书局 1960 年版，第 1832 页。
② 肥田路美：《唐代皇帝肖像雕刻的意义与制作意图的一个侧面——特别着眼于比拟佛像的皇帝像》，第 177—179 页。
③ 《太平御览》卷 813《珍宝部十二·铜》，第 3612 页。

是佛与天尊的形制，而非皇帝本人的铜像，这二者是有本质区别的。"① 与此同时，雷先生又将今本《旧唐书·李宝臣传》中的"拟佛之制"理解为"将玄宗铸像之举视作受佛教影响的结果"。② 现在看来，恐非如此。上文已经论证，所谓"首冠环焰""足承菡萏"正是典型的佛像形制特征；更重要的是，从"名从主人"的角度而言，亦应遵从玄宗本人在铸像敕令中对这些铜像的定位，即"等身佛像（或天尊像）"，而非玄宗本人的御容铜像。

如果说《太平御览》所引《旧唐书·李宝臣传》佚文不仅清楚说明现存几种唐代文献中所谓"玄宗真容（圣容）"实即玄宗等身佛像，而且较为详细地描述了玄宗等身佛像的具体形制。那么，《益州名画录》所载成都兴圣观的材料则不仅描述了玄宗等身天尊像的具体形制，而且清楚说明后世文献如何逐渐模糊玄宗等身天尊像与玄宗御容之间的区别。

《益州名画录》卷下云："王氏永平废兴圣观为军营，其观有五金铸天尊形明皇御容一躯，移在大圣慈寺御容院供养。"③ 永平（911—915）为前蜀王建年号，去唐未远。所谓"五金铸天尊形明皇御容"当即金铜铸玄宗等身天尊像无疑，其中"天尊形"已清楚表明，此像是以天尊形制出现的；"五金铸"亦符合天宝三载（744）敕令天下诸郡铸造玄宗等身像的材质要求。该铜像虽已被误认为是"明皇御容"，但仍保留了"五金铸天尊形"的玄宗等身天尊像的本质特征。因此，这种"五金铸天尊形明皇御容"的描述，实际上正处于由"金铜等身天尊像"与被误认为是"明皇御容"之间的一种认识状态。这条材料保留了玄宗等身像究竟如何一步步被后世被误认为是明皇御容的中间过程和环节。

玄宗等身天尊像由成都废兴圣观移至大圣慈寺供养，是玄宗等身铜像在道观与佛寺之间被移动的典型例证，亦可补充说明何以宋代供奉玄宗等身像的寺观名称并不限于开元寺、观。更可惊喜的是，成都兴圣观的沿革可考。据杜光庭《谢恩赐兴圣观宏一大师张潜修造表》可知，前蜀益州兴圣观乃由唐代成都紫极宫改额而来。④ 由此更可确证，益州紫极宫之"五金

---

① 雷闻：《郊庙之外：隋唐国家祭祀与宗教》，第126页，注释2。
② 同上书，第126页。
③ 黄休复撰，何韫若、林孔翼注：《益州名画录》卷下，四川人民出版社1982年版，第101页。陆永峰先生亦曾引用此条材料，认为"可见玄宗等身天尊并不限于开元观中"，事实上，陆先生并未注意到成都废兴圣观的沿革可考。
④ 董诰等编：《全唐文》卷929，杜光庭《谢恩赐兴圣观宏一大师张潜修造表》，第9684—9685页。

铸天尊形明皇御容"当即天宝三载（744）所铸玄宗等身天尊像无疑。只是这尊玄宗等身天尊像何时因何从成都开元观被移至紫极宫已无从考证。

如上所述，玄宗等身铜像与御容铜像之间的差别本来就极小，极易导致混淆。故在有可信唐代史源的4种文献中，均将玄宗等身铜像称为"玄宗真容（或圣容）"也就不难理解。至于其他资料，成书年代更晚，正是后世文献中逐渐模糊了玄宗等身像与御容之间差别的显例。目前仅存的保留有具体形制描述的两例所谓"玄宗御容铜像"，均可通过考证还原为玄宗等身佛像和等身天尊像，便是明证。

此外，刘长东先生在讨论宋代神御殿的起源时亦认为，玄宗曾规定开元观、寺"皆供奉玄宗的圣容或铸造等身天尊、佛像"，关于其中"开元观、寺供奉玄宗的圣容"一点，并无史料依据。观刘先生所引《吴郡图经续记》《咸淳毗陵志》《嘉泰吴兴志》《淳熙三山志》《类编长安志》等，皆宋元地志，亦不足以说明问题。① 同样是后世文献模糊了玄宗等身像与圣容（或御容）之间的区别。

四　结语

依据所谓"玄宗御容铜像"在唐代各地寺观中的广泛分布，以及在开元寺、开元观、天庆观、紫极宫等同名寺院宫观中集中分布两个现象，笔者推断：这些"玄宗铜像"应有一个共同的制度起源。进而依据文献中提示的玄宗铜像铸造时间均在玄宗朝，通过爬梳比勘各种相关文献，最终确定所谓"玄宗御容铜像"实即天宝三载（744）敕令天下诸郡于开元观、开元寺铸造的玄宗等身天尊像及等身佛像。

在唐代文献或有可信唐代史源的文献中，所谓"玄宗御容铜像"均供奉于开元寺（观）。在成书于宋代的文献中，凡沿革可考的所谓"玄宗御容铜像"，均可通过考证将其在唐代的供奉寺、观还原为开元寺和开元观。由此可证，所谓"玄宗御容铜像"在唐代皆供奉于开元观和开元寺，这正是玄宗所铸等身天尊像和等身佛像的特征之一。会昌法难造成的混乱、后世的寺观改额以及对铜像的移动等，都是造成玄宗等身天尊像和等身佛像在后世文献中散布于各种寺观，而非集中于开元观、寺的主要原因。

---

① 刘长东：《宋代神御殿考》，见氏著《宋代佛教政策论稿》，巴蜀书社2005年版，第381—390页。

唐玄宗天宝三载（744）敕令两京天下诸郡所铸自己的等身天尊像和等身佛像，之所以被后世误认为是玄宗御容（或真容、圣容）铜像，根本原因即在于，玄宗等身像与玄宗御容本来就十分相像，难以区分。所谓玄宗等身像即按照玄宗的实际身形大小（包括面部形象特征）等比例铸造的铜像，其与玄宗御容的区别仅仅在于：等身像是以天尊或佛陀的衣饰出现，而御容则饰以皇帝衮冕。目前仅存的两例保留有具体形制描述的所谓"玄宗真容"和"明皇御容"，均可通过形制分析，分别还原为玄宗等身佛像和等身天尊像。由此亦可证明，文献中所谓"玄宗御容"实即玄宗等身像。

本文的讨论已将大多数所谓"玄宗御容铜像"还原为玄宗等身天尊像或等身佛像，那么，此前的学者或认为这些铜像就是玄宗御容，或认为玄宗曾规定开元观、寺"皆供奉玄宗的圣容或铸造等身天尊、佛像"，原因何在？

原因之一，是受到文献中对这些铜像性质描述的干扰，而并未对这些描述进行溯源。如上所述，即使在几种有可信唐代史源的文献中，大多也称这些铜像为"玄宗真容（或圣容）"，在成书于宋代的文献更是如此。如果对其进行考证复原，至少沿革可考的玄宗铜像均可被还原为玄宗等身像，其在唐代的供奉地点亦可还原为开元观和开元寺。据此即可发现这些"玄宗铜像"实即玄宗等身像的端倪。

原因之二，可能是所据文献的记述体例。上表所列绝大多数文献都是唐代以后成书，其体例有两种：其一，对沿革可考的寺、观和玄宗铜像，会追溯其唐代或更早时期的寺、观名及铜像渊源，这种情况所占比例较小；其二，对沿革不可考的寺、观和玄宗铜像，自然只能记述其在宋代的寺、观名及宋人对铜像的认识，这种情况占绝大多数。这就限制了此前学者对玄宗等身天尊像和等身佛像最初供奉地点的追溯及其性质的判断。

此外，还有一个问题需要在此略作讨论：玄宗何以要在天宝三载（744）敕令天下诸郡于开元观和开元寺铸造自己的等身天尊像和等身佛像？那波利贞先生认为，这是玄宗君主权力加强之后的表现。[1] 陆永峰先生也认为，此举是开天时期玄宗个人自信膨胀的结果。[2] 肥田路美先生则别出心裁，认为玄宗是为天下诸州的千秋节祝寿方便而铸造。[3] 观肥田先

---

[1] 那波利贞：《唐代社会文化史研究》，第49—53页。
[2] 陆永峰：《中土等身佛述论》，第157—160页。
[3] 肥田路美：《唐代皇帝肖像雕刻的意义与制作意图的一个侧面——特别着眼于比拟佛像的皇帝像》，第179—180页。千秋节即玄宗生日，设立于开元十七年，天宝二年改为天长节。参见《唐会要》卷29《节日》，第631页。

生所引史料可知，她既受到史料记载的误导，又对史料的解读存在偏差。她先引《佛祖统纪》云："（开元）二十七年敕天下僧道，遇国忌就龙兴寺行道散斋，千秋节祝寿就开元寺。"① 又节引《唐会要》所载开元二十七年（739）五月二十八日敕云："千秋节及三元，行道散斋，宜就开元观寺。"② 其实，《佛祖统纪》中的上述敕令正是志磐对《唐会要》敕令原文的曲解。肥田先生又被志磐的曲解所误导，导致其对《唐会要》所载敕令内容的理解也出现了偏差。

《唐会要》所载此条敕令的完整原文及其正确标点应是："（开元）二十七年五月二十八日，敕：祠部奏，诸州县行道散斋观、寺，准式，以同、华等八十一州郭下僧尼道士女冠等，国忌日各就龙兴寺、观行道散斋，复请改就开元观、寺。敕旨：京兆、河南府，宜依旧观、寺为定，唯千秋节及三元行道设斋，宜就开元观、寺。余依。"③ 其实，玄宗敕旨中所谓"唯千秋节及三元行道设斋，宜就开元观、寺"一句，乃是针对京兆、河南两府而言；"余依"才是对祠部奏请的答复，即同意将同、华等81州的国忌行香地点由此前的龙兴寺、观转移至开元二十六年（738）新设立的开元官观、官寺。肥田先生既对此段文字的内容解读有误，则其关于玄宗于天下诸郡开元观、寺铸造自己等身天尊像和等身佛像是为了方便地方官千秋节祝寿的解释自然也就难以成立。

至于唐玄宗铸造自己等身天尊像和等身佛像的动机，还是应该回到等身像本身来考察。等身像的本质意义即在于偶像崇拜，在于玄宗意欲将自己比拟为天尊和佛陀，故而才会用金铜铸造以天尊和佛陀形象示人的自己的等身像，分别送天下诸郡开元观、寺供养。若从这个角度出发，就会倾向于认同那波利贞和陆永峰两位先生在讨论玄宗等身像时的判断，即此举可能确实与玄宗君主集权的加强以及个人自信的膨胀有关。否则，便无法理解玄宗将自己比拟为天尊和佛陀的想法和行为。

---

① 释志磐：《佛祖统纪》卷40《法运通塞志第十七之七·玄宗》，《大正藏》第49册，第375页。该书此处只提及龙兴寺和开元寺，而未提及同名之龙兴观和开元观，属于佛教文献中常见的对道教相关记载的"有意识地忽略"。
② 肥田路美：《唐代皇帝肖像雕刻的意义与制作意图的一个侧面——特别着眼于比拟佛像的皇帝像》，第179页。那波利贞先生亦如此节引，见氏著《唐代社会文化史研究》，第33页。
③ 王溥：《唐会要》卷50《杂记》，第1030页。

附录三　开元寺兴致传说演变研究

关于唐玄宗开元官寺的设立缘起，传世文献中只有《唐会要》中的两种记载。敦煌遗书 S.3728V《大唐玄宗皇帝问胜光法师而造开元寺》则为我们提供了一种新的说法，也为讨论唐玄宗开元官寺的设立缘由问题提供了新的线索。该遗书记载了唐玄宗因宣问胜光法师佛的恩德而归信佛教，遂敕令天下诸州建立开元寺。马德先生曾撰文加以讨论，并认为此遗书当指开元二十六年（738）唐玄宗敕令天下诸州设立开元寺一事，并在此基础上分析了唐玄宗与佛教的关系。[①] 然笔者研究发现，该遗书所记之事可能并非史实，而是依傍开元二十六年（738）开元官寺的设立而生的一则传说。这则传说直到南宋末年和金元时期仍有流传，且文本内容前后变化较大。本文拟在前人研究的基础上，通过比勘该遗书所记之事与相关史事，确定其并非史实而仅是一则传说；然后通过对传说文本的考证和分析，梳理传说文本产生、发展和演变的过程，并尝试解释传说文本变化的原因。

一　唐五代：现存传说的最早记录

敦煌遗书 S.3728V《大唐玄宗皇帝问胜光法师而造开元寺》（以下简称《造开元寺》）是目前所见较早涉及玄宗诏立开元官寺原因的文献，也是现存这一传说的最早记录。原文不长，全文转录如下：

  1 大唐玄宗皇帝问胜光法师而造开元寺

[①] 马德：《从一件敦煌遗书看唐玄宗与佛教的关系》，《敦煌学辑刊》1982 年第 3 期，第 73—75 页。

附录三　开元寺兴致传说演变研究　249

2 帝问：佛有何恩得（德?），致使人臣舍父舍君而师侍之?① 说若无凭，

3 朕当除灭。法师奏曰：我佛之恩，恩越天地，明过日月，亲过父母，

4 义极君臣。帝乃责之，天地日月，有造化之功，父母君

5 臣，兆民之本，何得将佛言其圣哉？再具分宣，不宜讹谬。法师

6 又奏曰：天但能盖而不能载，地但能载而不能盖；日则昼明

7 而夜不能朗，月则夜朗而昼不能明；父只能训诲，母只能

8 慈育；君王若圣，臣下尽忠；君若不圣，臣当矫佞。② 以此而推，

9 各具其一。我佛之恩，即不然矣。覆则四生普覆，载

10 即六道俱般（搬）；明则照耀乾坤，朗则光辉三友（有）；慈则

11 牢笼苦海，悲则济及幽冥；圣则众圣中尊，神则六通

12 自在。存亡皆普，贵残（贱）同遵③。伏望　　天恩，回心敬仰。

13 帝乃虔恭，谓法师曰：佛德实大，非师莫宣。朕今发愿，

14 永为　　佛之弟子。敕下：诸州府每州造寺一所，额号开

15 元，一任有力人造寺，以表　　朕之敬仰。④⑤

这段文字为敦煌遗书 S.3728 背面的前 15 行⑥。关于这件遗书的年代，马德先生认为，"从这个敦煌遗书的内容和墨迹分析鉴定，这个卷子为五

---

① 马德先生此句断为 "佛有何恩，得致使人臣舍父舍君而师侍之?"
② 马德先生认为 "臣当矫佞" 中 "矫" 字当作 "骄"，可备一说。按，作 "矫佞" 亦通，下文所引元代西安《大开元寺兴致》碑即作 "矫佞" 可证。
③ 马德先生此句断为 "贵残（贱），同遵。" 似乎不妥。
④ 马德先生末句录文为 "敕（天）下诸州府每州造寺一所，额号开元。一任有力，造寺以表，朕之敬仰。" 以为 "敕" 字下脱 "天" 字，可备一说。但此句断作 "一任有力，造寺以表，朕之敬仰"，似乎不妥。
⑤ 图版见《英藏敦煌文献》第 5 卷，四川人民出版社 1992 年版，第 153 页。法藏 P.4057（1）《诸州造开元寺敕》亦载有此段文字自 "训诲，（母）只能慈育" 以下至结尾的后半段，文字偶有异同。图版见《法藏敦煌西域文献》，第 31 卷，第 50 页。
⑥《大唐玄宗皇帝问胜光法师而造开元寺》之后，还抄写有终南山释道宣撰之《大唐开元录》和《集神州三宝感通录》的少量文字，以及《右街僧录大师押座文》、右街僧录圆鉴大师赐紫云辩述《押座文》等佛教文献。

代时书写。因为是抄件,其原文的成文年代应该更早一些(唐代),具体时间尚待进一步考证"。这一判断大致无误。因为该遗书正面为官文书"柴场司判凭五件",其中的"乙卯年"已被断代为后周显德二年(955)。①

唐代的文书档案,一般需在州县籍库中保留九年。②若五代时期敦煌归义军政权继续沿用这一制度,则至少从理论上讲,《大唐玄宗皇帝问胜光法师而造开元寺》部分应抄写于北宋乾德二年(964)之后,已经入宋。加之官文书流出后,由寺院收集整理并再抄写佛教文献需要一个过程,故其抄写时间应该更晚。至于该遗书抄写年代的下限,固难准确判断,但无疑应在敦煌石室封闭之前。③

笔者之所以怀疑《大唐玄宗皇帝问胜光法师而造开元寺》系出于传说而非史实,首先是因为遗书内容与传世文献所载的开元官寺设立情形完全不同。《唐会要》中保留了两条有关开元官寺设立的材料。《唐会要》卷四十八云:"天授元年十月二十九日,两京及天下诸州各置大云寺一所。至开元二十六年六月一日,并改为开元寺。"卷五十又云:"(开元)二十六年六月一日,敕每州各以郭下定形胜观、寺,改以开元为额。"关于这两种记载之间的关系,历来争议颇大。

笔者研究认为,《唐会要》卷四十八所载"至开元二十六年六月一日,(大云寺)并改为开元寺"之说并非史实,亦应非玄宗敕令原文。《唐会要》卷五十所载唐玄宗命诸州在郭下选择形胜观寺改额开元的敕令,在全国范围内均得到了有效执行,且敕令中"郭下"和"形胜"两个标准均得到地方官的遵循。唐玄宗开元官寺敕令的意义,恰恰在于通过接续唐代此前官寺设立中观、寺并立的传统,维护道教在唐代的国教地位。④相较而言,《大唐玄宗皇帝问胜光法师而造开元寺》所云因玄宗归信佛教而诏建

---

① 唐耕耦、陆宏基:《敦煌社会经济文献真迹释录》第3辑,全国图书馆文献缩微复制中心,1990年版,第618页。
② 荣新江:《敦煌学十八讲》第十七讲"敦煌写本学",北京大学出版社2001年版,第350页。
③ 关于敦煌石室封闭的时间和原因,历来众说纷纭,形成了"遗弃说""避难说""图书馆说""末法说"等多种观点。笔者更倾向于接受方广锠先生的观点。详参方广锠《敦煌藏经洞封闭原因之我见》,《中国社会科学》1991年第5期,完整版后收入氏著《方广锠敦煌遗书散论》,上海古籍出版社2011年版,第1—27页;方广锠《敦煌藏经洞封闭年代之我见——兼论"敦煌遗书"与"藏经洞遗书"之界定》,收入氏著《方广锠敦煌遗书散论》,第28—50页。
④ 详参拙文《唐玄宗开元官寺敕令的执行及其意义》,《华东师范大学学报》(哲学社会科学版)2019年第1期。

开元寺的说法，显然只能理解为佛教徒一厢情愿的想象。

这也可从玄宗开元年间的佛教政策中得到印证。开元二年（714），唐玄宗接受姚崇的建议整肃佛教，还俗伪滥僧尼二万余人，不久又下令僧尼致拜父母。① 同年，禁止私造寺观。② 十二年（724），僧尼试经，年六十以下不过者勒令还俗；十七年（729），整顿僧尼旧籍；二十一年（733），重申僧尼致拜君亲之令。③ 同时，禁止私度僧尼及僧尼私住兰若。④ 二十八年（740），敕令还俗私度僧尼。⑤ 这些政策抑制佛教的意图十分明显，显然不能认为十分友好。虽然玄宗曾在开元二十三年（735）御注《金刚经》并颁行天下寺院宣讲⑥，但他早在开元十年（722）和二十年（732）就分别御注《孝经》和《道德经》，故御注《金刚经》只能理解为玄宗调和三教以利于国家的政治策略之一，而非其归信佛教的表现。在这种背景下，出现唐玄宗因胜光法师的一段得体应答就归信佛教并敕令天下诸州各建开元寺的文字确实令人难以置信。

还有一个细节值得注意，即《大唐玄宗皇帝问胜光法师而造开元寺》所载敕令内容为"诸州府每州造寺一所，额号开元。一任有力人造寺"。而前引《唐会要》卷50唐玄宗敕令则明载天下诸州开元寺的设立方式为将原有寺院改名，而非新造。这不仅符合唐玄宗开元朝的佛教政策，而且也是唐代诸州设立开元寺的一般程式，即由原有寺院改额。⑦ 而开元寺作为官寺，更不可能"一任有力人造寺"。⑧

胜光法师无疑是《大唐玄宗皇帝问胜光法师而造开元寺》中的关键人物。但笔者遍检唐代佛教史传文献，却未发现其任何踪迹。其中玄宗的第一问相当严厉，"说若无凭，朕当除灭"。胜光法师因为应对得当，不仅使佛教免于可能被"除灭"的又一次法难，而且还顺利使玄宗归信，并下敕令天下诸州各造开元寺一所。对于这样一位护法英雄和为佛

---

① 刘昫等撰：《旧唐书》卷8《玄宗本纪上》，中华书局1975年版，第172页。
② 王钦若等编：《册府元龟》卷63《帝王部·发号令二》，中华书局1960年版，第707页。
③ 王钦若等编：《册府元龟》卷60《帝王部·立制度一》，第671—672页。
④ 宋敏求编：《唐大诏令集》卷113《不许私度僧尼及住兰若敕》，中华书局2008年版，第588—589页。
⑤ 王钦若等编：《册府元龟》卷63《帝王部·发号令二》，第711页。
⑥ 衣川贤次：《唐玄宗〈御注金刚般若经〉的复原与研究》，项楚、郑阿财主编《新世纪敦煌学论集》，巴蜀书社2003年版，第114—125页。
⑦ 李昉等编：《文苑英华》卷860李华《杭州开元寺新塔碑》，中华书局1966年版，第4538页；李昉等编：《文苑英华》卷863封演《魏州开元寺新建三门楼碑》，第4553—4555页。
⑧ 此点观现存《开元寺碑》可知其碑文之末所列名者皆为州县官员与地方僧界代表，并无地方"有力人"（豪强富室）可知。

教赢得莫大功德的高僧,在现存的唐代僧俗文献中未见记载,是无法解释的。若果有胜光法师其人其事,传世文献尤其是佛教文献中必定会大书特书,自无须待封存近千年后才从敦煌石室遗书中方为后人所知。据此可知,胜光法师当是一位子虚乌有的高僧,相关内容也只能被理解为一则传说。

马德先生曾推测,《大唐玄宗皇帝问胜光法师而造开元寺》的成文年代可能在唐代,但并未进行具体讨论。笔者以为,遗书中一些与唐代观念和制度的符合之处或可为证。观念层面,最典型者莫过于遗书中三处提到君父先后顺序时,无一例外都是父先君后,即"致使人臣舍父舍君而师侍之""我佛之恩,……亲过父母,义极君臣"和"父母君臣,兆民之本"。因为在唐代士大夫的忠孝观念中往往更重视孝。① 这一观念在唐五代时期的敦煌民间仍然流行。敦煌写本《太公家教》中就颇有体现。② 文书制度层面,如祈求皇帝时的"伏望天恩"③,敕令中表示天下各州的"诸州府"④,都是唐代公文中的常见用语。这些内容似可说明传说产生于唐代。

此外,按照遗书原文的格式,"帝"(第4行)、"我佛"(第9行)、"天恩"(第12行)、"佛"(第14行)和"朕"(第15行)等文字之前均有约两字的空格。"天恩"确为唐代法律要求的需要平阙的内容之一。⑤ 黄正建先生通过梳理墓志中的平阙用例,认为"佛"等"这些与佛教有关的平阙词汇不见于平阙式,在唐前期也不会有,反映了唐后期社会的一个显著特点"。⑥ 据此,似可知该遗书在抄写时仍较好地保留了唐后期的基本格式和面貌。

至于该传说产生的具体时间和背景,还需要分析其动机。细绎传说全

---

① 朱海:《唐代忠孝问题探讨——以官僚士大夫阶层为中心》,《武汉大学学报》(人文科学版)第53卷第3期。详参朱海《唐代忠孝问题研究》,博士学位论文,武汉大学,2002年。
② 陈一风:《孝经注疏研究》,四川大学出版社2007年版,第39页。
③ 圆照集:《代宗朝赠司空大辨正广智三藏和上表制集》卷2《请台山五寺度人抽僧制一首》有"伏望天恩,赐书一额,永光来叶"等语,《大正藏》第52册,第835页。
④ 王溥:《唐会要》卷48宣宗大中五年正月诏令有"今诸州府寺宇新添,功悉未毕"等语,上海古籍出版社1991年版,第1000—1001页。
⑤ 关于唐代平阙式的最新研究,详参冈野诚《有关唐代平阙式的一个考察(上)——以对敦煌写本〈唐天宝职官表〉的检讨为中心》,赵晶译,徐世虹主编《中国古代法律文献研究》第11辑,第2017年12月;冈野诚《有关唐代平阙式的一个考察(下)——以对敦煌写本〈唐天宝职官表〉的检讨为中心》,赵晶译,徐世虹主编《中国古代法律文献研究》第12辑,第2018年12月。
⑥ 黄正建:《平阙与唐代社会政治》,氏著《走进日常:唐代社会生活考论》,中西书局2016年版,第309页。

文可知，其主要目的在于强调开元寺乃玄宗归信佛教后下敕统一建立，实际上是在强调开元寺系奉唐玄宗敕令而设，地位特殊且崇高。唐代曾先后四次设立佛教官寺，但在开元寺设立后，即使某些州府四所佛教官寺同时并存，也不意味着四所寺院同时拥有官寺地位，还存在着官寺地位的先后转移和取代问题。荣新江先生曾有论及。[①] 据"诸州府每州造寺一所，额号开元"一句，可知该传说应产生于开元二十六年（738）开元官寺设立之后。传说产生的具体地点虽无法确定，但考虑到开元官寺普设于天下诸州，而官寺地位的转移又是一个全国诸州普遍存在的问题，故笔者推测该传说可能产生于唐中期的中原内地。敦煌本传说亦应系由中原内地传入。这一推测当去史实不远，否则开元寺乃唐玄宗敕建官寺本身就是史实，根本无须再造传说来加以强调。

该传说在敦煌地区流传，则可能与敦煌开元寺当时的地位有关。开元寺作为唐代设立最晚的佛教官寺，理论上应是开元二十六年（738）以后地方诸州的唯一官寺（拥有官寺地位）。但实际情况是，敦煌地区先后设立的灵图寺、大云寺、龙兴寺和开元寺等四所官寺长期同时并存，且在敦煌的寺院体系中，开元寺的地位并不很高。研究表明，敦煌寺院中在经济上最富有的是净土寺[②]，而政治上则由龙兴寺长期垄断敦煌的僧政管理[③]。在这种情况下，开元寺兴致传说在敦煌的出现和流传似乎也就不难理解。

二 南宋：传说的拆分与改造

降至南宋，这一传说继续流行，并被释本觉纳入其编撰的编年体佛教通史《释氏通鉴》中，但同时又对传说进行了大幅的拆分和改造。《释氏通鉴》全称《历代编年释氏通鉴》，书前有南宋咸淳六年（1270）荐福寺沙门用错序，可知其成书于此前不久。又据天启丙寅年（1626）毕熙志序可知，此书在南宋以后流传不广，至明代中叶已很难见到，经毕熙志等人据宋本校订后重新刊刻出版。毕氏等人仅对原书进行了校订，应基本保留了宋本的原有文字。现存版本即毕熙志等人的校订本。为比勘方便，照录

---

① 荣新江：《盛唐长安与敦煌——从俄藏〈开元廿九年（741）授戒牒谈起〉》，《浙江大学学报》第 37 卷第 3 期，2007 年 5 月，第 15—25 页。又收入氏著《隋唐长安：性别、记忆及其他》，复旦大学出版社 2010 年版，第 89—106 页。
② 谢和耐：《中国 5—10 世纪寺院经济》，耿昇译，上海古籍出版社 2004 年版。
③ 陈大为：《敦煌龙兴寺与其他寺院的关系》，《敦煌学辑刊》2009 年第 1 期。

全文如下:

> 帝宣问左街僧录神光法师曰:佛于众生,有何恩德?致舍君亲妻子而师事之?说若有理,朕当建立。说若无理,朕当削除。奏曰:佛于众生,恩过天地,明逾日月,德重父母,义越君臣。帝曰:天地日月,具造化之功;父母君臣,具生成之德。何以言佛并过此乎?光曰:天能盖不能载,地能载不能盖。日则照昼不照夜,月则照夜不照昼。父只能生不能养,母只能养不能生。君有道则臣忠,君无道则臣佞。以此而推,德则不全。佛于众生,恩则不尔。言盖则四生普覆,论载则六道俱承。论明则照耀十方,论明(朗?)则光辉三有。论慈则提拔苦海,论悲则度脱幽冥。论圣则众圣中王,论神则六通自在。所以存亡普救,贵贱皆携。唯愿陛下,回心敬仰。帝悦,曰:佛恩如此,非师宣说。朕愿回心,生生敬仰。①

比勘敦煌《大唐玄宗皇帝问胜光法师而造开元寺》文字,可知两文的主体内容基本一致,但《释氏通鉴》的文字更为精练和工整。如"天能盖不能载,地能载不能盖"分别省去了"但"和"而"两字,更为精练;"言盖则四生普覆"以下八句则分别在原句前加"言"或"论"字以补足文气,更为工整。故可推测这段文字应出于前引《大唐玄宗皇帝问胜光法师而造开元寺》传说,或其同源传说。其中最大的变化,莫过于《释氏通鉴》将此段引文系于开元二年(714),而且缺少了玄宗归信佛教后下诏诸州各造开元寺的几句。但释本觉并未将这几句删去,而是将其系于开元二十六年(738)。《释氏通鉴》同卷戊寅(开元二十六年)条下记载了开元寺的修建:"诏天下州郡,各建一大寺,以纪年为号,曰开元寺。"②

至此,可知《释氏通鉴》系将前引《大唐玄宗皇帝问胜光法师而造开元寺》传说或其同源传说一分为二:一为玄宗与神光法师的对话,系于开元二年(714);一为玄宗下诏天下州郡各建开元寺,系于开元二十六年(738)。另外,是将胜光法师改名为神光法师,并委以左街僧录的高级僧官。此外还对部分文句作了符合南宋时代观念的细微改动。

之所以认定是释本觉将原有传说一分为二,而非别有所据。最重要的证据来自文本本身。正如《释氏通鉴》所云,玄宗最初表示,"说若有理,

---

① 释本觉:《历代编年释氏通鉴》卷9,《卍续藏经》第131册,第929—930页。
② 同上书,第935页。

朕当建立；说若无理，朕当削除"，但在神光法师进行了有理有据的回答之后，唐玄宗却仅以"佛恩如此，非师宣说。朕愿回心，生生敬仰"来搪塞，只字不提之前答应过的"建立"之诺。这应是释本觉在改造传说时只顾快刀斩乱麻地将其一分为二，而未能留心细节所致。故而才会留下"佛恩如此，非师宣说"这样的病句。按，此句当系由《大唐玄宗皇帝问胜光法师而造开元寺》传说或其同源传说中的"佛德实大，非师莫宣"一句改造而来，但不慎改变原文句意，造成文义不通。此句的改造至少有两种选择：其一，如上引敦煌传说，作"佛恩如此，非师莫宣"，以双重否定加以强调；其二，如下引《开元寺兴致》碑，作"佛恩如此，非师宣说，朕岂知耶"，加反问句增强语气。但释本觉并未如此细心，由此亦可见其在改造传说时的草率。

释本觉之所以将玄宗下诏建开元寺部分系于开元二十六年（738），而非其他年份，当与其编撰《释氏通鉴》时积累的丰富材料有关。作为一部编年体佛教通史的作者，释本觉为编撰该书曾参考百余种文献。其中自然会涉及玄宗开元二十六年（738）敕令设立开元官寺的资料，也就很容易发现这一传说的不实。否则也无法直接将此事系于开元二十六年（738）。即便如此，传说的痕迹仍然明显。如上所引，《释氏通鉴》开元二十六年（738）玄宗诏立开元寺的文字为"诏天下州郡，各建一大寺，以纪年为号，曰开元寺"。仍是在强调新建，而非如上引《唐会要》卷50所云将郭下形胜寺院改额开元寺。此点却与《大唐玄宗皇帝问胜光法师而造开元寺》传说所云"诸州府每州造寺一所，额号开元"十分一致。但两者之间并非完全的因袭关系。敦煌本《大唐玄宗皇帝问胜光法师而造开元寺》传说中的"诸州府"，至《释氏通鉴》则表述为"天下州郡"，这当然是释本觉改造的结果，只是不幸又留下了破绽。上节已经论及，"诸州府"是唐代公文中的常用术语，"天下州郡"四字则是宋人对唐代行政区划制度的误解，应是在传说改造过程中的无意改写。唐代改州为郡始于天宝元年（742）[①]，州郡并称应在此后。开元二十六年（738）的唐代不应有此"州郡"连称。释本觉在500余年后的南宋末年，产生这样的误解自不足怪。

从文献来源来看，释本觉所据资料来自《大唐玄宗皇帝问胜光法师而造开元寺》传说或其同源传说的可能性最大。释本觉为编撰《释氏通鉴》曾"旁求广索"，该书前所列参考书目可以证实此点：共引用佛书59种，

---

① 刘昫等撰：《旧唐书》卷9《玄宗本纪下》，中华书局1975年版，第215页；欧阳修等撰：《新唐书》卷5《玄宗本纪》，中华书局1975年版，第143页。

儒书44种，道书3种。该书的一大特色，正是大多数文字下注明史料出处。① 而前引玄宗与神光法师对话一段却并未注明。这当然有两种可能，一是《释氏通鉴》原书有，在明代校订时脱去；二是原书本来就未注明此段对话的史料出处。就现有材料来看，不得不认为后一种可能性要大得多。天启六年（1626）重新校订时所据既为宋本，则校订时脱去此段文献出处的可能性极小。另外从文字相似度来看，《释氏通鉴》此段文字应来自上引《大唐玄宗皇帝问胜光法师而造开元寺》传说或其同源传说。如上节所论，S.3728V《大唐玄宗皇帝问胜光法师而造开元寺》传说应系由唐代内地传入敦煌，且其原本就未注明史料来源，《释氏通鉴》自然也就无从生造。

释本觉之所以将胜光法师改名为神光法师，并给予其左街僧录的僧官头衔。当是为与旧有传说有所区别，并增加其可信度。殊不知这样的改造又留下了纰漏。神光法师同样无考，故并不能增加传说的可信度。更重要的是，左街僧录这一僧官最早设立于唐宪宗元和元年（806）或二年（807）②，上距开元二年（714）的"宣问"之事90余年。唐玄宗如何能够宣问90余年后方才设立的僧官左街僧录神光法师呢？

当然，在改造传说的过程中自然也会有意无意地掺入宋人的时代观念。如玄宗首问神光"佛于众生，有何恩德？致舍君亲妻子而师侍之"。此句在敦煌本传说中尚作"致使人臣舍父舍君而师侍之"，这一君亲/君父观念的变化，应是唐宋之间忠孝观念发生转折的反映③，可以肯定非原传说所有④。而"君有道则臣忠，君无道则臣佞"一句，无疑是对"君王若圣，臣下尽忠；君若不圣，臣当矫佞"的改写，似乎亦可用唐宋之间观念的发展来解释。君主贤明与否的标准从"圣/不圣"到"有道/无道"的转变，似可为证。"道"是宋代理学家特别强调的一个概念术语，有道与无道遂成为判断君主贤明与否的主要标准。释本觉身处南宋末年，自然也难逃这些时代观念的影响，有意无意之间已将这些观念加入其传说

---

① 陈士强：《〈释氏通鉴〉料简》，《法音》1988年第12期。
② 释志磐：《佛祖统纪》卷四十一云在元和元年，《释氏通鉴》卷七与《释氏稽古略》卷三云在元和二年。谢重光、白文固以为当以元和二年为是，参见其《中国僧官制度史》，青海人民出版社1990年版，第118—119页。
③ 详参朱海《唐代忠孝问题探讨——以官僚士大夫阶层为中心》，《武汉大学学报》（人文科学版）第53卷第3期，2000年5月。
④ 《释氏通鉴》本传说中还有两处提到君父先后顺序时仍保持君先父后未变，即"德重父母，义越君臣"和"父母君臣，具生成之德"，这两处应是本觉在改造时未能统一所致。这种前后不一致的情况在本觉的改造中已有先例，并不足怪。

改造中了。

三 元代：传说的继续层累

降至元代，这一传说继续流行。其保存载体为延祐六年（1319）奉元路（今西安）的《大开元寺兴致》碑。碑分为上下两截刻，上刻长安窦恭画玄宗与胜光法师对坐论佛功德图，下刻文二十行，满行二十七字。原碑现存西安碑林博物馆。以下录文系以《陕西金石志》① 录文为基础，对照原碑拓片②修订而成。为明传说演变，兹照录碑文全文如下：

  1 大开元寺兴致
  2 唐开元二十八年正月二十八日于延庆殿建③金刚道场之次，
  3 玄宗皇帝问胜光法师曰：佛于众生，有何恩德？至使舍君臣父母④而敬
  4 于佛。说若有据，朕当归敬，说若无据，朕当除灭。法师答曰：佛于众生，恩
  5 越天地，明逾日月，义极君臣，亲过父母。玄宗再问：天地日月，造化之
  6 功，父母君臣，兆民之本。何将佛德胜于此耶？法师答曰：天能盖不能载，
  7 地能载不能盖，日则昼明夜暗，月则夜朗⑤昼昧。君臣之恩，君王若圣，臣
  8 下尽忠，君若不明，臣当矫佞。父母之恩，父能慈训，母能慈育。以理⑥推之，

---

① 武树善：《陕西金石志三十卷附补遗二卷》卷28，《石刻史料新编》第1辑第22册，新文丰出版公司1982年版，第16768页下栏。
② 北京图书馆金石组：《北京图书馆藏中国历代石刻拓本汇编》，中州古籍出版社1989年版，册49，第70页。
③ 《陕西金石志》脱"建"字。
④ 《陕西金石志》作"子"。
⑤ 《陕西金石志》作"明"。
⑥ 《陕西金石志》作"礼"。

9 各具一德①。佛则不然，盖则四生普覆②，载则六道俱搬，明则照耀乾坤，朗

10 则光辉三有，神则众圣中尊，慈则捞笼苦海，悲则拔济幽冥，存亡普益，

11 贵贱同遵，以理③推之，佛恩实大。玄宗皇帝起立虔恭，谓法师曰：佛恩

12 实大④，非师宣说，朕岂知耶？自今已⑤后，誓为佛之弟子。可于天下州府各

13 置开元寺一所，表朕归佛之本意。遂赐法师御茶一角，金银净瓶各一

14 对，无上□偈一首：三界犹如旋火轮，百千万劫历微尘。

15 此身不向今时度，更待何时度此身？

16 此文贞祐⑥四年九月初二日弘教大师赐紫僧澄润书于

17 开元皇帝祠壁。必有所据，未暇探讨。虑岁月浸久，渐致泯灭，故移

18 之贞石，庶后之来者，有以见夫寺之由致焉□。

19 大元延祐六年岁次己未正月 日戒坛住⑦持沙门圆觉、提点义湛、院主义深等上石

20 （以下为此碑捐施人姓名，今从略）

对照此碑录文与前引敦煌遗书 S.3728V《大唐玄宗皇帝问胜光法师而造开元寺》和《释氏通鉴》所载可知，元代西安《大开元寺兴致》碑与敦煌本《造开元寺》传说之间的继承关系更为明显。首先，"胜光法师"作为人名因袭未改；其次，玄宗与胜光法师的对话基本保留未变。但同时又增加了许多细节，如玄宗宣问胜光法师的具体时间、地点、下敕置开元寺以后的系列赏赐以及碑文来源。

据碑文来源可知，其主体部分系照录自金贞祐四年（1216）九月初二

---

① 《陕西金石志》作"得"。
② 《陕西金石志》作"庆（慶）"。
③ 《陕西金石志》作"礼"。
④ 《陕西金石志》脱"大"字。
⑤ 《陕西金石志》作"以"。
⑥ 《陕西金石志》作"佑"。
⑦ 《陕西金石志》作"主"。

日弘教大师赐紫僧澄润书于开元皇帝祠壁的原文，因"虑岁月浸久，渐致泯灭"，故"移之贞石"，目的在于"庶后之来者有以见夫寺之由致"。尽管"弘教大师赐紫僧澄润"无考，但丝毫不影响我们对该传说元代以前广泛流传北方的判断。因为《大开元寺兴致》碑不可能空穴来风，自然应是"必有所据"，且很可能所据正是僧澄润所书原文。

关于碑文新增的玄宗宣问胜光法师的时间，碑文所记为"开元二十八年正月二十八日"，而上所引《唐会要》卷50玄宗敕立开元寺的时间为"开元二十六年六月一日"，两者相距一年半，殊无可能。或以为开元二十八年之"八"乃系"六"之讹误，这种可能似乎无法排除。但即使碑文讹"六"为"八"，其中所记月日亦与敕令不符。

作为宣问地点的"延庆殿"亦属杜撰。宋敏求《长安志》备载长安宫殿，而无延庆殿之名。《河南志》附图中延庆殿位于洛阳洛城西门内北侧，实为偏居洛阳宫城西南隅的一座小殿。① 徐松《唐两京城坊考》认为延庆殿之名不确，已据《禁扁》改为德昌殿。②

即使唐玄宗宣问胜光法师之所为洛阳延庆殿之说可以成立，开元二十八年（740）正月时玄宗也不在东都。据两《唐书》玄宗本纪，开元二十八年（740）正月，只记玄宗"幸温泉宫"，并无巡幸东都之行。③ 即使是可能讹误的"开元二十六年"正月，玄宗亦无东幸洛阳之事。④ 至此可证，元代《大开元寺兴致》碑所增加的细节大多属于杜撰，显然是对原传说的又一次层累。

碑文中所增内容尚有唐玄宗归信佛教后对胜光法师的系列赏赐，此固无法证伪，可推想亦是为增加传说的可信度而有意增饰。

在增饰细节的同时，《大开元寺兴致》碑也对原传说的文字进行了部分压缩，较为明显的有两处：其一是将《大唐玄宗皇帝问胜光法师而造开元寺》传说中的"我佛之恩，即不然矣"两句八字压缩为"佛则不然"一句四字。其二是将原传说中的"圣则众圣中尊，神则六通自在"两句十二字压缩为"神则众圣中尊"一句六字。前者无关紧要，可略而不谈。后

---

① 徐松辑，高敏点校：《河南志》附《庄璟摹本河南府古迹图·唐东都城图》，中华书局1994年版，第200页。
② 徐松：《唐两京城坊考》卷5，中华书局1985年版，第136页。
③ 刘昫等撰：《旧唐书》卷9《玄宗本纪下》，第212页；欧阳修等撰：《新唐书》卷5《玄宗本纪》，第141页。
④ 刘昫等撰：《旧唐书》卷9《玄宗本纪下》，第209页；欧阳修等撰：《新唐书》卷5《玄宗本纪》，第140页。

者则系将原文中"覆则四生普覆，载则六道俱般（搬），明则照耀乾坤，朗则光辉三友（有），慈则牢笼苦海，悲则济及幽冥，圣则众圣中尊，神则六通自在"，两两工整对仗的八句压缩为不能对仗的七句，即"盖则四生普覆，载则六道俱搬，明则照耀乾坤，朗则光辉三有，神则众圣中尊，慈则牢笼苦海，悲则拔济幽冥"，而且对原文语序进行了调整，使原文面貌大为改变，文意也难以贯通。

若碑文内容确系"此文贞祐四年九月初二日弘教大师赐紫僧澄润书于开元皇帝祠壁"，则可知在金代末年开元寺兴致传说在北方地区的已经广为流传。

金代的"弘教大师赐紫僧澄润"虽无考，但延祐六年（1319）负责将澄润所书文字上石的"戒坛主持沙门圆觉"则有迹可循。圆觉曾撰有《华严原人论解》，并在三年后的至治四年（1322）自署"长安大开元寺讲经论沙门圆觉"。[①] 可知此圆觉应即《大开元寺兴致》碑文中的"戒坛住持沙门圆觉"。据此可知，《大开元寺兴致》碑之碑额确有所本，而"大开元寺"亦应是元代奉元路开元寺的官方寺额。

四　小结

敦煌遗书 S.3728V《大唐玄宗皇帝问胜光法师而造开元寺》所记并非史实，而是佛教徒依傍唐玄宗开元官寺的设立而创造的一则传说，旨在强调开元官寺之地位的特殊和崇高，突出其重要性。开元寺兴致传说应产生于开元官寺设立之后的中原内地，其背景可能与诸州官寺地位由龙兴寺向开元寺的转移有关。

南宋末年，该传说被释本觉纳入其编年体佛教通史《释氏通鉴》之中，并对其进行了拆分和改造。释本觉将胜光法师改名为神光，并委以"左街僧录"之职；又将原有传说拆分为玄宗问神光法师佛之功德和诏令天下州郡各建开元寺两部分，并将其分别系于开元二年（714）和开元二十六年（738）。这应是本觉在编撰《释氏通鉴》时已发现原传说的不足信，故将其一分为二，以掩人耳目，但改造痕迹仍然明显。同时，又无意中地加入了一些宋人的时代观念。

[①] 圆觉：《华严原人论解》，《大正藏》第58册，第1032号。该书序文作于"时至治壬戌四月既望叙于京师万安之东轩"，至治壬戌即至治四年（1322），序文作于大都万安寺。

金元时期，这一传说继续在北方流传。奉元路（今西安）《大开元寺兴致》碑的碑文在继承敦煌本《大唐玄宗皇帝问胜光法师而造开元寺》传说或其同源传说主体部分的同时，又增加了许多细节。这些细节大多与史实不符，杜撰痕迹明显。该碑之末明确记载碑文源于金代贞祐四年（1216）"弘教大师赐紫僧澄润书于开元皇帝祠壁"的原文。从贞祐四年（1216）僧澄润将开元寺兴致传说书于开元皇帝祠壁，至延祐六年（1319）传说被刊刻成碑，该传说在金元时期北方的流传情况可知。

开元寺兴致传说在南宋末的改造虽未与具体开元寺发生联系，但《释氏通鉴》的成书地点却值得注意。从作者自署"括山一庵释本觉编集"来看，此书撰成于括苍山，即今浙南山区。故可推知开元寺兴致传说在南方流传甚广。元代西安《大开元寺兴致》碑及其所记碑文来源，均可证明元代以前该传说在北方的广泛流传。

开元寺兴致传说在南宋、金、元时期全国范围内的广泛流传，则可能与唐亡以后诸州之开元寺不再具有官寺地位、在当州寺院体系中的地位骤降有关，故需借助传说来抬高开元寺的地位。

附录四　敦煌写经题记中的唐长安佛教影像[①]

敦煌莫高窟藏经洞出土的大量写本佛经中，相当部分附有写经题记。这些写经题记数量巨大且内容丰富，为后世学者研究唐代佛教文化提供了难得的资料。1961年，藤枝晃先生对敦煌出土长安宫廷写经的经典研究，核心资料就是大量写经题记。[②] 赵和平先生关注的武则天为已逝父母的写经发愿文，实即写经题记。[③] 近年来，敦煌写经题记的学术价值日益受到学界关注，甚至出现了以敦煌写经题记为研究对象的博士学位论文。[④]

关于长安与敦煌佛教文化交流的研究，杨富学和王书庆先生从敦煌文献所见沙州向长安乞经、敦煌发现的长安佛事斋文、《谒法门寺真身五十韵》及《天台五义分门图》之流入敦煌、入敦煌的其他长安法物、政府对敦煌佛教的管理五个方面，宏观、全面地梳理了唐代长安与敦煌佛教文化之间的关系。[⑤] 荣新江先生则从沙州归义军对唐朝复兴佛法的贡献、法门寺真身信仰的西渐和影响两方面，系统讨论了唐代法门寺与敦煌的关系。[⑥] 荣先生又通过俄藏开元二十九年（741）受戒牒相关史实的考释，指出长

[①] 本文的初稿曾提交"长安与敦煌"学术研讨会（2016年5月13—14日，敦煌研究院）交流讨论，先后得到沙武田、陈志远、葛洲子诸位师友的指正，特致谢忱！

[②] 藤枝晃：《敦煌出土の長安宮廷寫經》，《仏教史学論集：塚本博士頌寿記念》，塚本博士頌寿記念会，1961年，第647—667页。

[③] 赵和平：《武则天为已逝父母写经发愿文及相关敦煌写卷综合研究》，《敦煌学辑刊》2006年第3期，总第53期，第1—22页；赵和平：《俄藏三件敦煌宫廷写经初步研究》，《敦煌研究》2013年第3期。

[④] 魏郭辉：《敦煌写本佛经题记研究——以唐宋写经为中心》，博士学位论文，兰州大学，2009年。

[⑤] 杨富学、王书庆：《唐代长安与敦煌佛教文化之关系》，韩金科主编《1998法门寺唐文化国际学术讨论会论文集》，陕西人民出版社2001年。

[⑥] 荣新江：《法门寺与敦煌》，韩金科主编《1998法门寺文化国际学术讨论会论文集》，陕西人民出版社2001年。改定稿收入氏著《敦煌学新论》，甘肃教育出版社2002年版，第29—51页。

安大安国寺高僧释道建受命至沙州主持受戒仪式，并宣讲玄宗御注《金刚经》及《法华经》《梵网经》的史实，精彩地讨论了长安佛教文化对敦煌的影响。①

此前已有学者利用敦煌写经题记来考察敦煌与内地之间的佛教文化交流，但考察内容多限于佛教经疏的流通。② 其实，敦煌写经题记的内容远较此丰富，往往包含许多不见于传世文献记载的历史事实。本文拟通过考释 S. 2551《药师本愿经疏》"慧观题记"、S. 4000《佛说智慧海藏经卷下》"中京延兴寺沙门常会题记"、台北"中央图书馆"藏敦煌遗书《净名经集解关中疏卷上》"龙兴寺僧明真题记"中的相关史事，揭示其中所包含的不同时期长安佛教界的某些动向、传统和细节，并尝试通过探究这些动向、传统和细节，来还原敦煌写经题记中所见的唐长安佛教影像。

一 S. 2551《慧观题记》与永淳元年的长安佛教

敦煌遗书 S. 2551《药师本愿经疏》"慧观题记"云：

1 慧观昔因问道，得履京华。备践讲筵，
2 十有余载。遂逢永淳饥馁，杖锡旋
3 归。疑痼膏肓，罔知析滞。每玩味兹
4 典，常讽诵受持。然粗薄通，粗得文意。
5 不量闇短，辄述所闻。捃摭群□，□□
6 疏例。岂敢传诸学，私将（中缺）
7 批寻，时闻示过（下缺）③

据周叔迦先生研究，此疏系释慧观为隋达磨笈多译《佛说药师如来本

---

① 荣新江：《盛唐长安与敦煌——从俄藏〈开元廿九年（741）授戒牒〉谈起》，《浙江大学学报》（人文社会科学版）第 37 卷第 3 期（2007 年），第 15—25 页。
② 魏郭辉：《晚唐五代敦煌与四川佛教文化交流研究——以敦煌写经题记为中心》，《中华文化论坛》2014 年第 9 期。
③ 池田温编：《中国古代写本识语集录》，东京大学东洋文化研究所，大藏出版株式会社，1990 年版，第 254 页；敦煌研究院编：《敦煌遗书总目索引新编》，录文、标点略有不同，中华书局 2000 年版，第 78 页。今据郝春文主编《敦煌社会历史文献释录》第 1 辑，郝春文、宋雪春、董大学、王秀林编著《英藏敦煌社会历史文献释录》第 12 卷，社会科学文献出版社 2015 年版，第 293 页，略作修订。

愿经》所作疏释。释慧观事迹不详，为初唐《唯识》六大家之一，可能是玄奘法师弟子；另有《成唯识论》六卷，已佚。①

此前的研究，或关注该题记所见《药师本愿经》与唐代的药师信仰，如李小荣认为"该经是永淳（六八二——六八三）间或稍后的注疏。所疏经文，经比勘，是为隋译本《药师经》。慧观积十余年讲经之功，疏释该经，弘扬药师信仰真是不遗余力了"。② 或关注写经题记的分类，如魏郭辉认为"此段题记记录了僧人慧观传播佛法的经历"。③ 唯郑炳林、陈双印两位先生注意到其中的地理信息，认为慧观作为一位敦煌僧人，曾在京师长安游学问道。④

其实，李小荣、魏郭辉两位先生对该题记内容的解读并不准确。慧观的题记大致可以"杖锡旋归"为界，分为前后两部分。此前讲述慧观在京城求法问道十余年的经历，因遭遇"永淳饥馁"，不得不杖锡返乡。此后才是与《药师本愿经疏》相关的部分，讲述慧观因怀疑自己身患重病，然后才开始玩味、讽诵、受持此经，并为此经作疏。故所谓"备践讲筵，十有余载"，其实是慧观在京城长安"问道"即求法学习的经历，而非其"讲经"或"传播佛法"。另外，慧观注疏《药师本愿经》的因缘乃是其"疑瘤膏肓"即身染沉疴，希望讽诵受持此经而得病愈，而非其长期弘传此经。

需要特别注意的是，促使慧观放弃十余年在京城求法问道生涯并杖锡返回故里的原因，实为"永淳饥馁"。⑤ 周叔迦先生已注意及此，然并未展开讨论。⑥《新唐书》卷35《五行志》记载："永淳元年，关中及山南州二十六饥。京师人相食。"⑦ 慧观所谓"永淳饥馁"应即永淳元年京城长安

---

① 周叔迦：《周叔迦佛学论著全集》第5册《释家艺文提要》，中华书局2006年版，第2051—2052页（周叔迦先生还曾为慧观此疏进行补注）；周叔迦：《周叔迦佛学论著全集》第6册《云因法汇》，第2394—2421页。
② 李小荣：《论隋唐五代至宋初的药师信仰——以敦煌文献为中心》，《普门学报》第11期。
③ 魏郭辉：《敦煌写本佛经题记研究——以唐宋写经为中心》，博士学位论文，兰州大学，2009年。
④ 郑炳林、陈双印：《敦煌写本〈诸山圣迹志〉作者探究》，《敦煌研究》2015年第1期。其实，从题记内容判断，慧观有可能并非敦煌僧人，只是附有其题记的此卷《佛说药师如来本愿经疏》出土于藏经洞；若需论证慧观为敦煌僧人，尚需进一步的直接史料为证。
⑤ 关于永淳元年京畿地区大饥荒的详细研究，参见徐畅《唐永淳元年关辅灾荒的社会史考察——基于出土石刻文献的新证》，《中国社会历史评论》第21卷，天津古籍出版社2018年版，第94—108页。
⑥ 周叔迦：《周叔迦佛学论著全集》第5册《释家艺文提要》，第2051—2052页，并引《唐书·高宗纪》所载永淳元年"以年饥，罢朝会"为证。
⑦ 欧阳修等撰：《新唐书》卷35《五行志》，中华书局1975年版，第898页。

的大饥荒,然各种文献中关于此次饥荒的原因,则出入较大,共有旱灾、水灾和蝗灾三种说法。①

依据蝗灾与水灾、旱灾往往相伴而生的规律,可知此次"永淳饥馁"当非单一灾害,而是连环灾害所致。《旧唐书·高宗本纪》记载:"永淳元年正月乙未朔,以年饥,罢朝会,关内诸府兵令于邓、绥等州就谷。……六月,关中初雨,麦苗涝损。后旱,京兆、岐、陇螟蝗食苗并尽,加以民多疫疠,死者枕藉于路。诏所在官司埋瘗。……京师人相食,寇盗纵横。"②应是对此次"饥馁"原因较为可信的记载。

从朝廷采取的应对措施来看,主要有三项:其一,命关内诸府兵前往邓州、绥州等地就食,避免因饥荒发生士兵哗变;其二,随着饥荒的加重,同年四月,高宗、武后率文武百官就食洛阳,长安留太子监国;其三,命京畿地方父母官抚恤灾民,同时继续补种庄稼,以期有所收获、减缓灾情。③其中最值得注意的是,将关内所有府兵分别派至距长安九百、一千里之外的邓州、绥州等地就食。在这种情况下,朝廷虽无明令,但包括慧观在内的外地旅京求法问道僧,恐怕亦在被遣返之列。而此后慧观"疑痼膏肓"的原因,或许也与此次饥荒导致的营养不良及并发疾病有关。

"永淳饥馁"在当时的都城长安和京畿地区造成了"京师人相食""死者枕藉于路"的严重灾情,但在传世佛教文献中似乎并未留下相应记载,以致笔者无法评估此次大饥荒对当时长安佛教界产生的影响。敦煌遗书《历代法宝记》所载禅宗蜀地净众禅系无住禅师晚年与问道弟子的对话中,隐约透露出"永淳饥馁"留给佛教界的历史记忆:

> 又时有广庆师、悟幽师、道宴师、大智师,已上并是坚成禅师弟子,来至和上坐下。是时和上呷茶次,悟幽师向和上说:"呷茶三五碗,合眼坐,恰似壮士把一瘦人腰着,急腔腔地大好。"和上语悟幽师:"莫说闲言语!永淳年不喫泥傅饦?!"悟幽闻语失色。和上云:"阿师今将世间生灭心,测度禅,大痴愚。此是龙象蹴踏,非驴所

---

① 欧阳修等撰《新唐书》卷35《五行志》,第916页,云:"永淳元年,关中大旱,饥。"杜佑撰《通典》卷7《食货七》云:"永淳元年,京师大雨,饥荒,米每斗四百钱,加以疾疫,死者甚众。"中华书局2016年版,第150页。欧阳修等撰《新唐书》卷36《五行志》,第939页,则云:"永淳元年三月,京畿蝗,无麦苗。六月,雍、岐、陇等州蝗。"
② 刘昫等撰:《旧唐书》卷5《本纪第五·高宗下》,中华书局1975年版,第109页。
③ 李昉等编《文苑英华》卷951孙逖《沧州刺史郑公(孝本)墓志铭》,记载:"制授朝散大夫、雍州鄠县令。以而永淳大饥,关辅尤甚。能布其德而恤灾,人不离散,下无捐瘠,乃耕乃亩,嗣岁以登。"即是基层官员应对灾荒的典型代表。中华书局1966年版,第5000页。

堪。"(下略)①

据《历代法宝记》，上述对话发生于无住禅师（714—774）晚年。需要注意的是，无住禅师所说"永淳年不喫泥馎饦"似已成为一则典故，此语一出，无须任何解释，诸问道弟子不仅能心领神会，还令"悟幽闻已失色"。蜀地禅僧何以了解永淳元年的长安大饥荒，其原因今已无从知晓。笔者推测，这极可能与当年在长安参学问道的蜀僧大量返回蜀地有关，遂将"永淳饥馁"的消息带回蜀地并广为传播。苟此解不误，则对于永淳元年尚在长安求法问道的外地僧人而言，因永淳饥馁而"杖锡旋归"故里者，恐非仅慧观一人，而应是一种普遍现象。

无论如何，在永淳元年（681）大饥荒发生近百年后，在远离长安的成都，净众系禅僧对于此次饥荒依然记忆犹新。② 此事本身已足以说明，"永淳饥馁"留给佛教界的历史记忆是何等深刻。

二 S.4000《常会题记》与宝应元年长安延兴寺

敦煌遗书 S.4000《佛说智慧海藏经卷下》"中京延兴寺沙门常会题记"记载：

1 大唐宝应元年六月廿九日，中京延兴寺沙门
2 常会，因受请往此敦煌城西塞亭供养。
3 忽遇此经，无头名目不全。遂将至宋渠
4 东支白仏图，别得上卷，合成一部。恐
5 后人不晓，故于尾末书记，示不思
6 议之事合。会愿以此功德，普及于
7 一切。我等与众生，皆共佛道。③

---

① 郝春文主编：《英藏敦煌社会历史文献释录》第 1 辑第 2 卷，社会科学文献出版社 2003 年版，第 519 页。标点略有改动。《大正藏》第 51 册所收文字略有不同，如"腔腔""馎饦"分别作"啌啌""馎饨"。
② 关于净众系禅系法脉传承，参见杜斗城《敦煌本〈历代法宝记〉与蜀地禅宗》，《敦煌学辑刊》1993 年第 1 期；徐文明《智诜与净众禅系》，《敦煌学辑刊》2000 年第 1 期。
③ 池田温编：《中国古代写本识语集录》，东京大学东洋文化研究所，大藏出版株式会社 1990 年版，第 306 页。

附录四　敦煌写经题记中的唐长安佛教影像　267

　　据方广锠先生研究，《佛说智慧海藏经》并未被收入《开元释教录·入藏录》所载的大藏经目录，① 应属于藏外佛教文献。② 亦有学者据此认为此经属于疑伪经。此经被收入《大正藏》第 85 册。③

　　此条题记内容丰富，引起了众多学者的关注和研究。1937 年，许国霖先生最早据《大正藏》第 85 册著录此题记。④ 陈祚龙先生校订了此题记的内容和卷子编号。⑤ 姜亮夫先生将沙门常会于敦煌所得此经上下两卷"合为完书"一事，作为宝应元年（762）莫高窟的重要纪事。⑥ 段文杰先生关注到中京延兴寺沙门常会受邀至敦煌讲经的史实⑦。林聪明先生则关注敦煌遗书的出处类型，将常会所得两卷经文作为"文书题记载明得于敦煌者"的典型例证。⑧ 李正宇先生认为"塞亭"即塞垣上之候望台，"城西塞亭"证明敦煌城西存在塞城城垣。⑨ 方广锠先生关注题记所见安史之乱后中原僧人避难敦煌，以及敦煌与内地之间的文化交流。⑩ 张涌泉先生则认为常会所合此经两卷为非出于一时一人之手的"合成本"，是敦煌文献断代的一种特殊类型。⑪

　　题记显示，宝应元年（762）中京延兴寺沙门常会因"受请"前往敦煌城西塞亭接受供养。此前段文杰、林聪明、方广锠等先生均已注意到这一史实及其所见长安与敦煌之间的文化交流。段文杰先生并未关注题记中的"中京"具体何指。林聪明先生认为中京延兴寺即洛阳或河中府延兴寺，恐系误读。⑫ 题记中"中京"应指长安。方广锠先生已经指出："唐

---

① 方广锠：《敦煌已入藏佛教文献简目》，《敦煌研究》2006 年第 3 期，第 86—89 页。
② 林世田、杨学勇、刘波：《敦煌佛典的流通与改造》，第四章"敦煌佛典的改编"第四节《敦煌遗书中的藏外佛教文献》，甘肃教育出版社 2013 年版。
③ 《大正藏》第 85 册，第 2885 号，题为《佛性海藏智慧解脱破心相经》。
④ 许国霖：《敦煌石室写经题记汇编补遗》，《微妙声》第六期，1937 年 4 月，第 79—86 页。此据《民国时期敦煌书目题跋辑刊》，国家图书馆出版社 2010 年影印本。
⑤ 陈祚龙：《敦煌古钞内典尾记汇校初、二、三编合刊》，载氏著《敦煌学要籥》，新文丰出版公司 1982 年版，第 82 页。
⑥ 姜亮夫：《莫高窟年表》，上海古籍出版社 1985 年版。此据《姜亮夫全集》第 11 册《莫高窟年表》，云南人民出版社 2003 年版，第 343 页。
⑦ 段文杰：《敦煌石窟艺术论集》，甘肃人民出版社 1988 年版，第 220 页。
⑧ 林聪明：《敦煌文书学》，《敦煌学导论丛刊》第 1 种，新文丰出版公司 1991 年版，第 403 页。
⑨ 李正宇：《敦煌历史地理导论》，新文丰出版公司 1997 年版，第 325 页。
⑩ 方广锠：《中国写本大藏经研究》，上海古籍出版社 2006 年版，第 119 页。
⑪ 张涌泉：《敦煌写本文献学》，甘肃教育出版社 2013 年版，第 641 页。
⑫ 林聪明：《敦煌文书学》，新文丰出版公司 1991 年版，第 403 页。林先生在《敦煌文书出处考略》一文中又认为中京系指河中府，载李铮主编《季羡林教授八十华诞纪念论文集》下册，江西人民出版社 1991 年版，第 864 页。

肃宗至德二年（757）建凤翔为西京，将长安改为'中京'。这条题记讲的是长安僧人受请至敦煌。"① 中京即长安，应无可疑。

据张达志研究，中京京兆府即长安作为唐代五京之一（其余四京分别是东京河南府、西京凤翔府、南京江陵府、北京太原府），存在时间十分短暂，即至德二载（757）十二月至上元二年（761）九月之间。因为上元二年（761）九月"停京兆、河南、太原、凤翔四京及江陵南都之号"。宝应元年（762）建卯月（二月），又"复以京兆为上都，河南为东都，凤翔为西都，江陵为南都，太原为北都"。② 常会于宝应元年（762）六月二十九日仍自称"中京延兴寺沙门"，而不称上都，应存在两种可能：其一，常会沿用习惯旧称，而未使用"上都"的新号③；其二，常会是上元二年（761）九月之前离开长安，前往敦煌的。笔者认为，第一种可能性不大，因为相较"上都"而言，"中京"作为长安的别称，存在时间尚不足4年，似乎并不足以成为习惯旧称。相反，由于沙州距离长安距离遥远，官道驿路约3700里④，所以极有可能是常会于上元二年（761）九月诏停京兆府中京之号前离开长安前往沙州的。如此，则常会除长安至敦煌旅途所耗时间外，其在敦煌接受供养的时间可能并不短暂。

另一个需要注意的是，常会僧籍所属的寺院长安延兴寺。延兴寺本是隋文帝迁都龙首原大兴城之初为高僧昙延所立两所寺院之一。⑤《续高僧传》卷8《义解篇四·昙延传》记载：

> 隋文创业，未展度僧。（昙）延初闻改政，即事剃落，法服执锡，来至王庭。面伸弘理，未及敕慰，便先陈曰：敬问皇帝，四海为务，无乃劳神。帝曰：弟子久思此意，所恨不周。延曰："贫道昔闻尧世，今日始逢"云云。帝奉闻雅度，欣泰本怀。共论开法之模，孚化之本。延以寺宇未广，教法方隆，奏请度僧，以应千二百五十比丘、五

---

① 方广锠：《中国写本大藏经研究》，上海古籍出版社2006年版，第119页。
② 详细讨论参见张达志《唐肃宗改立"五都"与"三府"州县置废探微》，《学术月刊》2015年第1期。
③《大正藏》据 P. 2188、S. 1412、S. 3475、S. 2071、P. 2222 等校订的《净名经集解关中疏卷上》，署名"中京资圣寺沙门道液集"，系因道液此疏首次撰集于上元元年（760），后来修改于永泰初年（765），未及修改之故。其序云："于时上元元年，岁次困顿。永泰初祀，又于长安菩提道场夏再治定。"见《大正藏》第85册，第440页上栏。
④ 严耕望：《唐代交通图考》第2卷《河陇碛西区》，上海古籍出版社2007年版，第421页。
⑤ 另一所为怀远坊光明寺，武周天授元年改为大云寺。该寺沿革，参见本书附录一《隋至唐初长安光明寺非摩尼教寺院辨》。

百童子之数。敕遂总度一千余人，以副延请。此皇隋释化之开业也。尔后遂多，凡前后别请度者，应有四千余僧。周废伽蓝，并请兴复。三宝再弘，功兼初运者，又延之力也。移都龙首，有敕于广恩坊给地，立延法师众。开皇四年下敕：改延众可为延兴寺。面对通衢，京城之东西二门，亦可取延名，以为延兴、延平也。①

据此可知，延兴寺的设立，乃是隋文帝迁都龙首原后，在新都大兴城为昙延法师所立的寺院，立寺的初衷则是为安置昙延所统领的僧团（延众）。② 由于昙延在隋初佛教复兴过程中无可替代的重要作用，以及昙延在隋初的崇高地位，延兴寺成为隋大兴城的著名寺院和学术中心之一。或许正是由于该寺的特殊地位，使其在大业后期至唐初长安城的寺院废并过程中得以保全。隋至唐初，至少有释吉藏、释通幽、释玄琬、释慧诞、僧法顺等高僧先后驻锡此寺③，使该寺成为唐初长安的重要寺院。

直至唐中宗神龙年间（705—708），中宗因为永泰公主追福，将延兴寺改额为永泰寺。宣宗会昌六年（846），又将永泰寺改额为万寿寺。④ 故严格来讲，宝应元年（762）六月，长安城内并不存在一所延兴寺，然而常会自称"中京延兴寺沙门"，盖因其僧籍隶于延兴寺。这或许是沿用改额永泰寺之前的旧称。既有的研究表明，地方诸州寺院被改额为开元官寺之后，当地民众往往继续称其旧额，如恒州解慧寺。⑤ 这仅是针对地方诸州的官寺而言。唐中宗将延兴寺改额为永泰寺之后，永泰寺已成为皇家寺院。常会自署"中京延兴寺沙门"，则显示长安的皇家寺院亦不例外。与此相应，同为皇家寺院的西明寺，于会昌六年（846）被改额为福寿寺之

---

① 释道宣撰：《续高僧传》卷8《释昙延传》，《大正藏》第50册，第488页下栏—489页上栏。
② 相关研究，参见孙英刚《从众到寺：隋唐长安城佛教中心的成立》，《唐研究》第19卷，北京大学出版社2013年版，第5—39页。
③ 分别见释道宣撰《续高僧传》卷11《释吉藏传》，《大正藏》第50册，第514页中栏；《续高僧传》卷21《释通幽传》，《大正藏》第50册，第610页下栏；《续高僧传》卷22《释玄琬传》《大正藏》第50册，第616页中栏；《续高僧传》卷26《释慧诞传》，《大正藏》第50册，第671页中栏；《续高僧传》卷26《释慧藏附法顺传》，《大正藏》第50册，第672页上栏。
④ 宋敏求《长安志》卷10《京城四》、董诰等编《全唐文》卷816柳玭《大唐万寿寺记》，均将改额为万寿寺时间系于大中六年。季爱民考证后认为应为会昌六年，参见氏著《会昌六年寺院存毁与改名史事》，陈金华、孙英刚《神圣空间：中古宗教中的空间因素》，复旦大学出版社2014年版，第134—149页。
⑤ 简梅青：《从"开元寺三门楼题刻"看唐代北方民众佛教信仰》，《魏晋南北朝隋唐史资料》第20辑，2003年。

后，民间继续称其旧额西明寺。① 可知，唐代长安寺院改额后，民间往往继续称其旧额的情况，应是一种普遍现象。

三 《明真题记》与长安福寿寺

现藏于台北"中央"图书馆的敦煌遗书《净名经集解关中疏》卷上，末尾附有沙州龙兴寺僧明真所撰题记，其中记载：

1 己巳年四月廿三日，京福寿寺沙门维秘于沙州
2 报恩寺，为僧尼道俗，敷演此《净名经》。
3 已传来学之徒，愿秘藏不绝者矣。
4 龙兴寺僧明真写，故记之也。②

《净名经集解关中疏》，又称《净名经关中疏》《净名集解关中疏》《净名经疏》《关中集解》，系唐长安资圣寺沙门道液于上元元年（760）至永泰初年（760—765）撰集的一部《净名经》注疏。流通中分为二卷本或四卷本。此疏系道液对僧肇《注维摩诘经》进行删补之作。③ 从"《净名经集解关中疏》卷上"一句可知，维秘己巳年于沙州报恩寺所讲的此疏当为两卷本。

池田温先生著录此题记云"(《净名经集解关中疏卷上龙兴寺僧明真题记》己巳年［八四九？］四月）"④，表明初步判断明真题记撰于唐宣宗大中三年（849），但又并非十分确定，故加问号表示存疑。京户慈光则认为该题记写于唐德宗贞元五年（789）。⑤ 此题记往往被用作敦煌俗讲的证

---

① 赞宁撰，范祥雍点校：《宋高僧传》卷16《梁京兆西明寺慧则传》，中华书局1987年版，第397页，称慧则大中七年于西明寺出家。温庭筠《题西明寺僧院》诗作于大中初年。据此可知大中初年时人犹称此寺旧额西明寺。参见施蛰存《施蛰存全集》第6卷《唐诗百话》"西明寺"条，华东师范大学出版社2011年版，第792—793页。
② 图版见《台北"中央"图书馆藏敦煌卷子》，石门图书公司1976年版，第1152页。
③ 黎明：《〈净名经集解关中疏〉解题》，方广锠主编《藏外佛教文献》第2辑，宗教文化出版社1996年版，第175页。
④ 池田温编：《中国古代写本识语集录》，东京大学东洋文化研究所、大藏出版株式会社1990年版，第353页。
⑤ 京户慈光：《关于〈净名经集解关中疏〉群》，项楚、郑阿财主编《新世纪敦煌学论集》，巴蜀书社2003年版，第375—384页。

据。① 荒泰见史认为题记反映公元849年张议潮已起义成功但尚未与唐廷取得联系时沙州与长安的交往②。中村元等亦将此题记系于贞元五年（789），认为《净名经》系天台宗系统，并指出："照年代来说，将这门学问带到敦煌来的沙门维秘也很可能和昙旷一样，是在唐朝与西藏（笔者按，即吐蕃）战火的逼迫之下，逃难到敦煌来的汉人之一。"③

对该题记中"己巳年"的断代之所以出现德宗贞元五年（789）和宣宗大中三年（849）两种观点，很大程度上是由于题记中的其他信息，如沙州报恩寺、龙兴寺、沙门维秘、僧明真等信息均无法作为断代依据。据李正宇先生研究，沙州报恩寺和龙兴寺，均至北宋天禧三年（1019）犹存④，无法用于断代；沙门维秘无考；僧明真，又是一个极为常见的僧人法号，见于各个时期的敦煌遗书之中，无法确定是否即撰写该题记的沙州龙兴寺僧明真。在这种情况下，"京福寿寺"就成为一条重要线索。

所谓"京福寿寺"，即长安福寿寺。小野胜年细致梳理了传世史料中西明寺与福寿寺的沿革关系，认为长安福寿寺即系由西明寺于会昌六年（846）改额而来。⑤ 在此基础上，孙昌武经过考证，认为长安曾存在两所福寿寺，一为由西明寺所改之福寿寺，一为唐懿宗在长安宫城内设立的一所内福寿尼寺。⑥ 介永强则认为，长安"西明寺与福寿寺实即一寺"，福寿寺即会昌六年（846）由西明寺改额者，并否认"内福寿寺"的存在。⑦ 上述三家观点虽不完全相同，但存在一个共同点，即均认为长安福寿寺出

---

① 郝春文：《唐后期五代宋初敦煌僧尼的社会生活》，中国社会科学出版社1998年版，第211页。

② 荒泰见史：《九、十世纪的通俗讲经和敦煌》，《敦煌学辑刊》2008年第1期，第71页。

③ 中村元主编：《中国佛教发展史》，余万君译，天华出版有限公司1984年版，第1439页；井ノ口泰淳等：《丝路佛教》，余万君译，华宇出版社1985年版，第171页。

④ 关于沙州报恩寺和龙兴寺的沿革，参见李正宇《敦煌地区古代祠庙寺观简志》，《敦煌学辑刊》1988年第1、2期。近年，郝春文、陈大为两位先生对唐宋时期敦煌诸寺的沿革多所补充，参见氏著《敦煌的佛教与社会》，甘肃教育出版社2013年版，第56—57页。此外，陈大为通过都僧统司、经司驻寺以及僧人规模等，论证了龙兴寺实为沙州首寺，参见陈大为《敦煌龙兴寺与其他寺院的关系》，《敦煌学辑刊》2009年第1期。笔者进一步确认，龙兴寺在敦煌的佛教寺院体系中，居于实际上的官寺地位。参见本书附录三"开元寺兴致传说演变研究"。

⑤ 小野胜年：《中国隋唐长安寺院史料集成·史料篇》，法藏馆，1989年，第227页。

⑥ 孙昌武：《唐长安佛寺考》，《唐研究》第2卷，北京大学出版社1996年版，第11、14页。

⑦ 介永强：《〈唐长安佛寺考〉若干问题辨正》，《中国历史地理论丛》2010年第4辑，第154—155页。

现于晚唐会昌法难之后。

　　长安福寿寺出现于会昌法难之后的印象，很大程度上可能是因为传世文献中的长安福寿寺，一般均指会昌六年（846）由宣宗下敕将西明寺改额为福寿寺者。① 如《宋高僧传·慧灵传》记载，宣宗朝大中年间，"及（重建总持寺）毕工，推（慧）灵为纲任，崇圣寺赐紫叡川充寺主，福寿寺临坛大德赐紫玄畅充都维那"。② 日本入唐求法僧元珍大中九年（855）曾在长安福寿寺挂单③。示寂于大中十年（856）、葬于次年的僧灵晏，其墓志为"右街福寿寺内道场讲论大德绍兰书"。④ 这应是此前学者将《明真题记》断代为宣宗大中三年（849）的主要依据。

　　此外，懿宗朝曾在宫内设有内福寿寺的史实恐不易否定。《大宋僧史略》卷下《临坛法》记载："及懿宗于咸泰殿筑坛，度内福寿寺尼受大戒。两街僧尼大德二十人，入玄畅预兹法席，故补内临坛。"⑤ 可知，确实存在内道场福寿尼寺，故有"内临坛"之说。但"沙门维秘"僧籍隶属之"京福寿寺"，显然不可能是内福寿尼寺，而应是一所僧寺。

　　以上讨论均系以传世文献和碑志材料为据，并未留意敦煌遗书。其实，在敦煌遗书中，保留了不少长安福寿寺的信息，显示长安福寿寺可能

---

① 关于会昌六年长安诸寺改额的相关研究，参见季爱民《会昌六年寺院存毁与改名史事》，陈金华、孙英刚编《神圣空间：中古宗教中的空间因素》，复旦大学出版社2014年版，第134—149页。
② 赞宁撰，范祥雍点校：《宋高僧传》卷16《唐京兆圣寿寺慧灵传》，第392页；赞宁撰，范祥雍点校：《宋高僧传》卷17《唐京兆福寿寺玄畅传》第430页，亦记此事云："（玄）畅时充追福院首领，又充总持寺都维那，寻署上座。"赞宁撰：《大宋僧史略》卷下《四十三赐师号（德号附）》，《大正藏》第54册第249页下栏，亦记此事云："又大中中，敕补圣寿寺临坛大德赐紫慧灵为总持寺上座，崇福寺讲论大德赐紫叡川充寺主，福寿寺临坛大德赐紫玄畅充都维那。大中十年，玄畅迁上座大德，玄则为寺主大德，坚信为悦众，并从敕补。敕补号益分明矣。"
③ 小野胜年：《入唐求法行历の研究·智證大師円珍篇》下册，法藏馆，1982年，第267页。
④ 《大唐崇福寺故僧录灵晏墓志》，见周绍良、赵超主编《唐代墓志汇编续集》，上海古籍出版社2001年版，第1011页；吴钢主编《全唐文补遗》第2辑，三秦出版社1995年版，第64页。
⑤ 赞宁撰：《大宋僧史略》卷下《临坛法》，《大正藏》第54册，第252页中栏。赞宁撰，范祥雍点校：《宋高僧传》卷6《唐京兆大安国寺僧彻传》，第133页，亦记此事。然范先生将此句断为"别宣僧尼大德二十人入咸泰殿置坛度内。福寿寺尼缮写大藏经，每藏计五千四百六十一卷"，将"内福寿寺尼"断开，分属上下两句，似不准确。应作"别宣僧尼大德二十人入咸泰殿置坛度内福寿寺尼"。

至晚于中宗朝已经存在。① 译于中宗景龙四年（710）的《根本说一切有部尼陀那》所附译场列位有如下内容：

> 大唐景龙四年岁次庚戌四月壬午朔十五日景申
> 三藏法师大德沙门义净宣释梵本并缀文正字
> 翻经沙门吐火罗国大德达磨秣磨证梵义
> 翻经沙门中天竺国大德拔努证梵义
> 翻经沙门罽宾国大德达摩难陀证梵文
> 翻经沙门淄州大云寺大德慧沼证义
> 翻经沙门洛州崇光寺大德律师道琳证义
> 翻经沙门福寿寺主大德利明证义
> 翻经沙门渭州太平寺大德律师道恪证义
> 翻经沙门大荐福寺大德胜庄证义
> 翻经沙门相州禅河寺大德玄伞证义笔受
> 翻经沙门大荐福寺大德智积证义正字
> 翻经沙门德州大云寺主慧伞证义
> 翻经沙门西凉州白塔寺大德慧积读梵本（下略）②

据《宋高僧传·义净传》，可知神龙二年（706）义净随唐中宗返回长安后，中宗为义净"置翻经院于大荐福寺居之"，直至义净圆寂，其译场一直位于大荐福寺。结合以上译场列位的体例，即外州府诸寺大德例在其所属寺院之前加州府名以示区别，大荐福寺因位于长安，故无须再加长安二字。同年所译《成唯实宝生论》卷一所附的译场列位基本相同，其中亦有"翻经沙门福寿寺寺主大德利明证义"。③ 据此可知，其中的寺主利明所属之"福寿寺"，当为长安福寿寺无疑。

流传并保存于日本的唐代写经《成唯识论疏义演》一百卷，卷首题

---

① 武周久视元年（700）译出的《不空羂索陀罗尼经》前有署名"福寿寺沙门波崙撰"的序。据《宋高僧传》之《义净传》及《实叉难陀传》，可知此波崙曾在武周时期洛阳参与义净和实叉难陀的译场，但并未说明其所属寺院。据成书于天册万岁元年（695）的《大周刊定众经目录》卷十五所附编纂列位，"翻经大德大福光寺（大福先寺）波崙"，则其时波崙的僧籍隶于大福先寺。故无法判断波崙撰序时所隶为"福寿寺"为长安福寿寺抑或洛阳福寿寺。

② 《大正藏》第24册，第1452号，《根本说一切有部尼陀那》，第418页中栏。

③ 《大正藏》第31册，第1591号，《成唯实宝生论》，第81页上栏，其中"西凉州白塔寺大德慧积"作"西凉州伯塔寺大德惠积"。

"西京福寿寺沙门如理集"。① 周叔迦先生据日本释凝然《三国佛法传通缘起》所载认为，如理与义忠为同学，应是慧沼弟子。② 慧沼生卒年不详，据其本传，则其贞观后期已在长安随玄奘法师问道，后又亲近窥基法师③，至睿宗景云二年（711）仍参与义净的译场④。如理撰集《成唯识论疏义演》的具体时间虽无法准确判断，但作为慧沼弟子，应在唐前期无疑。如理所属之此"西京福寿寺"无疑亦在唐前期。结合上引译场列位中的景龙四年（710）之长安福寿寺，则可确证唐前期长安确实存在一所福寿寺。

长安福寿寺至宪宗元和初年犹存。岳珂《愧郯录》"国忌设斋"条，其主体内容系引自宋白《续通典》原文，其中记载元和元年（806）德宗昭德皇后王氏国忌日（十一月十一日）当天，福寿寺和玄真观各设五百人斋。⑤ 可知，福寿寺是元和元年（806）德宗昭德皇后的国忌日行香设斋寺院之一。虽因史料有限，无法考证此福寿寺的位置和沿革情况，但有一点可以肯定，此福寿寺并非西明寺的别称。因为在《愧郯录》所引《续通典》佚文中，明载："睿宗六月二十日忌，安国、西明寺各三百人斋。"据此，元和元年之长安福寿寺应非西明寺别称。现藏于日本石山寺的《大乘本生心地观经》卷一所附译场列位中即有"福寿寺沙门恒济廻文"，此经系元和五年（810）七月廿七日奉诏于长安醴泉寺翻译，至元和六年（811）三月八日译完进上。⑥ 因译场内有"醴泉寺日本国沙门灵仙笔受并译语"而得以保存于日本⑦。可知，长安福寿寺至元和六年（811）犹存。

综上可知，此长安福寿寺至晚于中宗景龙四年（710）已存在，至宪宗元和前期（806—811）犹存，虽因史料匮乏无法考证其具体位置，但基

---

① 《卍新纂续藏经》第 49 册，第 0815 号，唐如理集《成唯识论疏义演》。
② 周叔迦：《周叔迦佛学论著全集》第 6 册《云因法汇》，第 2079—2280 页。
③ 赞宁撰，范祥雍点校：《宋高僧传》卷 4《唐淄州慧沼传》，第 73 页，云："自（玄）奘三藏到京，恒窥壶奥。后亲大乘基师，更加精博。"
④ 释智昇撰：《开元释教录》卷 9 附沙门释义净小传，《大正藏》第 55 册，第 569 页上栏。
⑤ 岳珂：《愧郯录》卷 13 "国忌设斋"条，《四部丛刊续编》影印铁琴铜剑楼藏宋本，第 8—9 页。有关此段《续通典》佚文所反映的元和元年长安国忌行香制度，参见拙文《元和元年长安国忌行香制度研究——以新发现的〈续通典〉佚文为中心》，《魏晋南北朝隋唐史资料》第 32 辑，上海古籍出版社 2016 年 3 月。不过，拙文在处理其中"福寿寺"时，因视野未周，误以为其中福寿寺即宣宗会昌六年由西明寺改额而来之福寿寺，遂误判此段史料曾在晚唐以后经过改动。现在看来，这一看法需要修正。
⑥ 池田温编：《中国古代写本识语集录》，东京大学东洋文化研究所，大藏出版株式会社 1990 年版，第 335 页，第 1007 号。
⑦ 关于灵仙的相关研究，参见王承礼、李亚泉《日本国灵仙三藏和渤海国贞素和尚》，收入《王承礼文集》，吉林人民出版社 2011 年版，第 325—331 页。

本沿革大致清晰。考虑到会昌法难中长安城仅保留慈恩、荐福、西明、庄严四所寺院，其中的西明寺又于会昌六年（846）被改额为福寿寺，据此可以推知，原长安福寿寺可能一直存在，直至会昌法难时被拆毁，且宣宗复佛后未得重建。

既然中宗末年至宪宗初年长安一直存在一所福寿寺，则《明真题记》中的"京福寿寺"也有可能即此福寿寺，而不一定是会昌六年（846）由西明寺改额之福寿寺。故《明真题记》中的"己巳年"也有可能是德宗贞元五年（789）。

另据土肥义和先生的梳理，明真作为敦煌僧人法号，虽散见于各个时期，但 S. 2729 辰年（788）《敦煌应管勘牌子历》中有"僧明真"，属沙州龙兴寺，俗姓张氏。[1] 与撰写《净名经集解关中疏》题记的僧明真性别、所属寺院、年代相符。似可证《明真题记》中"己巳年"为贞元五年（789）之说，题记中的"京福寿寺"应即中宗末年至宪宗初年一直存在的原福寿寺，而非会昌六年由西明寺改额而来之福寿寺。

四 结语

S. 2551《慧观题记》揭示了在高宗永淳元年（682）长安大饥荒的时代背景下，大批外地旅京求法游学僧人的真实动态。慧观在京师长安问道求法十余年后，不得不因"永淳饥馁"而"仗锡旋归"之事，恐非个案，而是当时在京游学僧的普遍状态。近百年后，蜀地禅僧关于"永淳年不喫泥馎饦"的典故，应是蜀地赴京求法僧将"永淳饥馁"的消息带回蜀地后，经过长期流传而形成的历史记忆。

S. 4000《常会题记》中"中京延兴寺沙门常会"的署名最值得关注。延兴寺本由隋文帝为高僧昙延设于隋初，为隋大兴城和唐长安城内名寺。神龙年间（705—707）延兴寺被中宗改额为永泰寺，成为皇家寺院。60年后，沙门常会仍自称为延兴寺沙门，实际上反映了唐代长安寺院改额后往往继续称其旧额的传统。

台北"中央"图书馆藏《明真题记》中"京福寿寺沙门维秘"，不仅提供了写经断代的重要线索，还揭示出长安另一所福寿寺的隐秘历史。唐

---

[1] 土肥义和：《八世纪末期—十一世纪初期敦煌氏族人名集成》，汲古书院 2015 年版，第 1154 页。

长安城先后存在过三所福寿寺：其一，存在于中宗末年至宪宗初年（约710—811），可能毁于武宗的拆寺灭佛运动，具体位置待考；其二，系会昌六年由西明寺改额而来者，存在于会昌六年至唐末（约846—907），位于延康坊；其三，系懿宗朝（约859—873）于宫城内设立的内道场尼寺，具体位置待考。《明真题记》中的"京福寿寺"应即第一所，即唐中宗朝至会昌法难前一直存在的原福寿寺，而非会昌六年由西明寺改额而来之福寿寺，更非懿宗朝新设之内道场福寿尼寺。

敦煌写经题记中保留了大量珍贵的唐都长安佛教的历史影像。这些可能仅见于敦煌写经题记中的长安佛教影像，作为一种历史动向、传统和细节，不仅反映了唐代敦煌与长安之间的佛教文化交流，也见证了丝绸之路起点长安与沿线重要城市敦煌之间的密切关系。

参考文献

基本史料

《隋唐五代墓志汇编》总编辑委员会：《隋唐五代墓志汇编》，天津古籍出版社1991年版。

北京图书馆金石组、中国佛教图书文物馆石经组编：《房山石经题记汇编》，书目文献出版社1987年版。

北京图书馆金石组编：《北京图书馆藏中国历代石刻拓本汇编》，中州古籍出版社1989年版。

陈尚君主编：《全唐诗补编》，中华书局1992年版。

陈尚君主编：《全唐文补编》，中华书局2005年版。

陈述辑校：《全辽文》，中华书局1982年版。

道世撰，周叔迦、苏晋仁校注：《法苑珠林校注》，中华书局2003年版。

董诰等编：《全唐文》，中华书局1983年版。

杜佑撰：《通典》，中华书局1988年版。

段成式撰，方南生点校：《酉阳杂俎》，中华书局1981年版。

费长房：《历代三宝纪》，《大正藏》第49册。

黄休复撰，何韫若、林孔翼注：《益州名画录》，四川人民出版社1982年版。

慧超、杜环撰，张毅笺释，张一纯笺注：《往五天竺国传笺释·经行记笺注》，中华书局2000年版。

乐史撰，王文楚点校：《太平寰宇记》，中华书局2007年版。

李百药：《北齐书》，中华书局1972年版。

李焘撰：《续资治通鉴长编》，中华书局1992年版。
李昉等编：《太平广记》，中华书局1961年版。
李昉等编：《文苑英华》，中华书局1966年版。
李吉甫撰，贺次君点校：《元和郡县图志》，中华书局2005年版。
李林甫等撰，陈仲夫点校：《唐六典》，中华书局1992年版。
令狐德棻等：《周书》，中华书局1971年版。
刘昫等：《旧唐书》，中华书局1975年版。
柳宗元：《柳河东集》，上海古籍出版社2008年版。
骆天骧撰，黄永年点校：《类编长安志》，三秦出版社2006年版。
莫休符撰：《桂林风土记》，中华书局1985年版。
欧阳修、宋祁等：《新唐书》，中华书局1975年版。
彭定求等编：《全唐诗》，中华书局1960年版。
上海古籍出版社、法国国家图书馆编：《法国国家图书馆藏敦煌西域文献》（34册），上海古籍出版社2001年版。
施萍婷主编：《敦煌遗书总目索引新编》，中华书局2000年版。
释道宣：《广弘明集》，《大正藏》第52册。
释道宣：《集古今佛道论衡》，《大正藏》第52册。
释道宣：《续高僧传》，《大正藏》第50册。
释法琳：《辩正论》，《大正藏》第52册。
司马光等：《资治通鉴》，中华书局1956年版。
宋敏求、李好文撰，辛德勇、郎洁点校：《长安志·长安志图》，三秦出版社2013年版。
宋敏求：《唐大诏令集》，中华书局2008年版。
王存撰，王文楚、魏嵩山点校：《元丰九域志》，中华书局1984年版。
王溥撰：《唐会要》，上海古籍出版社2006年版。
王钦若等编：《册府元龟》，中华书局1960年版。
王象之撰，李勇先校点：《舆地纪胜》（全十册），四川大学出版社2005年版。
魏征等：《隋书》，中华书局1973年版。
吴钢主编：《全唐文补遗》（一至九辑），三秦出版社1994—2007年版。
新文丰出版公司编辑部编：《石刻史料新编》第1—4辑，台北新文丰出版公司1979—2006年版。
徐松：《唐两京城坊考》，中华书局1985年版。
徐松辑，高敏点校：《河南志》，中华书局1994年版。

徐松辑，刘琳等点校：《宋会要辑稿》，上海古籍出版社2014年版。
叶昌炽撰，柯昌泗评：《语石·语石异同评》，中华书局1994年版。
义楚撰：《义楚六帖》，朋友书店1991年版。
于钦撰，刘敦愿等校释：《齐乘校释》，中华书局2012年版。
圆仁撰，顾承甫、何泉达点校：《入唐求法巡礼行记》，上海古籍出版社1986年版。
圆仁撰，小野胜年校注，白化文、李鼎霞、许德楠修订校注：《入唐求法巡礼行记》，花山文艺出版社2007年版。
圆珍撰，白化文、李鼎霞校注：《行历抄校注》，花山文艺出版社2004年版。
赞宁撰，范祥雍点校：《宋高僧传》，中华书局1987年版。
张彦远著，秦仲文、黄苗子点校，启功、黄苗子参校：《历代名画记》，人民美术出版社2016年版。
张彦远撰，范祥雍点校：《历代名画记》（修订本），人民美术出版社1964年版。
真人元开撰，汪向荣校注：《唐大和上东征传》，中华书局2000年版。
郑麟趾等：《高丽史》，西南师范大学出版社、人民出版社2014年版。
郑樵撰，王树民点校：《通志》，中华书局1995年版。
中国社会科学院历史研究所等编：《英藏敦煌文献：汉文佛经以外部分》，四川人民出版社1992年版。
中华书局编辑部：《宋元方志丛刊》，中华书局1990年版。
周绍良、赵超主编：《唐代墓志汇编续集》，上海古籍出版社2001年版。
周绍良编：《唐代墓志汇编》（上下册），上海古籍出版社1992年版。

中文专书

白居易著，朱金城笺校：《白居易集笺校》，上海古籍出版社1988年版。
岑参撰，陈铁民、侯忠义校注：《岑参集校注》，上海古籍出版社2004年版。
岑仲勉：《金石论丛》，中华书局2004年版。
岑仲勉：《隋书求是》，中华书局2004年版。
陈国灿、刘健明主编：《〈全唐文〉职官丛考》，武汉大学出版社1997年版。

陈垣：《中国佛教史籍概论》，上海书店出版社2001年版。
陈垣：《释氏疑年录》，广陵书社2008年版。
陈寅恪：《陈寅恪文集》，生活·读书·新知三联书店2001年版。
陈一风：《孝经注疏研究》，四川大学出版社2007年版。
陈志坚：《唐代州郡制度研究》，浙江大学出版社2005年版。
成都文物考古研究所、邛崃市文物管理局编：《四川邛崃龙兴寺》，文物出版社2011年版。
崔致远撰，党银平校注：《桂苑笔耕集校注》，中华书局2007年版。
丁福保：《佛学大辞典》，文物出版社1984年影印本。
杜斗城：《敦煌五台山文献校录研究》，山西人民出版社1991年版。
杜斗城：《河西佛教史》，中国社会科学出版社2009年版。
独孤及撰，刘鹏、李桃校注：《毗陵集校注》，辽海出版社2007年版。
敦煌研究院编：《敦煌莫高窟供养人题记》，文物出版社1986年版。
方广锠：《中国写本大藏经研究》，上海古籍出版社2006年版。
方广锠：《方广锠敦煌遗书散论》，上海古籍出版社2011年版。
冯培红：《敦煌的归义军时代》，甘肃教育出版社2014年版。
傅璇琮：《唐代诗人丛考》，中华书局2003年版。
郝春文：《唐后期五代宋初敦煌僧尼的社会生活》，中国社会科学出版社1998年版。
郝春文、陈大为：《敦煌的佛教与社会》，甘肃教育出版社2013年版。
龚国强：《隋唐长安城佛寺研究》，文物出版社2006年版。
郭朋：《隋唐佛教》，齐鲁书社1980年版。
郭声波：《中国行政区划通史·唐代卷》，复旦大学出版社2017年版。
韩昇：《隋文帝传》，人民出版社1998年版。
郝春文编：《英藏敦煌社会历史文献释录》，科学出版社、社会科学文献出版社2001—2015年版。
何兹全：《五十年来汉唐佛教寺院经济研究》，北京师范大学出版社1986年版。
黄敏枝：《唐代寺院经济的研究》，台湾大学文学院1971年版。
黄永年：《唐史史料学》，上海书店出版社2002年版。
黄永年：《六至九世纪中国政治史》，上海书店出版社2004年版。
季羡林主编：《敦煌学大辞典》，上海辞书出版社1998年版。
季爱民：《隋唐长安佛教社会史》，中华书局2016年版。
姜伯勤：《唐五代敦煌寺户制度》，中国人民大学出版社2011年版。

贾岛著，李嘉言校点：《长江集新校》，上海古籍出版社1983年版。
金京振：《朝鲜古代宗教思想概论》，中央民族大学出版社2006年版。
蓝吉富：《隋代佛教史述论》，商务印书馆1998年版。
雷闻：《郊庙之外：隋唐国家祭祀与宗教》，生活·读书·新知三联书店2009年版。
李昌宪：《中国行政区划通史·宋西夏卷》，复旦大学出版社2017年版。
李德裕撰，傅璇琮、周建国校笺：《李德裕文集校笺》，中华书局2018年版。
李健超：《增订唐两京城坊考》，三秦出版社2006年版。
李孝聪主编：《唐代地域结构与空间运作》，上海辞书出版社2003年版。
李勇先：《〈舆地纪胜〉研究》，巴蜀书社1998年版。
李正宇：《敦煌史地新论》，新文丰出版公司1996年版。
刘安志：《敦煌吐鲁番文书与唐代西域史研究》，商务印书馆2011年版。
刘长卿撰，储仲君笺注：《刘长卿诗编年笺注》，中华书局1996年版。
刘俊文主编：《日本学者研究中国史论著选译》（六朝隋唐卷），杜石然等译，中华书局1992年版。
刘淑芬：《中古的佛教与社会》，上海古籍出版社2008年版。
刘淑芬：《灭罪与度亡：佛顶尊胜陀罗尼经幢之研究》，上海古籍出版社2008年版。
刘统：《唐代羁縻府州研究》，西北大学出版社1998年版。
马德：《敦煌莫高窟史研究》，甘肃教育出版社1996年版。
马德：《中古敦煌佛教社会化论略》，中国社会科学出版社2010年版。
毛汉光：《中国中古政治史论》，上海书店出版社2002年版。
毛汉光：《中国中古社会史论》，上海书店出版社2002年版。
卿希泰、唐大潮：《道教史》，江苏人民出版社2008年版。
荣新江：《归义军史研究：唐宋时代敦煌历史考索》，上海古籍出版社2015年版。
荣新江：《敦煌学十八讲》，北京大学出版社2001年版。
荣新江：《丝绸之路与东西文化交流》，北京大学出版社2015年版。
潘重规：《敦煌变文集新书》，文津出版社1994年版。
释东初：《中日佛教交通史》，东初出版社1985年版。
史念海主编：《西安历史地图集》，西安地图出版社1996年版。
史念海：《唐代历史地理研究》，中国社会科学出版社1998年版。
施和金：《中国行政区划通史·隋代卷》，复旦大学出版社2009年版。

宿白：《魏晋南北朝唐宋考古文稿辑丛》，文物出版社 2011 年版。
唐耕耦、陆宏基：《敦煌社会经济文献真迹释录》第 3 辑，全国图书馆文献缩微复制中心 1990 年版。
谭其骧：《长水集》（上下册），人民出版社 1987 年版。
谭其骧：《长水集·续编》，人民出版社 1994 年版。
谭其骧主编：《中国历史地图集》（1—8 册），中国地图出版社 1996 年版。
汤用彤：《隋唐佛教史稿》，中华书局 1982 年版。
汤用彤：《汉魏两晋南北朝佛教史》，中华书局 1983 年版。
唐长孺主编：《吐鲁番出土文书》（1—7 册），文物出版社 1996 年版。
唐长孺主编：《敦煌吐鲁番文书初探》，武汉大学出版社 1983 年版。
唐长孺主编：《敦煌吐鲁番文书初探·二编》，武汉大学出版社 1990 年版。
唐长孺：《唐长孺文集》，中华书局 2011 年版。
王尧：《王尧藏学文集》第 4 卷《敦煌吐蕃文书译释》，中国藏学出版社 2012 年版。
王仲荦：《敦煌石室地志残卷考释》，中华书局 2007 年版。
王重民：《敦煌古籍叙录》，中华书局 1979 年版。
吴松弟等：《两唐书地理志汇释》，安徽教育出版社 2002 年版。
吴廷燮：《唐方镇年表》，中华书局 1980 年版。
向达：《唐代长安与西域文明》，河北教育出版社 2001 年版。
谢重光、白文固：《中国僧官制度史》，青海人民出版社 1990 年版。
谢重光：《中古佛教僧官制度与社会生活》，商务印书馆 2009 年版。
谢和耐：《中国 5—10 世纪寺院经济》，耿昇译，上海古籍出版社 2004 年版。
辛德勇：《隋唐两京丛考》，三秦出版社 2006 年版。
辛德勇：《两京新记辑校·大业杂记辑校》，三秦出版社 2006 年版。
严耕望：《唐代交通图考》，"中央研究院"历史语言研究所专刊，1985 年版。
严耕望：《魏晋南北朝佛教地理稿》，上海古籍出版社 2007 年版。
颜尚文：《隋唐佛教宗派研究》，新文丰出版公司 1980 年版。
严耀中：《佛教戒律与中国社会》，上海古籍出版社 2007 年版。
杨鸿年：《隋唐两京坊里谱》，上海古籍出版社 1999 年版。
杨鸿年：《隋唐两京考》，武汉大学出版社 2005 年版。
余嘉锡：《四库提要辨证》，中华书局 1980 年版。
郁贤皓：《唐刺史考全编》，安徽大学出版社 2000 年版。

张国刚：《唐代藩镇研究》（增订版），中国人民大学出版社 2010 年版。
张伟然：《湖南历史文化地理研究》，复旦大学出版社 1995 年版。
张伟然：《湖北历史文化地理研究》，湖北教育出版社 2000 年版。
张伟然：《中古文学的地理意象》，中华书局 2014 年版。
郑炳林：《敦煌地理文书汇辑校注》，甘肃教育出版社 1989 年版。
郑炳林：《敦煌碑铭赞辑释》，甘肃教育出版社 1992 年版。

中文论文

拜根兴：《唐〈李训夫人王氏墓志〉关联问题考释》，载《纪念西安碑林九百二十年华诞国际学术研讨会论文集》，文物出版社 2008 年版。
岑仲勉：《跋〈封氏闻见记〉》，《中央研究院历史语言研究所集刊》第九本，1937 年版。
陈宝勤：《从"寺"自"官寺"义向"佛寺"义的演化看佛教在中国的传播与发展》，《新国学》第五辑，巴蜀书社 2005 年版。
陈大为：《敦煌龙兴寺与其他寺院的关系》，《敦煌学辑刊》2009 年第 1 期。
陈明：《沙门黄散：唐代佛教医事与社会生活》，荣新江主编《唐代宗教信仰与社会》，上海辞书出版社 2003 年版。
陈士强：《〈释氏通鉴〉料简》，《法音》1988 年第 12 期。
陈祚龙：《关于李唐玄宗御注金刚经》，《敦煌资料考屑》，台湾"商务印书馆"1979 年版。
陈志远：《内律与俗法——从〈续高僧传·智藏传〉再探南朝的政教关系》，《中华文史论丛》2017 年第 4 期。
戴裔煊：《宋代三佛齐重修广州天庆观碑记考释》，《学术研究》1962 年第 2 期。
董兴艳：《〈会要〉撰者、成书时间考》，《唐史论丛》第 12 辑，三秦出版社 2010 年版。
杜斗城：《〈泾州大云寺舍利石函铭并序〉跋》，《敦煌学辑刊》2005 年第 4 期。
方广锠：《敦煌已入藏佛教文献简目》，《敦煌研究》2006 年第 3 期。
肥田路美：《唐代皇帝肖像雕刻的意义与制作意图的一个侧面——特别着眼于比拟佛像的皇帝像》，韩国中国史学会主编《中国史研究》第 35 辑

（中国美术史特辑），2005年版。

冯贺军：《〈重修七帝寺记〉释解》，《故宫博物院院刊》2005年第2期。

冯培红：《敦煌本〈国忌行香文〉及相关问题》，载《出土文献研究》第7辑，上海古籍出版社2005年版。

高继习：《济南市县西巷地宫及相关问题初步研究》，《东方考古》第3辑，科学出版社2006年版。

葛兆光：《盛世的平庸：八世纪上半叶中国的知识与思想状况》，荣新江主编《唐研究》第5卷，北京大学出版社1999年版。

韩昇：《隋史考证九则》，《厦门大学学报》1999年第1期。

河野保博：《唐代交通住宿设施——以宗教设施的供给功能为中心》，葛继勇、齐会君译，《唐史论丛》第18辑，三秦出版社2014年版。

季爱民：《会昌六年寺院存毁与改名史事》，陈金华、孙英刚编《神圣空间：中古宗教中的空间因素》，复旦大学出版社2014年版。

简梅青：《从"开元寺三门楼题刻"看唐代北方民众佛教信仰》，《魏晋南北朝隋唐史资料》第20辑，2003年版。

简梅青：《孟献忠〈金刚般若经集验记〉文献学价值探析》，《安大史学》第2辑，安徽大学出版社2006年版。

景亚鹏：《西安碑林藏石与长安开元寺》，《碑林集刊》第8辑，陕西人民美术出版社2002年版。

蓝日昌：《风穴〈七祖千峰白云禅院记〉读后》，《中国禅学》第4卷，中华书局2006年版。

雷闻：《道教徒马元贞与武周革命》，《中国史研究》2004年第1期。

雷闻：《国家宫观网络中的西州道教——唐代西州道教补说》，朱玉麒主编《西域文史》第二辑，科学出版社2008年版。

雷闻：《唐两京龙兴观略考》，刘晓、雷闻主编《隋唐辽宋金元史论丛》第6辑，上海古籍出版社2016年版。

李宝军等：《山东东阿大秦村发现北朝至五代宋初寺庙和行宫遗址》，《中国文物报》2017年9月22日第八版。

李健超：《〈长安志〉纠谬》，《历史地理》第19辑，上海人民出版社2003年版。

李军：《从敦煌龙兴寺看张氏归义军的内部矛盾》，郑炳林、樊锦诗、杨富学主编《敦煌佛教与禅宗学术讨论会文集》，三秦出版社2007年版。

李正宇：《敦煌地区古代祠庙寺观简志》，《敦煌学辑刊》1988年1—2期合辑。

李之勤:《唐邠州开元寺的始建年代及其名称演变》,《文博》1990 年第 6 期。

李宗俊:《〈沙州都督府图经〉撰修年代新探》,《敦煌学辑刊》2004 年第 1 辑。

廖幼华:《从唐代容州形势看容州经略台的始建年代》,《中国历史地理论丛》1999 年第 3 辑。

刘长东:《宋代神御殿考》,见氏著《宋代佛教政策论稿》附录一,巴蜀书社 2005 年版。

刘屹:《"开皇"年号与道教"劫运"思想》,余欣主编《中古中国研究》(第一卷)"重绘中古中国的时代格:知识、信仰与社会的交互视角专号",中西书局 2017 年版。

陆永峰:《中土等身佛述论》,《闽南佛学院学报》1998 年第 2 期。

罗凯:《十五采访使始置于开元二十二年论》,《中国历史地理论丛》2011 年第 1 辑。

罗凯:《唐十道演化新论》,《中国历史地理论丛》2012 年第 1 辑。

罗彤华:《归义军期敦煌寺院的迎送支出》,《汉学研究》第 21 卷第 1 期。

吕博:《读 S.2658〈大云经神皇授记义疏〉书后》,《周秦汉唐文化研究》第 10 辑,三秦出版社 2018 年版。

马德:《从一件敦煌遗书看唐玄宗与佛教的关系》,《敦煌学辑刊》1982 年第 3 期。

马德:《敦煌写经题记的社会意义》,《法源》2001 年总第 19 期。

孟宪实:《武则天时期的"祥瑞"——以〈沙州图经〉为中心》,载《敦煌吐鲁番研究》(第 14 卷),上海古籍出版社 2014 年版。

彭杰:《唐代北庭龙兴寺营建相关问题新探——以旅顺博物馆藏北庭古城出土残碑为中心》,《西域研究》2014 年第 4 期。

冉万里:《越南北宁省顺成县春关村出土的隋仁寿元年舍利石函及舍利塔铭——交州龙编县禅众寺舍利石函及塔铭调查记》,《西部考古》2016 年第 1 期。

饶宗颐:《从石刻论武后之宗教信仰》,《饶宗颐史学论著选》,上海古籍出版社 1993 年,

任小波:《唐宋之际河西地区的部族关系与护国信仰——敦煌 PT 1189.r 号〈肃州府主致河西节度书状〉译释》,沈卫荣主编《西域历史语言研究集刊》第 7 辑,科学出版社 2014 年版。

荣新江、王静:《韦述及其〈两京新记〉》,《文献》2004 年第 2 期。

荣新江：《唐代西州的道教》，段晴主编《吐鲁番学新论》，新疆人民出版社 2006 年版。

荣新江：《盛唐长安与敦煌——从俄藏〈开元廿九年（741）授戒牒谈起〉》，《浙江大学学报》第 37 卷第 3 期。

芮传明：《"光明寺"、"大云寺"与"大云光明寺"考辨——"华化"摩尼教释名之一》，《传统中国研究集刊》2009 年第 7 辑。

宿白：《龙兴寺沿革——青州城与龙兴寺之二》，《文物》1999 年第 9 期。

孙英刚：《长安与荆州之间：唐中宗与佛教》，载荣新江主编《唐代宗教信仰与社会》，上海辞书出版社 2003 年版。

孙英刚：《从众到寺：隋唐长安城佛教中心的成立》，《唐研究》第 19 卷，北京大学出版社 2013 年版。

孙宗文：《千年石刻传法音——山西猗氏县〈大云寺涅槃变碑像〉考释》，《法音》1983 年第 2 期。

唐晓峰：《人文地理学随笔》，生活·读书·新知三联书店 2005 年版。

田卫卫：《唐长安开元寺考》，荣新江主编《唐研究》第 21 卷，北京大学出版社 2016 年版。

汪圣铎、马元元：《北宋的年号寺观》，《宋史研究论丛》第 8 辑，河北大学出版社 2007 年版。

王承文：《越南新出隋朝〈舍利塔铭〉及相关问题考释》，《学术研究》2014 年第 6 期。

王惠民：《〈董保德功德记〉与隋代敦煌崇教寺舍利塔》，《敦煌研究》1997 年第 3 期。

王国维：《唐写本大云经疏跋》，《观堂集林》卷十七《史林九》，《王国维全集》第八卷，浙江教育出版社、广东教育出版社 2009 年版。

王其祎、周晓薇：《新见隋仁寿元年〈柳机墓志〉考释——兼为梳理西眷柳氏主支世系及其初入关中跻身"郡姓"之情形》，《唐史论丛》第 19 辑，三秦出版社 2014 年版。

王媛媛：《从大云寺到大云光明寺——对中原摩尼寺额的考察》，《文史》2005 年第 4 辑。

翁俊雄：《唐代的州县等级制度》，《北京师范学院学报》（社会科学版）1991 年第 1 期。

吴羽：《李唐皇室尊老子为始祖探源》，《敦煌学辑刊》2019 年第 1 期。

武绍卫：《唐五代"赐腊"小议》，孙英刚主编《佛教史研究》第 1 卷，新文丰出版公司 2017 年版。

辛德勇：《隋大兴城坊考稿》，《燕京学报》2009 年第 2 辑。
颜娟英：《盛唐玄宗朝佛教艺术的转变》，《中研院历史语言研究所集刊论文类编·历史编·魏晋隋唐五代卷·四》，中华书局 2009 年版。
严耀中：《综说隋文帝广建舍利塔的意义》，《唐研究》第 20 卷，北京大学出版社 2015 年版。
杨增：《不空三藏研究述评——以肃、代两朝的活动为中心》，洪修平主编《佛教文化研究》第 4 辑，江苏人民出版社 2016 年版。
衣川贤次：《唐玄宗〈御注金刚般若经〉的复原与研究》，载项楚、郑阿财主编《新世纪敦煌学论集》，巴蜀书社 2003 年版。
游自勇：《隋文帝仁寿颁天下舍利考》，《世界宗教研究》2003 年第 1 期。
余欣：《符瑞与地方政权的合法性构建：归义军时期敦煌瑞应考》，《中华文史论丛》2010 年第 4 辑。
张达志：《唐代后期行州行县问题考论》，《华中师范大学学报》（人文社会科学版）2015 年第 1 期。
张达志：《唐肃宗改立"五都"与"三府"州县置废探微》，《学术月刊》2015 年第 1 期。
张广达：《碎叶城今地考》，《北京大学学报》1979 年第 5 期。
张伟然：《唐人心目中的文化区域及其地理意象》，李孝聪主编《唐代地域结构与运作空间》，上海辞书出版社 2003 年版。
郑阿财：《〈龙兴寺毗沙门天王灵验记〉与敦煌地区的毗沙门天王信仰》，《周绍良先生欣开九秩庆寿文集》，中华书局 1997 年版。
郑荟平、周琦：《揭开台州龙兴寺的"千古之谜"》，《东南文化》1990 年第 6 期。
周殿杰：《关于〈唐会要〉的流传和版本》，《史林》1989 年第 3 期。
周绍良：《读〈沙州图经〉卷子》，《敦煌研究》1987 年第 2 期。
朱海：《唐代忠孝问题探讨——以官僚士大夫阶层为中心》，《武汉大学学报》（人文科学版）第 53 卷第 3 期（2000 年）。
朱海：《唐玄宗〈御注孝经〉发微》，《魏晋南北朝隋唐史资料》第 19 辑，2002 年。
朱悦梅、李并成：《〈沙州都督府图经〉纂修年代及相关问题考》，《敦煌研究》2003 年第 5 期。

学位论文

朱海:《唐代忠孝问题研究》,博士论文,武汉大学,2002年。
孔令梅:《敦煌大族与佛教》,博士论文,兰州大学,2011年。

译著

〔日〕道端良秀:《日中佛教友好二千年史》,徐明、何燕生译,商务印书馆1992年版。
〔日〕野上俊敬等:《中国佛教通史》,郑钦仁译,牧童出版社1978年版。
〔日〕中村元等:《中国佛教发展史》,天华出版社1984年版。
〔日〕镰田茂雄:《中国佛教通史》,关世谦译,佛光出版社1980年版。
〔日〕砺波护著,韩昇编:《隋唐佛教文化》,韩昇、刘建英译,上海古籍出版社2004年版。
〔日〕堀敏一著,韩昇编:《隋唐帝国与东亚》,韩昇、刘建英译,云南人民出版社2002年版。
〔日〕福山敏男撰:《〈两京新记〉解说》,辛德勇译,载辛德勇《〈两京新记〉辑校·〈大业杂记〉辑校》书前,三秦出版社2006年版。
〔日〕肥田路美撰:《云翔瑞像:初唐佛教美术研究》,颜娟英等译,台湾大学出版中心2018年版。
〔美〕芮沃寿:《隋代意识形态的形成》,郭晓兵译,载费正清主编《中国的思想与制度》,世界知识出版社2008年版。
〔美〕威斯坦因:《唐代佛教》,张煜译,上海古籍出版社2010年版。
〔英〕巴瑞特:《唐代道教:中国历史上黄金时期的宗教与帝国》,曾维加译,齐鲁书社2012年版。
〔日〕冈野诚:《有关唐代平阙式的一个考察(上)——以对敦煌写本〈唐天宝职官表〉的检讨为中心》,赵晶译,徐世虹主编《中国古代法律文献研究》第11辑,第2017年12月。
〔日〕冈野诚:《有关唐代平阙式的一个考察(下)——以对敦煌写本〈唐天宝职官表〉的检讨为中心》,赵晶译,徐世虹主编《中国古代法律文献研究》第12辑,第2018年12月。

日文论著

〔日〕山崎宏：《支那中世佛教の展开》，清水书店 1942 年版。
〔日〕塚本善隆：《塚本善隆著作集》，大东出版社 1974 年版。
〔日〕那波利贞：《唐代社会文化史研究》，创文社 1974 年版。
〔日〕道端良秀：《唐代佛教史の研究》，书苑出版社 1985 年版。
〔日〕小野胜年：《入唐求法行历の研究·智证大师圆珍篇》（上下两册），法藏馆，1983 年版。
〔日〕小野胜年：《入唐求法巡礼行记の研究》（1—4 册），法藏馆 1989 年版。
〔日〕小野胜年：《中国隋唐长安寺院史料集成·资料篇》，《中国隋唐长安寺院史料集成·解说篇》，法藏馆 1989 年版。
〔日〕诸户立雄：《中国仏教制度史の研究》，平河出版社 1990 年版。
〔日〕池田温：《中國古代寫本識語集錄》，大藏出版株式会社 1990 年版。
〔日〕中村裕一：《唐代官文书研究》，中文出版社 1991 年版。
〔日〕中村裕一：《隋唐王言の研究》，汲古书院 2006 年版。
〔日〕小田义久：《西州仏寺考》，《竜谷史壇》第 93、94 号，1989 年 3 月。
〔日〕氣賀澤保規：《隋仁寿元年（601）の学校削減と舎利供養》，《駿台史學》第 111 期，2001 年 2 月。
〔日〕齐藤達也：《隋重修七帝寺記（惠鬱造像記）について——訳註と考察》，《國際仏教学大学院大学研究紀要》第六号，2003 年。
〔日〕中田美绘：《唐朝政治史上の『仁王経』翻訳と法会：内廷势力専権の過程と仏教》，《史学雑誌》2006 年 115 卷 3 号。
〔日〕安田纯也：《高麗時代の在地寺院と仏事——資福寺を中心として》，《アジア文化交流研究》第 2 号，2007 年 3 月。
〔日〕松浦典宏：《唐代河北地域の藩镇と仏教——幽州（卢龙军）节度使の事例から》，《大手前大学论集》，第 10 期，2009 年。
〔日〕河上麻由子：《ベトナムバクニン省出土仁壽舎利塔銘，及びその石函について》，《東方学報》第 88 期，2013 年 12 月。

韩文论著

〔韩〕李泳镐:《新罗中期王室寺院的官寺功能》,《韩国史研究》第 3 号, 1983 年 12 月。

〔韩〕郑淳模:《隋唐时期寺院统治与赐额》,《东洋史学研究》第 77 辑, 2002 年第 1 期。

〔韩〕尹善泰:《新羅 中代의成典寺院과 國家儀禮— 大·中·小祀의祭場 과 관련하여》,《신라문화제학술발표논문집》2002 年。(《新羅文化財 學術發表會論文集》第 23 辑,2002 年)

〔韩〕韩基汶:《高麗時代 裨補寺社의성립과 運用》,《한국중세사연구》, 2006 年。

〔韩〕韩基汶:《高丽时期资福寺的成立与存在状况》,《民族文化论丛》, 岭南大学民族文化研究所,第 49 卷,2011 年。

西文论著

〔意〕Antonino Forte, "*Daiji* 大寺(Chine)"(Great Monastories in China), 《法宝义林》(中日文佛教文献百科全书),第 6 卷,1983 年,第 682—704 页。

〔意〕Antonino Forte, *Chinese State Monasteries in the Seventh and Eighth Centuries*,京都大学人文科学研究所研究报告,桑山正进编《〈慧超往五天竺国传〉研究》附论 2,京都大学,1992 年,第 213—258 页。

〔意〕Antonino Forte, *Political Propaganda and Ideology in China at the End of the Seventh Century*, *Inquiry into the Nature*, *Authors and Functions of the Tunhuang Document S. 6502*, *Followed by an Annotated Translation*. Scuola Italiana di Studi sull'Asia Orientale, Kyoto, 2005.

后　　记

　　这本小书，是在我2012年博士学位论文的基础上修改增订而成的，也是我个人的第一本书。若自2010年完成首个单篇算起，已经断断续续地撰写、修改了近10年。若自2012年4月提交博士论文算起，也已过了整整8年。断断续续，用在这里是一个十分精确的表达。所以，我常常自问：自己是不是把一把宝剑磨成了一根针？

　　与博士论文相比，总字数增加了10万字，加上重写和删去的两章，实际修改幅度超过50%。除了资料上的增补删订，文字上的修改也不少。文字上修改最多的，可能是把此前十分肯定的判断和表达改成了比较级，或者直接改为"盖即"、"可能"之类。这些变化，既体现了七八年来我对资料、历史和现实世界认识的变化，也可能与我前两年学术自信跌至谷底有关。修改过程中，我常想起于薇师姐"要学会柔软地理解和处理史料"的提醒。这些文字上的变化，应该可以看作是我认识的进步吧，因为"历史总有例外"。

　　修改过程持续了八年，是因为最初计划打破博士论文的原有框架，重新设计结构，结果断断续续地尝试了两三年，并未成功。不得已改为小修小补，即便如此，竟然又断断续续地改了四五年。当然，这首先是由于自己工作效率太低。其次是新增的内容并不算少，共有三章。为了结构的完整，增加了第二章和第九章，分别梳理唐代官寺制度的渊源和影响。这两章都是近两年来新增的，所以行文较为仓促，可能还有不少疏漏。第九章的第三、四两节，几乎全是综述日韩学者的成果，毫无发明。这也是全书中自己最不满意的部分，但结构需要，也只能硬着头皮补上。由于近十年来出现了不少官寺的个案研究成果，加之我对博士论文的学术史梳理并不满意，于是又重写了第一章绪论。未料竟把学术史写成了自己讨厌的中药铺式的一味罗列，没有批评和评价。这应该是我前几年学术自信跌至谷底的直接体现吧。新增的第一、二、九三章，是我最不放心的部分，但既然即将出版又无力大改,且待读者们批评吧。

　　修改过程之所以断断续续,除了效率低下、增加的内容较多之外,另一个原因,可能是我并没有全身心地投入到书稿的修改中,而是常被一些好玩的题目吸引走。所以中间又开了两三个小差,一是写了几篇国忌行香的小文章(约6-7篇),二是关注了几个官寺相关的考古发现(约3-4篇),还有就是拓展出了一个值得未来几年继续努力的课题。

　　好在,书稿的修改终于完成了。当然,遗憾也无法避免。例如原计划增加的内容,即官寺的寺院经济基础、僧人来源和三纲选任制度等,皆因资料有限而无法展开细致讨论,只能留待以后。此前,我不是特别能理解"敝帚自珍"这个词,不大明白既是"敝帚"又何需"自珍"?如今,当书稿改完之后,我才逐渐明白:或许质量可能达不到某些同行的期许和要求,但这终究是自己辛苦写完的,所以一定要自珍。正因如此,本书欢迎一切基于学理的、心平气和的、旨在深化相关问题讨论的书评,但是那种趾高气扬、仿佛只有自己掌握了宇宙间唯一真理、戾气凌人的评论,恕我无法接受,自然也不会回应。

　　书稿的完成,要感谢的人很多。首先当然是导师张伟然教授。张师不仅支持、鼓励我将唐代官寺作为博士论文选题,更重要的是,六年间在张师的指导下我接受了最全面系统的学术训练。其中最重要的是逻辑思维、学术品位、论文写作和口头发表能力的训练。这些训练几乎都是在每周固定的交流讨论时间完成的。交流讨论一般定在每周五下午三点至六点,地点就在张师办公室。通常先是每人汇报一周内的工作进展和困难、读书心得与疑问,分享学术信息等,其次是我们师兄弟妹之间关于这些问题的相互交流和讨论,最后再由张师进行点评、补充和解答。我现在对复旦六年印象最深刻的画面,就是师生六七人围坐一圈,人手一只高脚杯,一边品着红酒,听着梅纽因、卡拉扬或小泽征尔,一边聊着学术的场景。这个画面已经在我的脑海里定格,会存在一辈子。

　　感谢荣新江先生的指点和鼓励。2010年11月,我曾借荣先生在复旦开会之机,当面向他请教官寺研究问题。荣先生不仅提示了富安敦先生1992年那篇鸿文的出处,还对我多所勖勉。该文的观点后来成为本书稿中许多问题讨论的基础和起点。当然,更重要的是他对我的鼓励。

　　感谢陕西师范大学西北历史环境与经济社会发展研究院的领导和同事。萧正洪教授、王社教教授、方兰教授等研究院领导,八年来一直对我很好,没有为我安排过重的集体项目,使我得以专心修改书稿并撰写新的论文。侯甬坚教授、张萍教授、李令福教授、刘景纯教授、周宏伟教授等，在工作和生活上都对我多有帮助和关心。特别感谢张萍、焦杰两位教授，经她们介绍，我才认识了现在的妻子。

感谢亚利桑那大学吴疆教授为我在亚大访学期间提供的各种帮助和便利。本书稿的大部分内容，正是在吴老师安排的佛教研究中心的办公室中完成修改的。

感谢我的朋友们，尤其是"长安中国中古史沙龙"和"中古宗教史青年学者工作坊"的朋友们。他们来自不同学科，研究的断代、领域和路径各不相同，提出的资料、规范和意见，多数时候都远远溢出我已有的知识结构。对于他们的意见，我都格外珍视，收获也很大。特别感谢陈志远兄、尹波涛兄在我滞留美国期间对我的关心、鼓励和开解，让我熬过了最艰难的日子。

感谢葛洲子和李伟两位师弟。他们在自己很忙的情况下，分别帮忙校阅了书稿中我最不放心的第一、二、九三章，并提出许多细致的修改意见，让我心里踏实了不少。

感谢国家社科基金后期资助项目对书稿出版的资助。感谢匿名评审专家提出的批评和修改意见，凡在我能力范围之内的修改意见，我都尽力采纳吸收了。

拙稿获批国家社科基金后期资助项目，正是通过中国社会科学出版社的推荐申报而获准立项的。感谢宋燕鹏编审的推荐、提醒、督促和精心校对。若非宋老师的多次耐心提醒和督促，拙稿至今能否完成修改，恐怕仍是个未知之数。

感谢家人对我的养育和支持。祖父母年至耄耋，父母也已年过花甲，看着他们日渐衰老的身影，我开始计算能够回家看望他们的次数和时间。祖父和父亲都用最朴实的言行告诉我，要厚道做人，厚道做事，厚道对待人世间的一切。前些年我并不理解，这两年年龄渐长，终于慢慢开始理解、认同了。我的父母都是最普通的关中农民，也是伟大的父母。他们用勤劳和汗水，供我、弟弟和妹妹三人读完了大学。而今我们兄弟妹三人都已工作多年，他们却还在老家忙碌。在我赴美访学之前，妻子放弃了许多原本应该和我一起外出休闲放松的周末，陪我在家修改书稿和论文；我出国访学后，妻子因工作原因无法来美旅行，短暂的团聚也无法实现。对妻子陪伴太少，我很惭愧。好在岳父母如今都在西安生活，有他们的照顾和陪伴，可以让我稍感宽慰。家人，永远都是我工作的无尽动力。

原本的后记止于此。

滞留美国两个月（3月19日—5月19日）的经历，改变了我的想法。

滞留美国期间，总是忧心自己是否已中奖，几次想到最坏的结果，寝食难安，彻夜无眠。失眠的夜里，会不自觉地开始思考自己活着的意义，余生究竟应该怎样度过才算不枉此生。如果有一天生命戛然而止，无论别人怎样纪念我，都是虚的。我不能活在别人的纪念文章里。更何况应该也没几个人会纪念我。自己经历了什么，生活过得怎么样，才最重要。只有这些最最真切的体验和感受，才能证明我来过这个世界。只有生命和生活是属于自己的。

但是，回想过去很多年，我一直活得很自私，常以工作太忙为由，牺牲周末原本应该回家看望老人或陪伴妻子的时间去加班。作为儿子和女婿，我还没有开始尽孝；作为丈夫，对妻子陪伴太少。我对家人亏欠了太多。

幸运的是，我搭乘临时航班回到了国内；幸运的是，归来一切安好。飞机落地武汉之后，仿佛劫后余生。我满怀感恩，眼里看到的，都只有这世界的美好。往后余生，更加热爱生活，努力工作，多陪家人。愿这世界早日回归到疫情之前的平静与美好，愿所有人安好如初。

2019 年 8 月草成于图森
2020 年 5 月改定于武汉